中文工具书教程

朱天俊　李国新

U0426461

北 京 大 学 出 版 社

前　言

为了培养大学生的情报意识，提高他们在读书治学中使用工具书释疑解难、检索文献的能力，我们根据多年来的教学实践，对《中文工具书》做了较大的修改，编写了这本《中文工具书教程》。修改的主要之点是：增加对工具书类型结构的剖析，归纳综述使用工具书解决问题的思路与方法，介绍计算机化工具书方面的内容。从实用的角度考虑，删除了一部分工具书，相比而言，更多地增补了近年来新出版的工具书，力求在总体上基本反映了到八十年代末国内中文工具书的概貌。

中外工具书很多，本书介绍的只是中文的，而且是常见的、重要的工具书，并力求系统化。工具书能解决的问题是多方面的，本书讲述的只是基本的、主要的问题。

我们约请校友陈光祚教授撰写了《计算机化的工具书及其查找方法》一章。在编写过程中，吸收了胡双宝同志提出的一些有益的建议和意见。在此一并表示衷心的谢意。本书错误和疏漏的地方，请读者指正。

目　　录

第一章　工具书的类型、结构与排检

使用工具书，首先必须对工具书的性质、特点、类型、结构、功用，以及主要排检法有所认识与掌握，并在使用工具书的过程中不断丰富与加深工具书的基本知识，这样才能收到事半功倍的效果。

第一节　工具书的特点与类型

一、工具书的性质与功用

工具书，简单地说，就是专供翻检查阅的书；说详细一点，就是将汇辑编著或译述的材料，按照特定的方法加以编排，以供释疑解难时查考之用的图书。

工具书的特点：从编辑目的看，它是供人们有目的地查考。从取材范围看，它比较完整地汇辑了某一方面的材料，既吸收了历史文化遗产的精华，又反映了当代科学技术、学术研究的成果。从编排方法看，为了简明易查，中文工具书通常按照汉字音序、形序、分类、主题、年代与地区等方法编排，以便于人们查考。

利用工具书，有助于解决查考字词、文句、成语、典故、人名、地名、诗词、论文、图书、法规、条约、纪年、典章制度等方面的问题。如果使用得法，能迅速而准确地查到所需要了解的知识、资料以及文献的线索。

工具书的功用，概括地说，有下列几个方面：

1. 查找词语释义。例如，唐代诗人杜牧《山行》一诗中写道："远上寒山石径斜，白云深处有人家。停车坐爱枫林晚，霜叶红于二月花。""坐"作何解释？查《辞海》(1989 年版)，"坐"作"因为"讲。全句的意思即停车是因为喜爱枫林晚景。

2. 了解图书内容。例如，清代的《四库全书总目》为我们了解10254种古籍编纂经过、版本源流、文字异同、内容得失及著者事迹，提供了有价值的参考资料。

3. 提供文献线索。例如，从中国科学院北京天文台主编的《中国地方志联合目录》中，可以查找到建国前编纂的通志、府志、州志、郡志、厅志、县志、乡土志、里镇志、卫志、所志、关志、岛屿志，以及具有方志性质的志料、采访册、调查笔记等8200余种在全国190个图书馆、博物馆、天文馆、档案馆的收藏情况。

4. 检索参考资料。例如，从清代《古今图书集成》中的方舆汇编·职方典·扬州府部，可以查到清雍正初年农村雇工剥削的情况；从松江府部可以查到康熙年间城市手工业的情况。

5. 掌握学术信息。例如，从每年的《中国历史学年鉴》中，可以了解到近年来史学研究概况、史学界动态、中外历史著作和资料出版介绍、考古文物新发现及史学书目、论文索引等。

6. 获取各科知识。例如，打开《中国大百科全书·外国文学》，世界各国文学的历史、流派、团体、著名作家及其作品，展现在眼前，需要查阅哪一国的有关文学方面的重要资料，都可一检即得。

在了解工具书功用的同时，也要正确认识工具书的性质。就思想内容说，综合性和社会科学的工具书，从收录范围、资料取舍、思想观点，甚至编排方法等方面，都可看到它的政治倾向性，从工具书中查出的资料要注意分析与鉴别。就知识性来说，工具书也必然受编者所生活的时代及其社会地位、学术水平的限制，我们要善于从中吸取精华，扬弃谬误。就资料性来说，任何一部工具书都难以完美无缺，必要时从工具书中查出的资料，要与相关文献进行核对，以去伪存真。就功能来说，工具书不是万能的，不是什么资料都可以从工具书中查到的，要注意利用相关的资料书与参考书，予以补充。

二、工具书的类型与特点

工具书是一定历史条件下的产物，社会文化、学术、教育、图书发展到一定阶段，就必然产生工具书，以适应时代的需要。它通过释疑解难来弥补个人知识的不足，从而为顺利地吸收一切文化创造了最基本的条件。据《汉书·艺文志》记载，早在周宣王时就出现了《史籀篇》，用以教学童识字。我国历代编纂的工具书，名目繁多，内容丰富，源远流长。由于工具书的内容与功用不同，久而久之，逐渐形成各种不同的类型，主要有字典、词典、类书、百科全书、政书、年鉴、手册、书目、索引、表谱、图录、地图、名录等。

1. 字典和词典　中国古代无字典、词典之分，一般统称字书。古代的字书，有讲字形的，例如《说文解字》就是中国第一部以分析字形、探讨字体结构源流为主要内容的字书。有讲训诂的，例如《尔雅》就是中国第一部以训释字义和词义为主要内容的训诂书。有讲字音的，例如《广韵》就是中国现存的第一部完整的以归纳字音、探求声韵源流为主要内容的韵书。

就古代而言，"字"基本上也就是"词"，字典、词典很难区分。就近代现代而言，"字"不一定等于"词"，"词"也不一定等于一个"字"，区分了字典和词典。清代《康熙字典》的问世，标志着我国开始出现了以"字典"命名的字书。1915 年和 1931 年出版了《辞源》正续编，1936 年出版了《辞海》，这固然继承了我国一系列字书的传统，但又吸收了国外编纂词典的长处，首次创立"词条"，首次收录了反映科学文化知识的百科词条。1937 年出版了黎锦熙主编的《国语词典》，首次按注音字母音序排列，在单字头下兼收复合词和成语等，用注音字母和国语罗马字注音，不仅注单音字，而且复合词和成语都依口语注音，并标明四声、轻声和儿化。从此，随着社会和科学文化的发展，用来表述和记录这些社会文化的字、词以及专门名称，日积月累越来越丰富，各类字典词典也就愈来愈多了。

字典和词典分类有多种标准，这里从查找字词，使用字典和词典的角度可分为语文字典和词典，学科（百科）词典和专名词典。语文字典标示汉字形体，注出读音并解释字义，如《新华字典》。语文词典是解说词语的概念、意义与用法，对字的形、音、义也加以说明，如《现代汉语词典》。但也有的语文字典、词典只着重解释字词形、音、义的某一侧面（如成语词典）；或专门解释字形或辨音、辨义（如《简明同义词典》）；或只是汇集字词，一般不作解释的字（词）表（如《现代汉语通用字表》）。解说单科或各门学科知识语词的是学科（百科）词典，如《政治经济学辞典》、《苏联百科辞典》。解说专门名称语词的是专名词典，有人名词典（如《近代来华外国人名词典》）、地名词典（如《世界地名词典》）、书名词典，（如《简明中国古籍辞典》）等。

受到国外出版界的启发与影响，八十年代以来，国内编辑出版了大量冠以"辞典"名称，将名篇佳作的赏析文章汇集在一起的所谓"鉴赏辞典"。据不完全统计，已近百部，有通代诗文鉴赏辞典，如《中国历代诗歌鉴赏词典》，有断代诗文鉴赏辞典，如《唐诗鉴赏辞典》，有专类诗文鉴赏辞典，如《山水诗歌鉴赏辞典》，有专书鉴赏辞典，如《红楼梦鉴赏辞典》，甚至还有书画鉴赏辞典，如《中国书画鉴赏辞典》。然而，从内容到编辑体例看，这类鉴赏辞典，目前人们有不同的看法，有人承认这是辞典的一种类型；有人不赞成这是辞典之书；还有人认为这是工具书的一种新类型，他们称之为"鉴赏书"。由于这类书冠以"辞典"，这里顺便简述，供参考。

汉字，从古到今出现在各种文献典籍里的总数约六万，我们常用的有三四千字，但汉字往往一字多体、一字多音、一字多义，一字又可分别组成若干意义不同的词汇。随着社会生产力的提高，人类社会的进步以及人们交流思想的需要的增多，又产生了大量的专门词汇。为了正确了解字的形、音、义及各类词语的含义，就需要查阅字典和词典。字典和词典在帮助识字，学习语文知识，进行语言教育，推广普通话，促进语言规范化，普及科学技术知识等方面，都有着重要的作用。

2.类书　类书是辑录古籍片断资料、整篇或整部著作，按类目或韵部编排，以供寻检、征引、校勘或辑佚古典文献的工具书。

早在三国时期，魏文帝曹丕就命王象等编纂了**皇览**，全书已佚，现只有辑佚残本。完整地保存至今的较早的类书，是唐高祖李渊命欧阳询等编纂的**艺文类聚**，全书100卷，引用古籍1431种，其中的90%为今不传之书，有10%征引的是唐前古本。宋太平兴国年间李昉等编纂的**太平御览**1000卷，引书浩博，多至1694种，十之七、八均已失传，其中有汉人传记100余种，旧方志200种，更是难得的珍贵材料。明成祖朱棣命解缙等编纂的**永乐大典**，全书正文22877卷，凡例、目录60卷，按洪武正韵韵部编排。这是我国最大的类书，但至今留存的只有近800卷，已由中华书局影印出版。现存最大的类书则是清康熙、雍正之际，先由陈梦雷主编，后由蒋廷锡等编校的**古今图书集成**。全书正文1万卷，目录40卷。分历象、方舆、明伦、博物、理学、经济6汇编、32典、6117部。

类书的特点，在资料来源上，博采群书，内容广泛；在编纂方法上，抄录古籍，采辑资料；在编排体例上，按类别编排，“事以类聚”、“事类相从”，或按韵部编排，“以韵统字，以字隶事”。

类书的功用是多方面的。从类书中可以查找事物的起源，查考典故出处，查检诗词文句，检索参考史料，校勘考证古籍及辑录散佚或残缺古书的佚文。

类书是封建时代的产物，因此从部类安排到具体内容，不无封建正统观念、封建伦理、道德观点以及神怪、迷信的色彩。又由于种种原因，书中有不少错误。这是类书的局限性。然而，由于它保存了历史上珍贵而已佚的古文献，所以至今仍有着重要的参考价值。

类书和丛书不同。丛书是在一个总书名下汇集了多种书的一套书，它把许多单行的图书汇刻在一起，每一部单行的图书，都是一个相对独立的子目，因此，丛书能起到保存整部图书的作用。而类书则是把从许多图书中抄录出来的资料，分门别类地编排组织成一部新书。在类书中，一般并不存在像丛书那样相对独立的子目，因此，类书一般只能起到保存古籍中片断或整篇资料的作用。

类书和诗文总集也不同。诗文总集是将许多人的诗文作品汇编在一起，它所收录的仅限于整篇的诗文作品，而类书辑录的资料，一般既有诗文之作，又有其他形式的记述，既有整篇作品，又有片断资料。诗文总集可以按作品的时代、作者、体裁等多种形式加以编排，而类书一般是按辑录资料的内容，分门别类或按韵部加以编排。

3. 百科全书　顾名思义，百科全书是知识的总汇之书，“是一切知识门类广泛的概述性著作”，是历史上科学文化的一切成就的总结与综述，也是全面系统地介绍当代世界上各个学科的全部知识，特别是最新成就的总库。法国资产阶级启蒙思想家狄德罗、达朗贝尔等，于 1751－1772 年在巴黎主编出版了《百科全书，或科学、艺术和工艺详解词典》(即通常所说的《法国大百科全书》)28 卷，1776－1777 年又续出 5 卷，1780 年又增出 2 卷索引，共 35 卷，这是近代最有影响的一部百科全书的奠基之作。狄德罗在这部百科全书中写道：“百科全书旨在收集天下学问，举其概要，陈于世人面前，并传之于后世。俾世代先人的劳动成果，不致淹没无存。”狄德罗等也曾以百科全书为武器，宣扬人文主义，推动启蒙运动，抨击封建专制制度和教会黑暗统治，为 1789 年法国资产阶级革命做了思想准备。后来，人们评价道：“《法国大百科全书》是一个巨大的兵工厂，在那里可以取得袭击旧法国的战斗武器。”

现代百科全书有综合性的(如《简明不列颠百科全书》)和专业性的(如《中国企业管理百科全书》)；也有分国家和地区性的百科全书；还可分少年儿童和成年人的百科全书。是否有一部优秀的综合性的百科全书，常常是衡量一个国家科学文化发展的尺度之一。目前，全世界已有五、六十个国家编辑出版了综合性百科全书。例如《不列颠百科全书》、(英国)《张伯斯百科全书》、《美国百科全书》、《苏联大百科全书》、(法国)《拉鲁斯大百科全书》、《意大利科学、文学与艺术百科全书》及(日本)《世界大百科事典》等。我国也正在编纂具有中国特色和风格的《中国大百科全书》。1978 年 11 月,中共中央和国务院作出编纂《中国大百科全书》的决定,其中指出:“这是发展我国科学文化事业的一项基本建设,对提高整个中华民族的科学文化水平,实现我国的四个现代化具有重要的意义。”计划编纂 74 卷、60 多个学科,先分科分卷出版,预计 1993 年出齐。截至 1990 年年底,已出 50 卷。

现代百科全书的特点:在内容方面,概述各门学科领域的历史、发展与现状,对各类知识概述时,又都力求全面、客观、富有时代感。撰稿人都是有名的学者、专家。在编排体例方面,以条目为基本单位,按词典形式加以编排。有完备的检索系统和完整的参见系统,有连续不断修订、补充的制度。

百科全书的功用也是多方面的。它宣传新思想,以知识启迪愚昧之蒙;它传播新知识,不断更新知识宝库;它可以补充学校教育之不足,被誉为“没有围墙的大学”;它既有可读性,又能满足人们检索学科资料的需要。

百科全书的发展趋势是:各档各类百科全书趋向系列化;日益加强其检索作用;不断提高装帧水平,适当增加彩色插图;在编排中越来越多地应用新技术。

百科全书与类书是有区别的。类书与百科全书虽都包罗各科知识,但类书是汇集前人著作,按类目或韵部编排,内容上总是沿袭传统的观念;百科全书则是采用条目形式,把某项内容写成专文,对各类知识作全面系统的叙述与介绍。不能把两者混同。

4. 政书　政书原是历史著作的一个门类——典章制度专史。它记载典章制度的沿革及政治、经济、文化发展的情况。由于它具有资料汇编性质,所以一般也把它作为工具书使用,久而久之也就成为工具书的一种类型。

我国封建社会的典章制度，是历代封建王朝在政治、经济、军事、文化等方面所制订的法律、法令与规章。阅读古籍时，不弄清楚有关典章制度，就无法完全理解古代著作的内容。政书可分为两类：通记历代典制及其史实的"十通"与只记一代典制及其史实的"会要"、"会典"。

"十通"，即唐代杜佑的《通典》、宋代郑樵的《通志》、元代马端临的《文献通考》、清乾隆年间官修的《续通典》、《续通志》、《续文献通考》、《清朝通典》、《清朝通志》、《清朝文献通考》及刘锦藻的《清朝续文献通考》，是记载历代典章制度及其史实的。"会要"一般以"事类"为中心，分门别类概述一代典制史事的"损益废置之序"、"离合因革之原"，内容比较广泛，采用保存的典制资料也比较丰富。会要出现于唐代，唐德宗贞元年间苏冕编撰《会要》40卷，以及唐宣宗大中年间杨绍复等编撰《续会要》40卷，均已亡佚。我国现存最早的一部会要是宋太祖建隆二年王溥在上述二书基础上增益整理编成的《新编唐会要》。自此以后，历代官修私撰的会要不断出现。至清代为止，上起春秋，下至明代的历代会要均已编齐。

"会典"以官署机构为中心，按官署机构分门立类编排典则规章资料。会典中一般只限于记述国家政令、官吏职掌和有关"事例"，又多是照录原文，具有官府文件汇编性质。会典最早可溯源于唐玄宗年间官修的《唐六典》。元、明、清三代均由国家出面组织力量编修，成书的有《元典章》、《明会典》、《清会典》。

政书和类书有明显的区别。在内容上，类书一般包罗广泛，兼顾百科，自然界和社会生活的各个方面均要涉及，而政书则重点记述有关典章制度及经济、文化等方面的情况，是专门的典制史；在编纂方法上，类书只是辑录资料，"述而不作"，因此它只能提供有关某一方面的原始资料，而政书则是在已有资料的基础上，作出融会贯通的记述。它虽然也有较强的资料性，但不是古书中原有资料分门别类的摘录和排比，而是汇总各类史料，分门别类地系统论述各类典章制度的因革损益、发展变化。因此，政书所提供的不是原始资料，而是系统论述。当然，政书和类书也有某些相似之处，如在编排体例上，二者多数都是以“分类”的形式出现；在内容上，二者都较多地涉及古代典故史实等。正因为如此，古人在一开始也没有把政书和类书严格区分开来。到清代编修《四库全书总目》，仿明钱溥《秘阁书目》，在史部专门设立了“政书类”，结束了政书、类书混而不清的局面，表明至此人们对政书、类书各自不同的性质、特点已有了明确的认识。

5. 年鉴　年鉴是系统汇集一年度重要时事文献、学科进展与各项统计资料，以供人查阅的工具书。

辛亥革命以后，我国开始编辑出版年鉴。1913 年，大东书局出版了《世界年鉴》，实际是国外年鉴的摘译。1924 年阮湘等编《中国年鉴(第一回)》，上海商务印书馆出版。1933 年至 1936 年张梓生主编《申报年鉴》共出四本，亦由上海商务印书馆出版。三十年代曾出现过编年鉴之风，但并未持久。建国后，年鉴的出版仍然很少。到 1980 年以后，我国出现“年鉴热”，这是社会主义现代化建设的需要。每年编辑出版的年鉴种类增加迅速。据不完全统计，到 1990 年，正在编辑和已编成的年鉴有百种之多。

年鉴可分为综合性的与专业性的两种。前者包括百科年鉴(如《中国百科年鉴》)、时事年鉴(如《世界知识年鉴》)、地区性年鉴(如《香港年鉴》)；后者如《中国经济年鉴》、《中国出版年鉴》、《中国文艺年鉴》、《中国统计年鉴》等。

年鉴的特点是以年为限，报道上一年度的大事、动态，逐年编辑，连续出版；以记事为主，资料新颖、系统、准确，以大量事实反映国际国内社会的发展变化；它不仅可供检索资料之用，而且还具有可以阅读的价值。从年鉴中可摸到国家发展的脉搏，了解到国内外多学科的进展情况。由于年鉴资料密集，因而比之其他工具书具有新、信、全、便的优点，即年鉴是信息的总汇，知识更新的纪录；事实可靠，有一定的权威性；项目齐全，内容完备；查考资料迅速方便。年鉴既是检索新资料的工具(即了解新情况、研究新问题最实用的工具书)，又是编年体的信史(为了解历史、研究历史、撰写历史提供基本而有用的材料)。旧中国留下来的年鉴，反映了国民党统治下经济、文化凋敝衰落的情况，留下了帝国主义侵华与军阀、反动派统治的罪证。从中也可找到一些反面材料。例如，从《中国年鉴(第一回)》中，就可以找到袁世凯制订的《天坛宪法》全文。

6. 手册　手册是汇集经常需要参考的文献、资料或专业知识的工具书。

手册搜集汇总的是准确的资料、数据、公式，是公认的、确定的经典科技知识，反映的是该学科内容中有较高深度和较成熟的知识，不一定是最新动态，具有较大的参考价值。

手册也分综合性的(如《人民手册》)和专业性的(如《各国货币手册》)，有些资料性质的书，虽不标名"手册"，如统计资料、政策法令汇编、条约集等，实际上也具有手册的性质。

手册对于我们查找党政文献、政策法令、国际国内时事资料、各学科基本知识及各类统计资料，都是很方便的。

7. 书目　书目是一批相关文献的揭示与记录。中国书目历史悠久，早在汉代就出现了刘向创始、刘歆完成的《七略》。《七略》记载与类分了西汉所存的有价值的图书，对先秦以来学术思想的来源流派，作了分析与叙述。它不仅是书目巨著，也是一部极为珍贵的古代文化史。范文澜指出："西汉有《史记》、《七略》两大著作，在史学上是辉煌的成就。"《七略》已亡佚，班固"因《七略》之辞"，"删其要以备篇籍"，编撰了《汉书·艺文志》(由此可窥《七略》概貌)，开创了根据官修目录编制正史艺文志的先例。历代留下的书目数量是很大的，近现代编辑的书目种数更多，但这些繁多的书目基本可分为两大系统：古典书目和现代书目。

古典书目包括历代的官修书目、史志书目、私家藏书目录、古籍版本书目以及佛经目录等。

官修书目，即历代封建王朝设立专门机构，在征集、整理与保管图书过程中所编纂的书目，如清纪昀等编纂的《四库全书总目》。

史志书目，主要指正史艺文志或经籍志。《汉书》、《隋书》、《旧唐书》、《新唐书》、《宋史》、《明史》以及《清史稿》均有艺文志或经籍志，或记一代藏书，如《汉书艺文志》记载西汉的藏书；或记一代人的著作，如《明史艺文志》记载明代人写的著作。1679 年明史馆成立之后，开始了正史艺文志或经籍志的补撰。正史原无艺文志，后补编的如《补后汉书艺文志》；正史原有艺文志，后补注的如《汉书艺文志拾补》。这类史志书目是我国特有的书目遗产。郭沫若指出："历代史书多有'艺文志'，虽仅有目录，但据此也可考察当时的文化发展之一斑。"

私家藏书目录，即为私人藏书所编纂的书目。宋代以后，随着刻书事业的发展，私人藏书日渐盛行起来。据叶昌炽的《藏书纪事诗》记载，从宋到清比较著名的藏书家就有 1175 人之多；其中有些藏书家编有藏书目录。例如宋代晁公武撰《郡斋读书志》、陈振孙撰《直斋书录解题》，每书不只记载书名卷数，并述作者及其学术渊源，提要重在内容介绍，考订论辨。明、清两代私家藏书目录更多，例如明代高儒撰《百川书志》、晁瑮父子撰《晁氏宝文堂书目》，著录元明话本、小说、杂剧、传奇，为后人提供了更多的古籍情况。

古籍版本书目，是以专记古籍版本为特点的书目。南宋初年，尤袤撰《遂初堂书目》，是较早的一部略记版本的书目，著名清代四大藏书家瞿绍基、杨以增、陆心源、丁丙的藏书目录《铁琴铜剑楼藏书目录》、《楹书隅录》、《皕宋楼藏书志》与《善本书室藏书志》，也都是查考古籍善本有价值的版本书目。

佛经目录专记佛教经录，以东晋释道安撰《综理众经目录》为最早。现存最古的经录则是梁释僧祐撰《出三藏记集》，此后，隋开皇年间释法经撰《大隋众经目录》，唐开元年间释智升撰《开元释教录》，都是著名的佛经目录。

现代书目就其编制目的、收书内容与范围可分为国家书目、专题文献书目、个人著述书目、地方文献书目、联合目录。

国家书目是统计与反映某一时期内全国出版的图书总目，如《中国国家书目(1985)》。

专题文献书目是记载某一学科或某一专题的书目，如《中国通俗小说书目》。

个人著述书目是收录某人著述或兼收别人研究此人及其著述的文献书目，如《郭沫若著译书目》、《鲁迅研究资料编目》。

地方文献书目是专门收录有关某一地区历史、自然和社会状况的文献书目，如《西北地方文献书目》。

联合目录是反映书刊在全国或某地区内主要图书馆收藏情况的书目，如《全国中医图书联合目录》。

书目的功用是：简介文献内容、提供查找文献的线索、考查书籍流传存佚、指明阅读范围。

8. 索引　索引又名引得(如《杜诗引得》)，也有称之为通检的(如《尚书通检》)。它是将书中内容或文集篇目或报刊资料按一定方法排列，以供检索文献的工具书。

索引有篇目索引，其中查文集篇目的，如《清代文集篇目分类索引》；查报刊资料篇名的，如《全国报刊索引》；人名索引，如《二十五史人名索引》；古籍词句索引，如《十三经索引》；主题索引，如《马克思恩格斯全集名目索引》等等。

索引主要供检索文献篇名、文句、词语与专题论述出处。

索引与书目的区别，在于它能进一步细致地揭示图书报刊的内容，便于检索到散见于书刊中的资料。

9. 表谱　表谱是以编年或表格形式记载事物发展的工具书。

表谱内容广泛，有单纯供查考不同历法年代或年月日的年表、历表，如《中国历史纪年表》、《两千年中西历对照表》等；有既纪年又记事的大事年表或大事记，如《中外历史年表》、《中华人民共和国大事记》等；有记载地理沿革的地理沿革表，如《历代地理沿革表》、《历代疆域表》等；有记述学术发展源流的学术年表，如《先秦学术年表》、《中国文学年表》等；有供查考历史人物生卒年或生平事迹的年表、年谱，如《历代人物年里碑传综表》、《汤显祖年谱》等；有职官表与职官年表，如《历代职官表》、《清代职官年表》等。

编年是表谱的主要形式，而中国古代纪年又是多种多样的，只有弄清各种纪年方法，才能易于了解并运用各种表谱。

10. 图录　图录是以图像表示事物形象的工具书。有历史图谱，如《中国历史参考图谱》；文物图录，如《太平天国革命文物图录》；艺术图录，如《中国雕塑史图录》；人物肖像画，如《中国历代名人图鉴》。

图录汇集了重要历史事件的图画、实物照片、人物肖像及珍贵的历史文献图片。注意查阅图录，可以加深对历史的了解。

11. 地图　地图是将地表事物和现象标绘于图纸上的缩影。可分为普通地图、历史地图与专业地图。

普通地图是综合反映地面上物体和现象一般特征的地图，内容包括地理要素和社会经济要素。它有助于对地理知识的学习与查阅。《中华人民共和国地图集》就是一种普通地图。

历史地图是展示人类各个历史时期发展情况的地图，内容包括各历史时期疆域、政区、政治形势、人民起义、对外战争、民族迁徙、地理环境的变迁、经济和文化发展的概况。《中国历史地图集》就是一种历史地图。

专业地图属于专业内容的地图，如《中国人民解放军战史图集》(中国人民解放军军事博物馆编，中国地图出版社，1990)，收录1927年至1949年中国人民解放军战史图227幅，并列有中国人民解放军各历史时期建制及负责人表，附以各时期国民党军队、日本侵华军编制及首领表，同时配以扼要的文字说明。

12. 名录　名录是国内近十年来大量出现的工具书。有人名录，实际上具有人名词典的作用；地名录，实际上具有地名词典的作用；机构名录是简明介绍专业机构的清册。随着社会主义现代化事业的发展，机构名录将会逐渐增多。目前出版的机构名录已有不少，如《中国工商企业名录》、《中国图书馆名录》等。

机构名录的特点：一般采用表格栏目的形式，具有文字简单明了的特征；名录所提供的数字、产品、人员、组织等方面的情况都是最新的资料；名录一般是多人或多单位协作编辑的产物，非一人一单位在短时间内所能完成。

机构名录的作用：为机构之间的联系、协作、交流提供方便，为了解产品生产情况提供信息。

第二节　工具书的结构

工具书的结构，是指工具书的整体构成形式和各部分的基本体制。同一类型的工具书不仅在内容上有共同的特点、功用，而且有基本稳定、规范的结构形式和编排方法。从整体上了解各类型工具书的基本编制结构，对于使用、鉴别、评价具体的工具书是十分重要的。

现有的各种类型的工具书，结构形式的复杂程度不尽相同。有些类型的工具书结构简单，一般人了解、使用起来不存在太大的困难。本节主要剖析一些结构形式比较复杂的工具书类型。

一、字典、词典

字典、词典的整体结构主要由前言、凡例、正文、附录、索引几部分组成。

前言一般是对字典、词典编纂意图、编纂过程、编纂工作中的某些具体问题，以及主要内容、功用的概略说明。

凡例是对字典、词典编辑体例的介绍。主要包括选收字词的原则，解字释词的体例，词条的编排方法，特殊标记符号的说明等等。熟悉字典、词典的编辑体例，是正确、熟练地使用它的前提条件，因此，这部分内容，需要仔细研读。

附录是字典、词典的附属成份，主要提供一些常用的参考性、指南性资料。如"历史纪年表"、"计量单位表"、"人名、地名译名对照表"、"汉语拼音方案"等。

索引是查考内容的检索途径。为了便于人们从不同角度、利用不同方法查考，字典、词典应该编制多种索引，提供尽可能多的检索途径。汉语字典、词 典常见的索引主要有汉字部首索引、汉字笔画索引、汉语拼音索引，四角号码索引、分类索引等。

正文是字典、词典的主体，它由具体的词条构成。词条是对一个单位字、词的解释说明，包括词头（又称"词目"，在语文字典中也称"字头"）和释文两部分内容。词头是所列出的单位字、词的标准形式。在语文字典、词典中，字、词的繁体、异体等，一般在词头后附带列出。释文是对词头基本内容的解释与说明。在百科词典、专科词典中，释文主要是提供知识内容；在专名词典中，释文主要是提供基本的事实与资料。语文字典、词典的释文比较复杂，主要包括如下项目：

1. 注音　现代语文字典、词典，主要采用汉语拼音注音，有时还加注直音注音。一些大型的历史性语文字典、词典，还要标注字、词的古代读音。按照汉语语音发展的历史分期，古代音包括上古音和中古音。上古音是指以《诗经》音为代表的先秦两汉时期的汉语语音系统。目前构拟的上古音系的基本轮廓包括 30 个左右的声母和 30 个左右的韵部。中古音是指以《切韵》为代表的隋唐时期的汉语语音系统。由于《切韵》原本已佚，所以现在人们标注中古音一般以《广韵》、《集韵》为依据。现有的语文字典、词典标注古音，多为中古音。标注的项目，一般是反切、声调、韵部、声纽，或者只有反切、韵部。如：

朗 lǎng 卢党切，上，荡韵，来。（《辞源》修订本）

丈 雉两切，长上声，养韵。（《中华大字典》）

反切是中国古代给汉字注音的一种方法，它用两个汉字拼合成另外一个汉字的读音。用作反切的两个字，前一个字叫反切上字，简称切上字或上字；后一个叫反切下字，简称切下字或下字。被注音的字叫被反切字，简称被切字。反切拼合的基本原理是：反切上字与被切字的声母相同，反切下字与被切字的韵母和声调相同。这样，取反切上字的声母，取反切下字的韵母和声调，把它们拼合起来，便是被切字的读音。如“朗，卢党切”，取反切上字“卢”的声母“l”，取反切下字“党”的韵母和声调“ǎng”，二者加以拼合（l＋ǎng），便是“朗”字的读音。“丈”，旧读上声。

声调也称字调，是指整个音节的音高。古代的声调分为平、上、去、入四种类型。上例中的“上”，即表示“朗”字属于上声调。

韵部是古代韵书中对同韵汉字的归并。凡同韵的汉字归并成一类，称为一个韵部。每一韵部都用一个汉字来代表，这个代表字称为韵目。如“前、贤、年、田、坚、玄、烟”等字，在《广韵》中归并为一类，就是一个韵部。这个韵部用“先”字来代表，“先”就是一个韵目。

声纽是声母的别名，简称“声”或“纽”，又称“音纽”。古人认为，一个字的读音，声母处于关键、枢纽的地位，故名。与声纽有关的概念还有“字母”。字母是声母的代表字。如唐宋间的汉语语音有 36 个声母，用 36 个汉字作为代表字，代表字便是字母。上例中的“来”，便是字母之一。古代的声母，只取字母（代表字）的开头部分。如“来（lái）”，声母只取“l”。

在汉语拼音方案公布以前，近代出版的语文字典、词典一般都采用注音符号注音。汉语拼音方案公布以后，大陆出版的一些大型历史性语文字典、词典往往也加注注音符号，如《辞源》（修订本）。注音符号最初称国音字母，后称注音字母。它共有 39 个字母（议定时为38个，公布时又增加1个“儿”），包括声母24个，介母3个，韵母12个。作为符号的，都是笔画很少的古字，如ㄍ(g)、ㄎ(k)、ㄐ(j)、ㄑ(q)等。

一般来说，语文字典、词典的注音，具有正音的作用。因此，它一方面需要提供字词的标准读音，另一方面，对字词读音的复杂现象也要作出恰当的处理。如一字多音的，通常是分别注音，按音释义；对字词的异读现象，要标注“旧读”、“又音”等；对一些特殊的方音词，应标注方言读音，等等。

2. 释义　现代语文字典、词典采用分条释义的方法。字、词的每一个稳定意义，称为一个“义项”，作为一条。一个字、词有几个稳定的意义，便分列几个义项。义项的排列顺序，主要有两种方法：一是以字、词意义发展演变的源流关系为依据，本义、引申义、比喻义、转义等依次排列；二是以字、词意义的常用与否排列。一般来说，注重反映历史语言现象的字典、词典，多按前者排列，以反映民族标准语为主要任务的字典、词典，多按后者排列。如《辞源》（修订本）和《现代汉语词典》在“河”字的释文中所概括的义项及义项的排列顺序：

辞源（修订本）	**现代汉语词典**
①黄河。	①天然的或人工的大水道。
②河流的通称。	②指银河系。
③指银河。	③特指黄河。
④姓。	

3. 举例　重要的语文字典、词典，在字、词的每一个义项后，一般都要举出书证。书证的作用，不仅证明该字词确有该义，而且通常要求是最早出现的用例，同时也为人们准确理解、运用起引导、示范作用。如《辞源》（修订本）解释“河”字时，在“黄河”这一义项下举出的书证是：

《书·禹贡》：“导河积石，至于龙门。”《尔雅·释水》：“河出昆仑虚，色白；所渠并千七百一川，色黄；百里一小曲，千里一曲一直。”

中、小型字典、词典的例证，往往是举出一些具有典型性、代表性的词、词组或短语。如《现代汉语词典》解释“河”字时，在“特指黄河”这一义项下举出的例证便是“河西”、“河套”。

在汉语语文字典、词典中，词条的编排组织一般采用“以字带词”的方式，即先列出所要解释的单字，然后带出以该字为词头的词语。所列单字作为所列词语词尾的，称为“逆序词典”或“倒排词典”、“逆引词典”、“同韵词典”、“齐脚词典”。与逆序词典相对，以所列单字作为词头的词典称为“正序词典”或“正排词典”。逆序词典对辨析字词意义、诗文写作有独特的功用，可以弥补正序词典的不足。

不论是语文字典、词典，还是百科、专科、专名词典，对某些内容相关的词条，一般均作“参见”处理。参见就是对内容相关的词条所作的指引互见。如《辞源》(修订本)解释“河”字时，在“黄河”这一义项的释文后注明“参见‘黄河’”，在“指银河”这一义项的释文后注明“参见‘天河’㊀、‘银河’”等。参见的运用，把分散于一部词典中的相关词条有机地联系起来，拓展了知识范围，深化了词条内容，便于人们从不同层面、不同角度全面深入地了解字词意义。

二、类书

类书的内容，主要是辑录各类古籍中的原始资料，其性质为资料汇编。在类书发展的历史上，类书辑录资料的范围，经历了由专辑“事迹”类资料向“事文并重”的转变。这种转变发生在唐代，标志就是《艺文类聚》所开创的“事文合编”的体制。类书对于所辑资料的编排方法，最基本的就是分门别类，即把从各种古籍中辑录出来的资料按类别类聚在一起。

按类别类聚资料，首先需要设计作为类书框架结构的整体分类体系。古代类书中设计的整体分类体系，大都是基于古人将万事万物区分为“天、地、人、事、物”五大范畴这样一种认识模式。尽管在不同的类书中具体类目的数量多寡不同，具体类目的名称彼此有异，但从整体上看，“天、地、人、事、物”这种区分万物的思路和认识世界的思维方式，却直接规定了类书分类框架结构的基本轮廓。古代类书就是在这样一个架构中设置大类，划分小类，区别子目，进而形成一个互相区分又互相联系，层层递进又层层统摄的分类系统。如《艺文类聚》共 100 卷，分为 46 部(大类)，下辖 727 子目。五类所辖 46 部(大类)，关系如下：

天：天部、岁时部

地：地部、州部、郡部、山部、水部

人：符命部、帝王部、后妃部、储宫部、人部

事：礼部、乐部、职官部、封爵部、治政部、刑法部、杂文部、武部

物：军器部、居处部、产业部、衣冠部、仪饰部、服饰部、舟车部、食物部、杂器物部、巧艺部、方术部、内典部、灵异部、火部、药香草部、宝玉部、百谷部、布帛部、果部、木部、鸟部、兽部、鳞介部、虫豸部、祥瑞部、灾异部

其他类书亦大体如此。

部或大类只是类书分类体系中最基本的区分。部(大类)下还要进一步区分小类，有些区分层次深入的，小类下再分子目。如《艺文类聚》的“天部”下区分为天、日、月、星等 13 小类，“地部”下区分为地、野、天、冈等 8 小类，等等。在最深入的区分层次小类或子目下，便类聚了从各种古籍中辑录出来的同类资料。这些资料，多为摘取有关片断，也有整篇、整卷乃至于整部书均加以辑录者。同类资料的排列，一般遵循“事居于前，文列于后”的原则，并大致按时代先后排比顺序。每一资料，一般均注明出处。如《艺文类聚》“岁时部·人日”下类聚资料的形式(见下页)。

此例是古代类书子目下类聚资料的一般形式。也有一些变例。如有的类书在子目下先列出能够概括同类资料内容的简短词语，然后再详录资料，这实际上是对具体资料的内容作出了简单的“提要”。唐代虞世南所编《北堂书钞》便大体如此。有的类书对子目下

> **人日**
>
> 荆楚歲時記曰:正月七日爲人日.以七種菜爲羹.翦綵爲人.或鏤金薄帖屏風上.忽〇太平御覽三十作亦戴之.像人入新年.形容改新. 董勛問禮俗曰.一日爲雞.二日爲狗.三日爲猪.四日爲羊.五日爲牛.六日爲馬.七日爲人. 賈充典戒曰.人日造華勝相遺.像瑞圖金勝之形.又像西王母戴勝也. 劉臻妻陳氏進見儀曰.正月七日.上人勝於人.【詩】隋陽休之人日登高侍宴詩曰.廣殿麗年輝.上林起春色.風生拂雕輦.雲迴浮綺翼. 薛道衡人日思歸詩曰.入春纔七日.離家已二年.人歸落鴈後.思發在花前.【銘】李充登安仁峯銘曰.正月七日.厥日惟人.策我良駟.陟彼安仁.

汇集的资料,依然是分类归并集中。如清代编成的《古今图书集成》,子目下汇集的资料大体都按汇考、总论、列传、艺文、选句、纪事等类别分类编次,使同一子目下类聚的资料更为条理、系统。

按类别汇集资料,是中国古代类书最基本最主要的编排形式。类书之所以称为类书,根本的原因也就在于它的基本特征是"事以类聚"、"事类相从"。此外,也有少数类书对于所辑录的资料,采用了按韵目编排的方法。最早采用这种方法的类书,是唐代颜真卿所编的《韵海镜源》,此书已亡佚。明代编成的《永乐大典》是采用这种编排方法的代表性类书。

所谓按韵目编排,简单地说就是"以韵统字,以字隶事"。以韵统字是说类书的整体框架结构不是一个层层分类的分类系统,而是一个按古韵目的既定成规统摄同韵单字的韵目系统;以字隶事是说类书中汇集的具体资料,不是隶属于分类系统的子目之下,而是隶属于韵目系统的单字之下。如《永乐大典》全书按《洪武正韵》的韵目系统编次,韵目的排列顺序及每一韵目下统摄的单字,都以《洪武正韵》为依据。在"模"这一韵目下,统摄集中了模、租、都、图、胡、湖、吴、苏、符等字;在"湖"这一单字下分类汇集了五湖、太湖、鄱阳湖、洞庭湖、东湖、西湖、南湖、天湖、大明湖等众多以"湖"字为尾字的各类资料。如"大明湖"下辑录了《济南府志》中记述大明湖的片断资料，还辑录了元遗山咏大明湖的诗，张西严词《木兰花慢·同济南府学诸公泛大明湖》。

按韵目编排的类书与按类别编排的类书的根本区别，在于类书整体框架结构的改变，即由以认识模式为基础的分类结构，变为以既定韵目系统为依据的韵目结构。然而，即便是按韵目编排的类书，在汇集编次具体资料时，也仍然是分门别类地进行。也就是说，隶于"字"的"事"，仍然是以分类的形式出现的。如"湖"字下汇集了有关湖的资料，而这些资料则要区分为"五湖"、"太湖"、"西湖"、"东湖"、"大明湖"等不同的类别。因此，按韵目编排的类书，并没有改变类书分门别类地汇集资料这一根本属性，它所改变的，只是一种结构形式，一种排序形式，把完全的分类形式变为韵目和分类相结合的形式。

如果从使用、查考类书的角度看，按韵目编排的形式，无疑强化了类书的检索功能。因为古代按类别编排的类书，其分类体系虽然在整体上基本是"天、地、人、事、物"的固定模式，但具体类目的设置、具体类目的命名，以及某些事物现象的归类，没有统一规范的标准，表现了较大的随意性，这无疑给人们"因类求事"带来了一定困难。按韵目编排，首先可以使类书的宏观结构、整体顺序固定化，从而避免"因书而异"、"因人而异"的随意性。同时，"以字隶事"又使类书中汇集的具体资料和某种固定化的形式相联系，从而使查考的线索比较确定。总之，按韵目编排的类书并没有改变类书的根本属性，却强化了类书的检索功能，这在中国类书发展史上具有重要的意义。

古代类书作为一种资料工具书，在形式上的一个明显不足就是缺乏完备的检索系统。一般的类书，都是仅有一个分类总目录，而没有多层次、多角度揭示内容出处的各类索引。

近年来出现的少数几种新型类书，从总体上看，保持了古代类书的基本特征。如内容仍是辑录各类古籍中的原始资料，编排方法仍是分门别类。区别主要在于作为类书整体框架结构的分类体系，摆脱了古代类书“天、地、人、事、物”的固定模式，而代之以现代科学分类体系。另外，新型类书的工具性、查考性有所加强，具体表现就是已经注意到了编制必要的索引，提供较多的检索途径。当然，这方面存在的问题还不少。

三、政书

从内容上看，政书和类书有明显的区别：类书是一种资料汇编，而政书是一种历史著作。但在结构形式上，政书和类书却比较接近。政书的整体结构也是以分门别类的形式出现的。不同的典制系统区分为不同的类别，同一典制系统内再细分小类或子目，以一种层层分类的结构形式展现和容纳有关典制的具体内容。如著名的唐代政书《通典》，全书首先依典制系统分为食货、选举、职官、礼、乐、兵、刑、州郡、边防9大门类，这是最为基本的区分。每一门类中又依具体情况区分小类，进而又细分子目，如“职官”一门内所作的区分：

职官一

　历代官制要略

　　官数　官品　设官沿革　封爵

　　三公　宰相　三老五更　禄秩

职官二

　三老五更

　三公总叙四辅二大附

　太师

　太傅

　太保

　太宰

　太尉

　司徒

　司空

大司马

总叙三师三公以下官属

职官三

宰相　并官属

门下省

侍中　侍郎　给事中　散骑常侍　谏议大夫　起居　补阙拾遗　典仪

城门郎　符宝郎　弘文馆校书郎等

中书省

中书令　侍郎　舍人　通事舍人　集贤学士　史馆　主书(下略)

对具体典制的记述，便集中于区分层次最深入的子目之下。

政书中对具体典制的记述方法，一般是依时代顺序，叙述、论说、自注相结合。叙述是对典制基本内容、沿革变化的概括说明；论说是时人及编著者有关的议论评说；自注是以随文注释的形式补充说明有关问题，如训释文字音义、列举史实典故、考证补充史事、注明资料出处等。例如《通典》卷26“职官八·诸卿中·秘书监”下的记述形式：

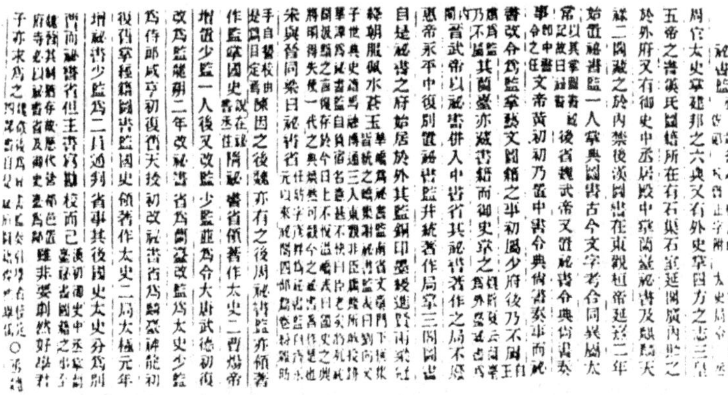
祕書監
周官太史掌建邦之六典又有外史掌四方之志三皇
五帝之書漢氏圖籍所在有石渠石室延閣廣內貯之
於外府又有御史中丞居殿中掌蘭臺祕書及麒麟天
祿二閣藏之於內禁後漢圖書在東觀桓帝延熹二年
始置祕書監一人掌典圖書古今文字考合同異屬太
常以其掌圖書祕記故曰祕書後省魏武帝又置祕書令典尚書奏
事即中書之任文帝黃初初乃置中書令典尚書奏事而祕
書改令為監掌藝文圖籍之事初屬少府後乃不屬
其蘭臺亦藏書籍而御史掌之
晉武帝以祕書併入中書省其祕書著作之局不廢
惠帝永平中復別置祕書監并統著作局掌三閣圖書
自是祕書之府始居於外其監銅印墨綬進賢兩梁冠
絳朝服佩水蒼玉
宋與齊同梁曰祕書省
手自讐校由是篇目定焉陳因之後魏亦有之後周祕書監亦領著
作監掌國史隋祕書省領著作太史二曹煬帝
增置少監一人後又改監少監並為令大唐武德初復
改為監龍朔二年改祕書省為蘭臺改監為太史少監
為侍郎咸亨初復舊天授初改祕書省為麟臺神龍初
復舊掌經籍圖書監國史領著作太史二局太極元年
增祕書少監為二員通判省事其後國史太史分為別
曹而祕書省但主書寫勘校而已
府寺必以祕書省及御史臺為邸雖非要劇然好學君
子亦求為之○

政书中这种“三结合”式的记述方法，不仅清楚地反映了具体典制的原委流变，具有较强的系统性，而且列举了丰富的史实及论说，具有较强的资料性。

由于政书本身是一种历史著作，而不是严格意义上的工具书，所以它除了在卷首列载简单的总目录外，不具备其他检索系统。今天一般人把政书当作资料工具书去用，需要利用后人为揭示政书内容出处而编制的专门索引。当然，有些政书直到今天也还没有索引，特别是那些只纪一代典制及史事的会要、会典，这给准确迅速地查考带来了一定困难。

四、百科全书

现代百科全书的整体结构，一般包括前言、凡例、正文、插图、附录、索引等几部分内容。就其形式而言，与字典、词典区别不大，但实质内容大都有不同于字典、词典的特点与要求。

1.正文　百科全书的正文是由条目组成的。条目是对一个独立概念或知识主题的系统概述。百科全书在整体上对人类全部或某一门类知识的概述，具体说就是通过成千上万乃至几十万个大小不等、层次不同的条目的表达去实现的。因此，从编撰者的角度说，条目是百科全书最基本的概述知识单元；从使用者的角度说，条目是百科全书最基本的寻检单位。在百科全书的编纂实践中，选定条目是全书整体框架设计最为重要的一环。选定条目的过程，实际上是一个对知识整体进行主题分解的过程。主题分解需要利用对知识进行科学分类的成果，例如主题分解需要在科学分类的框架之内进行，需要首先以科学分类为基础把知识整体分解为分支，但主题分解又不等同于科学分类，它的目的并不在于要构筑一个完美无缺的科学分类体系，而在于要把知识分支中可以相对独立的概念、主题独立出来，以作为百科全书概述和检索的基本单位，而并不顾及这些概念、主题的层次高低、内涵大小、包容关系如何。当然，经过对知识进行主题分解而得到的为数众多的概念、主题，也并非全都具有检索查考上的意义。因此，作为百科全书的条目，一方面必须是一个独立的概念或完整的知识主题，不能是它们的一个侧面或一个角度，更不能是自然语言中无确切知识内容的词语、论述题目或文章、著作中不具备完整性的篇章节目。另一方面，这些独立的概念或主题必须真正具有“条目化”的性质，即具有真正的检索意义，不能是那些虽具条目形式，而一般人见词明义，毫无查考意义的东西。

百科全书条目本身的结构形式，一般包括条头、释文和参考书目。

条头是条目的标题，是百科全书基本的检索标志。条头的确定，实际上就是对条目主题词的标引。

释文是对概念或主题实质内容的概述。其规范的表述程序为：(1)定性叙述。以定义为核心对概念或主题作展开说明。(2)条头词的词源知识介绍。(3)概念或主题的历史发展、渊源沿革。(4)概念或主题的基本内容、基本事实、基本状况。(5)参阅性资料。主要包括有关的学术争论、权威性的评述、展望等。篇幅较长的条目释文，还应设置文内标题，以清眉目。释文的内容，要求对基本概念的解释科学确切，对历史渊源的概述扼要清晰，对基本事实、基本数据、基本现状的介绍准确充分，对不同学术观点的反映客观公正。在知识层次上，由浅入深，由历史到现状；在知识深度上，一般以非专业性的普通读者能够接受为标准；在语言表述上，使用规范化、描述性的现代语言，尽量降低行文中的“术语密度”，使释文成为庄重、晓畅、平易、简练的说明性文体。

参考书目是向读者推荐的以供深入钻研该条目内容的重要参考著作，并不是作者撰写条目时的参考文献。百科全书的重要条目中，一般都列有参考书目。

现代百科全书条目的末尾，一般还有作者署名。它为人们评判百科全书的整体质量提供了参考，又是百科全书内容严肃性、权威性的一种表现。

2.插图　与一般词典相比，百科全书的插图具有数量多、种类多、印制精美的特点。不仅包括文内插图，一般还有彩色插页图片和地图。配置适量、精美的插图，已经成了现代百科全书重要的形象化手段。

3.附录　百科全书的附录，也是为扩大查考功能而编制的必要的附属成份。其中最为重要和最具有特点的，是学科或知识门类的大事年表，又称大事记。它的内容，是以时间为序，简略记述能够体现学科或知识门类质的发展的重大史实，与一般的大事记区别不大。其特点在于，作为百科全书整体的组成部分，它的内容要求与正文实现参见，即大事记中所涉及的事实、人物、著作、学说等，应通过参见渠道与正文的有关条目相联系。对于使用者来说，就可以通过在大事记中得到的线索过渡到正文，进而扩展具体的知识内容。所以，百科全书中的大事记不仅仅是以编年的形式对全书最重要的事实作了浓缩，而且为使用者提供了一条按时间线索查考正文内容的途径，具有“时序索引”的作用。

4.索引　索引是百科全书最重要的辅助检索系统。现代百科全书特别强调索引系统的完备，这是衡量其质量的重要指标之一。大型百科全书均要附编多种索引，形成专门的“索引卷”。在百科全书的索引中，最为重要的是主题分析索引。它的标引对象不仅包括条目的条头词，而且包括释文和图表中隐含的一切有独立意义、检索意义的概念或主题，标引深度一般为条目总数的 3—10 倍，从而大幅度地增加了百科全书的检索点。

百科全书的编排方法，实际上是对条目进行有序化处理的方法，主要有三种：一是分类编排法。即按学科系统、层次分门别类地编排组织条目。这是古代和中世纪百科全书的主要编排方法。现代百科全书已很罕见。二是字顺编排法，即按条目首字的某种自然顺序（如字母、笔画等）编排组织条目。这是 18 世纪以后现代百科全书普遍采用的编排方法。三是分类与字顺相结合编排法，即全书按学科或知识门类分类分卷，同一卷类内的条目则依字顺加以编排组织。

字顺编排法按条头词的字母、笔画顺序编排组织条目，自然难以反映那些互有联系的概念、主题的固有关系，难以反映知识的系统性。为了弥补这一局限，18世纪初张伯斯创立了参见系统，对那些在内容上互有联系的条目作出明确的指引互见。这一方法的运用，把那些分散在百科全书中的概述同一主题的有关条目联系起来，有助于使用者获得完整系统的知识，从而使字顺编排法完善起来，并为后世的百科全书普遍采用。现代百科全书中的参见系统主要包括互引参见（又称交叉参见）和条头参见（又称参见条）。

百科全书的内容要求具有较强的稳定性，具体的数量指标就是全书70—80%的内容能够有大约10年时间的参阅价值。为了适应科学文化迅速发展、人类知识不断更新的需要，现代百科全书的修订制度便应运而生。目前实施的修订制度主要有三种。(1)再版制。这是传统的修订方法，为大多数百科全书所采用。一般是在旧版问世10年左右推出新版，以删除陈旧，更新内容。(2)补卷制。一般与再版制相辅而行，不定期地出版补充卷，以修订补充正卷之不足，并为全面再版奠定基础。也有采用完全补卷制进行修订的。(3)连续修订制。这是本世纪30年代兴起的修订方法。百科全书出版后，每年根据知识的最新发展变化修订全书内容的10%左右，采用替换或插页的形式替代原有的条目。另外，现代大型综合性百科全书往往逐年编辑出版年鉴，及时反映年度大事、学科进展、事实数据等。在形式上，年鉴虽然不是对百科全书直接修订的成果，但内容却可补充百科全书之未及，并为全面修订积累资料。

总之，百科全书概述知识的基本形式是实现了“条目化”。一方面，百科全书对每一概念或知识主题的概述都以条目的形式出现，另一方面，众多的条目又按“词典化”的原则进行了有序处理。同时辅以完整的参见系统，以反映条目之间的相互联系，辅以完备的检索系统，以方便人们多层次、多角度的查考。这些就构成了百科全书和其他类型的工具书在形式上的主要区别。

五、年鉴

规范的年鉴，其结构形式是部分、单元、栏目的集合，整体构成一般包括概况、百科或专题、专栏、文章、附录、目录与索引几部分。

概况部分是年鉴中对基本情况、基本进展的综合概述。其特征是采用高度综合、高度概括的方法，从宏观上勾勒出整体面貌，它所占篇幅一般不大，但需要覆盖年鉴所涉及的主要方面，反映基本的发展状况。

百科或专题是年鉴的主体部分，分门别类地记述具体的事件、进展、动态、资料等。在综合性年鉴中一般称为“百科”，在专门性年鉴中，名称尚不统一。如《中国文艺年鉴》称为“文艺百科”，《中国出版年鉴》称为“纪事”，《中国经济年鉴》则由“中国国民经济各部门的新发展”、“各省、市、自治区经济新发展”、“经济发展与改革的新事例”等部分组成，可统称其为“专题”。在范围上，百科或专题部分需要覆盖年鉴涉及的各个方面、各个层次；在内容上，百科或专题部分主要是记述具体事件，反映具体发展，提供具体资料，以使概况部分的宏观概述具体化；在篇幅上，一般要占到整部年鉴的70%以上。因此。概况或专题部分需要根据年鉴涉及的范围及事实、资料的本质属性等实际情况，作出分门别类的区分。一般的区分方法是先划分出不同的部类或门类，再设置具体的栏目，反映同一方面进展的事实与资料集中归并于同一栏目之下，使栏目成为容纳事实与资料的基本单元。如《中国百科年鉴》(1989 年本)的“百科”部分，划分为国际、政治、军事、外交、法律、国土环境、经济、产业、能源、交通通信、科学技术、社会科学、教育、卫生、体育、文化、文学艺术、社会生活 18 个部类，每一部类下又设置若干栏目。如“文化”部类下设置了新闻、广播、电视、出版、文物考古、武术、图书馆、档案馆、集邮 9 个栏目。又如《中国文艺年鉴》(1981 年本)的“文艺百科”专题，划分为总类、文学、艺术、科学文艺 4 个门类，“文学”门类下设置总类、小说、诗歌、散文·报告文学、民间文学、儿童文学、少数民族文学、外国文学、现代作家及其作品研究、红楼梦研究10个栏目。因为栏目是对反映同一方面进展的事实与资料的归并集中,所以它既区别与规定了记述范围,又提供了查考的基本线索与标志。

百科或专题部分的编排方法主要有两种。一是分类编排,即正文的栏目隶属于相应的部类或门类,按分类关系排列栏目的顺序。目前国内绝大多数年鉴采用这种编排方法。二是字顺编排。这种编排方法使栏目本身脱离了分类体系而代之以一种固定顺序,强化了检索功能。同时,由于栏目不再依附于分类体系,自身的独立程度较高,又可以解决不同栏目之间内容上的交叉与重复。目前国内采用这种编排方法的年鉴还较少见。

专栏是年鉴主体内容以外介绍专门内容、提供专类资料的部分,一般所占篇幅较小。不同的年鉴设置的专栏不尽相同。一般来说,"大事志"和"人物"是各类年鉴常设的专栏。在专业性年鉴中,"重要专业文献汇编"、"专业书目论文索引"也是常设的专栏。"大事志"按时间顺序简略记述一年内发生的重大事件。"人物"专栏主要简介一年内出现的新闻人物、重要人物和逝世的知名人物。专栏的内容是对年鉴主体内容的补充与完善。

年鉴中的文章,主要包括专文与特稿两类。专文着重论述一个领域的形势,特稿着重介绍一个事物的情况。专文与特稿一般冠于有关栏目之首,也有集中编排,形成一个专栏的。专文与特稿大都由权威人士撰写,提供的是一个时期内形势的宏观发展或重大事件的背景情况。在年鉴中,其数量不宜多,更不能以专文、特稿取代对具体情况、事件的介绍与记述。

年鉴的附录,一般是汇集参阅性、实用性、指南性资料。

年鉴的目录用以展现整体框架结构和层次隶属关系的概貌,便于使用者从分类的角度查考具体内容。年鉴的索引,应该是综合性的内容分析索引,全方位、多角度地揭示内容出处,便于使用者从栏目、主题等不同角度查考具体内容。

框架结构只是年鉴的外在表现形态,年鉴中用以表现内容的主要形式是条目。条目存在于栏目之中,是年鉴中最小的单位。一个栏目,只有通过若干条目的具体记述,才能最终完成内容的表达,反映出发展变化。如《中国百科年鉴》(1989年本)“百科”部分“文化”部类中的“出版”栏目下,便设立了“综述”、“《期刊管理暂行规定》颁布”、“色情内容突出的书籍受到处理”、“设立出版基金”、“对外书刊的出版”、“深圳百科苑创建”6个条目。通过这些条目的具体记述,展示了1988年中国出版事业的发展、成就、动态、问题等情况。

【深圳百科苑创建】 深圳百科苑于1987年5月成立,是中国第一家以传播百科全书暨开拓百科事业为主要宗旨的文化企业。百科苑成立后,在深圳特区十几个地方巡回举办了首届中外百科工具书展览月暨演讲会;印制和赠发了120万枚《深圳百科苑世界百科全书博览》集邮纪念套票;并于1988年1月1日开办深圳百科礼品商店,经销百科工具书和用于宣传百科的旅游用品、工艺品等。1988年7月,百科苑与国际百科传播中心达成了研究和交换百科全书的协议;8月又成立了中国第一个百科全书爱好者群众团体——深圳市中国百科联谊会。10月8日,百科苑召开首届百科之友联谊会,庆祝中国现代百科事业创建10周年,并决定开始筹备1989年在全国举办“百科万里行”大型宣传活动。12月,由百科苑筹划,深圳市23个局委和教科文单位联合举办了百科知识竞赛活动,并创办了国内第一张介绍中外百科全书及其知识和信息的内部周报《深圳百科苑》。

年鉴中的条目不是词语解释,不是概念定义,不是知识介绍,而是提供事实与资料。这是因为年鉴的任务在于反映发展变化,而发展变化只能通过具体的事实、数据、资料体现出来。所以,年鉴条目的标题,不必像词典的词目那样,必须是一个词语,也不必像百科全书的条目标题那样,必须是一个独立的概念或知识主题,而是对事实、资料主题的概括,是事实主题或资料主题。年鉴中条目的设立,必须有现实的事实基础、资料依据,所以不同年度版本中反映同一方面内容的条目,可以大有不同。年鉴条目的内容,必须客观介绍基本事实，提供准确、翔实的数据与资料，直陈直述，简洁概括，避免空话、套话、语焉不实，以及明显的个人倾向、议论评说和形容比喻。这些都是年鉴条目的突出特点。

从总体上看，年鉴主体部分的结构形式，表现为栏目化。栏目的本质属性是对反映同一方面进展的事实与资料的归并集中，并不完全是分类区分的结果，它有相对的独立性。年鉴表现内容的形式，虽然有"文章化"的成份，如文献汇编、专文、特稿等，但主要的形式是条目。以栏目作为容纳内容的基本单元，以条目作为表现内容的主要形式，这是年鉴区别于其他类型工具书的明显特征。

第三节 工具书的主要排检法

工具书的排检方法，从编制的角度说，是使内容有序化的编排方法，从使用工具书的角度说，是查考内容的检索方法。任何工具书都是按特定方法编排的。因此，必须熟悉和掌握工具书的主要排检方法。

在我国，从古到今汉语工具书中使用过的排检方法五花八门，数量相当可观，但大多数并没有通行开来。目前比较常用的排检方法数量并不多，主要包括依据汉字形体特点设计制定的部首法、笔画法、号码法，依据汉字读音设计制定的汉语拼音法、韵目法以及分类法、主题法等几种。由于任何一种排检方法都有其自身的局限性，而工具书又要求提供较多的检索途径，所以现有的工具书大都是以一种排检方法为主，同时提供其他几种查考方法。

一、形序排检法

形序排检法是指依据汉字的形体特点设计制定的排列顺序的方法，主要包括部首法、笔画法和号码法。

1. 部首法　部首法是我国工具书中传统的排检方法，首创于东汉许慎的《说文解字》，分为540部首。由于这种方法比较适应汉字形体结构的特点，几千年来长盛不衰，直到今天仍然是汉语工具书中基本的、常用的排检方法之一。变化只是适应汉字形体的发展演变，所分部首的数量以及确定汉字部首的原则有所不同。

《说文解字》分为540部首，明代梅膺祚的《字汇》减为214部首。清代的《康熙字典》采用了《字汇》的214部首，使这一区分方法广泛流行开来。现在通行的《新华字典》分为189部首，《辞海》(1979年版和1989年版)采用250部首。《汉语大字典》和《汉语大词典》采用200部首。

许慎创立的部首法以汉字的形符作为部首，简单地说，叫做"以义归部"。

对于一般的人来说，按"以义归部"的原则确定汉字的部首往往会遇到一定的困难。这主要是因为在形声字中，形符的位置并不固定，再加上几千年来汉字的形体在不断发展变化，特别是汉字简化以后，这种困难就更为明显。《辞海》(1979年本)所采用的250部首对旧部首做了较大的改进，力求做到"据字形定部"，具体的规定是：

(1)一般取字的上、下、左、右、外等部位作部首；这些部位没有部首的，取中坐；中坐没有部首的，取左上角。如"今"归入"人"部，"新"归入"斤"部，"夹"归入"大"部，"整"归入"束"部。

(2)一个字上、下都有部首的，取上不取下；左、右都有部首的，取左不取右；内、外都有部首的，取外不取内；中坐、左上角都有部首的，取中坐不取左上角；下、左上角或右、左上角都有部首的，取下、取右，不取左上角。如"含"归入"人部"，"相"归入"木"部(旧部首法在"目"部)，"闷"归入"门"部，"坐"归入"土"部，"渠"归入"木"部，"凯"归入"几"部。

(3)同一部位有多笔和少笔几种部首互相叠合的，取多笔部首，不取少笔部首；单笔部首和复笔部首都有的，取复笔部首，不取单笔部首。如"章"归入"音"部，"吾"归入"口"部。

(4)部首无从采取或所在位置不合规定的，作为“余类”，或者设单笔部首，按汉字起笔笔形归部，如“东”、“黹”归入“余类”或单笔部首“一”、“∠”。

1983年公布的201部首方案，确定汉字部首沿袭了“据字形定部”的原则。《汉语大字典》、《汉语大词典》采用这一方案，但合并为200部。

使用一部工具书，先要知道它按哪种部首法排检，会收到事半功倍的效果。

按照“以义归部”的原则，有些汉字总是难以归并部首的，如某些独体字。因此，有些按部首顺序编排的工具书往往附编“难检字表”，把那些难以判别部首的字按笔画顺序排列起来，注明其所属部首，以便查检。

在《康熙字典》中，所有214部首依地支顺序分为12集，每集包括了若干部首。此后沿袭《康熙字典》部首的工具书，也都采用了这一方法。为了便于查找，后人把214部首在12集中的分布情况编成了如下几句歌诀：“一二子中寻，三画问丑寅，四在卯辰巳，五午六未申，七酉八九戌，其余亥中存。”或者：“一二子中三丑寅，四卯辰巳五午寻，六在未申七在酉，八九戌部余亥存。”

部首法的优点在于：适应了汉字形体的特点，能把纷繁复杂的大量汉字，按部首归并集中，这样，就可以通过分析一个字的部首，并以此为线索，比较准确迅速地查到所要查的字。其缺点是：分析判断一个字的部首，必须遵循既定的原则和规定，有时还需要有一定的文字学知识作基础，再加上不同工具书中的部首数量往往不一，如果这些情况熟悉不够，就会影响检索的准确和迅速。

2. 笔画法　笔画法是按照汉字的笔画数目来排列顺序的一种方法。基本形式是：汉字笔画少的居前，多者居后。笔画数相同的，再看起笔笔形。笔画和笔形均相同的，再看字形结构，先左右形字，次上下形字，后整体形字。如“崎”、“崖”、“圈”三字，均为十一画，起笔笔形又均为“丨”，但“崎”为左右结构字，故居前；“崖”为上下结构字，列次；“圈”为整体结构字，居后。也有将笔画数相同的字再依部首排列的。部首本身，亦按笔画为序。

笔画法是一种简单易学而又适应汉字特点的排检方法。但由于汉字的笔画搭配比较复杂，简体与繁体、规范体与手写体差别很大，而人们的书写习惯又往往因人而异，这些都会导致笔画判断的误差，给准确迅速地查考带来困难。

3. 号码法　号码法是以数码代表汉字的某些笔形或部件，并据以排列先后顺序的方法。在现有的汉语工具书中，常见的号码法主要有四角号码法和中国字庋撷法。

(1)四角号码法　四角号码法的基本形式是：根据汉字的四个角的笔形决定其代码，按代码大小排列单字的先后顺序。小码居前，大码列后。四角号码相同的，再按附角号码排列。四角和附角均相同的，则根据汉字所含横笔的数量排列，横笔少者居前，多者列后。

旧四角号码法的基本规则主要有两大部分：一是笔形规则，一是取角规则。

笔形规则是决定什么笔形用什么号码代替的规则。四角号码法把所有汉字四个角上出现的笔形概括为10种类型，每种类型用一个号码代替。具体如下页表。

为了便于记忆，人们把这10种笔形及其相应的代码编成了四句歌诀：“横1竖2，3点捺，叉4插5方块6，角7八8，9是小，点下一横是0头。”

在10种类型的笔形当中，1、2、3这三个号码所代表的笔形，称为单笔，其余的号码所代表的笔形，称为复笔。在具体决定笔形的号码时，凡是能够成为复笔的笔形，在取号时，就不取单笔笔形的号码。简单地说，这叫“取大不取小”。如“寸”字，它的左上角应取复笔4，不能取单笔1或2；“首”字，它的左上角应取复笔8，不能取单笔 3。

取角规则是对决定汉字四角过程中一些特殊问题的具体规定。主要是：

①取角顺序：每字只取四个角上笔形的号码。四角笔形号码的排列顺序是：(1)左上角；(2)右上角；(3)左下角；(4)右下角。如：

0　　2
端
1　　2

该字的四角号码便是“0212”。

号码	笔名	笔形	举例	说明
0	头	亠	言主广疒	独立的点和独立的横相结合
1	横	一㇀㇂	天土地江元風	包括横、挑(趯)和右钩
2	垂	丨丿亅	山月千則	包括直撇和左钩
3	点	丶㇏	宀礻冖厶之衣	包括点和捺
4	叉	十乂	草杏皮刈大對	两笔相交
5	插	扌	扌戈申史	一笔通过两笔以上
6	方	口	國鳴目四甲由	四边齐整的方形
7	角	㇇𠃌亅𠃊㇁㇖	羽門灰陰雪衣學罕	横和垂的锋头相接处
8	八	八丷人𠆢	分頁羊余災系足午	八字形和它的变形
9	小	小⺌⺍忄⺗	尖糸粦果惟	小字形和它的变形

②两种取“0”的规则：　一个字的上部或下部如果只有一单笔或一复笔，不论这一笔在什么位置，都算左角，右角取“0”。如：

上部只有一单笔的：^{3}宣^{0}

下部只有一单笔的：$_{2}$亏$_{0}$

上部只有一复笔的：^{4}直^{0}

下部只有一复笔的：$_{9}$木$_{0}$

一个笔形只要在一个角上已经用过一次，如果再去充当其他角的笔形时，算“0”。如：

${}^{5}_{0}$持、${}^{1}_{1}$王${}^{0}_{0}$、${}^{4}_{0}$十${}^{0}_{0}$

③由整个的“□”、“門”、“鬥”、“行”这四种笔形所组成的字的取角规则：凡是由整个的“□”、“門”、“鬥”、“行”这四种笔形所组成的字，它们的下面两角，改取内部的笔形。如：

因＝6043≠6000；閉＝7724≠7722

鬨＝7780≠7722；衡＝2143≠2122

④一个角由两个笔形构成时的取角规则：如果一个角上有两个单笔或者一个单笔和一个复笔可取，在取角的时候，只看左右，不管高低。如：

“肯”字的右上角取 1 不取 2

“病”字的左下角取 1 不取 2

“物”字的右上角取 7 不取 2

“帝”字的下两角取 22 不取 40

如果一个角上有两个复笔可取，在取角的时候，只看高低，不管左右。如：

“功”字的右上角取 4 不取 7

“鸭”字的左下角取 5 不取 6

“盛”字的左上角取 5 不取 7

“内”字的上两角取 40 不取 77

⑤最左最右的笔形，如果有其他笔形盖在上面或托在下面时，取盖在上面的笔形作上角，托在下面的笔形作下角。如：

共＝4480；幸＝4040；宗＝3090

撇被下面的笔形所托时，取托在下面的笔形作下角。如：

“石”的下两角取 60

“辟”的左下角取 6

⑥附角规则：附角是决定四角号码相同的字的排列顺序的。规定以一个字右下角上方最贴近而且露锋芒的笔形，作为该字的附角。附角号码写在四角号码的右下方。如：

芒＝4471_0；固＝6060_4

在决定附角号码时，有一种特殊情况：如果一个字右下角上方最贴近而且露锋芒的笔形在取四角号码时已经用过，那么，这个字的附角便作“0”。如：

决＝3513_0；儿＝6021_0

以上就是旧四角号码法的主要规则。

新四角号码法和旧四角号码法相比，主要改动是：

①一笔的上下两段和其他笔构成两种笔形的，按上下两段的笔形取号。如：

大＝4080≒4003　　水＝1290≒1223

②下角笔形偏在一角的，按其实际位置取号，缺角作“0”。如：

亏＝1002≒1020

③左边起笔的撇，下面有它笔所托，取撇作下角。如：

辟＝7024≒7064

④由“行”组成的字，下两角按一般规则取号。如：

街＝2122≒2110

⑤附角取一个字右下角上方最贴近的笔形号码。如：

工＝1010_2≒1010_0

四角号码法的优点是：只要熟悉了规则，取号简便，检索迅速。因此，它是一种比较方便适用、颇受欢迎的排检方法。其缺点是：和其他几种排检法相比，具体规则较多，而且有些字的笔形号码属于例外性质的硬性规定，掌握起来稍难一点。

(2)中国字庋撷法

中国字庋撷法是原哈佛燕京学社引得编纂处设计制定的一种汉字排检方法，用于该处所编的 64 种索引。这些索引有的今天仍然常用，所以对这种排检方法应有所了解。

中国字庋撷法的基本形式是：先按中国字庋撷法的取号规则为汉字取号，所有汉字依号码顺序排列，小号在前，大号在后。

中国字庋撷法为汉字取号的规则主要有三个要点：

①先将汉字分成单体、包托体、上下体、左壳体、左右体5种形体，"中国字庋撷"五字为代表字，1—5数字为代码。

②再取各体汉字四角笔形的号码。所有笔形分为10种类型。这些笔形正是构成"庋撷"二字的全部笔形，依次用0—9代表。

③最后计算汉字内所含方格笔形的数量，并将此数字加在四角号码之后。

中国字庋撷法仅适用于哈佛燕京学社编印的引得。这些引得均附有笔画检字和音序检字。近年重印，改附汉语拼音检字，读者可就便使用。

二、音序排检法

音序排检法是指依据汉字的读音设计制定的排列顺序的方法。主要包括韵目排检法和汉语拼音排检法。

1.韵目法　韵目法是中国古代的一种音序排检法，主要用于古代的字书、韵书、类书等，现代编纂出版的一些与古代读音关系密切的工具书，也有采用这种方法的，但一般是与其他现代人熟悉的排检法配合使用。

三国时代就出现了系统的按韵目顺序编排的韵书。古代韵书中把同韵的汉字归并集中在一起，称为一个韵部，每个韵部都用一个汉字来代表，这个代表字便称为韵目。韵目排检法的基本形式是：先将汉字按平、上、去、入四声分类，每一声类内的汉字按韵目顺序排列，同一韵目的汉字再依小韵排列。中国古代影响较大的韵目系统，有《广韵》、《集韵》的206韵目系统，还有宋金"平水韵"的106韵目系统，明清以来"平水韵"流行极广，许多分韵编排的重要工具书，都采用这一韵目系统，如清代编成的《佩文韵府》等。

2.汉语拼音法　1958年《汉语拼音方案》公布以后，按汉语拼音排检工具书成为一种最主要的方法。1982年国际标准化组织承认汉语拼音为拼写汉字的国际标准，汉语拼音开始走向了世界。

汉语拼音排检法的基本形式是：

(1)汉字按汉语拼音字母顺序排列。

(2)第1个字母相同的汉字，依第2个字母的顺序排列；前两个字母均相同的，再依第3个字母排列。余类推。

(3)声母和韵母均相同的汉字，按声调阴平、阳平、上声、去声的顺序排列。

(4)读音完全相同的汉字(即声母、韵母、声调均相同)，按起笔笔形(一、丨、丿、丶、㇕、乚)顺序或笔画多少排列。

(5)复音词先按第1个字的音序排列，第1个字相同的，按第2个字的音序排列，第2字也相同的，按第3个字的音序排列，余类推。

以上是以汉字的拼音为主体的排检法，一般称为"汉字本位法"。有一些工具书是严格按字、词(特别是词)的拼音字母顺序排检的，类似一般的英语词典，与汉字本位法相对，称为"字母本位法"。《汉语拼音词汇(增订稿)》1963年本和1989年重编本(语文出版社，1991)就属于字母本位法排检。试比较：

汉字本位法	字母本位法
力 lì	力 lì
力学 lìxué	历 lì
历 lì	联 lián
历史 lìshǐ	联合 liánhé
联 lián	历史 lìshǐ
联合 liánhé	力学 lìxué

汉语拼音法的优点是排检方法简单，查找方便。但由于它是以汉字的读音作为排序依据，如果遇上不知道读音的字，便难以查找了，这又是它的局限。

三、分类与主题排检法

1. 分类法　分类法是将词目、条目或文献按知识内容、学科属性分门别类地加以归并集中，按逻辑原则排列顺序的一种排检方法。基本的形式是：按知识系统、学科体系层层分类，每一类目下集中同类词目、条目或文献；按类目、词目、条目或文献的内在联系排列顺序。如《中国大百科全书·语言文字》卷"汉语文字学"部分的分类及排列情况：

汉语文字学

汉字

独体字

合体字

合文

意符

声符

省形

省声

部首

六书

象形（见六书）

指事（见六书）

……

［著作］

《仓颉篇》

《三仓》

《急就篇》

《说文解字》

……

［人物］

许慎

顾野王

徐铉

徐锴

……

分类排检法体现了知识的学科属性和逻辑次序，优点是便于按类别查考某种知识或文献，而且能较全面地得到同类相关资料。局限性是分类方法、类目设置、词目归并往往因书而异，极不固定，查考时需先熟悉分类情况。

2. 主题法　主题法是以规范化的自然语言为标识符号，来标引文献中心内容的一种排检方法。作为标识符号的"规范化自然语言"，即主题词，是一种概括了文献的中心内容，又用来标引和检索文献的标准词汇。主题排检法的一般形式是：主题词揭示文献记述的中心内容或对象，主题词本身则按首字读音或笔画等顺序排列。主题排检法的优点是：能把属于不同学科、不同知识体系中论述同一主题的资料集中标引出来，揭示资料比较深入、广泛。局限性是：查考文献资料时，需要正确地选取主题词，否则，难以准确地查到；从理论上说，主题词的选取应以标准的主题词表为依据，然而事实上，现有的按主题编排的工具书并非全都如此，许多工具书中主题词的选取，随意性较大，这又增加了查找的困难。

主题排检法和分类排检法的区别在于：主题法是以主题词来揭示、标引文献所讨论、研究、阐述的中心内容和对象的，强调"直指性"，分类法则是按知识体系分类归并词目和文献的，强调"隶属性"；在主题法中，主题词既揭示文献的中心内容，又是用来标引或检索的词汇，在分类法中，类目只是对词目、文献学科属性的概括，并不是标引、检索的词汇；主题法常常需要结合另外一种排检法（如音序、笔画等）来编排、组织主题词的顺序，分类法则是层层分类归并集中同类词目或文献。

此外，工具书中还有依时间顺序、地区顺序等编排内容的，这些方法比较简单，不赘述。

第二章　查考汉语字词

在汉语中，字和词是构成书面语言最基本的材料。目前，收字最多的汉语字典，收字量达 54678 个，但这很难说已经囊括了汉字的全部。任何一个汉字都是形、音、义的统一体，它们不仅有纵向的发展，还有横向的变化，人们利用已有的汉字，依据一定的构词规则，可以不断地创造出新词。汉语字词本身的复杂性，就决定了它们是需要经常地、大量地查考的问题。

查考汉语字词，主要利用的工具书是汉语语文字典、词典。

第一节　查考古今常用字词

查考古今汉语常用字词的语文字典、词典，大都是综合性的。其中最普通、最常见的是《新华字典》、《现代汉语词典》、《新华词典》、《四角号码新词典》和《古汉语常词字字典》等。

新华字典是建国后编纂的一部质量较高的小型字典。最早出版于 1953 年，后经多次修订，目前通行的是 1979 年修订本(商务印书馆 1980 年出版)，共收单字 11000 多个。它的收字范围是：以一般常用字为主，兼收部分古籍、方言和各行各业的常用字。单字下面，还兼收以这个单字为词头的词语。《新华字典》名曰“字典”，实际上也具有词典的性质。对于所收单字，均先注音，后释义。注音包括汉语拼音注音和注音字母注音；释义通俗简明，并注意辨明义项之间的源流递变关系，引申义、比喻义、转化义等均予注明。单字后面，还列出了该字的异体、繁体等，便于对照查考。《新华字典》的最大特点是汉字的形体和读音都比较规范、准确。

现代汉语词典，中国社会科学院语言研究所词典编辑室编，商务印书馆1978年出版，1983年第2版。这是一部以记录普通话语汇为主的中型词典。所收词目，包括字、词、词组、成语、熟语等，共约56000多条。《现代汉语词典》在字、词的选择、定形、注音、释义、用法说明等方面，都较好地做到了规范性与科学性的统一，质量较高。它是我国第一部比较详尽地记录、描写现代汉语的规范词典。

新华词典，商务印书馆1980年出版。这是一部以收一般的语文词为主，兼收常见的社会科学、自然科学词语的中型词典。全书共收单字12000多个，其中9000多个通用汉字收在"正编"中，3000多个冷僻汉字收在"附录"中；收词目26000多条，其中一般词语约占60%，社会科学与自然科学词语约占40%。和《现代汉语词典》相比较，《新华词典》所收的社会科学、自然科学词语比重较大，与《现代汉语词典》互为补充。

四角号码新词典，目前通行的是1978年出版的1977年修订重排本。这是一部以收语文词为主，兼收百科词汇；以收现代词为主，兼收古词、兼释古义的中型词典。全书共收字9000多个，复音词15000多条。这部词典的特点在于：在内容上，古今词汇兼收而以今为主，一般语文词汇和百科词汇兼收而以一般语文词汇为主；在编排上，采用了四角号码顺序编排，而且用的是"新法"的四角号码。为了便于人们了解"新法"与"旧法"四角号码的区别，书前附有《新四角号码查字法和旧四角号码查字法比较，主要修改的项目》、《新旧四角号码对照表》。为了便于不熟悉四角号码排检法的人使用，书后还附有《音序检字表》和《部首检字表》。

古汉语常用字字典，商务印书馆，1979。这是一部十分便于初学者使用的小型古汉语专门字典，共收古汉语常用字3700多个，复音词2000多个。释义简明扼要，并列举出具有典型性而又明白易懂的例句。另外，正文后还附有《难字表》，专门收录古汉语中比较常用的难字，共1600多个，只注音、释义，不列例句。该书比较突出的优点是：集中收录了在古汉语中出现频率较高、经常使用的字词；解字释词比较好地做到了通俗性与科学性的统一。此书增订本将于1992年出版。增订本收字有所增加，释义有所改进，特别是征引较早的书证，消除了初编本的时代局限。

在查考古今汉语字词的综合性语文字典、词典中，对一般人来说最为重要和适用的是《辞海》和《辞源》。

辞海最早于1936年由中华书局出版，是我国自本世纪初《辞源》问世以后出现的第二部大型综合性词典。到1958年以前，这个版本的《辞海》曾多次重印，这些印本今天一般称为"旧《辞海》"。从1958年开始对《辞海》进行修订，直到1979年，修订工作才算完成，并于当年由上海辞出版社出版。1980年，该社又出版1卷缩印本。这就是今天通行的《辞海》(1979年版)，一般称新《辞海》。

《辞海》(1979年版)是一部兼有字典和百科性质的综合性辞书。全书共收单字14872个，选收词目91706条。编排方法采用了现代词典"以字带词"的方法。正文单字按所属部首、笔画数目排列顺序，共分250个部首，依据"据字形定部"的原则归并集中汉字。释字体例为先注音，后释义。注音一般为汉语拼音，比较冷僻的字还加注直音注音。释义采用现代字典词典通行的分条释义的方法，一般均列书证，并注明出处。收词范围兼顾语词与百科、古词与今词，即不仅收录古今一般的语文词目，而且还选收了一些成语典故、古今人名地名、古今名著、古今学说学派、团体组织、文物典章制度，以及120多个学科中常见的名词术语等。在整体上表现了以解决一般人在学习、工作中"质疑问难"的需要为主，并兼顾各学科的固有体系的特点。释文内容兼顾字词的古义与今义，在整体上表现了以介绍基本知识为主，并注意材料和观点统一的特点。例如：

诗〔詩〕(shī) ❶文学的一种体裁，文学的重要类别之一。详"诗歌"。❷《诗经》的简称。《论语·为政》："《诗》三百，一言以蔽之，曰思无邪。"

诗人 ❶写诗的作家。白居易《与元九书》："唐兴二百年，其间诗人不可胜数。"❷专指《诗》三百篇的作者，以别于辞赋的作者。《法言·吾子》："诗人之赋丽以则，辞人之赋丽以淫。"

诗书 ❶《诗经》和《尚书》。《荀子·劝学》："《诗》、《书》故而不切。"❷泛指书籍。杜甫《闻官军收河南河北》诗："却看妻子愁何在，漫卷诗书喜欲狂。"

诗史 指能反映某一历史时期现实情况的诗歌。《新唐书·杜甫传赞》："甫又善陈时事，律切精深，至千言不少衰，世号诗史。"吴之振《宋诗钞·水云诗钞小序》："诗多纪国亡北徙事，与文丞相狱中倡和作，周详恻怆，人谓之诗史。"

诗囚 指苦吟的诗人。谓耽于作诗，仿佛为诗所拘囚。元好问《放言》诗："长沙一湘累，郊岛两诗囚。"郊，孟郊；岛，贾岛。

(以下选收并解释"诗仙"等词目共52条。)

《辞海》(1979年版)的检索途径比较完备，有汉字部首的笔画、笔形索引以及汉字笔画检字表、汉语拼音索引，还有单行的与之配合使用的四角号码索引、百科词目分类索引。

为了保证内容的相对稳定，《辞海》(1979年版)不收那些正在发展或经常变动的词语，避免使用那些时间性较强或未能肯定的资料。同时，为了能及时反映新成果、新知识、新发展，1983年出了增补本。共增补词目16600多条。编排体例仍沿袭《辞海》(1979年版)。

1984年开始，对《辞海》(1979年版)进行全面修订。1989年10月，修订本《辞海》(1989年版)3卷问世，1990年，又印行了1卷缩印本。《辞海》(1989年版)保持了1979年版的基本性质，即仍旧是一部兼有字典和百科性质的综合性辞书，但规模较1979年版扩大。共收单字16534个，词目12万条，新增单字近2000个，词目

18000多条，总字数增加260万字。与1979年版相比，《辞海》（1989年版）所作的修订主要在三个方面：(1)进一步健全了学科体系。一方面新增了新学科、新门类的词语，另一方面通过学科门类重新划分或增补词目等方法，进一步健全和完善了原有的学科门类，从而更加突出了《辞海》兼顾各学科固有体系，反映各学科基本面貌的特点，在反映学科体系的科学性、完备性上，较1979年版大大前进了一步。(2)大量增收了新词、新义，反映了汉语的新发展。(3)更新改正了原有词目内容的不足与失当。这主要体现在释文内容切实贯彻了实事求是、历史主义、客观表述的原则，基本清除了穿靴戴帽、议论评说、唯书不唯实等非词典化因素。《辞海》（1989年版）比1979年版收词多，学科全，解释准，内容新，整体质量有大幅度的提高。

辞源是我国近代以来出现的第一部规模较大的综合性语文辞书。编纂工作开始于清光绪三十四年，参与其事者，有陆尔逵等几十人，至1915年由商务印书馆正式出版。

1931年出版了《辞源》续编。1939年修订，出版正、续编合订本。1949年出版《辞源》简编本，1950年又出版修改本。这些，一般称为“旧《辞源》”。旧《辞源》不仅收录当时的一般语文词汇，而且广泛涉猎了近代自然科学、社会科学、应用技术以及社会文化等各方面的百科词汇，因此，在当时它是一部“古今皆收”的综合性辞书。

从1958年开始修订《辞源》，到1979年，修订本的第1分册才由商务印书馆正式出版，至1983年，修订本的4个分册全部出齐。这个修订本，一般称为“新《辞源》”。

《辞源》（修订本）与旧《辞源》最明显的区别，就是根据与《辞海》、《现代汉语词典》分工的原则，删去了有关近现代自然科学、社会科学、应用技术等方面的词语，收词范围一般到鸦片战争时期（1840年）为止。这样，《辞源》（修订本）便成为一部主要供查检阅读古籍时产生的有关词语典故和古代文物典章制度等知识性疑难问题的大型辞书，即专门的古汉语词典。除收词范围有所不同外，《辞源》(修订本)的内容从整体上看，基本继承了旧《辞源》的一些突出特点，主要是以语词为主，兼收百科；以常见为主，强调实用；结合书证，重在溯源。《辞源》(修订本)所收的词汇，以古汉语中的一般语文词汇为主，兼收诸如人名、地名、书名、文物典章制度这类古汉语中的“百科”词汇。所收词语，仍然强调常见、实用，避免收录非词或过分冷僻的词目。对词义的解释，力求简明确切，并注意语词的来源和语词在使用过程中的发展演变，“追本溯源”的特色依然十分明显。可以说，《辞源》(修订本)对旧《辞源》做了重要改造，但释文内容保持了其基本特色。

《辞源》(修订本)全书共收单字 12890 个，词语 84134 条。编排方法与解字释词的体例，与《辞海》略同，如“以字带词”，正文单字依部首归并集中，“分条释义”，列举书证等。它与《辞海》(1979 年版)的主要区别是：

(1)部首。《辞源》(修订本)的部首，仍按“旧《辞源》”，采用《康熙字典》的 214 部首，并将所有部首分为 12 集，，以 12 地支标名。单字依据“以义归部”的原则归并部首。

(2)收词。在范围上兼顾语词与百科，但在时间上以鸦片战争以前为限。

(3)注音。与解决古代知识性疑难问题的基本性质相适应，对单字的注音，不仅有汉语拼音，还有注音字母以及《广韵》中的反切、声调、韵部、声纽。《广韵》未收字，根据古代其他韵书或字书。

(4)释义。解释字词在古代的意义，强调对字词意义发展源流的清理，义项的排列一般遵循本义、引申义、通假义的顺序。例如，同样是“诗”字，《辞源》(修订本)的解释及选收的词目见下页

共带出词目 68 条。

从历史渊源上看，《辞海》和《辞源》关系密切，但各具特色；从修订本来看，《辞海》和《辞源》各有分工，基本性质、特点、功用已有

明显的区别,但在内容上,特别是在编排方法、体例上,仍有一定相近之处。准确地了解二者的异同,对于有针对性地利用它们十分重要。

目前,查考古今汉语字词规模最大的工具书是《汉语大字典》和《汉语大词典》。

汉语大字典是当今世界上规模最大的一部以解释汉字形、音、义为主要内容的巨型历史性详解字典,徐中舒主编,四川辞书出版社、湖北辞书出版社1986—1990年出版,全书共8卷。

《汉语大字典》在内容上的突出特点是:以“字”为中心,形、音、义兼顾,力求历史地、全面地、正确地反映其演变和发展。全书以历代辞书为依据,并参考其他古今著作,共列收单字54678个,堪称古今正体汉字的大汇编。对每一个汉字的解说,在字形方面,选收了能够反映形体源流演变的有代表性的甲骨文、金文、篆书、隶书等,并简要说明其结构的演变;在字音方面,采用“三段标注法”,以汉语拼音注现代音,以《广韵》、《集韵》的反切为主要依据注中古音,并标明声调、韵部、声纽,以近人考订的三十部为准标注上古音的韵部;在字义

詩 shī 書之切,平,之韻,審。
ㄕ

㊀ 有韻律可歌詠者的一種文體。書舜典:“詩言志,歌永言。”古詩多四言,東漢魏晉以後,多五、七言,至唐遂有古體近體之分,古體即仿樂府之作,近體即律詩及絶句。㊁志,意思。在心爲志,發言爲詩。呂氏春秋慎大:“湯謂伊尹曰:若告我曠夏,盡如詩。”㊂書名。即詩經。論語爲政:“詩三百,一言以蔽之,曰:思無邪。”㊃承奉,維持。禮内則:“三日,卜士負之,……詩負之。”謂以手承下而抱負之。儀禮特牲饋食禮:“詩懷之。”鄭玄注:“謂奉納之懷中。”

【詩人】詩歌作者。史記周紀:“周道之興自此始,故詩人歌樂思其德。”漢揚雄法言吾子:“詩人之賦麗以則;辭人之賦麗以淫。”

【詩王】傳説中對唐大詩人杜甫的頌稱。唐馮贄雲仙雜記一文星典吏:“杜子美十餘歲,夢人令采文於康水,覺而問人,此水在二十里外,乃往求之,見鵝冠童子告曰:‘汝本文星典吏,天使汝下謫,爲唐世文章海,九雲誥已降,可於豆壠下取。’甫依其言,果得一石,金字曰:‘詩王本在陳芳國,九夜捫之麟篆熱,聲振扶桑享天福。’”

【詩友】指相互以詩詞唱和而結交者。唐杜甫杜工部草堂詩箋四十送王侍御往東川放生池祖席:“東川詩友合,此贈怯輕爲。”

方面，注意清理源流，反映发展，并辅以丰富的例证和书证。多义字按照本义、引申义、假借义的顺序依次排列义项，不仅注重收列常用字的常用义，而且注意考释常用字的冷僻义和冷僻字的意义。数词、量词、代词、副词以及其他虚词均标明词性。另外，根据"存字、存音、存源"的原则，单字下还酌收了少数复词。所有单字在字形的选取、字音的标注、义项的建立等方面，都按规范化、标准化的原则进行了处理。例见下页。

《汉语大字典》全书按部首顺序编排。共设部首200个，是以传统的《康熙字典》214部首为基础，稍加删并而成。单字归部基本与《康熙字典》同，但简化字实行"据字形归部"的原则。

汉语大词典是一部大型历史性汉语语文词典。由汉语大词典编纂处编纂，上海辞书出版社1986年出版第1卷。全书计划出13卷，包括正文12卷及检索表和附录1卷。自第2卷起，改由汉语大词典出版社出版。

《汉语大词典》的基本编辑方针是"古今兼收，源流并重"。全书以汉语一般语词为主，共收录37万多条，包括单字22000多个，没有进入一般语词范围内的专科词汇则不收。所收单字以有文献例证者为限，没有例证的僻字、死字，一般不收。收录一般语词数量多，这是《汉语大词典》的一个突出特点。例如"便"字所带出的词目，《现代汉语词典》列30条，《辞源》(修订本)列45条，而《汉语大词典》则多达141条。对语词的解释，《汉语大词典》力求义项完备，释义确切，层次清楚，注重对语词的历史演变源流加以全面阐述，这是又一突出特点。仍以"便"字所带出的词目为例，《现代汉语词典》计有37个义项，《辞源》(修订本)计有55个义项，62条书证，《汉语大词典》则有204个义项，375条书证。所列义项，基本包括了词义的全部，所举书证，基本包括了各个时代、各类作品中有代表性的例证。《汉语大词典》中大量的关联条目，反映了两个或两个以上语词间的内在关系，对语词在形体、读音、意义等方面的发展

2 三

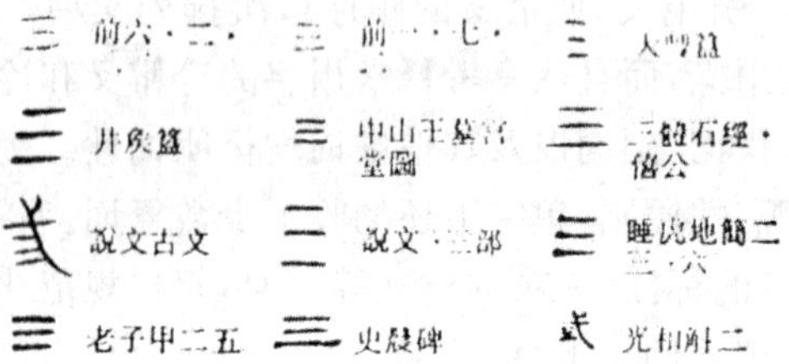

《說文》:“三,天地人之道也。从三數。弎,古文三从弋。”按:古文字三用三横画表示,是原始记数符号。

sān《廣韻》蘇甘切,平談心。又蘇暫切。侵部。

❶数词。二加一的和。《廣韻·談韻》:“三,數名。”清汪中《述學·釋三九上》:“二乘一則為三。故三者,數之成也。”《莊子·齊物論》:“二與一為三。”又表序数第三。《書·洪範》:“五行:一曰水,二曰火,三曰木……”《左傳·莊公十年》:“一鼓作氣,再而衰,三而竭。”《儒林外史》第七回:“一等、二等、三等都發落過了。”

❷泛指多数或多次。如:举一反三。清汪中《述學·釋三九上》:“因而生人之措辭,凡一二之所不能盡者,則約之三,以見其多。”《詩·魏風·碩鼠》:“三歲貫汝,莫我肯顧。”《論語·公冶長》:“季文子三思而後行。”劉寶楠正義:“三思者,言思之多,能審慎也。”

❸姓氏用字。《廣韻·談韻》:“三,漢複姓五氏:三閭氏,三閭大夫屈原之後也;沛上計三烏群,三烏大夫之後也,……《蜀志》有三丘務。”《萬姓統譜·談韻》:“三,見《姓苑》。明有三庸道,應州人,正統中任祁門縣丞。又三成志,桃源人,正統中江陵利港巡檢。”

演变,作出了较为精审的清理和考释。

《汉语大词典》按200部首编排。每卷首有部首总表、《广韵》韵目表、《广韵》四十一声类表以及本卷部首检字表、难检字表等。为适应一般读者需要,《汉语大词典》将出三卷简编本。

《汉语大字典》和《汉语大词典》根据相互的分工,按照各自的侧重,对古今汉语字词作了一次全面系统的清理、总结,这是一项前所未有的工作。它们代表了八十年代国内外汉语研究的水平，具有较高的学术权威性。它们的问世，在我国辞书发展史上树立了新的里程碑。

台湾编纂过一部大规模的综合性词典**中文大辞典**，台湾中国文化学院出版部，1976 年修订版。该书收单字约 49870 个，选收词语 37 万条左右，解说文字达 5000 万左右。

《中文大辞典》解字释词的体例是：先列单字，并对该单字从形、音、义三个方面加以解释。字形方面，罗列该单字上自甲骨、金文、下至篆、隶、楷、草等各种形体。字音方面，先罗列该字在古代韵书中的反切注音，次列该字在“平水韵”中的韵目，最后是注音字母和罗马字母注音。字义方面，先列该字本义，然后依次是引申义、假借义等。解释完单字以后，即罗列并解释以这个单字为词头的词语。解字释词时，均大量引用书证，并注明出处。

《中文大辞典》的主要特点是：收录字、词数量多，引用资料比较丰富；解字释词，比较注重反映发展、演变的历史源流。

《中文大辞典》也有明显的不足。比如，在收词、释义等方面因袭旧有字书的地方较多，继续了旧有字书中的许多错误；有些常用词漏收，而有些词语却重复出现；错字、漏字也较多。

以收录现代汉语字词、解释字词的现代意义为主的巨型语文词典是**语言大典**，王同亿主编，三环出版社，1990。共收汉字 15000 个，词语 30 多万条。与《辞海》、《辞源》、《汉语大字典》、《汉语大词典》等大型字典词典相比，本书的主要特点在于：(1)实行“古今结合，以今为主”的编纂原则，收录近 70 年来通行的日常用语、书面用语、当代科学文化词汇比较完备，释义比较周全。(2)单字全部标注词性，同一单字按不同词性分别立目，分别解释。如“几”字，按名词、动词、副词、连词分立词目，分条释义。(3)所有字词按义项列有英语的对译。从总体上看,《语言大典》吸收了世界上大型现代用语词典的编纂经验,是一部综合性现代汉语词典,同时兼有汉英词典的功能。

在古代和近代早期编纂的综合性语文字典中,目前仍有一定参考价值而且在中国字书发展史上占有重要地位的是《康熙字典》和《中华大字典》。

康熙字典是根据清朝康熙皇帝的指令,由张玉书、陈廷敬等三十多人编纂的。编纂工作开始于康熙四十九年(公元1710年),完成于康熙五十五年。《康熙字典》主要是以明代梅膺祚《字汇》、张自烈《正字通》这两部书为基础编成的。全书分12集,以十二地支标名,每集分上、中、下三部分。收单字47035个,比《字汇》、《正字通》增加了1万多,沿袭《字汇》、《正字通》,分214个部首。

《康熙字典》卷末,附有《备考》,收录那些有音无义,或音义全无,又无可考证的字,为人们进一步深入研究提供了线索。并有《补遗》,补充字典正文的遗漏。

《康熙字典》对每一个单字的解释,多数都有如下五项内容:

(1)列出单字。如该单字有古文形体,一并列出。

(2)注音。包括罗列古代韵书中的反切注音和直音注音。

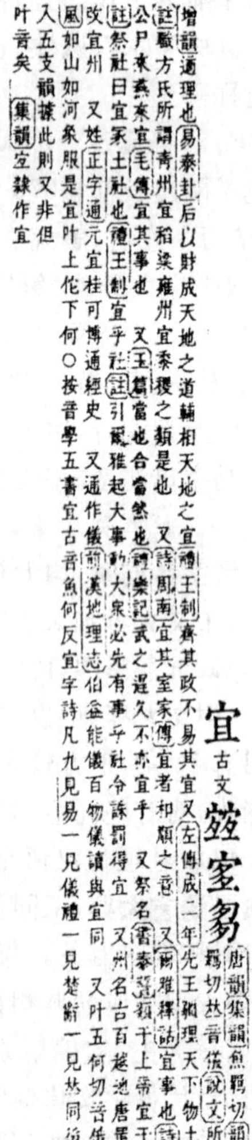
宜 古文𡧯𡨀多 唐韻集韻魚羈切韻會疑羈切𠀤音儀說文所安也 增韻通理也易泰卦后以財成天地之道輔相天地之宜禮王制齊其政不易其宜又左傳成二年先王疆理天下物土之宜註職方氏所謂青州宜稻梁雍州宜黍稷之類是也 又詩周南宜其室家傳宜者和順之意 又爾雅釋詁宜事也詩大雅公尸來燕來宜毛傳宜其事也 又玉篇當也合當然也 禮樂記武之遲久不亦宜乎 又祭名書泰誓類于上帝宜于冢土註祭社曰宜冢土社也禮王制宜乎社註引爾雅起大事動大衆必先有事乎社令誅罰得宜 又州名古百越地唐置粵州改宜州 又姓正字通元宜桂可博通經史 又通作儀前漢地理志伯益能儀百物儀讀與宜同 又叶五何切音俄詩鄘風如山如河象服是宜叶上佗下何○按晉學五書宜古音魚何反宜字詩凡九見易一見儀禮一見楚辭一見𠀤同後人誤入五支韻據此則又非但叶音矣 集韻宜隸作宜

(3)解释单字的本义。

(4)列出单字的别音、别义。

(5)列出单字的别体。

释义一般都有比较丰富的书证,例见上页。

有些单字下面,还有编者对这个字的考辨。凡考辨的内容,前面都加一“按”字标明。

《康熙字典》的特点之一是收字较多,在单字的辨形、注音、释义等方面都比以前的字书完备、细致,这对查考字、词,特别是查考那些以前的字书中没收的字、词,很有帮助。《康熙字典》的特点之二是引证比较丰富,这就有助于我们考察、研究文字形、音、义发展变化的历史源流。在中国字书发展史上,《康熙字典》是第一部明确以“字典”命名的字书,也是现存的第一部大型官修字书,自问世以来,流行甚广,影响较大。

《康熙字典》本身也有许多不足。比如,收字上,重复和漏收的现象时有发生;释义有许多不准确、不科学的地方;引用书证丢字落字、妄删妄改,甚至凭空杜撰的现象更是屡见不鲜。日本人渡部温写过《康熙字典考异正误》,王力著有《康熙字典音读订误》(商务印书馆 1988 年出版),均可参阅。

中华大字典和《康熙字典》密切相关。这部字典于 1909 年开始编纂,欧阳溥存等编。1915 年由中华书局出版,是近代出版较早的一部大型辞书。全书收单字 48000 多个,比《康熙字典》多 1000 多个。也分 214 个部首,但部首排列顺序和单字归部略有调整。

《中华大字典》的编纂目的,是为了纠正《康熙字典》的错误,弥补其不足,试图取而代之。《中华大字典》确实纠正了《康熙字典》的许多错误和疏漏,比《康熙字典》详备。但从整体上来看,《中华大字典》本身的错误和疏漏也不少,有许多《康熙字典》存在的问题,《中华大字典》同样也存在。和《康熙字典》相比,《中华大字典》主要的创新和改进之处,是在编排的体例上。注音方面,一般只列出单字在《集韵》中的反切，然后加注直音注音，标明单字所属的韵部。释义方面，采用了现代字典“分条释义”的方法，使一般人更容易区别一个单字的不同义项，仍以“宜”字为例，《中华大字典》的体例是：

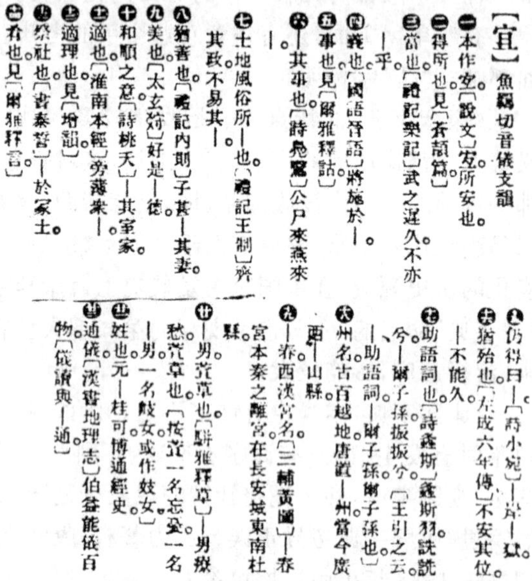
【宜】魚羈切音儀支韻
❶本作宜。〔說文〕宜所安也。
❷得所也。見〔[illegible]〕
❸當也。〔禮記樂記〕武之遲久不亦—乎。
❹義也。〔國語晉語〕將施於—。
❺事也。見〔爾雅釋詁〕
❻—其事也。〔詩鳧鷖〕公尸來燕來—。
❼土地風俗所—也。〔禮記王制〕齊其政不易其—。
❽猶善也。〔禮記內則〕子甚—其妻。
❾美也。〔太玄錯〕好是—德。
❿和順之意。〔詩桃夭〕—其室家。
⓫適也。〔淮南本經〕旁薄眾—。
⓬適理也。見〔增韻〕
⓭祭社也。〔書泰誓〕—於冢土。
⓮肴也。見〔爾雅釋言〕
⓯仍得曰—。〔詩小宛〕—岸—獄。
⓰猶殆也。〔左成六年傳〕不安其位。—不能久。
⓱助語詞也。〔詩螽斯〕螽斯羽。詵詵兮。—爾子孫。振振兮。〔王引之云〕、—助語詞。—爾子孫。爾子孫也。〕
⓲州名。古百越地。唐置—州。當今廣西—山縣。
⓳—春。西漢宮名。〔三輔黃圖〕—春宮本秦之離宮。在長安城東南杜縣。
⓴—男。萱草也。〔駢雅釋草〕—男[illegible]愁。萱草也。〔按萱一名忘憂。一名—男。一名鼓女。或作妓女。〕
㉑姓也。元—桂。可博通經史。
㉒通儀。〔漢書地理志〕伯益能儀百物。〔儀讀與—通。〕

《中华大字典》在编排体例上作了这些改进，它比《康熙字典》简明清晰，更便于使用。《中华大字典》的出现，标志着中国的字书编纂在形式上开始进入现代。

在我国现有的语文字典词典中，从编排方法上看，大多都是“正序”的，即所收词目的词头（前语素）与统领词目的单字相同。但是在语言中，前语素相同的词意义不一定相关，大量意义相关的词却是后语素相同。这样，利用传统的正序词典查考同韵词、同类词、近义词、反义词等便比较困难，难以获得举一反三之效。清代编的《佩文韵府》等，按所收词语的末字所属韵部排列，近年来，我国开始出现了按“逆序”方法编排的汉语语文词典，即所收词目的词尾（后语素）与统领词目的单字相同。这类词典主要有：

《新法编排汉语词典》，万启智等编，新华出版社，1985。收词57000多条。

《简明汉语逆序词典》，陈晨等编，知识出版社，1986。收单字

2862 个，词语 30900 条。

《逆序现代汉语词典》，江天等主编，辽宁大学出版社，1986。收词 26000 多条。

《现代汉语词林》，蔡富有主编，福建人民出版社，1986。逆序、正序混合编排。

《汉语倒排词典》，郝迟等主编，黑龙江人民出版社，1987。收词 36000 多条。

《倒序现代汉语词典》，商务印书馆，1987。《现代汉语词典》的逆序编排本。

逆序词典的出现，为人们查考古今汉语常用字词提供了新的途径，为诗文写作、语言翻译等工作提供了方便。

在我国现有的语文字典词典中，从内容上来看，大多都是以解释字词意义为主的。但是在平常的学习、研究中，人们还常常碰到以单字(语素)构词的问题。适应这种需要，近年来出现了兼顾罗列单字(语素)在不同意义上所能构成的词语和释义的构词字典，开辟了语文字典词典的新领域。一个字在词语中的位置，既可能是词头，也可能是词尾，还可能居中，所以，构词字典中单字与它所构成的一系列词语的关系，便既有正序的，也有逆序的，还有居中的。这类词典主要有：

常用构词字典，傅兴岭等主编，中国人民大学出版社，1982。收录单字 3994 个，词、词组、成语和熟语约 9 万条。释文除注音和简要释义外，重点是选列由单字所构成的词语，以单字在词语中所处的位置分别集中。例如：

宠 chǒng　偏爱，过分地爱。

㊀宠爱　宠儿　宠信　宠幸

㊁爱宠　得宠　恩宠　光宠　……

㊃哗众取宠

实用解字组词词典　周士琦编著，上海辞书出版社，1986。共收单字约7000个，词语8万多条。“解字”，就是简要解释常用词语中的语素(单字)义；“组词”，就是由这一单字组成一系列词语。

第二节　查考古今专类字词

专类字词是指某一类有共同属性、功能或使用范围的字词，如动词、虚词、外来词、联绵词、成语典故、断代语词等等。综合性语文字典词典大都收录了一定数量的专类字词，但在收录范围上，系统性、完备性略差，在释文内容上深入层次、专指程度往往不足。因此很难满足人们的特殊需要。集中收录和解释某一类专门字词的工具书是专类字典、词典。在我国，编纂专类字典词典有悠久的历史。像以《尔雅》为代表的“雅书系统”的字书，分类解释一般语词和百科词汇，以汉代扬雄所编的《方言》为代表的“方言系统”的字书，专门解释方言语词，实际上就属于专类字书。近代以来，专类字典词典的发展比较缓慢，直到八十年代以来，才出现了迅猛发展的势头。十多年来，大量具有填补空白性质的专类词典问世，质量也在逐步提高。专类字典词典的迅速发展，成为我国近年来辞书编纂出版事业繁荣的一个重要标志，也是我国语文字典词典在宏观上向体系化、系列化迈进的重要标志。

一、动词

动词是一般句子中的重要部分，动词研究是语法研究中最为复杂的问题，但专门收录解释汉语动词的词典，在我国直到八十年代后期才开始出现，目前有代表性的是《动词用法词典》和《动词逆序词典》。

动词用法词典，孟琮等编，上海辞书出版社，1987。该书从《现代汉语词典》中选取了1328个动词。除注音和释义外，考释的重点内容是动词的语法功能和搭配使用。包括动词的一般功能、名词宾语的分类、动结式(指动词带表示结果的补语)构成的情况、动趋式

（指动词带趋向性词作补语）构成的情况。例如：

轻视 qingshì 不重视；不认真对待。
〔名宾〕～别人的劳动成果 〔动时量〕～过几回‖～过一阵儿 〔了着过〕～了对方‖～过这个工作 〔加很〕他对别人很～
《名宾类》〔对象〕～别人｜～我们｜～困难｜～别人的长处｜～自己的成绩
〔动结〕～〔不〕得 a 对环境保护工作～不得
《动趋》～下去 △对旷工问题不能再～下去了
～起来 △他也～起我们的工作来了

对动词的语法功能和搭配使用分析深入，例证丰富，这是本书的突出特点。

动词逆序词典，张立茂、陆福庆编，福建人民出版社，1986。所收动词以现代汉语双音节词为主，酌收在现代历史题材作品中较常用的古汉语双音节动词。本书全部词目按尾字音序排列。这种编排方法更易于集中显示动词的语义在程度、对象、范围等方面的细微差异，不仅便于人们选择词语，而且为词语结构、组合能力等研究提供了资料。

二、虚词

虚词是指那些不能单独充当句子成分，但同句法结构密切相关的词，包括连词、介词、助词、语气词、叹词、象声词。在古代，虚词直称为“词”、“辞”，或者叫“语助”、“语辞”，稍后，也称“虚字”。

在我国，相对于其他专类字词的研究，对虚词的研究开始较早。一般认为，元代卢以纬编纂的《语助》是最早的一部专门汇集解释虚词的著作，具有虚词词典的性质。但此书只涉及了百余个古汉语虚词，内容还比较简略。清代以来，这方面的专书开始多了起来。出现较早的是康熙年间刘淇编纂的《助字辩略》，收录从先秦至元代各种古籍中的虚词 476 个，广引资料，加以辨析解释，对后来虚词字书的编纂有较大影响。

清代虚词研究的代表之作，是嘉庆年间著名学者王引之编的**经传释词**。该书共 10 卷，收集了周、秦、西汉古书中的虚词 160 个，广泛选取经传本文和注文中的例证来说明各字的意义、用法。因为该书的取材范围是以经传为主，兼及他书，故名《经传释词》。和《助字辨略》相比较，《经传释词》不论是解说还是例证，都更为详备，这标志着虚词字书在清代的发展。但由于它把取材范围主要限制在经传之内，收字量少，而且也使解说、例证有一定的局限性。1956年，中华书局曾出版《经传释词》，后附清孙经世的《经传释词补》及《经传释词再补》。1985年，湖南岳麓书社出版黄侃、杨树达批本《经传释词》，天头上刊布了黄、杨二人的批语370多条。

我国第一部系统的文言语法著作《马氏文通》的问世，标志着汉语语法的研究进入了一个新的阶段。汇集解释汉语虚词的工具书在总结前人经验、吸收时代成果的基础上，获得了长足的进展。最有代表性的虚词词典是《词诠》。

词诠，杨树达著，商务印书馆，1928。共收录古书中常见常用的虚词及一部分代名词、动词、副词等500多个。对每一虚词的解说，都包括三部分内容：注出词性；解释意义；详细举例。释词体例，采用了现代词典“分条释义”的方法。例见下页。

和以前出现的同类工具书相比，《词诠》释文条分缕析，内容翔实，多有发现，例证丰富，具有总结性质。而《词诠》最突出的创新之处，就在于对每一虚词的每一义项，都能注明词性，具体指出其语法作用，体现了语法研究的时代水平。《词诠》的不足，一是忽视了复音虚词，二是有些虚词义项的归并缺乏历史的、内在的联系，略显凌乱。不过，直到今天，它仍然是查考古汉语虚词重要的工具书之一。中华书局1978年重印本，后附汉语拼音索引。

八十年代以来出版的虚词词典，多数仍然集中在古汉语虚词方面。其中质量较好的一种是**古代汉语虚词通释**，何乐士等编，北京出版社，1985。共收录古汉语虚词630多个，还收录复音虚词和固定词组660多条，是目前国内收词最多的古汉语虚词词典。释文内容包括标注读音、词性，解释意义、用法，详细列举书证。多数虚词还缀有“附”一节，介绍与该虚词同形的实词或某些不宜在释文中讲述的内容。有些虚词附有“按语”，说明某些与理解虚词有关的问题。此书的特点是，较多地收录了复音虚词，弥补了过去的虚词词典偏重收录单音虚词的不足；注意把具体虚词放在整个语法体系、句子结构中加以考察，从形式和意义的结合上来分析其特点，揭示其规律，而不是孤立地、零星地就虚词谈虚词。

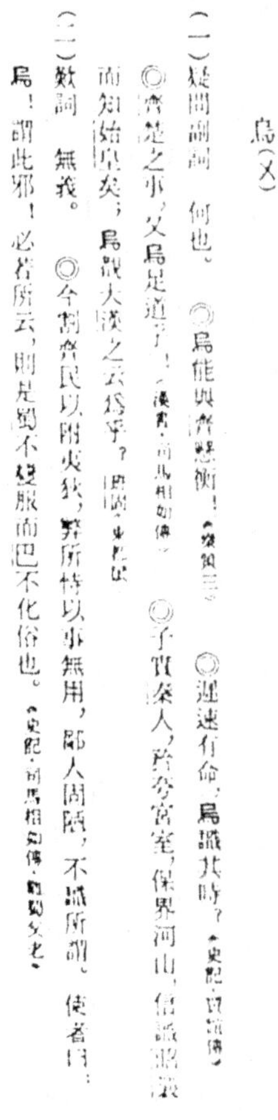
烏(ㄨ)

(一)疑問副詞　何也。◎烏能與齊懸衡！（燕策三）◎遲速有命，烏識其時？（史記·賈誼傳）◎齊楚之事，又烏足道乎！（漢書·司馬相如傳）◎子實秦人，矜夸宮室，保界河山，信識昭襄而知始皇矣；烏覩大漢之云為乎？（班固·東都賦）

(二)歎詞　無我。◎今割齊民以附夷狄，弊所恃以事無用，鄙人固陋，不識所謂。使者曰：烏！謂此邪！必若所云，則是蜀不變服而巴不化俗也。（史記·司馬相如傳·難蜀父老）

最近几年，虚词词典的涉猎范围开始向现代汉语拓展，出现了几种古今皆收或专收现代汉语虚词的专门词典。主要有：

汉语虚词词典，唐启运等主编，广东人民出版社，1989。收录古今汉语虚词 1200 多条。释文注明词性，解释古今意义，列有书证。对在意义、用法上需加注意或区别的虚词，还特别加以辨析。正文词目按汉语拼音字母顺序排列，附有音序、部首、笔画检字表。

现代汉语虚词用法小词典，王自强编著，上海辞书出版社，1984。收录解释现代汉语虚词和少数书面语中较常用的文言虚词约 800 个。

三、义类词

义类词是指那些意义相关的词语,相关关系主要包括同类、同义、近义、反义等。在平常的学习、写作实践中,常常碰到这样的问题:已经有了大致的想法,但找不到合适、确切的词语来表达;想到了一个词,还希望找到一些它的同类、同义或反义词。在这种情况下,按语义类别集中收录解释词语的义类词典(或称类义词典),便是有效的查考工具。从语言研究的角度说,义类词典为考察字词的区别与联系,辨析字义词义,提供了丰富的资料。

1. **同类词** 同类词又称类别词,是指那些在语义上属于同一范畴但又"同中有别"的词语。同类词词典又称类别词词典,重点内容是对词语按意义进行分类归并与集中。词目的分类体系因书而异。一般均采用梯级层次分类方法,以能够概括同一类别词群基本意义的有代表性的词语标明类目。由于作为类目的词语已经揭示了同类词的基本意义,所以这种词典对具体词义的解释大都比较简略。

分类汇集解释同类词的词典在我国源远流长,以**尔雅**为代表的"雅书系统"的字书,便属此类。《尔雅》是我国最早的一部以训释词义为主要内容的字书,原无作者名,据后人考定,系秦汉间学者递相增益而成,并非成于一时一人之手。《汉书·艺文志》著录《尔雅》3 卷 20 篇,今本共 19 篇,分别是:释诂、释言、释训、释亲、释宫、释器、释乐、释天、释地、释丘、释山、释水、释草、释木、释虫、释鱼、释鸟、释兽、释畜。前 3 篇解释一般字词。解释的方法,主要是采用"通训法",即把许多意义相同或相近的字词类集在一起,训释它们基本的、通用的意义。如:

朝、旦、夙、晨、晙:早也。(《释诂》)

其他 16 篇分类解释各类百科词语。如《释亲》主要解释有关家族、亲属、婚姻等方面的词语,《释宫》主要解释有关宫室建筑方面的词语,等等。解释的方法,主要是"释雅以俗,释古以今",如:

宫谓之室，室谓之宫。牖户之间谓之扆，其内谓之家。东西墙谓之序。西南隅谓之奥，西北隅谓之屋漏，东北隅谓之宧，东南隅谓之窔。(《释宫》)

在唐宋时期，《尔雅》被列为"十三经"之一。因为《尔雅》对字、词的训释都比较简略，所以从汉代开始，就有人对《尔雅》进行注释。比较有代表性的注释之作有：晋代郭璞的注，南朝宋邢昺的疏，清代邵晋涵的《尔雅正义》，清代郝懿行的《尔雅义疏》。其中郭璞的注、邢昺的疏，再加上《尔雅》原文，这就是今天通行的《十三经注疏》中的《尔雅注疏》。今天查考《尔雅》，可以利用《十三经注疏》及《十三经索引》，也可以利用哈佛燕京学社引得编纂处编的《尔雅引得》，书前附有《尔雅》原文。

《尔雅》在中国字书发展史上的影响极大。自它问世以后，续补、摹仿之作层出不穷。不仅编纂体例基本相同，而且书名还大都冠以"雅"字，形成了中国字书发展史上特有的一类"雅书系统"的字书，亦称"群雅"，这类字书中比较重要的有：

释名，东汉刘熙(或作"熹")撰，27 篇。仿《尔雅》体例，用"音训"的方法解释各类百科词语，探究词语语源。

广雅，三国魏张揖撰。博采汉代笺注及旧有字书，以增广《尔雅》之未备，补充《尔雅》之不足。

埤雅，宋陆佃撰，20 卷。解释鱼、兽、鸟、虫等八类动植物词语。

尔雅翼，宋罗愿撰，32 卷。解释草、木、鸟、兽、虫、鱼六类动植物词语。

骈雅，明朱谋㙔撰，7 卷。解释古书中比较冷僻深奥的双音词语。

通雅，明方以智撰，52 卷。分门别类辨证词语训诂。

别雅，清吴玉搢撰，5 卷。汇集古书中的通假字、异体字，辨析其用法、关系。

比雅，清洪亮吉撰，19 篇。排比辨释近义、对义和内容有关的词语。

叠雅，清史梦兰撰，13卷。考证解释古书中的叠字。

上述这些雅书系统字书，从编排体例上看，基本上都是摹仿《尔雅》，但在内容上，解说大都比较详细，而且多数都有丰富的书证；在收词范围上，有的补《尔雅》之缺，有的专收某一方面的词语，各具特色。这些，都是雅书系统字书不断发展的表现。

近代以来，分类汇集解释同类词的词典发展缓慢，直到八十年代，才又开始较多地出现。其中有代表性的是**简明汉语义类词典**，林杏光、菲白编，商务印书馆，1987。本书共收词目6万多条，包括单词、词组及少量语素。词目分为18大类（人物、品德、智能、情感、感觉、仪容、处境、交往、争斗、语言、信息、物质、运动、时间、空间、数量、程度、性质），1730小类，有的小类下还分组。如"人物"大类下区分为人、人的代称、男人、女人、老人、父母、同学、工人、农民、知识分子、帝王、太监、叛徒、走狗、流氓、罪犯等115小类，其中"知识分子"小类下又区分为知识分子、文人、学者、书淫4组。对词目的处理主要是按语义类聚集中，释义和例证都很简略。如对"知识分子"一组同类词的处理：

> **知识分子**　读书人　文化人　文墨人　学人（旅美～）　书生（白面～|文弱～|～之见）　秀才（泛指读书人）　士人（旧时代的读书人）　士（进～|～农工商）　儒生　童生（明清两代称没有考秀才或没有考取秀才的读书人）　文童　书香子弟　处士（泛指没有做过官的读书人）　士大夫（有时指没有做官的读书人）　寒士（穷读书人）　寒儒　措大/醋大（穷～）　先生（对知识分子的称呼）　女史（旧时尊称妇女知识分子）　老九（对知识分子的蔑称）

书后附有按汉语拼音音序排列的全书词语索引。与此书性质相同的还有《简明类语词典》，王安节等编，黑龙江人民出版社，1984。共收词语1400多条，区分为440多个类别类聚词语。

专门收录古汉语中同类词的词典，目前有**类别词汇释**，李新魁著，河南人民出版社，1989。本书所收的类别词，限于那些在古籍中"分笺并见"（两两并见而且分笺共举）的词，按大类（共分16大类）、小类的分类层次类聚词目。从释文内容看，重点在通过汇集前人的笺释资料，考察参证同类词的“类中之别”。如“性状·姿容颜色”类目下的一个条目：

> **善心曰窈，善容曰窕。　（《诗·周南·关雎》毛传）**
>
> **《广韵》“善容”作“善色”。《说文》七下“窈”字段注作“美心”和“美状”。《广雅·释诂一》：“窕，好也。”《后汉书·列女传》注：“窈窕，妖冶之貌也。”**

由于古籍中分笺并见的词语往往是同义或近义词，而在现代汉语中则一般发展为双音节的合成词，所以这部词典对于辨析古汉语中意义微殊的词语很有帮助。

2. **同义词**　同义词是指任何一个语言词汇中，意义相同或基本相同，材料构造上不同的词。从理论上说，不包括近义词。在我国，集中收录解释同义词的词典是在八十年代以后才开始出现的。目前，质量较好的一种是**现代汉语同义词词典**，刘叔新主编，天津人民出版社，1987。共收录较常使用的同义词组 1640 组，包括 4600 多个词。在编排上，采用按同义关系分组聚集同义词的方法。同义词组按领头词的汉语拼音字母顺序排列，编有词组音序索引，供从较为熟悉的领头词入手，查考相关的同义词组；另有词目音序、笔画索引，供从具体词目入手，查考它进入什么同义词组，与哪些词存在同义关系。除标注读音、词性，说明共同语义外，重点辨析同义词在意味、色彩、用法特点上的区别。如下页例。

同义词词林，杨家驹等编，上海辞书出版社，1983。这是一部只提供同义词汇，一般不作词义解释辨析，不举书证的同义词词汇集，共收词 7 万多条，以现代汉语一般语词为主，兼收词素、方言词、古语词、专科词等；以同义词为主，兼收同类词、近义词等。其特点在于采用了按词义分类编排的方法。全书区分为 12 大类，94 中类，1428 小类，3925 个词群，以类聚词，以常见词作词群标题。它的主要功用是便于从类别入手查考同义词群，以供选择运用。

3. **反义词**　反义词是指意义相反或相对，所指范畴相同，词性相同，结构相同的词。从逻辑原则上说，反义词所指范畴必须相同，而意义则必须相反或相对；从语言原则上说，反义词必须词性相同，结构相同。在我国，专门收集解释反义词的词典也是八十年代以后才开始出现的，有代表性的是《反义词词典》和《现代汉语反义词小词典》。

流言 liúyán　　**谣言** yáoyán

名词。指没有事实根据的、在背后议论、流传的话。

“流言”强调在背后流传或暗中散布的性质，含有“这无根据的话带诬蔑、恶意中伤或挑拨性质”的意味；同“蜚语”组合成固定词组“流言蜚语”。例如：“城中忽然流言四起，事出必然有因”（冯骥才等：《义和拳》），“林则徐任两广总督期间，顶住投降派的流言，多次打败英军的武装挑衅”（《解放军报》，1982.10.24）；“甚至放出流言说，我拾钱交公是为了叫老师和学校表扬”（《当代》，1982，5）。

“谣言”强调凭空捏造而不可信的性质。例如：“国民党反动派所散布的战争谣言是欺骗人民的，是没有根据的”（毛泽东：《为争取国家财政经济状况的基本好转而斗争》），“这些日子关于银行的谣言很多，他们都疑行里准备金是不够的”（《曹禺选集》），“是谁造出了这样的谣言，谁个告诉你的”（《沫若剧作选》）。

反义词词典，林玉山编，黑龙江人民出现社，1988。共收反义词 4039 组。一个词有多种意义的，尽量将同一义项的反义词组合成一组；一个词有多种词性的，则分别组合反义词。每一组反义词的释文，除标注读音、词性外，着重解释词语在该组反义词中的意义，并举出例证（主要选自中国现代、当代文学名著）。附有按词目汉语拼音顺序编排的词目表。

现代汉语反义词小词典，肖懋燕编著，重庆出版社，1989。选编反义词组 2000 多组，包括现代汉语常用词语 4000 多条。释文内容较为全面，一般分列 4 项：(1)标明读音、词性；(2)释义；(3)列出反义复合词和反义合成的成语；(4)辨误。如下页例。

四、外来词

外来词是指从外族语吸收而来的词语。考察汉语词汇发展的历史不难看到，汉语吸收外来词总是与不同历史时期民族交往融合的特点相适应，具有鲜明的时代特征。早在先秦时期，汉语词汇里就有从亲属语言和非亲属语言吸收的外来成分。西汉以后，汉语中第一次成批出现了主要是从西域、南海传来的物名词语，从东汉后期开始，汉语又从古印度语言和古中亚语言吸收了大量的与佛教有关的外来词，宋代迄明初，汉语中的外来词主要来自阿拉伯语、马来语、蒙古语。近百年来，汉语的外来词主要是借用日语汉字词和吸收印欧语词。从整体上看，汉语吸收外来词的主要方式，一是译音加类名，如卡车(car)、芭蕾舞(ballet)；二是半译音半译义，如珂罗片版(collotype)、冰淇淋(icecream)；三是仿译，即用汉语语素对译原词的组成部分，如笔名(pen name)、幼儿园(kindergarten)。最常用的是仿译。

爱好 ài hào
厌恶1 yàn wù
讨厌2 tǎo yàn
憎恨3 zēng hèn
　【词性】动词。
　【词义】爱好—对某种事物有浓厚的兴趣：～文学｜～体育。
　厌恶1—对某种事物有很大的反感：～跳舞。
　讨厌2—不喜欢：他～过这种生活。
　憎恨3—厌恶痛恨：～敌人。
　【辨误】“恶”不能读成è。

汉语中的外来词有些只是在特定的历史时期内通行，有些则进入了现代汉语的一般词汇，还有一些在使用过程中产生了引申义，情况比较复杂。要准确地理解、使用外来词，需要更多地了解其渊源递变、本义与引申义，专门的外来词词典一般来说在这方面做得比较深入细致。

目前，集中收录解释汉语外来词的词典是**汉语外来词词典**，刘正埮等编，上海辞书出版社，1984。共收录古今汉语常见外来词1万多条，包括某些外来词的异体或略体。释文内容主要是注音、释义、探究考证词源。如下页例。

《外来词词典》，岑麒祥编，商务印书馆，1990。本书收录专名较多。

五、新词新义

语言是一个开放的信号系统，总是处在不断发展变化的过程中。社会生活中出现的新事物需要用新的概念去表述，由此不断产生新的词汇；旧的语词形式可以表示新的内容，由此出现了词的转义。相对于语言的发展变化来说，记录语言的词典的编纂总需要一个过程，而且规模较大的综合性语文词典还需十分注意内容的稳定性与规范性，因此，一般的语文词典大都很难收录解释较多的新词新义。这一任务，主要靠编纂规模较小、出版较快的新词词典来完成。1987 年，上海辞书出版社出版了小型的**汉语新词词典**（闵家骥等编）。该词典专门收录 1949 年以后产生或广泛使用而又为一般语文词典未收的词汇，共 1645 条。每一词语，不仅注音、释义、而且还标明词性、举出例证。

> 沙龙[1] shālóng ①大会客室，客厅．②十七世纪西欧贵族、资产阶级社会中谈论文学、艺术或政治问题的社交集会．③十七世纪下半叶在巴黎定期举行的美术展览会，代表上层社会的风尚。‖又作'纱笼[1]、萨琅'．源法 salon 〖< 意大利语 *salone* < *sala*，'房间，大厅'< 伦巴第语 *sala*，与古代高地德语 *sal*（'一个房间，住处'）同源 < 印欧语词根 **sel-*〗
>
> 沙龙[2] shālóng →纱笼[2]（308 页）

近年来还有几种汉语新词新义词典相继问世。其中收词较多的一种是**现代汉语新词新语新义词典**，诸丞亮等编，中国工人出版社，1990。该词典的收录范围，包括中共十一届三中全会以后大量出现的反映改革开放、搞活经济和四化建设的新词、新语、新义项；"文革"时期出现并流传下来又有一定生命力的新词、新语、新义项；《现代汉语词典》漏立的词目和义项。时间截至 1989 年 9 月，共约 6000 多条。释文除注音、释义外，列有较为丰富的例证。如下页例。

从内容上来看，新词词典大都强调对新词新义的全面收集，忠实记录，具有浓厚的时代气息，但它的稳定性较差。其主要作用，不仅为人们查考新词新义提供了方便，而且也为较大规模的语文词典全面修订、增补词目、义项提供了参考。

此外尚有《新词新语词典》，李行健主编，语文出版社，1988。

六、联绵词

联绵词是指那些由两个单字联缀成义而又不能分割的双音词，又称"联绵字"或"謰语"。一般认为包括三类：一类是双声联绵词，如"犹豫"、"留连"等；一类是叠韵联绵词，如"徘徊"、"傍徨"等；一类是既非双声又非叠韵的联绵词，如"蜈蚣"、"淡漠"等。此外，也有人把"叠字"（又称"重言"，指由两个相同的单字重叠在一起形成的词，如"匆匆"、"津津"等）归入联绵词之内。联绵词是汉语中的一种特殊词汇，它们的组合格式是固定的，不能随意分割，因此，正确地判断乃至于正确地理解联绵词，便是一个比较重要的问题。

走穴 zǒu xué 也称"走学"。指专业演职人员在剧院团演出计划外的自由组合式演出。《半月谈》1987年第20期《英若诚谈文艺体制的改革》："～是一个复杂问题。～亦称'走学'，是指演职人员在剧院团演出计划外的自由组合式演出。一般由一位牵头者串联几位名角名星和一般演员，出外演出，按照某种协议取得报酬。"《报刊文摘》1987.12.29《文艺界"走穴"问题引起争论》："据中新社报道，演出经纪人在中国大陆被称作'穴头'，国家文艺团体的演员由他们牵线搭桥私自外出的情况称'～'。"《文摘旬刊》1988.2.11《北京演员谈文艺界"走穴"现象》："与会者就社会上议论纷纷的'～'问题，坦诚地交换了意见。有的同志认为'～'是对旧体制的一种冲击和惩罚。有的同志却认为'～'演出的组织工作和舞台条件都达不到规定的要求，实际上无法保证艺术质量。"

集中收录解释联绵词的工具书是**联绵字典**，近人符定一编，中华书局，1932。本书收录的词汇，全部是六朝以前古籍中的双音词，其中多数都是联绵词，但也有一些一般的双音词，如助词、虚词等。因此，严格地说，《联绵字典》是一部双音词典。《联绵字典》对每一词语的解释，一般都是先注反切，然后分条释文。每释一义，都要列举大量的例证，而且这些例证多数都是唐以前的古注。对于旧注未详的问题，作者间附按语，以作说明。同一联绵词，往往会衍化出许多不同的写法，对此，《联绵字典》也一一罗列，详为注明。如下页例。

《联绵字典》是作者历时三十年编成的一部规模较大的工具

仿佛 仿妃罔切 佛敷勿切

㊀言似也。〔玉篇人部〕仿．仿佛．相似也．佛．仿佛也．〔史記司馬相如傳子虛賦〕縹乎忽忽若神仙之仿佛．正義．仿佛言似神仙也．〔淮南原道訓〕叫呼仿佛．默然自得．注．得叫呼仿佛之聲狀也．〔又俶真訓〕虛無寂寞．蕭條霄雿．無有仿佛．〔又俶真訓〕注．夫未始有始．仿佛也．

㊁仿相侶也佛見不審也。〔文選寡婦賦〕目仿佛乎平素．善注．字林曰．仿．相侶也．佛．不審也．〔定一按〕說文人部．仿．相侶也．佛．見不審也．類篇八人部．佛字下云．仿佛．見不諟也．

㊂仿讀曰髣佛與髴同。〔隸釋八馮江碑〕皇神仿佛．洪云．仿佛讀爲髣髴．〔切韵殘卷三十五養〕髣．髣髴．古作仿佛．〔漢書眭兩夏侯京翼李傳贊〕察其所言．仿佛一端．師古曰．仿讀曰髣．佛與髴同．〔又揚雄傳長楊賦〕從者仿佛．軌屬而還．師古曰．仿佛讀曰髣髴．〔又敘傳述眭兩夏侯京翼李傳第四十五〕學微術昧．或見仿佛．鄧展曰．（見說文解字繫經正字十五）仿佛仿髴並通．今經典从俗作彷彿．禮記祭義．鄭注．著想見其彷彿來．是也．又作拂彷．依禮既夕鄭注．爲有所拂仿也．是也．以拂爲佛．髴．聲同假借．正字當作仿佛．或作髣髴．列子黃帝．釋文引字林．仿佛．見不審也．漢書揚雄傳．師古注．仿佛即髣髴字也．又文選長楊賦．李善注．仿佛或作髣髴．一切經音義卷二云．仿佛聲類作髣髴．同．是古有仿佛髣髴二體．當分見人彡兩部．說文彡部偶失收髣字．但無作彷彿者．此俗譌也．說文無彷彿字．廣韵三十六養八物並云彷彿俗．〔定一按〕仿佛雙聲滂紐．

㊃一作放悲．諧聲同。見放悲下．

㊄俗作彷佛。見彷佛下．

㊅俗作彷彿。見彷彿下．

书。它的主要优点是：(1)收录双音词，特别是联绵词数量较多。六朝以前古书中出现的联绵词，基本上全都囊括进来了。(2)解说详细，例证丰富，而且例证均详注出处。(3)收罗同一词语的异体写法较为完备。《联绵字典》的主要缺点是，讨论文字形体完全拘泥于《说文解字》；有些词语义项的区分过于琐碎，反倒不得要领。

《联绵字典》按《康熙字典》部首分部排列词语，书后附有按部首顺序编排的索引。

七、通假字

通假字就是古人用一个音同或音近的字来代替本字，即同音替代字。通假字习惯上也称为假借字。通假字是古代汉语中的特殊现象，在古籍中，特别是在秦汉以前的古籍中，通假字极为常见。从声音关系上来解释通假字，这是清代学者的发现，也是清代以来文字、音韵、训诂研究方法上最突出的贡献之一。

清代以来，许多研究著作和字书、辞书中都涉及对通假字的考释。其中成书较早且有代表性的一种是**辞通**，朱起凤编，开明书店，1934 年出版，上海古籍出版社 1982 年重印。此书草创于 1896 年，完成于 1930 年。所收全是古籍中异形同义的双音词，习见常用者居前，异文别体列后，广引古书中的例证加以证明，最后以“按语”的形式指出文字形体各异的原因。例如：

> **蟬娟**【文選·成公綏嘯賦】蔭修竹之○○。【唐孟浩然詞】竹○○。籠曉煙。**便娟**【楚辭·東方朔七諫初放】○○之修竹兮，寄生乎江潭。【王注】○○，好貌。〔補注〕○平聲。○烏玄切。**檀欒**【古文苑·枚乘菟園賦】修竹○○。【文選·謝朓和王著八公山詩】○○蔭修竹。
>
> 按 便字古亦讀繁。繁與蟬近。檀欒與蟬娟聲亦相近。

一个意义相同的词语，为什么会出现种种不同的书写形体？这里有义同通用、形近而讹、异体别体等问题，但也有大量的是音同或音近的假借。《辞通》之所以可以用来查考通假字，就是因为它在形式上按意义类聚异形同义的词语，内容上则以声韵为枢纽，指出文字异同之间的关系。“依声求义”的训释方法，正好触及通假字的本质所在。

《辞通》正文依每组领头词词尾的韵部顺序排列，影印本附编了依词语首字四角号码顺序编排的索引。

专门的通假字字典，目前有代表性的一种是**古汉语常用通假字字典**，马天祥等编著，陕西人民出版社，1989。该书共收录先秦至清末、近代古籍中常见常用的通假字 1124 个，以通假字立目，下辖所通正字。对通假字和正字均简要释义，正字下列出使用通假字的书证。例如：

说 shuō　解释，解说。

挩tuō　解脱。《淮南子・缪称》：凡人情，说其所苦即乐，失其所乐则哀。

脱tuō　解脱。《周易・小畜》：舆说辐，夫妻反目。[舆：车。辐：通“輹”，车轴中央的钩心木。反目：不和睦。

……

悦yuè　喜悦。……司马迁《报任安书》：士为知己者用，女为说己者容。

近年来出现的通假字字典还有：

上古汉语通假字字典，许伟建编，海天出版社，1989。收录甲骨文、金文、汉简、帛书、先秦两汉文献典籍中的通假字1114个。

通假字例释，曹先擢撰，河南人民出版社，1985。收录古书中常见的通假字307个。另有“通假字简述”，简要论述了有关通假字的一些基本问题。

通假字小字典，夏剑钦等编，湖南人民出版社，1986。共收录古籍中常见的通假字403个。

八、作品语词

在小说、戏曲一类文学作品中，常常大量使用在民众口头上广泛流传的生动活泼的词语。但在封建社会，这样的词语往往被认为不登大雅之堂，因此，当时编纂的正统字书，一般都不收这类词语。但这种词语大都有很强的时代性和地域性，一旦时过境迁，后人就很难理解，相对来说，它就更需要借助于工具书来查考。四十年代开始出现了专门收罗古代小说、戏曲等文学作品中的特殊语词的工具书。

这方面的第一部工具书，是**诗词曲语辞汇释**，张相著，中华书局，1953。这部书汇集的是唐、宋、金、元、明几代流行于诗、词、曲中的特殊语辞，其中作为标目的单词短语有537条。另外，有的词语分作多条解释，有的词语下又列有“附目”，这样，全书汇集词语的实际数量达2000条。各类词语的取材范围是：诗以唐人为主，词以宋人为主，曲以金元人为主。每一词语，一般先解释意义，然后详引例证加以说明，并注意比较、分析、归纳、追溯词语的流变与演化。

例如该书对于“打当”一词的解释是这样的：

打當

打當，猶云打算或準備也。楊萬里《初涼與次公子共讀書冊》詩：「暑椒歸投覓，涼生打當書。」言打算讀書也。《西廂》一之二：「與我那可憎才居止處門兒相向。雖不能勾竊玉偷香，且將這盼行雲眼睛兒打當。」即空觀本注：「徐士範曰，打當猶云打迭。」閔遇五《五劇箋疑》曰：「打當猶云準備。」毛西河論定本注曰：「打當猶云打點，當點轉音。」《趙氏孤兒》劇五：「我可也不索慌，不索忙。早把手脚兒十分打當，看那廝怎做隄防。」言十分準備也。《西遊記》劇一：「算命買卦，合有一拳財分，有箇好媳婦分，不知道姻緣在那裏打當。」言何處打算也。

《诗词曲语辞汇释》吸收了前人研究经书字义、词义的方法，每释一义，广引例证，通过分析比较，以求确解，往往能发前人所未发，这是它的显著特色。

1980 年，中华书局出版了王锳著的**诗词曲语辞例释**，这是张相《诗词曲语辞汇释》的拾遗补阙之作。共收词语 300 多条，其体例与张书基本相同。

查考古代戏曲、小说中的特殊语词，更适于一般人使用的工具书，是《戏曲词语汇释》和《小说词语汇释》。

戏曲词语汇释，陆澹安编著，上海古籍出版社，1981。本书所收的词语，主要是宋、金、元时期戏曲当中的一些特殊词汇。每一词汇下，先作简明扼要的解释，然后举出一两条具有典型性、代表性的例证。例见下页。

这部书所收的戏曲词语，和张相的《诗词曲语辞汇释》有重复，但二者释词的特点不同：《诗词曲语辞汇释》对词语意义的解释比较细致，例证非常丰富，间或还分析了词语的源流和演化；而《戏曲词语汇释》的特点则在于释义简明扼要，例证只强调典型性。本书后附《戏曲成语汇纂》，汇集了古代戏曲中常见的，但又不需解释的词语近 400 条。

小说词语汇释，陆澹安编著，中华书局，1964。这是一部专门解释古代小说中特殊词语的工具书。作者从 64 种比较流行的古代小

冷急丁　冷不防。

【例】(《雷泽遇仙》五〔離亭宴帶歇指煞〕曲)你平地夾送我一番愁,我冷急丁遭他一個閃。

说中,选择出 8000 多条比较特殊的词语,一一加以解释。全书的编排体例、释词方式及特点和《戏曲词语汇释》基本相同。书后附有《小说成语汇纂》,汇集那些在古代小说中经常见到但又不需要作解释的词语 2000 多条。

在唐五代至北宋,民间流行过一种文学作品,称为“变文”。本世纪初,在敦煌发现了大量的变文,其中所用字、词,许多是当时流行的俗语。查考敦煌变文中的这些特殊字、词,可以利用**敦煌变文字义通释**第四次增订本,蒋礼鸿编,上海古籍出版社,1988。这部书以人民文学出版社出版的《敦煌变文集》为主要依据,将其中一些不易理解的特殊字、词一一加以解释考证,并举出例证。全书按词语性质分为 6 篇:释称谓、释容体、释名物、释事为、释情貌、释虚字。后附《变文字义待质录》,列出 70 多个未能解释的词语;《敦煌词校议》,对敦煌曲子词的各种校本提出看法。这是一部专门用来查考敦煌变文字、词意义的工具书。

九、方言词

方言是一种语言的地方变体。我国幅员辽阔,人口众多,方言也比较复杂。一般认为,现代汉语有七大方言区,即北方方言区(又称官话方言区)、吴方言区,湘方言区、客家方言区、赣方言区、闽方言区、粤方言区。不同的方言,语音上的差别最为明显,同时在词汇、语法上也有差别,给人们的思想交流和社会交往带来了很大困难。因此,方言研究历来是语言研究的一个重要方面。集中收录解释方言词汇的工具书,是专门的方言词典。

从收录范围上看,现代方言词典主要有两种类型:一是全面收录和解释某一方言的基本词汇,二是只收录和解释某一方言中与其他方言——主要是民族标准语有区别的词汇。现代方言词典对方言词的释义，通常采用民族标准语，鉴于方言词读音的特殊性，注音则多采用国际音标。

方言词典的编纂在我国有悠久的历史。早在西汉，便出现了扬雄所编的**𬨎轩使者绝代语释别国方言**，简称**方言**，这是我国历史上第一部具有方言词典性质的汉语比较方言词汇集，在世界方言研究史上也占有重要地位。该书今本13卷，所收都是古代不同地区的方言词汇，还有一些少数民族的语言。解释的方法是，列出一些意义相当的方言词汇后，采用"通训法"，"以通语释方言，以今语释古语"，最后说明它们的通行情况。例如：

> 㥄、怃、矜、悼、怜，哀也。齐鲁之间曰矜。陈楚之间曰悼。赵魏燕代之间曰㥄。自楚之北郊曰怃。秦晋之间或曰矜，或曰悼。

由于《方言》以方言词汇作为收录对象，用通行语加以解释，还说明了方言词的通行区域，所以通过它可以了解汉代方言分布的轮廓，了解方言词之间以及方言词和通行词在语义上的差别。

《方言》目前比较完善而又检查方便的版本是《方言校笺及通检》，周祖谟校笺，吴晓铃编，科学出版社1956年出版。

由于《方言》本身的重要价值，后世对它的研究续补之作层出不穷。其中主要内容是为《方言》作注疏的代表性著作有：

方言注，东晋郭璞撰。这是《方言》的第一个注本，《方言》原书就是靠该本得以保存下来的。其内容一方面对《方言》原文作注释说明，另一方面又用魏晋方言和扬雄所记录的汉代方言相比较，反映了方言词的发展与变化。

方言疏证，清戴震撰。对《方言》进行校勘、正讹、补漏，逐条作出疏证。

方言笺疏，清钱绎撰。从史传、诸子、类书以及古佚残篇中搜集材料，对《方言》进行考证。

主要内容是辑录古代方言词语以续补《方言》的著作有：

续方言，清杭世骏编纂，2卷。摘录汇集了《十三经注疏》、《说文解字》、《释名》等10多种古籍中的方言词语500多条,分类和编次大体依照《尔雅》。提供了大量《方言》未备的古代方言词语及资料。清程际盛撰有《续方言补》,清徐乃昌撰有《续方言又补》,清张慎义撰有《续方言新校补》。

新方言,章炳麟撰,11卷。共收录方言词语800多条,仿《尔雅》体例,归并集中为释词、释言、释亲属、释形体、释宫、释器、释天、释地、释植物、释动物10类。其特点在于吸收了传统训诂学、音韵学的研究成果,采用了音义结合,文献资料与实际语言结合的原则,着重从语音关系上来探求考释方言词的渊源和发展。

上述这些注释续补《方言》之作连同《方言》一起,形成了我国古代特有的一类"《方言》系统"的字书,它们是查考古代方言词最基本的资料工具书。

随着文字改革、推广普通话、汉语规范化等语文政策的贯彻执行,方言研究在研究领域、深入层次、系统性等方面有了新的进展,为编纂现代方言工具书奠定了坚实的基础。北京大学中文系语言学教研室编,文字改革出版社的**汉语方音字汇**(1962,1989年出修订本)和**汉语方言词汇**(1964)是出现较早的有代表性的方言字、词汇集。《字汇》修订本收单字2961个,列表对照20个方言点的读音。《词汇》收词语905条,按照词类和词义相结合的方法分类编排,列表对照18个方言点的说法(即将出版的修订本,收字1200多个,列20个方言点)。八十年代以来,收录解释区域方言词语的汉语方言词典开始较多地出现,这是目前查考汉语方言词语最为方便、适用的一类工具书,主要有:

北京方言词典,陈刚编,商务印书馆,1985。收录解释以北京土话为代表的河北次方言词语6000多条。

北京话词语,傅民等编,北京大学出版社,1986。收录解释见于作品的北京话词语3239条。1989年增补本,增加223条。

北京土语辞典,徐世荣编,北京出版社,1990。收录解释北京土语1万多条。其中有的词语也见于其他地区。

北京土话，齐如山著，北京燕山出版社，1991。收录词语1600多条。

简明吴方言词典，闵家骥等编，上海辞书出版社，1986。收录解释吴方言词语5000多条，以北部（尤其是上海话）吴方言为主。

普通话闽南方言词典，厦门大学中国语言文学研究所编，福建人民出版社，1982。收录普通话词语5万多条，闽南方言词语7万多条，将二者加以对照。内容以分注文白读、考本字、分词性见长。

广州话方言词典，饶秉才等编，香港商务印书馆，1981。收录解释与普通话说法不同的广州方言词语5000多条。

广州话——普通话口语词对译手册，曾子凡编，香港三联书店，1982。收录词语8000多条，按词义和词性分为33类，每类词语后编有会话材料。

四川方言词典，王文虎等编，四川人民出版社，1987。收录解释四川方言中与普通话不同的、现代常用的词语7000多条。

四川方言词语汇释，缪树晟编，重庆出版社，1989。收录解释四川方言词语3070条。

十、成语、典故

成语和典故，含义有所不同。成语是人们在长期使用语言过程中形成的固定词组或短语；典故是指诗文中引用的古代故事和有来历出处的词语。

成语和典故是汉语词汇中的特殊部分。它们结构简练，含义丰富，有较强的表现力和感染力。但许多成语典故从字面上不易准确理解，需要随时查考。

专门收录解释成语典故的工具书是成语词典和典故词典。八十年代以前，这方面的专门工具书只有一部小型的《汉语成语小词典》比较通行。八十年代以来，汉语成语词典发展迅速，典故词典也开始比较多地出现。到目前，专门的成语词典已出版了50多种。从规模上看，大、中、小型俱全；从收录范围上看，既有中国成语，又有外国成语，既有汉族成语，又有其他民族成语；从内容上看，既有以解释意义，说明用法为主的，又有以探究语源，追溯流变为主的；从类型上看，除常见的综合性成语词典外，类义成语词典、语源成语词典、多功能成语词典、逆序成语词典相继出现，成语词典多样化的格局正在形成。典故词典近几年也突破了仅限于中国典故的局限，开始涉及外国典故。

1. **成语**　在成语词典中，作为主体的是综合性成语词典，它最为常见常用。目前，规模较大的这类成语词典主要有：

汉语成语大词典，湖北大学语言研究室编，河南人民出版社，1985。共收成语 17000 多条，包括少数古今常用的熟语和谚语。释文一般包括分释（解释词语的意义）、通释（从字面上串讲成语，解释成语的特定含义和用途）、例证、注文（注释例证中的生僻字词，考辨容易误读、误写的字）。附有音序、笔 画、四角号码索引。本书在编排方法上的一个特点，是把那些内容或形式密切相关的成语相对集中，从而形成了一些大小不等的"条目群"，兼有"类义"的某些特征。

中国成语大辞典，上海辞书出版社，1987。收录中国古今成语 18000 多条，是目前收录成语最多的成语词典。

世界成语典故辞典，王国荣等主编，文汇出版社，1989。这是一种专门收录解释外国成语典故的词典，从世界 21 种语种（汉语除外）中，选取了具有哲理性、经典性、知识性的常用成语典故近 4000 条。以汉译外语成语立目，并注明原文语种，列出成语原文。汉译特别强调以直译为主。正文条目按汉语拼音字母排列，附有中文分类索引，兼有类义成语词典的特点。

专门的类义成语词典，目前主要有两类：一是分类成语词典，二是同义反义成语词典，以前者居多。分类成语词典的正文，都是依据成语的意义划分若干类别，采用梯级层次的分类方法对成语加以归并集中，同时附音序、笔画等索引。至于释文内容，与一般综合性成语词典区别不大。这类成语词典主要有：

分类成语词典，王理嘉等编，广东人民出版社，1985。共收成语5000多条，分为12大类。该书的特点是释义注重现代义，对近义、反义成语意义的辨析较为深入细致，对容易误 用的成语加以举例说明。

写作成语分类词典，解放军出版社，1989。收录成语7400多条，分为写人、写文、写物、事理4大类，若干小类、子目。

分类双向成语词典，史有为等编，中国物资出版社，1990。共收成语7500条。在编排形式上，兼具类义、正序、逆序三大特征。正文以类义形式出现，分为6大类、24小类，215子目，释文内还提供了反义成语。音序索引分为正序和逆序两种，笔画索引分为首字和尾字两种，提供了较多的检索途径。

同义反义词典中对成语的区分标准，目前尚处于主要从意义上着眼的阶段，在语法结构方面，要求不高。还没有严格地要求词性、构成形式完全一致。这类成语词典目前有代表性的是**同义反义成语词典**，林玉山等编，海天出版社，1987。共收同义反义成语1023组。每组中包括立目正条和它的同义、反义成语。如“蔼然可亲”是正条，下列同义成语“和蔼可亲”；反义成语“凛然难犯”。释文包括注音、释义和举例。同义反义之间的比较，主要从释文和例句中体现出来，有时加以简要的说明。

专门的成语语源词典，目前质量较高且有代表性的是**汉语成语考释词典**，刘洁修编著，商务印书馆，1989。共收成语7600多条，另有异体1万条，略语近300条，条目总数达2万多条。该书从形式和内容两方面，对成语的源流演变作了系统深入的考释。释文内容以考源求实为重点，着重分清成语的古义和今义，本义和比喻义，说明结构形式变异的来龙去脉。书证资料丰富，而且与“溯源”的特点相适应，一般只取清末以前的古籍中的例证。在溯源，释义、书证方面，每有新见。在编排上，采用了便于展现发展演变的形式：对一些形式相近、含义迥别、语源两歧的成语，分立条目，严加区分；对一些意义相同或相近的成语，分立条目，相互参见；对一个成语的语源、正体、异体及略语，集中分节排列。如“寄人篱下”的释文中，便汇聚解释了该成语在发展过程中由源及流的一系列成语：

寄人篱下

原作[寄食门下]。（释文略，下同。）

又作[依人庑下]。

后世多作[寄人篱下]。

又作[傍人门户]。——此条与[依门傍户]参见。

又作[依人篱下]。

也省作[寄庑]。

又作[傍人篱落]。

该书还有附录《熟语汇纂》，收录较常见的谚语、俗语及少量格言、警句、歇后语，只提供出处，不加注释，亦不着意考源。例如：

哀莫大于心死——《庄子·田子方》

正文成语条目按汉语拼音字母顺序排列，附有音序、笔画、四角号码索引。

2. **典故** 集中收录解释中国典故的词典，出现较早的是**古书典故辞典**，杭州大学中文系编，江西人民出版社，1984。所收典故，上起先秦，下至清末，共5400多条。释文主要包括释义和来历出处两部分内容，有的还有用典例句。例如：

【安乐窝】宋代邵雍隐居在苏门山（在今河南省辉县）时给自己的住室所取的名字，后来迁居到洛阳天津桥南，仍用这个名字。《宋史·邵雍传》：“富弼、司马光、吕公著诸贤，退居洛中，雅敬雍，恒相从游，为市园宅。雍岁时耕稼，仅给衣食，名其居曰安乐窝，因自号安乐先生。”后来称安逸的生活环境为“安乐窝”。

1988年，江西教育出版社出版了该书的校订本，对书中的某些内容作了修订。

多形式典故词典，方福仁编，浙江人民出版社，1989。所谓“多形式”，是指同一典故的多种表现形式。该书在编排上采用了将同一典故的多种表现形式相对集中的方法，以一种常见形式作为主条，其他各种形式作为附见条，列于主条之后。典源表达采用以现代汉语改写、注明出处的方式。全书共收典故 1200 多个，立目 8600 多条。

兼收中外典故的词典，目前有**中外典故大词典**，周心慧等编，科学出版社，1989。收录中外各类语典、事典 6500 多条。其中中国典故上起先秦，下至清末，共 5100 多条，外国典故上起古希腊、罗马，下至第二次世界大战前，共 1400 多条，中国典故的释文包括典源、书证、训典、例句；外国典故的释文只有出处和释文。书后附编了词目分类索引，使该书具有类义典故词典的功能。

十一、俗语、谚语、歇后语

谚语、俗语、歇后语都是流行于民间，在群众口头上广泛使用的比较定型的语句。从形式上看，歇后语比较好鉴别，一般由比喻语和解说语两部分组成。谚语和俗语，有时不大好区分，约略来说，俗语主要是指流行于民间的通俗语句，也叫“常言”，方言色彩较强的又称“俚语”。俗语通俗化、形象化的特点较为突出。谚语主要指流行于民间的一些现成固定的语句，它的事理性、简练性较俗语更强。谚语、俗语以及成语、格言等往往有交叉，如有些成语来源于谚语或俗语，某些字数较少、结构整齐的谚语、俗语，经过长期习用，也都可以视为成语。由于这些语句本身有这样的特殊性，所以查考时应注意灵活地运用工具书。

查考古代谚语，收罗较为宏富的专书是**古谣谚**，清杜文澜编，中华书局，1958。本书共 100 卷，收罗汇集了 860 多种古籍中所引用的从上古到明代的歌谣、谚语，共有 3300 多条。每一条谣谚，均引述本事，注明出处，遇有疑难之处，作者还要加以考辨。例如该书“只许州官放火，不许百姓点灯”条：

冯犹龙引俗语《谭概》：田登作郡，怒人触其名，犯者必笞。举州皆谓灯为火。值上元放灯，吏揭榜于市曰：本州依例放火三日。俗语云云，本此。

《古谣谚》基本上反映了从上古到明代各类古籍中引用歌谣、谚语的概况，具有集大成的性质。但此书没有索引，查考不便，因此也就降低了它的实用价值。

集中收录解释二十五史中歌谣、谚语的工具书有**二十五史谣谚通检**，尚恒元等编，山西人民出版社，1986。所谓"谣"，包括"歌"及"谣"两大类。歌，仅限于即兴口歌，即古人所说的"徒歌"，如刘邦《大风歌》、项羽《垓下歌》及民歌一类。谣，指时谣、童谣、地方谣等。所谓"谚"，包括"谚"及"时语"两大类。谚，有古谚、鄙谚、地方谚等。时语，也就是史书中所说的"时人为之语"、"军中为之语"、"军师为之语"一类。可见，收录对象囊括了二十五史所引用的全部民间口头固定语句。正文以谣谚立条，注明出处，摘引原书的有关文字，并酌加简释。例如：

桃李不言，下自成蹊。

《史记·李将军传》：太史公曰：传曰："其身正，不令而行，其身不正，虽令不从。"其李将军之谓也？余睹李将军悛悛如鄙人，口不能道辞。及死之日，天下知与不知，皆为尽哀。彼其忠实心诚信于士大夫也。谚曰："～。"此言虽小，可以谕大也。（109．9．2878）

简释：这是司马迁评论李广时引用的一句古谚，是说桃树和李树，都不会说话，然而由于它们花美果甜，树下就被人们踏出一条小路。后人常借用这句话比喻一个人只要人品高尚，用不着自吹自擂，也会受人尊敬。"蹊"，小路。

汇释俗语常言的专书，在明清时期就已经大量出现。像明陈士元的《俚言解》，清翟灏的《通俗编》，清钱大昕的《恒言录》等，都是比较有名的。1959年，商务印书馆出版了《迩言等五种》，其中包括清钱大昭著《迩言》6卷、清平步青著《释言》1卷、清胡式钰著《语窦》1卷、清郑志鸿著《常语寻源》2卷、近人罗振玉著《俗说》1卷。以上诸书，或解释谚语、俗语的意义，或探究谚语、俗语的根源。

在近年来出版的俗语词典中，有代表性的是**中国俗语大辞典**，温端政主编，上海辞书出版社，1989。这是我国第一部古今兼收的大规模俗语词典，共收古今俗语及少量谚语、歇后语、惯用语等15000多条。释文包括释义和例证。注意分析俗语的深刻含义，阐述俗语的感情色彩，博采古今典籍中的用例，是该书在内容上的突出特点。

专门收录解释古今中外谚语的词典目前主要有：

中外谚语分类词典，徐汉华编著，陕西人民出版社，1987。收录中外谚语4485条，按谚语内容分类编排。对每一谚语，均注明所出国度、民族、表达格式，并解释含义。

汉语谚语词典，孟守介等编著，北京大学出版社，1990。收录解释汉语常用谚语(包括俗语、格言、少量警句和成语)6546条。

古谚语辞典，张鲁原、胡双宝编著，北京出版社，1990。收录解释选自1200多种古书中的谚语5462条，每一例句均注明出处。

谚语词典，姚方勉主编，江苏古籍出版社，1990，收录成语6000多条。

汇集中国谚语最为丰富的资料性工具书是**中国谚语资料**，中国民间文学研究会资料室主编，上海文艺出版社，1961。全书共3册，收录古今谚语45800多条，另附歇后语3800多条。该书选择谚语尺度较宽，一般不解释意义，主要目的在于提供资料。

专门汇集解释歇后语的词典。近年来多有出现，而且在编排形式上不断创新，如采用音序、字顺与分类相结合的编排方式，以解说语立目等，满足了人们多方面查考的需要。目前，有代表性的歇后语词典是《歇后语大辞典》和《中国歇后语大辞典》。

歇后语大辞典，王陶宇编，四川辞书出版社，1988。该书的突出特点，是采用了新颖的编排方法。一方面，针对歇后语的语义重心在解说语上这一特点，以解说语立目，而将比喻语排列在条目之后。这样既可以突出歇后语的含义，便于查考，又便于按解说语集中同类歇后语，节省篇幅。如全书收录16000多条歇后语，而列出的条目只有5000多条。另一方面，正文条目按意义分类集中，同时附编了条目笔画索引。类义编排的方法，便于人们举一反三地理解和运用歇后语。释文内容包括释义和注释两部分。释义一般只解释歇后语运用时的意义，注释重点是生僻字词、历史典故、方言土语以及有助于理解歇后语的说明性文字。

中国歇后语大辞典，欧阳若修主编，广西人民出版社，1990。收录目前仍流行的歇后语12580条，以汉族歇后语为主，兼收一些少数民族歇后语。该书的特点，在于对歇后语内容的注释、说明、考订较为深入细致。如有关字词均作适当注释，条目中的词语如有出处、典故，酌情引述，不仅解释歇后语本身的一般意义，还说明其比喻义（或含义）和用法，对在流传过程中形式有变异而含义和用法未变或基本未变的歇后语，作了集中归并等。正文条目接汉语拼音字母顺序排列，但附编了分类索引，将所收歇后语按意义分为6个方面（思想品德、作风方法、对人对事、事象境遇、心境情绪、其他）55类。从整体上看，也采用了音序与分类相结合的编排方法。

汇集歇后语最为丰富的资料性工具书是**歇后语大全**，中国民间文艺出版社资料室、北大中文系资料室编，中国民间文艺出版社，1987。全书共4册，收录民间流传的歇后语6万多条。这是一种以汇集资料为主的工具书，不作释义，而收录则尺度较宽，力求全面。除极个别明显带有黄色和反动观点的歇后语外，凡有一定可取之处和参考价值的，均予收录，基本上反映了我国古今歇后语的概貌。

十二、断代词语

所谓断代词语，是指某一特定历史时期内通行的词语，既包括稳定流传下来的旧词，又包括当时出现的新词，还包括产生了转义、引申义的旧词。语言有鲜明的时代特征。汉语词汇在漫长的发展历程中，不同历史时期内的总体构成、类别构成、语义内容、构词形式都有明显的区别与特征。了解这些区别与特征，对于准确地理解字义词义，把握语义的流变演化与词汇的衰亡与更新极为重要。

专门收录解释某一特定历史时期内通行词语的词典称为断代语言词典。在我国，断代语言词典是八十年代以后才开始出现的，目前仅有的一种是**宋元语言词典**，龙潜安编著，上海辞书出版社，1985。该书的收录对象，包括单字、复词、短语；收录范围以戏曲、小说为主，旁及诗词、笔记、语录及杂著；词语类别有俗语、方言、市语、习语、外来词等；时限起自五代宋初，止于元末明初，共计1万多条。释文内容重在解释词义，列有丰富的例证，有些还附有按语，罗列必要的旁证资料、语源资料、方言资料，或对词义作必要的补充说明。

吕叔湘著**近代汉语指代词**(学林出版社，1985)，是一本专著，但从研究唐末五代以来的汉语指代词这一点看，它也属断代专类词典。

十三、专书字词

专书字词是指某一部专门著作中的字词。全面收录解释某一部专门著作中字词的词典，称为专书词典，又称作品词典。专书词典兼具语文词典和百科词典的双重性质。在收录范围上，它以某一部专门著作为特定对象，一般要全面详尽地收录该著作中使用的各类字词，既包括一般的语文字词，又包括各类百科词语。在内容上，它只解释字词在该著作中使用时的读音、意义，一般不作历史的追溯和全面的阐释。但这种解释也需要充分考虑字词音义的一般性和社会性。体现在义项的设立上，一方面要注意避免过分“独特”，因为某一字词的某一意义，如果只在一部著作中特有，而在同时代的其他著作中找不到旁证，就很难说它是可靠的。另一方面，也要注意避免过分"繁杂"。因为专书词典为了适应人们深入研究的需要,对字词的解释往往博采众说,在这种情况下,如果不注意对各种说法的概括、归并,往往会造成义项繁杂,反倒不得要领。"同一时代,同一个词有五个以上的义项是可疑的(通假意义不在此例),有十个以上的义项几乎是不可能的。"(王力《诗经词典·序》)专书词典的主要作用,是为人们全面、深入地学习、研究某一专门著作提供参考。

在我国,专书词典是近几年才开始出现的。它是专书研究走向系统、深入,词典编纂走向多样化、系列化的标志。现有的专书词典,集中在那些影响和价值特别大的经典性著作上。主要有:

诗经词典,向熹编,四川人民出版社,1986。《诗经》的语言是先秦语言的代表。《诗经词典》收录了《诗经》里所使用的全部单字共2826个,以及全部复词近1000个。对每一单字,均注出其汉语拼音、反切,中古音和上古音。其中反切主要依据《广韵》;中古音标注摄、呼、等、调、韵、声;上古音标注韵部和声母。对每一字、词,解释其在《诗经》里具有的全部意义,并举出例证。例如:

河 hé 胡歌切(果开一平歌匣)

歌部、匣母

黄河。(风22、雅2、颂3)112《魏风·伐檀》一章:"坎坎伐檀兮,寘之河之干兮。"303《商颂·玄鸟》:"景员维河。"《集传》:"河,大河也。言景山四面皆大河也。"《通释》:"商家四面皆河,故合东西南北之而曰'景员维河'。"《周南·关雎》一章:"关关雎鸠,在河之洲。"一说:泛指北方河流。《集传》:"河,北方流水之通名。"

[河广]《卫风·卫风》篇名(61)。这是侨居卫国的宋人,思念家乡而不能回去的抒怀之诗。《诗序》说是"宋襄公母(卫文公妹)归于卫,思而不止,故作是诗。"崔述则认为是"宋女嫁于卫思归宗国而以义自闲之诗"。二章,八句。

《诗经词典》在内容上的突出特点是解释博采众说,不为一家之言所囿。但同时也有良莠并陈,某些字、词义项繁杂的不足。

全书正文按单字的汉语拼音顺序编排，另有汉语拼音索引和部首检字表。后附《诗经》原文并标注原文用韵。

春秋左传词典，杨伯峻、徐提编，中华书局，1985。收录《春秋左传》一书中的词语、词组，不收不成词的单字。一词多义的，分列义项解释。释义均举出例证。该书释文简明，多为编者研究所得，并不广罗众说。特别是对复杂的人名、地名现象作了考订，对一人、一地多名和同名异人、异地加以区分，并注明了每一人名、地名在全书、某章中出现的次数。

三国演义辞典，沈伯俊等编著，巴蜀书社，1989。以人民文学出版社所出"整理本"作为列目和释文的依据，共收词目 4164 条，正文分渊源与内容、历史常识、改编与再创作、名胜古迹、传说故事、成语俗谚、研究状况 7 类编排，附词目拼音、笔画索引。

金瓶梅词典，王利器主编，吉林文史出版社，1988。以文学古籍刊行社影印《金瓶梅词话》为底本编撰，共收录《词话》中的词语 4588 条，包括方言、市语、习语等，酌收风俗、宗教、官职、典章制度、器物、服饰、人名、地名等词语，淫秽词语一般未收。释文包括释义和例句。书后附有《金瓶梅词话》难解词语待问编，《金瓶梅词话》谚语、歇后语汇编。

红楼梦大辞典，冯其庸、李希凡主编，文化艺术出版社，1990。这是一部涉及《红楼梦》本身及红学研究各方面的大型专书词典。全书内容分 3 部分：上编收录解释《红楼梦》中的一般词语、典故、人物、地名及各类百科词语；下编收录解释作者（包括程伟元、高鹗）家世交游、《红楼梦》版本、译本、续书、脂砚斋评以及红学、红学书目、红学人物等方面的词语；附录包括曹雪芹与《红楼梦》研究史事系年，红学机构、刊物、会议便览，《红楼梦》人物表，曹氏世系简表，大观园平面图。与该书题材相同的还有**红楼梦辞典**，周汝昌主编，广东人民出版社，1987。收录解释《红楼梦》中的词语 9000 多条。释文内容较有特色，对某些在《红楼梦》中与现代语中意义有区别的词语，某些在前 80 回与后 40 回使用上有区别的词语，均加以特别说明。

张双棣等编**吕氏春秋词典**将由山东教育出版社出版。该书按上古韵部编排。列出每个词的出现次数，是本书的一大特点。

即将由北京大学出版社出版的**汉赋辞典**（费振刚、仇仲谦编）则属断代文体词典。

第三节 查考字词专项资料

汉字本身包含了许多信息，如形体、读音、意义、笔画、部首、部件、级属，还有标示读音的拼音，代表笔画或部件的编码，等等。近年来，随着语言定量研究的开展和电子计算机的应用，字词频率的统计也取得了丰硕成果。与此相适应，汉语语文字典词典中也有一些是以提供字词基本信息，反映字词基本属性，汇集字词某一方面专门资料为主要内容的。这类工具书中提供的资料，我们称之为字词的"专项资料"。

一、字形

字形，就是汉字的形体构造。汉字是世界上最古老的文字之一。关于汉字的起源，三千多年前殷商时期的甲骨文，已经是相当发展、相当成熟的文字系统。汉字的产生，应是它之前很久的事情。考古发现的材料证明，早在新石器时代的仰韶文化中，便有刻划在陶器上的符号。之后的龙山文化、二里头文化以及商代人陶器上也均有发现。而且这些刻划符号存在着由简单而复杂的演变过程，已经构成了一个发展序列。现在人们一般认为，汉字起源于这种刻划符号。由刻划符号到甲骨文已经经历了一个相当长的发展过程。之后，汉字形体又经历了金文、籀文、小篆、隶书等发展阶段，直到演变为流传至今的楷书、行书。汉字不同于拼音文字，任何一个汉字都是形、音、义的统一体。因此，分析、了解汉字的形体构造，对于深入理解汉字的读音、意义有直接的关系。对于经常使用汉语工具书的人来说，分析、了解汉字的形体构造还有一个更为现实的作用，那就是便于查考按汉字部首顺序编排的工具书。因为不论古代的“以义归部”，还是现在的“据字形归部”，说到底，不过是取构成一个汉字所有部件中的某一个部件作为部首。

在我国，几千年来人们一直在探讨、总结汉字在形体构造方面的规律。其中对后来的汉字研究产生了深远影响的，是战国以来流行的“六书”理论。“六书”是古人为分析汉字的形体构造而归纳出来的六种条例。“六书”一词出于《周礼·地官·保氏》。西汉末，刘歆在《七略》中第一次对六书作了解释：

> 古者八岁入小学，故周官保氏掌养国子，教之六书，谓象形、象事、象意、象声、转注、假借，造字之本也。

许慎在《说文解字·叙》中对“六书”做了比较详细的阐述：

> 一曰指事。指事者，视而可识，察而可见，“上”、“下”是也。二曰象形。象形者，画成其物，随体诘诎，“日”、“月”是也。三曰形声。形声者，以事为名，取譬相成，“江”、“河”是也。四曰会意。会意者，比类合谊，以见指撝，“武”、“信”是也。五曰转注。转注者，建类一首，同意相受，“考”、“老”是也。六曰假借。假借者，本无其字，依声托事，“令”、“长”是也。

古代的“六书”理论并不十分科学。有些汉字，“六书”理论不能给以圆满的解释，“六书”理论本身的某些内容直到今天也还是众说纷纭。但是，“六书”理论对后来的汉字形体结构研究毕竟产生了重大而深远的影响。许多专门分析考释汉字形体构造的工具书，依据的就是“六书”理论。因此，就一般人来说，对“六书”理论有所了解，懂得一些有关汉字的基本知识，在此基础上掌握一定的专门工具书，查考、分析汉字形体构造的问题基本可以解决。

在目前可识的有系统汉字中，甲骨文是最古老的文字体系。因此，查考汉字字形，首先应该谈到的便是甲骨文。

甲骨文是殷商时代刻在龟甲兽骨上的文字，又称“契文”、“卜辞”、“龟甲文字”、“殷墟文字”。于清光绪二十五年(1899 年)发现，出土于河南安阳小屯村的殷墟。目前已经出土的甲骨卜辞达10多万片，已发现的单字约4500个，其中可识者约占1/3。甲骨文刻写的内容，均为卜辞和与占卜有关的记事文字。

专门汇集、著录甲骨文的资料性专书，早在清代末年就已出现。如1899年王懿荣辨集实物拓印而成的《殷墟书契》，1903年刘所编的《铁云藏龟》，1934年由哈佛燕京学社出版的《甲骨文编》(孙海波编)等。目前，具有集大成性质的是**甲骨文合集**，郭沫若主编，中华书局1979—1983年出版。全书共13册，采用分期分类的编排方法，内容包括前中央研究院殷墟发掘所得及国内外收藏的甲骨和拓本，共选录41956片。在编辑过程中，还进行了辨伪、去重、缀合等工作。这是目前汇集建国前发现甲骨最丰富、完备的资料性专集。

专门汇集、考释甲骨文的字典，目前规模较大的有**甲骨文字典**，徐中舒主编，四川辞书出版社，1988。该书对甲骨文单字分列义项释义，并举出例证。释文内容博采众家之长，又经过了分析审核，概括提炼。所收单字按《说文解字》部首分部排列，无法隶定部首的，集中列于与其字形相近的偏旁部首之后。每字前均冠有《说文解字》的小篆形体。

对于一般人来说，更为适用的甲骨文字典是**甲骨文简明词典——卜辞分类读本**，赵诚编著，中华书局，1988。这是一部按词典形式编成的卜辞分类读本。作为词典，它对甲骨文中的词语逐个加以解释；作为读本，它又将卜辞的内容按学科的内部关系分门别类地加以介绍或论述。基本的编排体例是：按照卜辞所反映的内容及商代的语言现实，将全书分为26类，诸如“上帝和自然神”、“先公和祭祀对象”、“人名”、“动词”等。每类先作简要介绍，然后按内部关系依次解释属于该类的词语。如“上帝和自然神”类中有“山”字，释文见下页。

通过这部词典，不仅可以查考甲骨文词语的意义，而且对了解当时的社会状况、自然现象及语言文字，都很有帮助。该词典后附按楷书汉字笔画编排的索引。

金文是商、西周、春秋、战国时期铜器上铭文字体的总称。青铜器上出现铭文，现存最早的实物属商代中期，铭辞较短，一般只有两三个字。到了西周，随着青铜器的普遍使用，铭文加长。迄今发现的字数最多的一篇金文铭辞，在西周晚期的“毛公鼎”上，共有 497 字。金文的下限，断在秦灭六国时，也就是秦用小篆统一中国文字时。

对金文的系统研究始于宋代，著录考释金文的资料工具书也自此开始。如刘敞《先秦古器记》、吕大临《考古图》，王黼《博古图录》等，皆摹写铭文，作出考释。赵明诚《古器物铭》、王俅《啸堂集古录》、薛尚功《历代钟鼎彝器款识法贴》等，专门摹刻铭文。吕大临《考古图释文》、王楚《钟鼎篆韵》、薛尚功《广钟鼎篆韵》，按照韵部排列金文，并有释文和考证，是早期的金文字典。清代的金文研究有长足进展，这方面的资料性专书也屡有出现。如阮元《积古斋钟鼎彝器款识》、方濬益《缀遗斋彝器款识考释》、许翰《攀古小庐金文考释》、吴大澂《字说》、《说文古籀补》、孙诒让《古籀拾遗》、《古籀余论》等。

近代以来，有关金文的具有集大成性质的资料工具书开始出现。罗振玉编**三代吉金文存** 20 卷（1937 年影印本），分类著录传世商周铜器铭文拓本 4831 器，是现有搜罗最丰富的金文拓本汇编。容庚所编**金文编**和**金文续编**是收字最多、影响最大的金文字典。《金文编》1925 年初版，1938 年补订重版，1959年科学出版社印行校补本，最新版本是中华书局1985年修订第4版。正文收可识金文2420字，附录收录不可识金文1352字，共计3772字。所收金文依《说文解字》部首排列，对金文的考释，以谨慎可信见长。书后附有采用彝器目录、引用书目及笔画检字。

《金文编》只收商周金文，后来，容庚又从800多件秦汉器物上收录了秦汉金文951字，附录34字，编成《金文续编》，于1935年由商务印书馆印行。其体例与《金文编》大体相同。

目前，更适合一般人使用的金文字典是**金文常用字典**，陈初生编纂，曾宪通审校，陕西人民出版社，1987。收录金文常用字1000个，依《说文解字》部首顺序排列。释文采用现代语文字典的通行体例，析形、注音、释义三者兼顾，而以析形和释义为主。形体以楷书为字头，便于一般人查考，同时列出小篆形体，引用《说文》解说；选列金文字形，分析形体构造，概括集中了古文字学考释字形的重要成果。用汉语拼音及直音注今音，用反切注中古音，用古韵纽标上古音。释义分列义项归纳单字在金文中的主要用法，有些单字下还适当收录复词。如下页例。

书后附有楷体、小篆、金文、甲骨文常见偏旁对照表、常见青铜器形态图和青铜器铭文形式举例。编有笔画、音序检字表。

秦始皇统一中国以后，实行"车同轨，书同文"的政策，规定以小篆这种字体作为正体，以取代当时流行的各种异体。小篆在汉字发展史上占有极其重要的地位，它是我国历史上第一次有系统的文字规范。汉字发展到小篆，象形的意味已大大减少，符号化趋势更加明显，规律程度大为提高。它上通甲骨、金文，下达隶、草、楷、行，是今天了解考察汉字形体发展演变源流的桥梁。查考、分析小篆的形体构造、字音、字义，最为基本和重要的工具书是东汉许慎所编的《说文解字》。

说文解字成书于东汉和帝永元十二年（公元100年），直到东汉安帝建光元年（公元121年），许慎在病中才让其子许冲上于安帝。按照许慎的解释，“依类象形谓之文，形声相益谓之字”，因此，“说文解字”，意即解说文字。后世一般简称为《说文》。

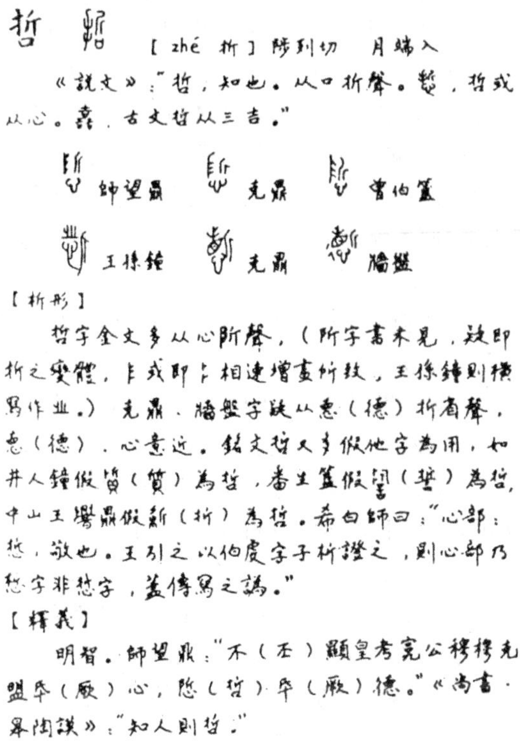
哲 [zhé 折] 陟列切 月端入

《説文》："哲，知也。从口折聲。悊，哲或从心。嚞，古文哲从三吉。"

師望鼎　克鼎　曾伯簠

王孫鐘　克鼎　牆盤

【析形】

哲字金文多从心斦聲，（斦字書未見，疑即折之變體，斤或即⺊相連增畫所致，王孫鐘則横寫作业。）克鼎、牆盤字疑从悳（德）折省聲，悳（德）、心意近。銘文哲又多假他字為用，如井人鐘假質（質）為哲，番生簋假誓（誓）為哲，中山王譻鼎假新（折）為哲。希白師曰："心部：悊，敬也。王引之以伯虔字子析證之，則心部乃悊字非悊字，蓋傳寫之譌。"

【釋義】

明智。師望鼎："不（丕）顯皇考寃公穆穆克盟（明）氒（厥）心，悊（哲）氒（厥）德。"《尚書·皋陶謨》："知人則哲。"

《说文解字》正文14卷，叙目1卷，共15卷。全书收篆文单字9353个，这些单字另有古文、籀文等异体者，则列为“重文”，计1163个。全书的解说文字达133441字。所收文字，按形体构造分为540个部首。部首的排列，主要是“据形系联”。同一部首内的字，一般是把意义相近的放在一起。按部首来归并汉字是《说文解字》的首创，它对后世中国字书的编纂，产生了极其深远的影响。

《说文解字》对每一单字的解释，一般都有三部分内容：(1)解释字义。(2)分析形体构造。许慎分析汉字的形体构造，依据的是他所理解的“六书”理论。(3)注明读音。如果这个字另有“重文”，则列于正文解说之下。例见下页。

《说文解字》经过数百年的辗转流传，已失其原貌。至南唐时，徐锴整理注释《说文解字》，成**说文系传**，世称“小徐本”。北宋初，徐锴兄徐铉亦整理校定《说文解字》，世称“大徐本”。今天通行的《说文解字》，一般均为大徐本系统的。大徐本《说文》增加了 400 多个“新附字”；对许慎的某些解说作了简单的注释；还给《说文》中的每个字都加了反切注音等。这些都是大徐本增加的内容，并非《说文》原本所有。另外，大徐本还将原本每卷析为上下两卷，故今天通行的《说文解字》，全书共 30 卷。

履
足所依也从尸从彳从夂舟象履形一曰尸聲凡履之屬皆从履良止切
古文履从頁从足

今天查考《说文解字》，利用中华书局影印本最为方便。后附按楷书字体笔画顺序排列的《检字表》。

《说文解字》的主要功用表现在以下几个方面：

(1)查考一个字比较原始、比较基本的意义；

(2)查考古人依据“六书”理论对汉字形体构造的解说，有助于科学地分析汉字结构。

(3)考察汉字形体发展变化的历史源流。

《说文解字》也有局限和不足。如部首分得过于繁冗、琐碎；有些字的归部不大合理，解释字义时有牵强附会的现象，等等。

《说文解字》在中国字书发展史上占有极其重要的地位。它首创了按部首归并汉字的方法，开创了字书编纂的体例，是中国历史上第一部系统地分析字形、解释字义的字书。

由于《说文解字》所具有的重要价值，所以，自它问世以后，研究整理者，代不乏人。其中成就最突出的，要算清代学者。在清代学者中，又以段玉裁、桂馥、朱骏声、王筠四人的成就最大，人称清代《说文》四大家。桂馥的《说文解字义证》广征博引，来证明《说文解字》对文字的解说。朱骏声的《说文通训定声》打破了《说文》的体例，按古韵分类集中汉字，主要内容是补充《说文》的解说，同时着重阐述文字的转注和假借。王筠的代表作是《说文释例》和《说文句读》。前者主要阐述《说文》的条例、体制；后者采掇诸家研究《说文》之论，删繁举要，以供初学。段玉裁的《说文解字注》，是《说文》四大家中最有代表性的成果。此书对大徐本《说文》进行了审慎的校勘，又广泛引用各方面的资料，并注意把声音和训诂联系起来注释、阐述《说文》的解释。后人认为，段氏《说文解字注》是一部体大思精的著作，后来研究《说文》的，莫不受其影响。它对今天深入理解《说文解字》，也有很大的帮助。上海古籍出版社 1981 年曾影印出版《说文解字注》。

如果想比较全面了解历代研究《说文解字》的成果，可以利用近人丁福保编的**说文解字诂林**，1928 年刊行前、后、附、补四编，后又搜集近代有关《说文》研究的著述，编成《补遗》，于 1932 年刊行。本书将 228 种历代研究《说文》著作中的资料分类排列在各字之下。它最突出的优点是“查一字而各家之说皆备，集《说文》注释之大成”。全书有一册《通检》，供检索之用。

二、字音

和汉字的形体一样，汉字的读音从古到今也处在一个不断发展变化的过程中。早在汉代，人们就开始认识到了某些字古今读音不同的现象，到了明末，陈第从历史观点出发，提出了“时有古今，地有南北，字有更革，音有转移，亦势所必至”的主张，被认为是正确认识语音发展变化的理论先驱。汉语语音的发展变化过程，一般区分为四个时期，即先秦至魏晋的上古音时期，南北朝至唐宋的中古音时期，元明两代的近古音时期，清至现代的现代音时期。

三国时期就开始出现了主要用来分析归纳汉字读音的字书，称为“韵书”。确切地说，韵书是一种以审音辨韵为主，同时也兼有释义作用的综合性字书。汉字的读音包括声母、韵母、声调三大基本要素，古代的反切、现代的汉语拼音都是根据汉语语音的特点来表现这三大基本要素。

一般认为，中国古代最早的韵书是三国魏李登的《声类》和晋代吕静的《韵集》，但这两部韵书都已经亡佚。到了隋代，陆法言著

《切韵》5 卷，这是唐宋韵书的始祖。《切韵》原书已失传，近几十年来，发现了几种《切韵》的唐写本残卷。经考证，《切韵》全书分为 193 韵，收字较少，注释亦较简略。但它对后来的韵书影响较大，在汉语语音史的研究方面有重要价值。

现存最早的一部完整韵书，是宋代陈彭年等人编的**大宋重修广韵**，简称**广韵**。《广韵》是为增广《切韵》而编纂，全书共收字 26000 多个，分为 206 韵。《广韵》对单字的解说，一般是先释意义，再注反切，尔后罗列并解释该字的同音字，所以有人说《广韵》很像现在的“同音字典”。例如该书“先韵”中的“先”字条（这一组同音字共有 4 个）：

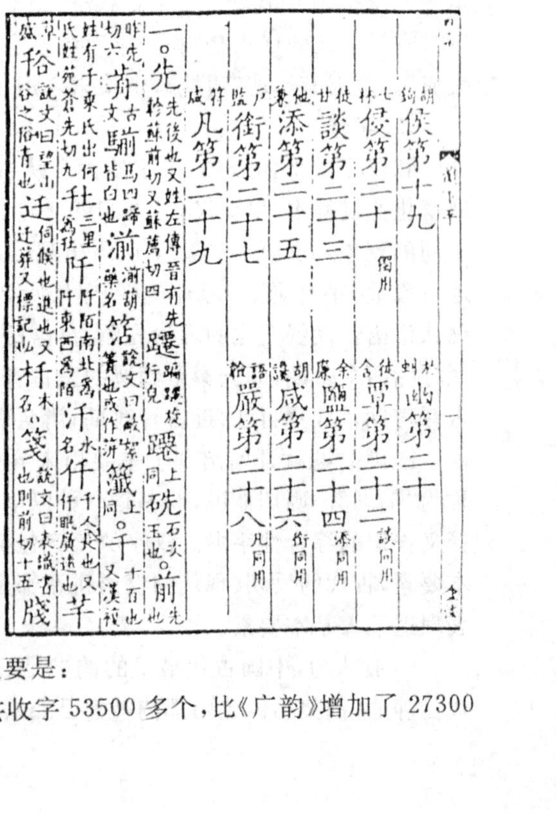
侯第十九 胡鈎
幽第二十 於虯
侵第二十一 七林 獨用
覃第二十二 徒含 談同用
談第二十三 徒甘
鹽第二十四 余廉 添同用
添第二十五 他兼
咸第二十六 胡讒 銜同用
銜第二十七 戶監
嚴第二十八 語𩆔 凡同用
凡第二十九 符咸
一先
先 先後也又姓左傳晉有先軫蘇前切又蘇薦切四 躚 蹁躚旋行皃 跣 上同 硫 石次玉也

《广韵》所反映的语音，是我国中古时期——也就是魏晋以后至隋唐时期的语音。目前，《广韵》较好的版本是周祖谟先生的《广韵》校本，中华书局 1960 年出版。

继《广韵》之后出现的一部著名韵书，是宋代丁度等人编纂的**集韵**。《集韵》是在《广韵》的基础上增订而成的，全书 10 卷，也分成 206 韵，但韵目名称和次序略有变动。和《广韵》比较，《集韵》的特出之处主要是：

(1)收字数量多。共收字 53500 多个，比《广韵》增加了 27300

多个。

(2)注解内容有变动。对单字的注解,较《广韵》有简化,有增补,但总的是更加详细了。

(3)反切用字多所不同。如“东”字,《广韵》为“德红切”,而《集韵》为“都笼切”;“山”字,《广韵》为“所闲切”,《集韵》为“师闲切”。这反映了反切方法的改进。《集韵》是研究文字训诂和宋代语音的重要资料。

元、明、清以来作为旧体诗词用韵根据的“平水韵”,出现在宋金时期。平水韵本来指两种韵书。一是宋末刘渊所编《壬子新刊礼部韵略》,把《广韵》以来的206韵合并为107韵。因刻书地点在平水(今山西临汾),故名。该书今已失传,其韵目见于元初熊忠《古今韵会举要》。一是较刘渊稍早的金人王文郁所编《平水韵略》(又名《新刊韵略》),分106韵。因王文郁曾任平水书籍(官名),故名。后来所说的“平水韵”,一般指沿袭106韵的韵书。

不大熟悉古代音韵知识的人,直接查考古代韵书有一定的困难。主要是古代韵书按古韵顺序编排,不熟悉具体单字在古代的分韵隶属情况,查考时便无从入手。今人编纂的一些古今汉字读音对照的工具书,大都以汉字的今音为纲,对照列出反映其古代读音的项目。重要者有:

上古音手册,唐作藩编,江苏人民出版社,1982。这部书的主要功用是从汉字的今音入手来查对上古音。共收先秦古籍中的常用汉字8000多个,全书按现代汉语拼音字母顺序排列,对每一单字,均注明其在上古时期所属的韵部、声纽和声调。如:

把——幽·并·上

古今字音对照手册,丁声树编,李荣参订,中华书局,1981。这部书的主要功用是从汉字的今音入手来查对以《广韵》为代表的中古语音。全书共收常用字6000多个,编排方式是:先按汉字今音的韵母顺序分部,同韵母的字依声母顺序排列。对每一单字古音的注释，包括该字在《广韵》中的反切（《广韵》未收的字依《集韵》）、韵摄、开合口、等、声调、韵部和声纽等七项。例如：

花——呼瓜切　假合二平麻晓

汉字古音手册，郭锡良编，北京大学出版社，1986。列上古音和中古音，可代替以上二书。

现代汉语中的语音问题，主要是规范，特别是异读字词的规范。1956 年，国家成立普通话审音委员会，对 1800 多条异读词和 190 多个地名的读音进行了审议；1963 年公布《普通话异读词三次审音总表初稿》；1982 年，又对该初稿再次进行审议，于 1985 年 12 月通过并正式公布了**普通话异读词审音表**，这是目前汉语异读词读音、注音的标准。比较全面准确地反映现代汉语异读词标准读音的专门工具书，是以《审音表》为依据编成的**现代汉语异读词词典**，吕永修等编，兵器工业出版社，1990。该书共收录异读字、统读字（原字有几个读音，经审订后废除某个或某几个读音，只保留一个读音）1350 个，异读词 1 万多条，其中包括《审音表》已经审订的字词，也酌收《审音表》以外传统上两读或多读、且比较通行的字词。释文的内容，主要是提供字词的规范读音。对某些经审订有较大改动的字词，特别加以注释说明；对某些同形异读词，特别加以简要辨析。释义和举例比较简略（例见下页）。

该书正文依汉语拼音字母顺序排列，有音序检字目录。

三、训诂

训诂，简单地理解，就是对字义、词义的解释。确切地说，用通俗的话来解释词义叫“训”，用当代的话来解释古代词语，或者用普遍通行的话来解释方言叫“诂”。在古代，训诂又称“训故”、“故训”、“诂训”。传统的训诂学发展到现代，就是语义学。

训诂的主要任务是解释字义词义，所以，从广义上来说，传统的字书、韵书、笺注疏通之作，都可以认为是训诂专书。清代出现了系统汇辑各种古书中训诂资料，具有训诂资料汇编性质的专书，最有代表性的是阮元编纂的**经籍籑诂**。该书共106卷，另每卷后均附“补遗”，收录常见字13349个（不包括异体字），采用古书100多种。其编排体例是：全书按《佩文韵府》分韵编字，一韵一卷。每一字下本义在先，引申义和辗转相训居次，系统汇集从各种古书中采录的训释。每一训释，均列出原文。不同义项之间，用“〇”符号隔开。例见下页。

《经籍籑诂》最突出的优点，是以字为单位，集中汇集了在不同古书和古书文句中的训释资料，而且所辑全是唐以前古籍中的训释，具有“检一字而诸训皆存”的功能。它是汇集古籍中训诂资料最为系统完备的专书，对考察字义词义的发展演变，有重要价值。《经纂籑诂》刊行于嘉庆三年（1798年），1982年中华书局影印出版，并附编了单字笔画检字表，这是目前的通行本。

百 （本字有两个读音：bǎi ，bó ）
一、bǎi ❶数目字，十个十。❷比喻多。
【百姓】
【百家姓】
【百川归海】
【百无聊赖】（bǎi wú liáo lài ）指思想感情没有依托，精神空虚无聊。聊赖：依赖。语本汉蔡琰《悲愤诗》。
【百孔千疮】
【百发百中】
【百战不殆】
【百年树人】
【百炼成钢】
【百依百顺】
【百废俱兴】
【百感交集】
【百折不挠】
【杀一儆百】杀一个人来警戒许多人。“儆”也作“警”。
【百花齐放、百家争鸣】比喻艺术上不同的形式和风格的自由发展，科学上不同学派的自由争论。
二、bó
【百色】县名，在广西壮族自治区。

四、频率

汉语字词数量极其庞大，但在日常口头交际和书面语言中经常出现的，数量却有限。哪些字词是常用的，常用到什么程度？哪些字词是不常用的，不常用到什么程度？这就需要依据大量的语言素材，进行字词使用频率的统计分析。字频词频的统计，对于语言的教学和研究有重要意义。随着电子计算机的广泛应用，它更是中文信息处理、情报检索、机器翻译、人工智能、字盘字模设计的基础性工作。

专门反映字频词频统计成果，按字词出现频率高低编排的词

【詞】丨告也。禮記曾子問：其丨于賓曰。釋文：○丨嗣也。令撰善言相續嗣也。釋名釋典藝：○丨當爲辭。周禮大行人：協辭命。司農注：○丨古辭字。漢書敘傳上音義。

【詞】說文：丨意內而言外也。从司从言。

典，称为频率词典。世界上第一部频率词典是1889 年德国语言学家 F. W. 凯丁编的《德语频率词典》。汉语字词频率的统计与研究，已有 60 多年的历史。第一部汉语频率字典是1928 年陈鹤琴编的《语体文应用字汇》。大规模的汉语字词频率统计工作，是八十年代以来才展开的。由于电子计算机的应用，近十年来这方面取得的成果，不论在数量上还是质量上，都远远超过了以前的五十多年。

我国第一部大规模的汉语频率词典是**现代汉语频率词典**，北京语言学院语言教学研究所编，北京语言学院出版社，1986。该书选用各种题材和体裁的语料 4 类(报刊政论文章及专著类、科普书刊材料类、剧本和日常口语材料类、各种体裁的文学作品类)179 种，近 200 万字，通过计算机的统计与分析，客观而准确地反映了汉语字词的使用频率、分布特点、构词能力等情况，展现了汉语字词使用的概貌。全书共有 9 部分内容：

1. 按汉语拼音字母顺序排列的频率词表。反映使用度大于 2 的 16593 个词语的使用频率、分布状况。例见下页。

词次：指该词在所统计的语料内出现的次数。

频率：指该词的出现次数占全部语料总次数的百分比。

分布："类"和"篇"分别指该词在 4 大类 179 种语料里出现在哪些类和多少篇中。

使用度：综合词次、类、篇三方面因素，按一定公式计算得出的压缩了的词次。用于衡量词的常用程度和分布情况。使用度与词次越接近，该词的次数分布得越均匀，说明该词的使用面较广，否

词	条	词次	频率	分布		使用度	在各类语料中的词次分布							
				类	篇		I 词次	I 篇数	II 词次	II 篇数	III 词次	III 篇数	IV 词次	IV 篇数
	A a													
阿（头）	ā	113	.00860	3	10	75	3	1			1	1	109	8
阿囡	ānān	7	.00053	1	1	4							7	1
阿婆	āpó	7	.00053	2	3	4			1	1			6	2
阿太	ātài	20	.00152	1	1	10							20	1
阿姨	āyí	36	.00274	3	9	24			10	1	5	3	21	5
啊〔呵〕	ā	392	.02982	4	76	246	3	2	13	8	123	14	253	52
啊呀	āyā	12	.00091	2	8	7					3	2	9	6
啊哟	āyō	3	.00023	1	1	2							3	1
啊	·a	1102	.08384	4	115	660	15	8	26	10	445	17	616	80
	ai													
哎	āi	208	.01582	3	57	108			2	1	121	17	85	39
哎呀	āiyā	61	.00464	3	34	43			4	3	17	7	40	24
哎哟	āiyō	33	.00251	3	21	22			2	1	16	9	15	11
哀	āi	3	.00023	1	1	2					3	1		
哀悼	āidào	4	.00030	2	4	2	1	1					3	3
哀唤	āihuàn	3	.00023	1	1	2							3	1
哀叫	āijiào	7	.00053	1	2	4							7	2
哀求	āiqiú	14	.00107	3	8	9			1	1	2	1	11	6
哀痛	āitòng	7	.00053	2	6	4					1	1	6	5
哀怨	āiyuàn	3	.00023	2	3	2	1	1					2	2
哀乐	āiyuè	3	.00023	1	3	2							3	3
挨	āi	111	.00844	4	60	91	4	4	13	8	15	9	79	39
挨个儿	āigèr	5	.00038	2	5	3			1	1			4	4
挨近	āijìn	4	.00030	1	2	2							4	2
[illegible]	āi	35	.00266	4	7	26	1	1	27	2	1	1	6	3
[illegible]	āizhèng	6	.00046	3	4	4	3	1	2	2			1	1
[illegible]	āi	45	.00342	3	25	31			1	1	1	1	43	23
[illegible]	āixiāo	9	.00068	1	7	5							9	7
[illegible]	āi	7	.00053	1	4	4							7	4
[illegible]	āi	619	.04709	4	110	503	190	18	21	10	99	16	309	66

则相反。

在各类语料中的词次分布：指该词在不同的4个类别中在多少篇语料中出现及出现的词次。

2. 使用度最高的前8000词词表。收使用度在6以上，出现词次在8以上的常用词8548个，分别编制为表(1)：按使用度递降顺序排列；表(2)：按频率递降顺序排列。从两个不同角度反映词语在语料中出现的情况。例如表(1)：

序号	词	条	使用度级次	使用度	词次	累计词次	频率	累计频率
1	的	·de	1	69080	73835	73835	5.6174	5.6174
2	了	·le	2	26342	28881	102716	2.1973	7.8146
3	是	shì	3	20401	21831	124547	1.6609	9.4755
4	一(数)	yī	4	19589	20672	145219	1.5727	11.0483
5	不	bù	5	15757	18107	163326	1.3776	12.4259
6	在(介)	zài	6	13438	14656	177982	1.1150	13.5409
7	有	yǒu	7	12238	12591	190573	.9579	14.4988
8	我	wǒ	8	11699	16970	207543	1.2911	15.7899
9	个(量)	gè	9	10303	11042	218585	.8401	16.6300
10	他	tā	10	10017	12206	230791	.9286	17.5586

该表对较大范围的分析、鉴别和挑选用于不同目的的常用词语有较高的参考价值。

3. 使用度较低的词语单位表。收入使用度和词次较低的词语22446个，按使用度和词次递降顺序逐级排列。

4. 各分类表。反映高频词语在4类语体中出现的次数、频率及词次等级，并与综合语体的词次等级进行比较，从而展示词语在全部语料和某类语体中的特点与所占地位。具体分为：(1)报刊政论语体中前4000高频词词表、(2)科普语体中前4000高频词词表、(3)生活口语中前4000高频词词表、(4)文学作品中前4000高频词词表。

5. 分布最广的词语频率表。收入出现在4类、100篇以上语料中，词次在300以上，使用度在230以上的词语360个，反映词语在使用上的散布面。

6. 前300个高频词分布情况分析。以词汇计量的理论为基础，分析前300个高频词的实际分布和理想分布。每一词语均列出"观察值"(实际出现的词次)、"期望值"(理论上应出现的词次)、"偏差系数"(后者对前者的偏离程度)。

7.汉字频率表。反映所统计的语料中全部汉字的使用频率和出现次数,按频率递降顺序排列。

8.汉字构成能力分析。反映语料中全部4574个单字在单用或处于词内不同位置时构成词语单位的能力。

9.附录。包括(1)各词次等级所含同级词数统计、(2)各类语料平均长度比较、(3)各类语料中所含不同音节词词数及词次统计、(4)使用度最高的前若干词的词数及覆盖率统计、(5)不同频率段词的音节构成及覆盖率比较。

该词典的突出特点是对语料中所涉及的字词进行了多层次、多角度的统计与分析,提供了大量的基础数据,具有广泛的参考价值。但语料的时间跨度和学科分布尚显不足。

另外一种大规模的汉语频率词典是**现代汉语常用词词频词典**(音序部分),刘源等编,宇航出版社,1990。该词典是"现代汉语词频统计"科研项目的成果之一。该项目是目前国内对汉语频率最大规模的一次统计。词典中收入的词语(包括词、词素、词组)限于在"词频统计"总成果中统计频度大于或等于5的词语,语料范围是《现代汉语词典》、《辞海》、《英汉词典》等23部影响较大的工具书中的常用词。全书包括按汉语拼音顺序排列的音序总表和1—7字词条的音序表两部分。词表中列出的项目有:(1)序号。词条在词表中的顺序号。(2)词条。(3)汉语拼音。用12345分别代表阴平、阳平、上声、去声、轻声。(4)频度。词条的统计次数。(5)频率。该词条的频度占词表中总频度的百分比。(6)累频。即累计频率,指已出现的词条频率之和占词表中总频度的百分比。例见下页。

该词典所选用的统计语料,不论总量还是时间跨度、学科分布,都优于《现代汉语频率词典》,但统计分析的角度、层次不及《现

序号	词语	拼音							频度	频率	累频
1	啊	a1		a2	a3	a4	a5		3062	0.02353	0.02350
2	啊哈	a1	ha4						13	0.00010	0.02360
3	阿	a1							2565	0.01971	0.01329
4	阿巴丹*	a1	ba1	dan1					7	0.00005	0.01335
5	阿巴拉契亚山脉*	a1	ba1	la1	qi4	ya4	shan1	mai1	5	0.00004	0.01339
6	阿爸	a1	ba4						119	0.00091	0.04130
7	阿布扎比*	a1	bu4	zha1	bi3				12	0.00009	0.04439
8	阿昌*	a1	chang1						9	0.00007	0.04446
9	阿城*	a1	cheng2						6	0.00005	0.04451
10	阿斗*	a1	dou3						5	0.00004	0.04455

代汉语频率词典》广泛、深入。

汉字频度统计，贝贵琴、张学涛汇编，电子工业出版社，1988。本书以1977年印出的《汉字频度表》所收字为基础，分级制成频度统计表，计最常用字、常用字、次常用字各500个，稀用字500个，冷僻字2991个，共5991字。《汉字频度表》所用语料计2165万余字，其中使用10次以上(含10次)的字为4731个，使用5次以上的字累计为5152个，使用2次以上的字累计为5646个。《汉字频度统计》收只用1次的字三百多个，略去了三百多个。

现代汉语常用字频度统计，国家语言文字工作委员会汉字处编，语文出版社，1989。本书是对1988年由国家语言文字工作委员会和国家教育委员会联合发布的《现代汉字常用字表》(收字3500个)所做的频度说明。统计所列每个字的频度，是1928年陈鹤琴《语体文常用字汇》至1987年新华社技术研究所《1986年度新闻信息流通频度》等6种材料的平均频度。

五、属性

汉字的属性，就是指汉字所包含的信息，如读音、部首、笔画、部件、代码等。了解汉字的属性，对于分析汉字的结构，对于汉字的信息处理，对于检索汉语工具书，都有重要的意义。集中反映汉字基本属性的专门工具书，是近年来伴随着汉字标准化和汉字信息处理的发展而出现的。目前，规模较大的是**汉字属性字典**，傅永和主编，语文出版社，1989。该书以GB2312－80《信息交换用汉字编码字符集·基本集》为收字范围，共收汉字(包括部首)6763个。反映的汉字属性主要包括：

（1）注音。包括汉语拼音、注音字母、威妥玛式、国语罗马字母。

（2）笔画。包括笔画数、笔顺、笔顺编号。

（3）部首。包括单字在《统一汉字部首排检法草案》、《现代汉语词典》、《辞海》（1979 年版）、《康熙字典》中的部首，以及部首笔画数、笔画序号。

（4）部首外。包括单字部首以外部分的笔顺、笔画数、笔画编号。

（5）结构。

（6）部件。

（7）字频。

（8）级属。指单字在 GB2312—80 中的级属。包括区位号、汉字与非汉字、正形与非正形三项。

（9）代码。包括国家标准编码、台湾省的《通用汉字标准交换码》、《信息交换用汉字编码字符集》、日本的工业标准《信息交换用汉字编码字符集》、电报码、四角号码（据《四角号码新词典》）。

（10）字形。包括与规范汉字相应的繁体字、异体字和旧字形。

全书正文依 GB2312—80 的顺序排列，附有汉字部首索引。

另有一种规模较小的**汉字属性字典**，北京图书馆编，书目文献出版社，1988。收汉字 6763 个，前 3755 个按汉语拼音顺序排列，后 3008 个按偏旁部首顺序排列。每字反映的属性包括：汉语拼音、区位号、国标码、电报码、台湾码、笔画数、四角号码、起笔至末笔笔形、部首次序号、部首笔画数、部首外起笔至末笔笔形、异体字。附有汉语拼音、部首、笔画、四角号码索引。

汉字信息字典，李公宜、刘如水主编，科学出版社，1988。本书收正体字 7785 个，繁体异体 9469 个。第一部分为形、音、义基本信息，给出 GB2312—80 编号及分区、汉语拼音注音、主要义项、部首、结构及笔顺。第二部分是数码信息，依次给出一个字的部件数、笔画数、结构类型、义项级、构词能力级、字级、频级、频序、频率、国标码、电报码、四角码以及四种字词典的所在页码等16项。第三部分是分类统计、对比信息，计有笔画数统计、首笔末笔分类组合统计、部件名称分类及笔顺、部件统计、部首统计与归部比较、结构分类统计、形似字对照与辨异、字音分类统计、义项数分级统计、构词能力分级统计、字类统计、收字比较等12项，计32表，第四部分为14种附录。本书提供的信息十分丰富。

第三章　查考古今图书

利用工具书查考古今图书是文献检索的一个重要的课题。本章主要讲述在查找古籍、古籍丛书、古籍版本和近现代出版物时所用的书目以及检索的途径与方法。

第一节　查考古籍

所谓古籍，一般指辛亥革命以前的人所撰写的著作，以及后人经过整理而成的各种本子，如节本、汇编本、丛书本、笺释本、校释本、辑佚本、点校本、选注本、今译本等。这些著述有写本、刻本、活字本、石印本、铅印本与影印本，又有线装与平装、精装之分。

现存古籍有多少？由于标准、时限、范围、依据、统计方法不同，说法不一。一般认为今存古籍约 10 余万种。

自从雕版印刷书籍出现之后，才有“版本”这个名称。初时，“版本”仅仅是为了区别写本。随着雕版印刷事业的发展，古籍有了多种不同的印本，“版本”的含义有所扩大。近世一些非雕版印刷物，人们也视为“版本”中的一种。不同时期以不同方式刊印的印本，也都有“版本”问题。但是尤以古籍版本最为繁杂。

古籍版本中有一种叫善本。

什么是善本？至今尚有不同的标准与说法。《中国古籍善本书目》编辑组规定，凡具有古籍的历史文物性、学术资料性、艺术代表性三方面之一、二者，均可视为善本。这里所说的历史文物性，是指某种古籍版本具有历史文物的价值；学术资料性，是指某种古籍版本作者在学术研究上有独到的见解，又具有文献史料价值；艺术代表性，是指某种古籍版本能反映我国古代刻印技术的发展，如代表一定时期刻印工艺技术水平的各种活字印本、较精的插图刻本等。善本具有较高的使用价值，内容上有可取之处，刊本流传少，刻印有特点。

古籍版本对于使用古籍是很重要的，版本不同，内容往往有差异，利用古籍时，不可忽视版本的查考。

一、古籍流传

查古籍流传，就是为了解一部古籍在一定时期内的出现传播与存佚情况。这可以通过查考正史艺文志（经籍志）及补志来解决。要系统地查正史艺文志，就要利用**艺文志二十种综合引得**（哈佛燕京学社引得编纂处 1933 年编印，中华书局 1960 年重印）。二十种艺文志实际上是正史艺文志 7 种、补志 8 种、禁毁书目 4 种和征访书目 1 种，即：《汉书艺文志》、《后汉书艺文志》、《三国艺文志》、《补晋书艺文志》、《隋书经籍志》、《旧唐书经籍志》、《新唐书艺文志》、《补五代史艺文志》、《宋史艺文志》、《补辽金元艺文志》、《补三史艺文志》、《补元史艺文志》、《明史艺文志》、《清史稿艺文志》、《禁书总目》、《全毁书目》、《抽毁书目》、《违碍书目》与《征访明季遗书目》。这二十种书目基本上反映了我国从古代至清末的古籍。

《艺文志二十种综合引得》把书名与作者人名按中国字庋撷法编排，书前有笔画检字。查阅这部引得，可以了解到一部古籍曾在哪几部书目中著录过，及某人写过哪些著作，在哪些书目中有著录。例如：

黄离草　郭正域　明 4/18b　禁 7a　违 21b

即《黄离草》一书，郭正域著，著录于《明史·艺文志》，《八史经籍志》本 4 卷 18 页下面；《禁书总目》抱经堂印本 7 页上面；《违碍书目》抱经堂印本 21 页下面。查考时要注意参考书前《艺文志二十种原名及略语对照表》。又如：

王祯；农书：辽 39b；元 3/5b

——;农桑通诀:辽 39b;补 20b;元 3/5b

——;农器图谱:辽 39b;元 3/5b

——;榖谱:辽 39b;元 33/5b

——;农务诗:元 4/16a

这是说明王祯见于书目著录的有 5 部著作。

二、现存古籍

查现存古籍,一般可先翻阅《四库全书总目》,然后再查其他书目。

四库全书总目,清永溶等撰,中华书局 1981 年影印出版。清代乾隆帝弘历曾下令征集图书,名之曰“稽古右文”,实际上含有“寓禁于征”之意。清王朝在征集与禁毁书籍的基础上,集中一批著名的学者,编纂了一部巨大的丛书《四库全书》,收书 3000 余种,抄 7 部,分别收藏在故宫的文渊阁、沈阳的文溯阁、圆明园的文源阁、承德避暑山庄的文津阁、镇江的文宗阁、扬州的文汇阁与杭州的文澜阁。与此同时,也使大批书籍遭到禁毁、删节与窜改。据陈乃乾《禁书总录》统计,被全毁与抽毁的书籍近 3000 种。鲁迅指出:“清人纂修《四库全书》而古书亡。”(《且介亭杂文·病后杂谈之余》)

在纂修《四库全书》的过程中,对收进《四库全书》的书籍和一些“无碍”未毁但又未收进《四库全书》的书籍,均分别编写提要,后来把这些提要分类编排,汇成一部书目,这就是《四库全书总目》。

《四库全书总目》亦称《四库全书总目提要》。初稿完成于清乾隆四十六年(1781)。随着《四库全书》不断增补与一些著作的抽换,这部书目也有过几次变动。大约于乾隆五十八年才由武英殿刊版印行。次年,浙江谢启昆据文澜阁所藏武英殿刊本翻刻以后,《四库全书总目》才得以广泛流传。

《四库全书总目》200 卷,著录书籍 10254 种、172860 卷;其中包括上述那些未毁“无碍”而未收进《四库全书》的书籍 6793 种、93551 卷,附于每类之后,谓之“存目”。《总目》所记可算是先秦至清初传世的相当一部分书籍。每部书籍均注明来源，有采进本，如《史记索隐》30卷（江苏巡抚采进本）；内府本，如《明一统志》90卷（内府藏本）；敕撰本，如《钦定大清会典》100卷（乾隆二十九年奉敕撰）；进献本，如《舆地广记》38卷（浙江鲍士恭家藏本）；永乐大典本，如《孙子算经》3卷；通行本，如《吴子》1卷。每部书籍附以提要，为了解古籍的编纂经过、著作内容及其得失、文字异同、版本源流，以及著者生平事迹等提供了有价值的参考资料。这些提要均由纪昀修改审定。《总目》中全部书籍按经、史、子、集四部分类法编排，类目如下：

经部十类：易类、书类、诗类、礼类（周礼、仪礼、礼记、三礼总义、通礼、杂礼书）、春秋类、孝经类、五经总义类、四书类、乐类、小学类（训诂、字书、韵书）。

史部十五类：正史类、编年类、纪事本末类、别史类、杂史类、诏令奏议类（诏令、奏议）、传记类（圣贤、名人、总录、杂录、别录）、史钞类、载记类、时令类、地理类（总志、都会郡县、河渠、边防、山川、古迹、杂记、游记、外纪）、职官类（官制、官箴）、政书类（通制、典礼、邦计、军政、法令、考工）、目录类（经籍、金石）、史评类。

子部十四类：儒家类、兵家类、法家类、农家类、医家类、天文算法类（推步、算书）、术数类（数学、占候、相宅相墓、占卜、命书相书、阴阳五行、杂技术）、艺术类（书画、琴谱、篆刻、杂技）、谱录类（器物、食谱、草木鸟兽虫鱼）、杂家类（杂学、杂考、杂说、杂品、杂纂、杂编）、类书类、小说家类（杂事、异闻、琐语）、释家类、道家类。

集部五类：楚辞类、别集类（汉至五代、北宋建隆至靖康、南宋建炎至德祐、金至元、明洪武至崇祯、清朝）、总集类、诗文评类、词曲类（词集、词选、词话、词谱词韵、南北曲）。

经部是封建文化的一种标志。这一部类容纳的是封建社会统治阶级“认可”的必读书，主要包括十三经、四书、古乐、文字学等方面的书籍，以及解释经书的著述。史部主要是各种体裁的史书，如纪传体、编年体、纪事本末体史籍，也包括地理著作、政书、目录书。史部中容纳这些书的类目很多，反映了我国丰富的史籍。子部范围极广，收书比较复杂。有哲学书，也包括算书、天文、生物、医学、农学、军事、艺术、宗教著作、笔记小说与类书。由于时代、阶级及人们对自然现象认识的局限，子部中也有一些含有极浓的迷信色彩的类目，如术数类的数学、占候、相宅相墓、占卜、命书相书等及其中包含的书籍。集部收历代作家一人或多人著作的集子，一人著作的集子称之为别集，多人著作的集子称之为总集。历代作家的文集既有文学作品，也包括评论诗、文、词、曲的著作；虽以文学为主，但又不限于文学。

《总目》中的部、类前有大、小序，以说明该类书籍的学术源流。这对于认识与使用《总目》是颇有意义的。

《总目》初稿完成时，由于卷帙太繁，翻阅不便，纪昀等又删节提要，不录存目，于清乾隆四十七年编成**四库全书简明目录**二十卷。后由《四库全书》馆馆臣赵怀玉于清乾隆四十九年录出副本，刊行于杭州。

《四库全书简明目录》在收书范围、提要详略两方面均有别于《四库全书总目》，一繁一简相辅而行。《简明目录》只为《四库全书》中的3000余种古籍附以提要，且文字极其简明，举例如下：

迩言十二卷

宋刘炎撰。凡十二篇。其言醇正笃实，而切近事理，无迂僻不情之论，如谓井田封建，必不可复；谓党锢之祸，由于自取；谓学二程而不至者不能无偏，皆讲学家所讳不肯言也。

鲁迅指出，《四库全书简明目录》“其实是现有的较好的书籍之批评，但须注意其批评是‘钦定’的”（《集外集拾遗·开给许世瑛的书单》）。

《四库全书总目》对于查找现存古籍，了解古籍内容，颇为有用。但《总目》毕竟成书较早，加之当时被禁毁或后来又被发现的古籍，当然从中不可能查到；同时《总目》内容也有不少错误，后来屡被发现，这就需要查其他著作或书目，予以补充。

纠正《四库全书总目》中谬误的著作和书目主要有：

四库提要辨证 24 卷，余嘉锡撰，科学出版社，1958。经作者多年研究，对《四库全书总目》中近 500 种古籍，从内容、版本及作者生平都作了科学的考辨、订正。全书亦按《四库全书总目》次序编排。这是查阅古籍必备的学术著作。

四库提要订误，李裕民著，书目文献出版社，1990。本书对《四库全书总目》著录之书的书名、卷数、版本、作者及其生平、以及内容评价等方面的错误进行了订正，并纠正余嘉锡《四库提要辨证》的疏误十余处。

四库全书总目提要补正，胡玉缙、王欣夫辑，中华书局，1964。本书 60 卷，补遗 1 卷，未收书目补正 2 卷。编者从诸家藏书志、读书记、笔记、日记、文集中，汇录了前人对《总目》与清人阮元所撰《四库未收书目提要》(记载《四库全书》未收 174 种书籍的提要)中 2000 种古籍的匡谬补阙文字。全书按《四库全书总目》次序编排。

补充《四库全书总目》的主要有：

清代禁书知见录，孙殿起辑。本书与《清代禁毁书目(补遗)》(清人姚觐之撰)合为一书，由商务印书馆于 1957 年出版。在《清代禁书知见录》中，编者根据自己所见到的禁书，记其书名、卷数、作者和刊刻年代。同时将一部分不见于禁书书目而似在禁毁范围的古书，作为外编附于书后。此书录为查找清乾隆时查禁书中尚存的著作提供了线索。**清代禁毁书目(补遗)**，包括《全毁书目》、《抽毁书目》、《禁书总目》与《违碍书目》。此书目可查考清乾隆时的禁毁书籍。同时亦可查考《清代各省禁书汇考》(雷梦辰编，书目文献出版社，1989)与《四库采进书目》(吴慰祖校订，商务印出版，1960)。

《四库全书总目》编纂于清代中期，乾隆年间以后所刻印的古籍可查：

书目答问，清张之洞撰，初刊于清光绪二年(1876)。此书原是为生童指引“读书门径”的，共列举经过选择的古籍 2200 种左右。其中《四库全书》未有者十之三四，《四库全书》有其书而校本注本晚出者十之七八。每种书先列书名，次注作者，再注各种版本，不单纯追求古本，而是以不缺少误，习见常用为主。全书按经、史、子、集、丛(丛书目)五部、三十余类编排，每类以“**L**”作为子目细分的标志。又附“别录目”与“清代著述诸家姓名考略”。从“考略”中可窥见清代学术流别，具有总结学术研究成绩之价值。

《书目答问》流传以后，又不断有新的著述问世，有些古籍也陆续翻刻、重印。1931 年刊印了范希曾所撰的**书目答问补正**，收录 1200 多种书，一部分属《书目答问》漏收，大部分是光绪二年以后几十年整理和研究中国古籍的新著述，着重收录为要籍做过辑补、校注的本子，补录了一些丛书本、影印本。《补正》还纠正了《书目答问》所记书名、卷数、作者方面的错误，原所记“今人”，均补上了姓名。

中华书局 1963 年出版的《书目答问补正》，是《书目答问》及其《补正》的汇编本。书中每一书先录《书目答问》所记，后载《补正》的文字，颇便使用。鲁迅曾指出：“我以为要弄旧的呢，倒不如姑且靠着张之洞的《书目答问》去摸门径去。”(《而已集·读书杂谈》)点明了这部书目的价值。

郑堂读书记，周中孚撰，商务印书馆，1959。本书 30 卷(附补遗)，收书 4000 余种，其中有与《四库全书总目》重复的，也有《四库全书总目》未收的，还有新出的。每书写有提要，以考辨各书版本、真伪，评论其内容与价值。该书可补《四库全书总目》之不足。

贩书偶记，孙殿起编，中华书局，1959。本书初刊于 1936 年，是编者几十年所见古籍的记录。1982 年上海古籍出版社新一版附有正误及补遗。书中收录的绝大部分是清代的著作，同时兼收少许明代小说与辛亥革命至抗战前(止于 1935 年)的有关古代文化的著作。书中著录不仅有编者目睹的善本，也有一些近代作家的稿本、抄本。见于《四库全书总目》的清代著作，只录其卷数、版本不同者。《贩书偶记》刊行以后，孙殿起又积累了不少有关古籍的资料。后来，雷梦水又仿《贩书偶记》体例，汇编了**贩书偶记续编**，由上海古籍出版社于1980年出版。书中记载清代著述6000种。

江苏省立国学图书馆图书总目，44卷，柳诒征等编；补编12卷，王焕镳等编。江苏省立国学图书馆1933至1936年铅印刊行。本书收录图书37002种、59228部，其中包括得自钱塘丁氏善本书室和武昌范氏木犀香馆的旧藏。全书按经、史、子、集、志、图、丛7部，85类，832属编排。1948年该馆又编印《江苏省立国学图书馆现存书目》2册，1951年又编印《续编》1册。这是原编《图书总目》的实存书的记录。可从中查核古籍，颇有价值。

续修四库全书提要，王云五主持，台湾商务印书馆，1972，精装13册。本书收录《四库全书总目》以外的古籍提要10070篇。这是由七十年代初台湾商务印书馆从日本所得油印稿整理汇编而成的。早在1925年，日本曾用退还我国的庚子赔款在北京成立所谓“东方文化事务委员会”，征集了《四库全书总目》以外古籍提要31800余篇，并予油印。本书所收1万余篇提要即其中的一部分。这些古籍提要包括《四库全书》编纂以前的书籍而为《四库全书》未收者，尤重道藏、佛经的史传与有关中国佛教史之著作、明人著作、一部分禁毁书，以及现存海内外的我国著名古典小说戏曲；《四库全书》编纂以后的书籍，迄于民国新撰之书籍，尤其注意后出方志。本书末册为索引。据了解，中国科学院图书馆正在根据该书所存油印稿进行整理，将由中华书局陆续分册出版。

上述几种书目可视为《四库全书总目》的补编，可用来查考清乾隆以后至1936年以前所刊印的现存古籍及其一些版本。

了解建国以来的古籍出版情况，可查**古籍目录**(1949.10—1976.12)，国家出版局版本图书馆编，中华书局，1980。本书收入中华人民共和国成立至1976年出版的各类古籍，包括“五四”以前的著作、“五四”以后对古籍整理加工的著作，以及从古籍中摘录或选编的资料书、古籍的今译、新注和选本。全书分综合、学术思想、历史、文化教育、语言文字、文学艺术、农书、医药、其他科技书等九类。书中对某些古籍的内容特点、版本，还加以必要的注释。这是查考新版古籍的书目。

三、古籍丛书

有些古籍无单刻本或单印本，只能见之于丛书中。有些古籍虽有单行本，但也常常为一种或多种丛书所收。据估计，收入丛书中的古籍约有4万余种。

我国最早的丛书是俞鼎孙、俞经合辑的《儒学警悟》，包括6种书、41卷。该书辑成于南宋宁宗嘉泰二年(1202年)，流传很少。随后是宋代左圭所辑的《百川学海》、元代陶宗仪辑的《说郛》。最初的丛书往往是各类兼收，具有综合性的特点。明代此种丛书进一步发展，如《汉魏丛书》、《唐宋丛书》等相继刊行。与此同时，出现了专门性丛书，如郡邑丛书、一姓一人著作合刊的丛书。清代中叶，刊刻丛书之风更盛，种类多，内容精。有搜辑群书，着重广博的，如鲍廷博辑、鲍志祖续辑的《知不足斋丛书》207种781卷；有仿刻宋元旧刊，着重版本的，如黄丕烈辑的《士礼居丛书》19种194卷；有比较版本异同，着重校勘的，如卢文弨辑刻的《抱经堂丛书》20种263卷；有广搜古书，着重辑佚的，如马国翰的《玉函山房辑佚书》600余种；有专辑清人著述，着重亡阙的，如赵之谦辑刊的《仰视千七百二十九鹤斋丛书》38种74卷，以及辑刻专著，着重实用的，如张炳翔辑刊的《许学丛书》14种57卷。此外尚有记载地方人士遗文逸事的，有关方舆地志、中西交通来往以及辑刻诗文词曲的丛书。丛书发展到这个阶段，凡学术研究所需之文献，大都可从中找到。

一书是不是丛书，不能单纯按书名是否标明了“丛书”二字来判断。例如，唐代陆龟蒙撰的《笠泽丛书》，系个人笔记和阐发闲情逸致的作品，不能认为是丛书；相反，一书是群书的汇集，书名虽未标明“丛书”二字，实系丛书。例如，明代陆楫等辑刊的《古今说海》，就是包括135种书的一部汇集“古今野史外纪、丛说脞语、艺术怪录”的丛书。还有，书名称作丛刊、丛刻、丛钞、丛稿、丛谭、丛编、汇刻、汇钞、汇存、汇稿、秘书、志林等，常常也是丛书。怎样从丛书中查到古籍呢？主要是利用古籍丛书目录。古籍丛书目录有多种，最主要的一部是**中国丛书综录**。此书系上海图书馆编，中华书局1959至1962年出版，共3册。

第1册总目，即丛书总目。收录2797种丛书，包括38891种著作。全部丛书按汇编与类编编排。汇编又分杂纂、辑佚、郡邑、氏族、独撰五类；类编则分经、史、子、集四类。每种丛书著录丛书名称、编辑者、版本，并详列子目（即丛书所包括的著作），格式如下：

問影楼丛刻初编

（民国）胡思敬辑

清光绪至民国间新昌胡氏刊本排印本

钝吟集三卷（清）冯班撰　光绪三十四年排印

四溟山人诗集十卷　（明）谢榛撰　宣统元年排印

宣靖备史四卷　（明）陈霆撰　民国二年刊

后梁春秋二卷　（明）姚士粦撰　民国二年刊

崇祯五十宰相传一卷　（清）曹溶撰　民国四年刊

齐物论斋文集五卷　（清）董士锡撰　民国二年刊

退庐疏稿四卷　（民国）胡思敬撰　民国二年刊

王船山读通鉴论辨正二卷　（民国）胡思敬撰　民国二年刊

驴背集四卷（民国）胡思敬撰 民国二年刊

书后附“全国主要图书馆收藏情况表”，反映全国41所图书馆收藏丛书的有无全缺。“丛书书名索引”，按四角号码检字法排列，格式如下：

7760_7 問

11～琴阁丛书　587,1315

21～经堂丛书　148,97

50～青园集　559,1159

　～青园集(龙泉师友遗稿合编)　868,2357

62～影楼丛刻初编　255,273

　～影楼舆丛书第一集　657,1630

前一个数字是《中国丛书综录》第1册中的页码，如在255页可查到《问影楼丛刻初编》收入了哪些古籍；后一数字表示“全国主要图书馆收藏情况表”所收丛书的顺序号，由此可查到该丛书收藏情况。

从表中即知《问影楼丛刻初编》，北大图书馆收有残本，上海图书馆收藏全书。

	书名	辑撰者	版本	藏书者										
				北京	首都	科学	北大	北师	清华	中医	上海	复旦	华师	上师
268	积学斋丛书	(民国)徐乃昌辑	清光绪中南陵徐氏刊本	○	○	○	○	○	○		○	○	○	○
269	鄦斋丛书	(民国)徐乃昌辑	清光绪二十六年南陵徐氏刊本	○	○	○	○	○	○	○	○	○	○	
270	怀豳杂俎	(民国)徐乃昌辑	清光绪宣统间南陵徐氏刊本	○	○	○	○	○	○		○	○	○	○
271	随盦徐氏丛书	(民国)徐乃昌辑	清光绪至民国间南陵徐氏刊本	○	○	○	×	○		○	○	○	○	
272	圣译楼丛书	(民国)李祖年辑	清光绪三十四年武进李氏刊本	○		○	○		○		○			
273	问影楼丛刻初编	(民国)胡思敬辑	清光绪至民国间新昌胡氏刊本排印本				×				○			

本册供查找丛书之用，可从类别或丛书名两方面查出某部丛书包括哪些古籍及哪些图书馆收藏这部丛书。

第2册子目，即子目分类目录。将《中国丛书综录》所收的全部古籍按经、史、子、集编排。每部古籍下注明在哪些丛书中收入了这部古籍，格式如下。

从史部·杂史类查到：

宣靖备史四卷

(明)陈霆撰

豫恕堂丛书

问影楼丛刻初编

《宣靖备史》收在《豫恕堂丛书》、《问影楼丛刻初编》两部丛书中。

本册供查找古籍所属丛书之用。可按类查出某部古籍及其收在哪一部或几部丛书内。然后通过第1册,获知这些丛书为哪些图书馆收藏,从而找到一部古籍。

第3册"索引",包括"子目书名索引"与"子目著者索引",均按四角号码排列。"子目书名索引"格式如下:

3010_6 宣

00 宣夜说	867 右
05 宣靖备史	299 右
宣靖妖化录	1059 左
10……宣平巷刘金儿复落娼	1670 左
……	

"子目著者索引"格式如下:

7529_6 陳

……

10 陳霆(明)

宣靖备史	299 右
两山墨谈	994 左
水南集	1339 左
渚山堂词话	1718 左

两种索引均载明,在《中国丛书综录》第2册第299页右栏可查到《宣靖备史》收在哪些丛书中。

近年来,上海古籍出版社又陆续将本书3册再版,订正了原版的一些错误,增补了黑龙江省图书馆、广西壮族自治区第一和第二图书馆、青海省图书馆、宁夏回族自治区图书馆、中央民族学院图书馆收藏丛书的情况。

《中国丛书综录》是一部具有实际使用价值的工具书。但也要注意，其收书也有遗漏。《中国丛书综录》重印本虽然订正了一些错误，但书中疏漏之处仍然可见。可注意查《中国丛书综录补正》与《中国丛书目录及子目索引汇编》，以予补充。

中国丛书综录补正，阳海清编撰，蒋孝达校订，江苏广陵古籍刻印社，1984。本书着重考订与补正《中国丛书综录》的错漏之处。补充著录了丛书版本，核对了一些丛书的卷数，对版式、行款、序跋及版本原委均略有说明；增补了丛书异名，如《少室山房四集》，异名不仅有《少室山房类稿》，亦名《少室山房汇稿》、《少室山房全稿》、《少室山房全集》、《少室山房四部》；订正同一丛书误认为两部丛书之误，如《黄氏逸书考》与《汉学堂丛书》系一部丛书而非两部；补足一些丛书缺漏的子目，如《最乐亭三种》，增补子目《医学绀珠》一卷；查核记录仅刻丛书封面而未有子目的丛书；增录了 1958 年以后重印、复印、影印及校点排印的新版丛书，甚至连书中引用人名、书名、时代所出现的错字、漏字，亦予以订正。此外，某些丛书的演变过程以及凡访知的丛书雕板收藏处所，也尽可能附笔记载。《补正》编排同《综录》。书后附"丛书异名索引"，颇便参考。

中国丛书目录及子目索引汇编，施廷镛主编，严仲仪、倪友春分编，南京大学 1982 年印行。本书重在增补《中国丛书综录》漏收或未收丛书，计 977 种；其中包括一些西学丛书，如《西学启蒙十六种》、《西学自强丛书》、《西学大成十二编》、《西学辑存六种》，以及台湾编印的丛书，如《中国边疆丛书》、《中国名山胜迹志丛刊》、《袁世凯史料汇编》。全书分丛书目录与子目索引两部分。丛书目录分综合汇刻与分类汇刻。综合汇刻再分为汇编、氏族、自著；分类汇刻再分为经学、哲学、宗教附堪舆、历算、农业、医学、历史传记金石附地志、政治军事、文字附韵学、文学、诗文、词曲、其他。书前附《丛书概述》，文中也综述了丛书目录的编纂简况。书后附“丛书书名索引”与“子目书名索引”。

还应该提及**丛书总目续编**。庄荣芳编，台北德浩书局1974。本书实际是《中国丛书综录》第1册“总目”的续编，收录台湾出版的丛书683种；其中新编者246种、重印者423种、拟印者14种。只在新编丛书下列出子目。全书分汇编（下分杂纂、氏族、独撰三类）与类编（下分经、史、子、集四类）。可用以查考台湾1974年前的丛书编纂、出版与收藏情况。

查阅古籍丛书时，另有三部丛书目录不可不注意查考：

四部丛刊书录，孙毓修编，商务印书馆，1922。《四部丛刊》是近人张元济编辑的一部著名的丛书，分初编、续编、三编，共收书504种，影印了宋元的旧刻，明清的精刻本、精钞本和手稿本。《书录》是初编的目录，按经、史、子、集四部编排。每书详载版本和收藏图记。

四部备要书目提要，中华书局1936年编印。本书是供查找《四部备要》子目之用的。《四部备要》是中华书局辑印的另一部著名丛书，分5集，收书336种，大部分是古籍中极为重要的著作，所据多为清代学者整理过的本子，用仿宋铅字排印。《书目提要》按经、史、子、集四部编排。每书首列“著者小传”，然后照录“四库提要”或新编“本书述略”，简介内容，最后记载“卷目”。

丛书集成初编目录，商务印书馆编，中华书局，1983年重印。本书供查找《丛书集成初编》所收丛书及其子目之用。《丛书集成初编》由商务印书馆于1935年编辑出版，选定宋、元、明、清四代丛书百部，原收书约6000种，删去重复，实存约4100种，多于《四库全书》所收书十分之二，但书未出齐。中华书局所出《丛书集成初编目录》新本，既吸收了上海古籍书店重编本加工的成果，又作了若干订正。书前有百部丛书提要，简介丛书编者生平、丛书内容、特点及编辑概要。子目按总类、哲学、宗教、社会科学、语文学、自然科学、应用科学、艺术、文学、史地十类编排。已出版各书书名前冠以书号，未出版各书书名后注明“未出”。书后附“书名索引”与“未出书名索引”。

四、古籍版本

查古籍版本主要是依靠搜集与使用版本目录、善本书目与善本提要。

常用的版本目录主要有：**(增订)四库简明目录标注**，清邵懿辰撰、邵章续录，上海古籍出版社 1979 年重印。本书分标注、附录与续录三部分。标注原是邵懿辰据其所见，对《四库全书简明目录》所收各书的版本记载。附录是邵友诚将邵懿辰的“标注”，据《四库书目邵注》手录本所记各家有关版本批注而进行的校补。续录则是邵章仿“标注”体例，专录清代咸丰以后嗣出各本，可补“标注”、“附录”所未记载的版本。书后附《善本书跋及其他》、《四库未传本书目》、《东国书目》(日本、朝鲜刻书书目)。《(增订)四库简明目录标注》是查古籍版本的基本书目之一。

另一版本目录是**郘亭知见传本书目**，清莫友芝撰、莫绳孙编，上海扫叶山房，1923 年。本书收录古籍不限于《四库全书简明目录》，每书详载版本，可与《(增订)四库简明目录标注》相互参阅。

四库目略，杨立诚编，浙江省立图书馆，1929。本书根据《四库全书简明目录》、《(增订))四库简明目录标注》与《郘亭知见传本书目》改编而成。全书按经、史、子、集编排，每书详载书名、卷数、著者、版本及内容提要。

查古籍善本，最重要的善本书目是**中国古籍善本书目**。本书著录全国各图书馆、博物馆等单位珍藏的古籍善本 6 万余种、13 万部，藏书机构涉及 782 处，可算是对我国现存的传世古籍善本的归纳和总结。全书分经、史、子、集、丛五部分批分期出版。经部已于 1986 年，由上海古籍出版社先用毛边纸排印线装本出版，1989 年又出精装本，共收经部古籍 5240 种，下分总类、易类、书类、诗类、礼类、乐类、春秋类、孝经类、四书类、群经总义类、小学类，共 11

类。丛部亦于1990年出精装本。这部善本书目所收古籍善本之丰富，可以说是任何时代所编古籍善本书目所不能比拟的。书后附藏书单位名录。

在《中国古籍善本书目》尚未出齐之前，查找古籍善本可供利用的书目有：

北京图书馆善本书目四部，即由北京图书馆不同时期印行的《国立北平图书馆善本书目》(赵万里编，1933)、《国立北平图书馆善本书目乙编》及其《乙编续目》(赵孝孟编，1935年，1937年)、《北京图书馆善本书目》(该馆善本部编，中华书局，1959)，共收该馆所藏宋、元、明刻本、精抄名本、传本稀少刊刻较精的刻本和精校抄本、批校本以及清康熙年间罕传的方志共19051种。

上海图书馆善本书目，上海图书馆1957年编印。全书5卷，收录1956年9月以前入藏的善本2470种，其中以明刻本为主，也有宋、元刻本，清代精刻本及抄本。本书按经、史、子、集、丛五部编排。

北京大学图书馆藏善本书目，北京大学图书馆1958年编印。全书2册，收录馆藏清代乾隆以前的精刻本、旧活字本、旧抄本、批校本、稿本、稀见本7800种，兼收朝鲜、日本的旧刻本、旧活字本、抄本。本书按经、史、子、集、丛五部编排。**北京大学图书馆藏李氏书目**，北京大学图书馆1956年编印。本书收录江西藏书家李盛铎(号木斋)所藏清代以前旧刊本、罕见本、佛经古刻本、明抄本、清抄本、校本、稿本9087种，兼收日本旧刻本、旧活字本及普通本。校本大多有李氏撰写的题跋。凡属善本，顶格排列，并有"□"符号，以别普通本。全书亦按经、史、子、集、丛五部编排。

天禄琳琅书目，于敏中、彭元瑞等编，清光绪年间长沙王氏校刊本。"天禄琳琅"即天赐秘籍之意，是清乾隆年间宫内收藏善本的昭仁殿的雅称。于敏中等编《天禄琳琅书目》前编十卷，收宋、金、元、明版及影宋抄本427部。嘉庆二年乾清宫遭火，昭仁殿善本被焚。乾清宫重建后，又收藏善本，由彭元瑞等编《天禄琳琅书目》后编二十卷，收宋、辽、金、元、明版及影宋本、明抄本663部。今人施廷镛、张允亭分别编的《天禄琳琅查存书目》与《天禄琳琅现存书目》，是《天禄琳琅书目》后编实存的记录。

了解台湾省所藏古籍善本情况，可查**善本书目**。该书由台北中央研究院历史语言研究所1968年编辑印行。本书收录2300余部、21000余册善本。

五、善本提要

善本书目只能提供今有哪些古籍善本及其收藏处所。要了解古籍善本书的内容特点，就必须善于利用古籍善本提要或善本序跋汇编之类的专书。

查善本提要，首先要使用**中国善本书提要**，王重民撰，上海古籍出版社，1983。本书收录古籍善本提要4400余篇，是作者根据北京图书馆、北京大学图书馆与美国国会图书馆所藏善本书写成的。每书记载书名、卷数、行款、板框，标明收藏地点。《提要》重在版本记述，所以多录校刻者或刻书故实。凡《四库全书总目》已作提要者，本书不再详作提要，但对《总目》中提要之错讹多有纠正；《总目》无提要者，方另编写。《提要》中对一书作者（编、校者）、出版者、刻工，有时也对一书的成书年代、篇目、内容、残缺、真伪，甚至流传情况进行考辨，著录、摘引与附录大量原书序跋原文，并附记收藏印记。现举《提要》一例如下：

【武夷志略四卷】

四册（《四库总目》卷七十六）（国会）

明万历间刻本〔九行二十字（20.7×13.2）〕原题："武夷山人徐表然德望甫纂辑，邑人孙世昌登云甫剛梓。"卷末有牌记云："万历己未仲冬晋江陈衙发刻，崇安孙世昌梓行。"凡号码重复之叶，皆后来补版也。《提要》云："嘉靖中，表然尝结漱艺山房于武夷第三曲，因撰次是书。"按陈鸣华序称"高弟徐生"，序末钤"丙戌进士"一印。考《泉州府志》，鸣华为万历丙戌进士，表然于鸣华为后进，则《提要》"嘉靖中"宜作万历。

陈鸣华序

柴世诞序

彭维藩跋

全书编排按经、史、子、集四部分类法，但略有变更。书后附《书名索引》、《撰校刊刻人名索引》、《刻工人名索引》、《刻书铺号索引》。

还可参考以下书目、序跋、题记汇编之类的专书：

《钱遵王读书敏求记校证》、《爱日精庐藏书志》，中华书局，1990。**读书敏求记** 4 **卷**，清钱曾撰，管庭芬、章钰校证。曾字遵王，号也是翁，江苏常熟人。生于明崇祯二年(1629)，卒于清康熙四十年(1701)。著录各书，多系宋、元精刊或旧抄本，为钱氏藏书中之精萃。每书之下，标明次第完阙，古今异同，既叙版本，又兼考订。《四库全书总目》称其"述授受之源流，究缮刻之异同，见闻既博，辨别尤精"。《校证》补阙订讹数千条，四倍于钱氏原书。

爱日精庐藏书志 36 卷、**续志** 4 卷，清张金吾撰。金吾字慎旃，别字月霄。生于清乾隆五十二年(1787)，卒于道光九年(1829)。嘉庆时曾编《爱日精庐书目》二十卷、《爱日精庐藏书志》及《续志》四十卷。前者系藏书总目，后者为善本书目。凡《四库全书总目》未曾著录者，辄撰提要，并附录有关序跋。顾广圻称此书"问聚书之门径"，"标读书之脉络"，"欲藏书、读书者，苟循是而求焉，不事半功倍欤。"

《善本书室藏书志》、《仪顾堂题跋、续跋》，中华书局，1990。**善本书室藏书志** 40 卷，清丁丙撰。丙字嘉鱼，别字松生，晚号松存，浙江钱塘(今杭州)人。生于清道光十二年(1832)，卒于光绪二十五年(1899)。专记先世丁凯八千卷楼所藏宋、元刊本、名钞校本及重要稿本，兼录明初以来的古籍及乡贤文献。每书皆有题解，叙述著者生平，各书内容、得失及版本情况，考证良多。另编《八千卷楼书目》20 卷，为丁氏藏书总目。**仪顾堂题跋** 16 卷、**续跋** 16 卷，清陆心源撰。心源字刚甫，号存斋，晚号潜园老人，浙江归安(今吴兴)人。陆氏生平仰慕顾炎武，因名其室"仪顾堂"。《仪顾堂题跋》及《续跋》专记古籍及部分书画，金石题跋。

皕宋楼藏书志 120 卷、皕宋楼藏书续志 4 卷，清陆心源撰。中华书局，1990。收录宋、元精刊、名人手抄手校本，多系陆氏珍藏秘籍。《四库全书总目》及《四库未收书目提要》未曾撰写提要者，陆氏均逐一编撰解题，并选录诸书序跋，间加案语，"使一书原委，灿然具备"。

抱经楼藏书志，清沈德寿撰。中华书局，1990。德寿字药庵，浙江慈谿人。本书仿《爱日精庐藏书志》和《皕宋楼藏书志》而作。二志断于明朝，此志则延至清代。专载旧刊旧钞之流传罕见者，每书皆有解题，并兼收诸书序跋，登录前人手迹题识，校雠岁月，于考证古书源流足资参考。

士礼居藏书题跋记，清黄丕烈著，潘祖荫辑，周少川点校，书目文献出版社，1989。丕烈字绍武，号荛圃，江苏长洲(今苏州)人。生于清乾隆二十八年(1763)，卒于道光五年(1825)。"士礼居"乃是他的室名之一。本书收黄氏题跋 341 篇，书中题记之书，集中于宋元旧刊及名校名抄，这些古籍是黄氏藏书之精华。题跋在追述古籍授受源流之同时，又记录了大批藏书家的情况与书林轶事，有助于了解清代私家藏书的发展过程和一些藏书家的生平。《题跋记》还转引了毛晋、毛扆、钱曾、何焯、钱大昕、孙星衍、鲍廷博、顾广圻、陈鳣等人的大量题跋，其中有些题跋不见于原作者文集、札记，可补苴亡佚，更有价值。缪荃孙等辑**荛圃藏书题识**及王大隆辑**荛圃藏书题识续录**亦可参阅。

思适斋集 18 卷，清顾广圻撰，清道光年间上海徐氏刻本。广圻字千里，清元和人。生于清乾隆三十一年(1767 年)，卒于道光十五年(1836)。本书收录顾氏帮助孙星衍、秦恩复、张敦仁等校刻古籍所写的序跋、札记。此外，王大隆辑的《思适斋书跋》，蒋祖诒、邹百耐辑的《思适斋集外集书跋辑存》，均为散见在《思适斋集》以外的校刻古籍的题记。

楹书隅录 5卷、续编4卷，清杨绍和编，1912年武进董康补刻本。本书根据清代聊城海源阁所藏善本编成。收书260余种，其中宋、元、明校本、抄本74种。其孙杨保彝辑《海源阁宋元秘本书目》亦可参考。

艺风堂藏书记 8卷、续记8卷、再续记7卷，清缪荃孙撰，清光绪年间江阴缪氏刊本。荃孙字筱珊，号艺风，江苏江阴人。本书收善本书627种，每书录其题跋、印记。凡《四库全书总目》未著录之书，简介作者及书的内容。另有《艺风堂文存》，载有题记，亦可参阅。

铁琴铜剑楼藏书题跋集录 4卷，瞿良士辑，上海古籍出版社，1985。铁琴铜剑楼是清代常熟藏书家瞿镛藏书楼。良士，乃瞿镛之子。本书是良士从家藏古书中辑出的前人题跋380余种，有助于了解罕见书递藏源流与前人鉴别版本的见解。此书可与《铁琴铜剑楼藏书目录》与《铁琴铜剑楼宋金元本书影》参照使用。

木樨轩藏书题记及书录，李盛铎著、张玉范整理。北京大学出版社，1985。盛铎，号木斋，别号师庵居士。江西德化人。生于清咸丰九年(1859)，卒于民国二十三年(1934)。《木樨轩藏书题记》辑自李氏藏书，共173篇，记述得书经过，书籍流传始末，考证版本源流，以及与它本文字异同，确定其优劣。《木樨轩藏书书录》是李盛铎的手稿，收书1464种，大都为记述原书序跋、抄校流传原委、前人题记、收藏印记和卷帙编次、行格字数、版心题字、刻工姓名、讳字、牌记等，详记了原书情况，使人读书录如见其书。《题记》重在考证版本优劣得失，《书录》则在具体细致描述图书，各有所长。

藏园群书经眼录，傅增湘撰，中华书局，1983。本书19卷，总目1卷。由傅熹年根据傅增湘阅书与藏书记录手稿，并参考其他撰述与札记整理而成。收书5000种，论及各书特点、渊源、优劣，对了解近代所存古籍善本概貌与流传佚失情况，提供了重要史料。

涉园序跋集录，张元济撰，顾廷龙编，上海古典文学出版社，1957。元济字筱斋，号菊生，浙江海盐人。生于清同治六年(1867)卒于1959年。张氏曾创建涵芬楼，广搜善本。作者据所藏所见，考订版本，校勘正误，分辨优劣，撰写题跋。本书汇录各书的序跋。

涵芬楼烬余书录，商务印书馆，1951。本书是张元济收藏幸免于"一二八"上海战役的那一部分善本所写提要的汇编，计宋元明刻本、抄校本、稿本共547种。书后附《涵芬楼原存善本草目》。

著砚楼书跋，潘景郑撰，上海古典文学出版社，1957。本书系作者就所藏所见的宋元精刊，明清旧刻、抄本、校本、稿本所写题跋400余篇的汇编本。每篇或分辨版本异同、审定真伪，或述授受源流，记其款式、印记。

最后谈谈古籍同书异名与同名异书，以及古籍的辨伪问题。

解决同书异名与同名异书问题可查**同书异名通检**(增订本)、**同名异书通检**，杜信孚等编，江苏人民出版社，分别收同书异名6000余条、同名异书3500余条。亦可查考**古书同名异称举要**，张雪庵编，山东人民出版社，1980。本书收录5600余种书名，涉及经史、诸子、文集、丛书、类书、传奇、弹词、鼓词、平话、戏曲、变文、佛经、道藏等诸方面，分同名异书、同书异名及附录三部分。

解决古籍辨伪问题，可查阅：

古书真伪及其年代，梁启超著，中华书局，1955。本书是根据梁启超讲课笔记整理而成的。全书分总论与分论两部分。总论阐述辨伪的必要、伪书的种类及来历、辨伪学的发展、辨伪的一般方法。分论依次探讨十三经的真伪，颇有启发。

伪书通考，张心澂编撰，上海商务印书馆，1957。本书是由编者将宋濂《诸子辨》、胡应麟《四部正伪》及清人姚际恒《古今伪书考》汇编而成的，辨及著作1104部，分经、史、子、集、道藏、佛藏六部。此书续编续伪书通考，郑良树编著，台湾学生书局，1984。本书引用资料为学报、学术刊物之辨伪论文，新刊古籍之序跋涉及辨伪者以及专书内涉及辨伪之章节等，恰好是《伪书通考》的补充。书后附《伪书通考正续编考订古籍索引》、《伪书通考正续编征引资料索引》。

第二节　查考近现代图书

查考近现代出版的中文图书，可从查考通行图书、丛书、译书、禁书四方面着手。

一、通行图书

民国时期产生了许多学术论著和历史文献，反映了中西文化交流，新旧思想的激烈斗争。查这一时期出版的书籍可使用**民国时期总书目**，北京图书馆本书编辑组编，书目文献出版社 1986 年起陆续分册出版。《总目》采取了有书即录的原则，收录了从 1911 至 1949 年 9 月我国出版的中文图书，其中包括 1911 年以前印行，以后连续出版的多卷本图书。《总目》基本上反映了这一时期全国出版图书的概貌。每一图书按流水号、书名、著者、出版、形态、丛书、提要附注与馆藏标记顺序著录。《总目》按照学科分为哲学、宗教、社会、政治、法律、军事、经济、文化教育、语言文字、文学、艺术、史地、理、医、农、工、总类，陆续分册出版。已出语言文字、外国文学等分册。每一分册后附有书名索引。

这一时期的线装书、少数民族文字图书，《总目》未予收录，编者拟另行编印书目。《总目》虽然全部出齐还需要一定的时日。目前查考近现代图书暂可利用以下几部书目：

（生活）全国总书目，平心编，上海生活书店，1935。收录 1911 至 1935 年间出版的书籍近 2 万种，以今人所撰写的新文化著作与当时正在发售的图书为主。凡属淫秽、宣传宗教、散步迷信、宣扬低级趣味的书，一概不收。书目按学科分类编排。从中可查到有关新文化、自然科学的著作,如英国达尔文所著《人类原始及类择》中译本等;三十年代革命文艺作品,如胡也频创作的《一幕悲剧的写实》等;马列主义经典著作早期的中译本,如许德珩翻译的马克思著作《哲学的贫乏》(今译《哲学的贫困》)等;世界名著,如严复翻译的英国赫胥黎的著作《天演论》,以及各种不同的译本,如英国亚当·斯密斯著的《原富》,既收严复的译本,也收王亚南、刘光华的两种译本《国富论》。书目附主题、洲别国别、外国著者三种索引。

抗战时期出版图书书目(1937—1945),重庆市图书馆1957至1959年编辑刊行。本书2辑,收录1937至1945年在重庆、上海、汉口、长沙、桂林、昆明等地出版的中文图书,凡属重庆市图书馆收藏者,在书名后标明"C"。从书目中可以查到从其他书目中不易查到的抗战时期出版的图书。例如,从中可查到《丁玲传》,陈彬荫著,战时读物编译社1938年出版;《丁玲——新中国的女战士》,里夫著、叶舟译,汉口光明书局1938年出版,另一译本《女战士丁玲》,英商每日译报社1938年编辑出版。

解放区根据地图书目录,中国人民大学图书馆编,中国人民大学出版社,1989。主要收录从抗战开始至中华人民共和国成立前解放区根据地出版的图书和国民党统治区出版的进步书籍,并反映该馆收藏情况。从中可查到不少极为珍贵的革命文献及马列主义经典著作的各种版本。

查建国以来出版的图书,可使用**全国总书目**,版本图书馆编辑,中华书局出版。本书目均根据全国出版单位缴送的样本编成,基本上反映了每年全国各出版社出版的图书。《全国总书目》具有图书年鉴的性质,1949年至1954年合订一本,从1955年至1965年每年出版一本,1966年至1969年停编。1970年起恢复,仍按年出版,已出至1986年本。如有必要,可查 **全国新书目**, 该刊每月一本,版本图书馆编,中国书籍出版社出版。可与《全国总书目》参照查阅的有 **中文图书印刷卡片累积联合目录** (北京图书馆中文统一编目组编，书目文献出版社出版）。已出版的有1974—1978年、1979—1980年两本。前者收书16000余种；后者收书2万种。本书反映北京图书馆（京）、上海图书馆（沪）、广东省图书馆（粤）、辽宁省图书馆（辽）、甘肃省图书馆（甘）、四川省图书馆（川）六个单位的索书号。查考七十年代中期至八十年代初期出版的图书，这两本目录可作为《全国总书目》的补充。

中国国家书目（1985），书目文献出版社，1989。本书的出版标志着全面系统地检索现行图书进入一个新阶段。1985年本是试刊本，尚只限于中国大陆1985年（包括少部分1984年度）出版的汉语出版物。全书按《中图法》分38大类，另附题名索引、著者索引。从1988年本起，将按"领土——语言"原则，收录普通图书、连续出版物、博士论文、乐谱、地图、技术标准、非书资料、书目索引、少数民族文献、盲文读物以及本国出版的各种外国语言文献。读者将会从中查到我国（包括台、港、澳）出版，并由北京图书馆通过接受缴送、购买、交换、受赠、征集、调入等渠道入藏的各种语言、各种类型和各种载体的出版物，包括内部发行或限国内发行的出版物；也可查到我国著者在别国发表的著作，海外华侨和外籍华人著述以及外国出版的中文图书。

附带说明，北京图书馆已开始发行图书计算机可读目录，以磁带或软盘介质向图书馆界发行，为检索图书提供了新的途径。

二、丛书

查找近现代出版的图书，还可利用丛书。1902年少年中国学会编辑出版的《少年中国新丛书》就是近代出版较早的丛书之一。以后相继刊行，数量大，但成套出版发行者较少，大部分是先定丛书名称，然后陆续编印，不详子目，往往一套丛书只有一种书。近现代出版的丛书中，不乏以提供史料，供学术研究参考用的丛书，如1936年开明书店编辑出版的《二十五史补编》。

查找近现代丛书，主要用**中国近代现代丛书目录**，上海图书馆,1979。本书为丛书书名目录,收录馆藏1902年至1949年各地出版的中文丛书5549种,包括各类图书30940种。全书按丛书名首字笔画为序,每一丛书注明主编、出版单位与出版时间,下列丛书子目。书后附《丛书出版系年表》。为了便于查找某部著作收在哪一种丛书中,1982年上海图书馆又编辑刊行了《中国近代现代丛书目录索引》,分上、下两册。上册为《子目书名索引》,下册为《子目著者索引》,由此标示所查著作见于《中国近代现代丛书目录》的页码及所属丛书。《索引》后附《中国著者名、字、号、笔名录》与《外国著者中文译名异名表》。

从《商务印书馆图书目录》与《中华书局图书目录》中,也可查到不少丛书。

商务印书馆图书目录,商务印书馆,1981。全书分两册:1897—1949;1949—1980。从前者《丛书目录》中可查到260种丛书,涉及国学、史地、总类、文学诸类。从后者可查到重印丛书、新版或新编丛书,如《汉译世界学术名著丛书》(每书下有作者简介)、《严译名著丛刊》、《林译小说丛书》、《语文学习讲座丛书》。

中华书局图书目录,中华书局编辑部编,中华书局,1981、1987。本书分一、二两编。第一编又分上(1949—1981)、下(1979—1986)两部分,收录解放后出版的古籍(包括研究著作和资料汇编)、古籍以外其他学科图书。第二编改名为《中华书局图书总目》,收录1912—1949年出版的图书。从中可查到中华书局自创办以来至1986年所出版的文学、语言文字、历史及综合性丛书。第一编(下)书后所载《中华书局香港分局图书目录》,提供了《中华通俗文库》、《中华文库》及《文学与历史》三部丛书及其子目。

三、译书

查考我国近代出版的译书,可利用译书目录。

江南制造局翻译西书事略,(英)傅兰雅著,清光绪六年(1880年)之格致汇编本。此书四章:论源流、论译书之法、论译书之益、论译书之数目与目录。在第四章内编有书目三种：**江南制造局翻译各书目录**，著录已刊、未刻、尚未译全的西书，共计156种；**益智书会拟著译各种书目录**，著录书42种；**寓华西人自译各书目录**，著录书62种。由这三部译书目录可看到江南制造局翻译馆从1868年至1880年的译书情况。

西学书目表 3卷附1卷，梁启超编，清光绪二十二年时务报馆代印本。本书著录了已译西书400种。

东西学书录 3卷，徐惟则编，清光绪二十五年(1899年)石印本，3册。本书收录译书约510种，每书记载著、译者，撰写简明提要，详记版本。**增版东西学书录** 4卷附2卷，徐惟则、顾燮光补，光绪二十八年石印本，6册。增收《东西学书录》出版后新出之译书328种。《译书经眼录》8卷，顾燮光编，甲戌(1934年)非儒非史斋石印本，8册。本书收录1902年至1904年出版的译书533种。

江南制造局译书提要 2卷，编译馆编，清宣统元年(1909年)铅印本，2册。本书收录了自同治以来翻译出版的著作，有提要，还附每书章节篇名。

查考清末至今的译书，从查平装书、丛书的书目中也可查到，这里不再赘述。由版本图书馆编、中华书局1980年出版的**1949—1979年翻译出版外国古典文学著作目录**，共收录五大洲47个国家276位作家的1250多种作品(包括不同译本和版本)，较好地反映了三十年间翻译出版外国古典文学作品的情况。

四、禁书

在国民党和日伪统治时期都曾将查禁革命、进步书刊作为一项反动政策推行。他们把查禁的书刊，印成书单，编成目录，或称之为“取缔书刊一览”。有些以单行公文秘密印发；有些则编入《审查手册》、《审查法规汇编》、《工作报告书》，命令各地执行。目录印出后，还随时增补。由于印发时间不同，内容也常有出入。例如，1936年国民党中央宣传部秘密制订的《中央取缔反动文艺书籍一览》，开列自1929年3月至1936年3月被禁文艺书籍364种，后又有所增加。不少进步的文化工作者，在当时或后来搜集了一些禁书资料，并据自己了解的情况，编成禁书目录，为人们研究政治、文化、社会、历史，查考进步书籍，辨识版本及文献真伪，提供了一些难得的材料线索。例如，鲁迅在《且介亭杂文二集·后记》中录存了1934年2月一次查禁文艺书籍的目录，记载书149种。这部目录曾由中国出版人著作权保护协会筹备处复印，流传较广，至今仍为研究中国现代文学史者所注重。可供查考禁书的目录资料，主要有：

《北洋政府查禁书籍报刊传单目录》(1912.7—1928.3))，张克明辑，刊《天津社会科学》1980年第5、6期。

《第二次国内革命战争时期国民党政府查禁书刊编目》，张克明辑，刊《出版史料》第3辑，1984年出版。

《抗日战争时期国民党政府查禁书刊目录》，张克明辑，《出版史料》第4—6辑，1985—1986年出版。

《中国现代出版史料》，张静庐辑注，中华书局1954至1959年出版。本书分为甲、乙、丙、丁四编，在乙、丙、丁三编中，收录有：《国民党反动派查禁普罗文艺密令》、《国民党反动派查禁228种文艺书的经过》、《国民党反动派查禁676种社会科学书刊目录》、《国民党反动派查禁文艺书目补遗》、《"七七"事变前被国民党反动派查禁的报刊目录》、《国民党反动派查禁961种书刊目录》、《国民党反动派查禁报刊目录》、《国民党反动派查禁书刊补遗》、《1936国民党反动派查禁刊物目录及调查表》以及《1948年国民党反动派摧残新闻事业罪行实录》。

又据晦庵《书话》所记，日本法西斯军人也通过汉奸之手，编印禁书目录。1938年7月1日，在上海出版的《众生》半月刊第5号上，转载了《北平市政府警察局检扣书籍刊物一览表》，共计查禁书刊786种。由"新民会中央指导部调查科"1938年编印的《禁止图书目录》,7 月出“抗日之部”,9 月出“社会主义之部”,两辑共查禁图书 1941 种,几乎网罗了这一时期所有重要的书籍。

正如晦庵《书话》所指出的:“从禁书目录里,我们可以看出时代的动向,明白反动派的禁忌。”要特别注意识别禁书目录中属于国民党内讧所出现的“反蒋”书刊、国家主义派等编辑出版的书刊,把这一部分书刊与革命文献、进步书刊区别开来。

第三节　查考专科图书

专科图书有时也可从综合性书目中查到,但如从专科或专题书目中查找,则更为迅速、方便。查专科图书常常是与查专题论文联系在一起的。有些书目索引也是既收录图书,也收录论文的。为了叙述的系统和方便,我们把一部分收录图书、论文的书目索引放在第五章第二节中讲述,本节重点介绍的只是重要的专科书目或史料学方面的专著。

一、文学、艺术

查找文学名著中的中国古典文学名著,可查**中国古典文学名著题解**(中国青年出版社,1980)。本书选收了 250 多部先秦至近代影响大、流传广的文学作品,包括诗、词、赋、神话、小说、戏曲等各种文体的原著及其有关的选注本、今译本、汇编本。本书特点是重在介绍文学书,有别于文学史著作中对文学作品的讲述。查找当代中国文学名著,可查**当代中国文学名著提要及评析**,胡若定等主编南京大学出版社,1986。介绍建国以来 42 位作家所发表的 44 部(篇)名著,包括长篇、中篇、短篇小说、戏剧、散文、诗歌。每一作品均有内容提要、作家简介与作品评析三项内容。**中国当代文学作品辞典**,佘树森等主编,北京大学出版社,1990。收录 1949 年 10 月至 1988 年底有代表性的小说、诗歌、话剧、散文、报告文学等 1500 余种,介绍主要内容与特点等。查找外国文学名著,可查**外国文学名**

著题解(中国青年出版社,1983)。本书2册,介绍了四个地区(欧洲、美洲、拉丁美洲、澳大利亚)32个国家及古希腊、罗马的371名作家的726部作品。除俄罗斯、苏联部分是编写的以外,其余部分均以苏联中央书库出版社1960年出版的《西方文学名著题解》为蓝本编译。同时可参考的还有:《外国文学作品提要》,郑克鲁等编,上海文艺出版社1980年至1983年出版(计划出4册,已出3册);《世界文学名著总解说》,黄舜英译,台北远流出版事业股份有限公司1981年出版(分上、下两册)。查找中外文学名著可查:《中外文学书目答问》,季羡林主编,乔默、江溶编,中国青年出版社,1986。《中外文学名著词典》,陆安湖主编,武汉大学出版社,1988。

查找现代作家著译作品,可用**中国现代作家著译书目**及其续编(北京图书馆书目编辑组编,书目文献出版社,1982、1986)。本书收录"五四"至1981年底178位作家著、译、编、校的图书6000多种。每位作家均附传记。此外,还可查阅作家个人著述书目,主要有:《鲁迅著译系年目录》,上海鲁迅纪念馆编,上海文艺出版社,1981;《鲁迅研究资料编目》,沈鹏年辑,上海文艺出版社,1958;《鲁迅研究资料索引》,北京图书馆、中国社会科学院文学研究所编,人民文学出版社,1982(本索引可作为前一部书目的补充);《瞿秋白著译系年目录》,丁景唐编,上海人民出版社,1958;《郭沫若著译书目》,上海图书馆编,上海文艺出版社,1980;《茅盾著译年表》,孙中田编,载于《论茅盾的生活与创作》,百花文艺出版社,1980;《左联五烈士研究资料编目》,丁景唐、瞿光熙编,上海文艺出版社,1961;《胡适著译系年目录与分类索引》,华东师范大学图书馆编,上海人民出版社,1984。

此外,在现代文学作品总集**中国新文学大系**(1917—1927)、(1927—1937)、(1937—1949)中,有《史料·索引》集,其中"创作编目"、"翻译编目"两部分收录了重要作家的著译作品。在《中国当代文学研究资料丛书》中,也能较系统地查到许多作家的著译及评论文章。

查找古代小说，首先可查阅鲁迅撰写的《中国小说史略》、《古小说钩沉》(从古类书中辑录36种隋以前的小说遗文)、《唐宋传奇集》与《小说旧闻钞》(辑录有关宋以后的41种小说及小说源流、评论、版本等方面的资料)。还可利用**古小说简目**(程毅中著，中华书局，1981)。本书收录先秦至五代的古小说约450种。每一作品注明存、佚、残、缺。后附《存目辨证》、《〈异闻集〉考》。**中国文言小说书目**(袁行霈、侯忠义编，北京大学出版社，1981)。本书收录隋至清的古代文言小说2000余种(凡见于书目著录的，不论存佚均予收入)，并附以必要的考证说明。

查找通俗小说，可查**中国通俗小说书目**(孙楷第编，作家出版社，1957)。本书收录宋至清末语体旧小说800余种，基本上包括了编者1932年编撰的《日本东京所见小说书目》与《大连图书馆所见小说书目》中的资料。还可使用《伦敦所见小说书目提要》(柳存仁编，书目文献出版社，1983)。该书收134部小说，并有提要。

查找近代现代小说可查:**晚清小说目**(阿英编，见于《晚清戏曲小说目》，中华书局，1959)。本书收录清光绪初年至宣统末年发表的小说1000余种，其中有创作的，也有翻译的;有单行本，也有刊于杂志的。**中国近代小说大系**，王继权等编，江西人民出版社，1988。选收1840年前至"五四"前夕有影响而有代表性的作品(包括各种题材、主题，不同流派的小说)，特别是选收戊戌变法前后至辛亥革命的小说。已出六册。

首都图书馆藏中国小说书目初编(首都图书馆1960年编印)。本书收录馆藏汉代至现代("五四"以前)的小说。后附《十五种小说期刊、小说总目》。**中国小说提要**(当代部分)，郭启家、杨聪夙主编，百花洲文艺出版社，1990。本书介绍了建国以来至1978年底出版的长篇小说，并尽可能收录了台、港作家所写的作品。

查找古代戏曲剧目，可查**曲海总目提要**，清黄文旸原撰、董康辑补，人民文学出版社，1959。全书46卷，收元、明、清初古代戏曲684种。**曲海总目提要补编**，北婴编者，人民文学出版社，1959。本书辑录了《曲海总目提要》所遗漏或文字不同的剧目提要72篇。后附《曲海总目提要》和《补编》的综合索引。还可查傅惜华所著的**元代杂剧全目**（作家出版社，1958），收录元代杂剧737种；**明代杂剧全目**（作家出版社，1958），收录明代杂剧523种；**明代传奇全目**（人民文学出版社，1959），收录明代传奇950种；**清代杂剧全目**（人民文学出版社，1981），收录清代杂剧1300种。四部剧目均先列作家小传，后列作品。每一作品著录题名、存佚、版本、收藏单位。书后均附有《引用书籍解题》与《作家名号索引》。

中国近代传奇杂剧简目，梁淑安，姚柯夫编。载于《文献》第6、7辑。《简目》辑录1840—1919年间成书的传奇杂剧作品，按剧作者时代先后排列。每剧著录剧名、创作时间、版本或发表于何种报刊以及收藏单位，并附作者小传。**古典戏曲存目汇考**，庄一拂编著，上海古籍出版社，1982年出版，3册。本书收录从南宋至近代戏曲家创作的剧目，计戏文320种，杂剧1830种、传奇2590余种。

查晚清戏曲剧目，可查**晚清戏曲录**（阿英编），见于《晚清戏曲小说目》。收录戏曲、话剧剧本161种，除著录版本外，间有剧情介绍。

查找曲艺剧目，可查**弹词宝卷书目**，胡士莹编，上海古典文学出版社，1957。本书收录弹词270种，宝卷270余种。**弹词叙录**，谭正璧、谭寻编者，上海古籍出版社1981。本书收录明清以来的弹词200种。**宝卷综录**，李世瑜编，中华书局，1961，收录宝卷774种。**子弟书总目**，傅惜华编，上海古典文学出版社，1957，收录子弟书400余种。**北京传统曲艺总录**，傅惜华编，中华书局，1962。本书收录元、明、清至建国前流行于北京地区的八角鼓、时调小曲、石派书、鼓词小段、莲花落等各种曲目约数千种。

查找地方戏曲剧目，可查**中国俗曲总目稿**（附补遗），刘复、李家瑞等合编，历史语言研究所，1932。本书收录河北、江苏、广东、四川、福建、山东、河南、云南、湖北、安徽、江西等 11 省各种地方戏、曲艺剧目约 6000 余种。

查找京剧剧目，可查**京剧剧目辞典**，曾白融主编，中国戏剧出版社，1989。收剧目 5300 余条，京剧传统剧目基本上收齐，也包括近 40 年来新编的历史剧和以近代、现代生活为题材的京剧。除剧情提要外，间或介绍剧作者及首演或工该剧的演员。全书按时代排列，时代不明及剧情不详者附后。另外可查**京剧剧目初探**（增订本），陶君起编，中国戏剧出版社，1963。本书收录传统与新编京剧剧目 1300 多个。

查找话剧、艺术影片，可查：**南京图书馆藏话剧书籍选目**，江苏省举办话剧运动五十周年纪念工作委员会、南京图书馆合编，南京图书馆 1957 年印。收录创作与翻译剧本 451 种。**中国艺术影片编目**（1949—1979），中国电影资料馆、中国艺术研究院电影研究所编，文化艺术出版社，1981。收录我国摄制的艺术影片 1109 部，包括已发行和未发行的各类艺术影片。从中可查到片名、摄制时间、制片厂、导演、剧中人和扮演者，以及情梗概。

二、历史、考古

查找史学论著，可查**八十年来史学书目**，中国社会科学院历史研究所资料室编，中国社会科学出版社，1984。本书收录 1900 至 1980 年中国作者著译的史学著作 12400 余种，分两编。上编分为史学理论和历史研究法、中国史、世界史、考古学和物质文化史、综合参考；下编分为各专史 18 类。全书涉及范围较广，是一部收录比较丰富的史学书目。

查找中国古代史籍介绍，可查：**史籍举要**，柴德赓著，北京出版社，1982。本书分上、下编，上编介绍纪传体史书，下编介绍编年体、纪事本末体史书及政书、传记、地理方面的要籍。全书着重阐明重要史籍的作者与著作时代、史料来源与编纂方法、优缺点及在史学上的地位、注解与版本。

中国古代史史料学，陈高华、陈智超等著，北京出版社，1983。本书以时代为序，评介甲骨文史料、考古资料、编年体史籍，以及政书、档案、传记、方志、牒谱、诗文集、笔记等史料，兼及外国史籍中关于中国的记载，以明史料来源及其价值与作用。

查找中国近代史料，可先阅读**中国近代史资料概述**，陈恭禄著，中华书局，1982。本书分别介绍了与中国近代史有关的公文档案、书札、日记、回忆录、笔记、诗歌、传记、报刊，并评论它们的价值，兼及纪传史、年谱、方志及典章制度。书中对怎样阅读和运用史料作了精辟的论述，写下了数十年研究的心得。还可查阅中国史学会主编的**中国近代史资料丛刊**，已出《鸦片战争》(6 册)、《太平天国》(8 册)、《捻军》(6 册)、《回民起义》(4 册)、《第二次鸦片战争》(6 册)、《洋务运动》(8 册)、《中法战争》(7 册)、《中日战争》(7 册)、《戊戌变法》(4 册)、《义和团运动》(4 册)、《辛亥革命》(8 册)等 11 种。其中所附的九种书目解题，详细地提供了查找近代史资料的线索。还可查阅：**中国近代史资料简编**，杨松、邓力群原编，荣孟源重编，三联书店，1954。本书选收中国近代史有代表性的资料 91 篇，每篇前有简要介绍。**研究太平天国史著述综目**，姜秉正编，书目文献出版社，1983；**辛亥革命书征**，张于英编(见《中国近代出版史料初编》)，张静庐辑注，群联出版社，1953。

查找中国现代史资料，可查**中国现史资料选编**，魏宏运主编，黑龙江人民出版社，1981。全书分 5 编。编选的资料主要是历史人物的文章、演讲，也有文件、电报与回忆录，兼顾政治、经济、军事、文化，力求反映中国现代史全貌。**中国现代革命史史料学**，张注洪编著，中共党史资料出版社，1987。本书介绍了中国现代革命史的研究状况，探讨了若干中国现代革命史史料学的专题，概述了中国现代革命史的文献资料，并附载了《文献资料书目举要》，比较全面系统地列举了中外有关研究中国现代革命史的文献资料。**北京图书馆馆藏革命历史文献简目**，北京图书馆善本组编，书目文献出版社，1984。本书所收录的文献，以当时出版的原件为主，具有较高的革命历史文献价值。

查找世界史资料，可查**世界通史资料选辑**。上古部分，林志纯主编，中古部分郭守田主编，近代部分，蒋湘泽主编，现代部分，齐世荣主编，商务印书馆，1962—1983。

查找考古学文献，可查**中国考古学文献目录**（1949—1966），中国社会科学院考古研究所图书资料室编，文物出版社，1978；**文物考古学文献目录**（1925—1980），谢瑞琚等编，青海人民出版社，1981。前者分书目与报刊资料索引两部分，分别著录了有关考古学总论和分论的论著与报刊文献。后者按总类、甘肃、青海、宁夏回族自治区四类，选介了文物考古学文献。**五十年甲骨学论著目**，胡厚宣编，中华书局，1952。**金石书录目**，容媛辑，商务印书馆，1936。前者收录1899至1949年间，中、日、英、法、德、俄各种文字的甲骨学专著书目与论文篇目共876种；后者收录有关古文字研究或资料性的著作977种。二书有助于研究古文字、古文物资料的检索与查阅。

三、哲学、宗教

查找中国哲学史料，可查：**中国哲学史史料学初稿**，冯友兰编著，上海人民出版社，1962。**中国哲学史史料学**，张岱年著，三联书店，1982。前者以浅显通俗的文字，对历代哲学史史料作了概括的介绍；后者以严密的构思，讲述了先秦至近代哲学史史料，书后附《有关中国佛教的思想文献简明目录》、《历代书目举要》、《有关哲学史的丛书举要》与《历代思想家传记资料要目》。

中国哲学史教学资料选辑，北京大学哲学系中国哲学史教研室选注，中华书局，1981—1982。全书选注了历史上有代表性的和影响较大的哲学家或流派的著作。每一著作之前有史料简介，选文之后又有简要注释。**中国现代哲学史教学资料选辑**，北京大学哲学系现代中国哲学史教研室编，北京大学出版社，1989。辑录1899至

1949年间60多位思想家、政治家的文章论著300余篇。**马克思主义哲学史教学资料选编**，黄楠森、庄福龄主编，北京大学出版社，1984。全书辑录了马克思主义哲学的形成和发展、在俄国苏联的传播和发展（止于1953年）、在中国的传播和发展（止于1966年）的主要资料。

查找美学著译，可查**中国现代美学论著译著提要**，蒋红等编著，复旦大学出版社，1987。对"五四"以来200余种国内正式出版的美学著译加以介绍，并有附录《1919—1983美学论著、译著出版目录》等五种美学书目。**西方美学名著提要**，曲戈、盛广智编著，将由辽宁人民出版社出版。拟选介古希腊罗马至本世纪中期50余家约60部美学专著和单篇。

查考佛教、道教典籍可查**中国佛教史籍概论**，陈垣撰，中华书局，1962。本书以丰富的史料，旁征博引，对佛教史籍进行了考订，并校正了《四库全书总目提要》有关佛教史籍的错误记载，有重要的参考价值。《中华大藏经（汉文部分）》，任继愈主编，中华书局出版。《新编汉文大藏经目录》，吕澂编，齐鲁书社，1980。《道藏辑要》，清彭定术辑刊，巴蜀书社1985年重印，并计划重印《续编》。

四、经济、法律

查找经济学的论著，可查**经济学著作要目**，张泽厚、刘厚成主编，经济科学出版社，1987。本书收录1949—1983年间我国有关理论经济学和应用经济学的专著、论文集、教材、资料汇编、工具书共7000余种。**全国经济科学总书目**，辽宁大学图书馆1986年编印。本书汇集1949年10月至1985年12月全国公开出版的有关经济学理论、历史、现状以及国际国内研究方面的著作资料16000余种。**20世纪外国经济学名著概览**，杨建文主编，河南人民出版社，1989。本书收录了近百年来131位外国著名经济学者的经济理论著作182部。全书分微观与宏观、发展与增长、管理与决策、建设与改革四类。

查找法学、法律著作，可查**中文法学和法律图书目录**（1912—1949），刘希昭、席延涛等编，陕西人民出版社，1985。收录了辛亥革命以后至中华人民共和国成立前出版的中文法学图书6043种，解放区出版的法律图书20种。**法学图书联合目录**，司法部所属政法院校馆际协作委员会1985年编印。收录中国政法大学等五所政法院校所藏近年出版的法学图书，其中包括港、台地区出版的法学著作。**中国法制史参考书目简介**，国务院法制局编，法律出版社，1957。选介了932部法制参考书，分为法家著作、法制史料、法律法令、则例章程、会要会典、检验证据、审理判决、监狱囚政、政牍公牍和其他著述十类。**中国法制史书目**，台北商务印书馆，1976。收录法学、法律图书2300余种，分规范、制度、理论、务实四大类。**世界十大著名法典评介**，曲可伸主编，湖北人民出版社，1990。选择世界上十部最为著名、最有代表性的法典予以系统评介。这十部法典是《汉穆拉比法典》、《十二铜表法》、《摩奴法典》、《查士丁尼国法大全》、《唐律》、《古兰经》、《法国民法典》、《德国民法典》、《苏俄民法典》、美国《统一商法典》，并附选段。

五、其他学科

查找国学文献，可查**国学论文索引**，王重民等编，中华图书馆协会1929—1936年印行。本书原有四编四分册，收录清末至1935年国内主要期刊上发表的有关国学方面的论文篇目。1955年北京图书馆参考研究组又编第五编，分上、下两册。**六十年来之国学**，程发轫主编，台北正中书局1971至1975年出版。本书包括近六十年间台湾学人研究国学的成果。所谓国学，就是指中国固有的学术文化。二书实际提供了查阅经学、史学、文学、语言文字学、宗教、科学、艺术等各学科的文献。

查找敦煌学文献可查**敦煌学论著目录**，西北师范学院敦煌学研究所刘进宝编，甘肃人民出版社，1984。本书收录1909年至1983年国内（连同台、港）各报刊、研究集刊及个人著作中有关敦煌学的论文和专著，其中书目及序跋一类，提供了更多的敦煌文献线索。**敦煌遗书总目索引**，商务印书馆1962年编辑出版，中华书局1983年新版。本书收录国内外以汉文经卷为主的敦煌遗书2万余卷，由四部目录组成：《北京图书馆藏敦煌遗书简目》、《斯坦因劫经录》、《伯希和劫经录》与《敦煌遗书散录》。该书较广泛地提供了查考敦煌文献的线索，但尚有遗漏，有待增补。《敦煌石室写经题记与敦煌杂录》，许国霖编，商务印书馆1937年印行。《敦煌劫余录》十四帙，陈垣校录，国立中央研究院历史语言研究所1931年铅印本。《敦煌古籍叙录》，王重民著，商务印馆1958年初版，中华书局1979年重印。

查找历代禁书，可查**中国禁书大观**，安平秋、章培垣主编，上海文化出版社，1990。本书由中国禁书简史、中国禁书解题、中国历代禁书目录三部分组成，分别叙述了中国禁书的历史，对220种禁书的介绍，以及开列从秦代到清末全部禁书目录。由此读者可对我国古代禁书获得一个大致的轮廓，并对一些具体禁书具有若干认识。

查找历代文集，可查《唐集叙录》(万曼著，中华书局，1980)；《(元人)文集目录》(见《元人文集篇目分类索引》，陆峻岭编，中华书局，1979)；《〈清代文集篇目分类索引〉所收文集目录》(见《清代文集篇目分类索引》，王重民、杨殿珣编，中华书局，1965)；《清人文集别录》(张舜徽著，中华书局，1980)。

查找古今图书要善于利用书目之书目，可查的有：

《书目举要》，周贞亮、李之鼎编，南城李氏宜秋馆1920年刊本。

《书目举要补》，陈钟凡补正，金陵大学铅印本。

《书目长编》(附补遗补校)，邵瑞彭、阎树善等编，北平资研社1928年铅印本。

《北平图书馆书目·目录类》，萧璋编，北平图书馆1934年铅印本。

《全国图书馆书目汇编》，冯秉文编，中华书局，1958。

《中国历代书目总录》，梁子涵编，台北中华文化出版委员会，1955。

《中国书目编年(1949—1981)》，北京大学第一分校图书馆学系1982年铅印。

查找古今图书还要注意掌握书目各自的特点与功用，要正确判断与选用书目，减少或避免查找图书过程中的偶然性与盲目性。

第四章　查考篇目文句

篇目是具体图书中论说叙事的基本单元。文句是具体图书中最为细小的资料单位。所谓利用图书，说到底是要利用图书中的具体内容、具体资料，从这个意义上说，仅仅查到所需要的图书还远远不够，因为许多图书仍然规模庞大，卷帙繁多，直接从中寻找所需要的具体资料，仍然费时费力。查考篇目文句，就是深入查考图书中特定篇目、文句的出处和内容，从而迅速准确地获得所需要的具体资料。

第一节　查考诗文集篇目出处

诗文集有总集和别集之分。诗文总集是把许多人的作品汇编在一起形成的集子，诗文别集则是某个人一生作品的总汇。诗文集的内容极其丰富，举凡学术专论、诗词歌赋、人事杂记、传状墓志、乃至于题跋赠序、哀祭箴铭等等，几乎无所不有，堪称学术之总汇。诗文集由具体的篇目组成，不同的篇目，内容不尽相同。因此，要利用诗文集中的资料，就必须了解具体篇目的准确出处，进而才能了解它的内容。解决此类问题，主要的工具书是诗文集篇目索引。

从收录具体诗文集的数量、范围上来看，诗文集篇目索引主要分为“专集篇目索引”和“群集篇目分类索引”两类。

一、专集篇目

所谓“专集”，是指某一部具体的诗文总集或别集。专集篇目索引是专门揭示某一部诗文集中篇目出处的索引。按照标引对象的不同，专集篇目索引主要有篇目索引和作者索引。篇目索引以篇名为标目，将篇名按某种顺序编排组织起来，篇名下注明出处；作者索引以作者姓名为标目，将作者姓名按某种顺序编排组织起来，作者下分系篇目并注明出处。专集篇目索引收录对象专一，编排方法简单，它的主要功用是在已知篇名或作者的条件下，查考某一具体篇目或某一作者作品在诗文集中的准确出处。它的主要局限是：(1)由于一部索引只揭示一部诗文集中的篇目出处，这就要求人们在查考时应知道所查的篇目是收在哪种诗文集中，否则，困难较大。这种较强的“专指性”，在某种程度上限制了人们对它的利用。(2)由于这种索引只是按篇名、作者的某种自然顺序加以编排，并没有对篇目的内容进行分析归并，因此，查考的结果是单一的，了解不到内容性质相近的相关篇目。

国内现有的专集篇目索引大多是揭示古代诗文总集篇目出处的。比较重要的有：

全上古三代秦汉三国六朝文篇名目录及作者索引，中华书局，1965。《全上古三代秦汉三国六朝文》(简称《全文》)是清人严可均编纂的一部文章总集，汇集了从上古至隋代的3400多人的文章。全书共746卷，按朝代顺序分为15集。1958年，中华书局影印出版了《全文》。这部索引，就是与其配合使用的。该索引共有篇名目录和作者索引两部分内容。篇名目录按照《全文》本来的朝代、作者及篇目顺序编排，以作者为纲，作者下分系篇目，并注明出处。如：

〔汉〕

司马迁

悲士不遇赋	270下
报任少卿书	271上
与挚伯陵书	273上
素王妙论	273上

这部分内容，便于从时代、作者入手，查考收入《全文》的具体篇目名称及出处。作者索引按照作者姓氏的四角号码顺序编排。如：

郦

～道元	后魏 41	3721
～食其	前汉 14	202
～炎	后汉 82	912

这部分内容便于从人物姓名入手，查考此人作品在《全文》中的起始卷数、页次。

全汉三国晋南北朝诗作者引得，蔡金重编，哈佛燕京学社引得编纂处，1941。《全汉三国晋南北朝诗》（简称《全诗》）是近人丁福保编辑的一部与《全文》齐名的诗歌总集。全书 54 卷，汇集的诗歌，上起汉代，下至隋代，恰好与《全唐诗》衔接。《全诗》的索引，是按作者名号顺序编排的。从作者的姓名或字号、别名入手，可以准确地查到收入《全诗》的该作者作品所在的卷数、页次。

文选篇目与著者引得，载于《文选注引书引得》中，哈佛燕京学社引得编纂处，1935。《文选》是我国成书最早、流传甚广的一部诗文选集，南朝梁昭明太子萧统选编，故又称《昭明文选》。全书共选录从先秦至梁初 130 多家的诗文作品 700 多篇。《文选篇目与著者引得》是按诗文篇名和作者名号首字顺序混合编排的，所以既可以从篇名途径入手，查到该篇目的准确出处；又可以从作者名号入手，查到《文选》所收的该人全部作品的名称及出处。

全唐诗作者索引，张忱石编，中华书局，1983。《全唐诗》是清康熙年间编定的一部唐代诗歌总集，共收唐、五代 2200 多人的诗 48900 多首。1960 年，中华书局曾点校出版了《全唐诗》。《全唐诗作者索引》按作者姓氏的四角号码顺序编排，作者名下，注明该作者诗篇所在的册数、卷数和页码。

全唐文篇名及作者索引，马绪传编，中华书局，1985。《全唐文》是清代继《全唐诗》之后编定的一部唐人文章总集，全书 1000 卷，成书于嘉庆年间。共收唐五代文章 18488 篇，涉及作者 3042 人。光绪年间，陆心源又辑《唐文拾遗》和《唐文续拾》，前者收文

3000 篇，后者收文 310 篇。1983 年，中华书局据清内府刻本影印《全唐文》，并附有据《潜园丛书》本影印的《唐文拾遗》、《唐文续拾》。索引即据此编制。其中篇名目录部分以作者为纲，作者下分系篇目；作者索引部分以作者姓氏的四角号码为序。后附索引字头笔画检字表。

太平广记索引，中华书局，1982。《太平广记》是北宋太平兴国年间李昉等人编辑的一部小说总集。全书 500 卷，共采录从汉到宋的小说、笔记、稗史等 470 多种。中华书局 1961 年点校出版。《太平广记索引》就是根据这个版本的《太平广记》编制的，分引书索引和篇目索引两部分。引书索引反映《太平广记》引书的实际情况；篇目索引把《太平广记》原来的题目按笔画顺序归并集中，注明出处。查《太平广记》的篇目出处，主要就是利用这个篇目索引。

以上是几种比较重要的单行的有关古代诗文总集的专集篇目索引。还有一些重要的古代诗文总集，虽然没有编制出这种单行的篇目索引，但建国后整理出版时，在原书后附编了索引。这类索引虽然大都比较简略，但它同样起专集篇目索引的功用，对准确、迅速地查考某一专集的篇目出处，很有帮助。这类附载于原书后的专集篇目索引主要有：

文苑英华作者姓名索引，附于中华书局 1966 年影印本《文苑英华》后。《文苑英华》是北宋太平兴国年间编的一部上接《文选》，下至晚唐的诗文总集。全书 1000 卷，选录的作品有 2 万多篇。这个索引为从作者入手查考篇目出处提供了方便。

乐府诗集作者姓名篇名索引、乐府诗集篇名索引，附于中华书局 1979 年版《乐府诗集》后。《乐府诗集》是宋郭茂倩编辑的一部乐府歌辞总集，全书 100 卷，主要辑录汉魏至唐五代的乐府歌辞，兼及先秦至唐末的歌谣。作者姓名篇名索引，以作者姓氏笔画为序，作者下列出该作者篇目所在的卷数、页次；篇名索引以篇名首字笔画为序，篇名后注明所在卷数、页次。

全宋词作者索引，附于中华书局1965年版《全宋词》后。《全宋词》，唐圭璋编，收录宋代1300多人的词作19900多首。

全金元词作者索引，附于中华书局1979年版《全金元词》后。《全金元词》，唐圭璋编，收录金元两代280多人的词作7200多首。

全元散曲作家姓名别号、作品曲牌索引，附于中华书局1964年版《全元散曲》后。《全元散曲》，隋树森编，收录元人小令3800多首，套数450多套。

在中国古代，还有"诗文纪事"这样一类著作，它的编纂形式，一般是以一代为限，既摘引众多作家的诗文名篇，又辑录有关作家生平或诗文评论等方面的资料，具有诗文总集与诗文史料汇编的双重性质。在这类书中，"诗纪事"数量较多。自南宋计有功编出《唐诗纪事》以后，清代厉鹗编有《宋诗纪事》，清陆心源又编有《宋诗纪事补遗》，近人陈衍编有《辽诗纪事》、《金诗纪事》、《元诗纪事》，清陈田编有《明诗纪事》，邓之诚编有《清诗纪事初编》。据统计，上述诸书涉及从唐到清的作家有13000多人，收诗总数在4万首以上。1934年，哈佛燕京学社引得编纂处编辑出版了三种单行的"诗纪事"索引，即《唐诗纪事著者引得》、《宋诗纪事著者引得》和《元诗纪事著者引得》。1983年，上海古籍出版社标点排印了《宋诗纪事》，书后附编了按四角号码顺序编排的人名索引。1984年，该社重印《清诗纪事初编》，书后也附编了按笔画顺序编排的人名索引。这些索引，对于我们今天从"诗纪事"中查找某一作者的诗歌篇目或有关史事，是很好的工具。

揭示近现代以来诗文专集中篇目出处的专集篇目索引，目前数量较少，集中在少数几位最著名的作家身上。而且有的索引也并不是严格意义上的专集篇目索引，或是个人著述篇目索引，或是个人著述系年索引，但大体上均与专集篇目索引的性质、功能相近。常见的主要有：

鲁迅著译系年目录，上海鲁迅纪念馆编，上海文艺出版社，

1981。此书是1962年出版的《鲁迅著译系年目录》的修订本。主要内容是按时间顺序，记录鲁迅著作译作的篇目名称，并作了相应的校勘考证。例如在“一九一八年”下对“《狂人日记》”的记录：

狂人日记（小说）

4月2日作（据文内“七年四月二日识”）。

载5月15日《新青年》月刊第4卷第5号，初次用“鲁迅”笔名。

初收1923年8月新潮社版《呐喊》，现收《全集》第1卷《呐喊》。

书后附有按著译篇名首字笔画顺序排列的篇名索引。该书由于对具体篇目的发表与收载情况作了简明准确的记述，故具有篇目索引的功能。

郭沫若著译及研究资料，成都市图书馆1979—1980年编印。分上下两册。共包括9种目录索引。(1)《郭沫若著作篇名字顺索引》，收录著作篇目4013条。(2)《郭沫若译著篇名索引》，共收录译作篇目162条。另有《补遗》，补收著作篇目287条，译作篇目10条。以上两部分是该书的主体内容。每一条目，均简要介绍篇名、文体；写（译）作时间、地点；发表报刊及时间；编辑出版情况，并附加编者按语，作必要的说明考辨。例如：

《永乐大典》序（序跋）

1959年8月31日作于北京。载《光明日报》1959年9月8日③。

见：《永乐大典》（影印本）卷首。《文史论集》61年人民版278页。

按：发表时原题《影印〈永乐大典〉序》，为便于查阅，我们又拟本题。

这两部分内容对郭沫若著译篇目的原始出处及收载情况作了准确的揭示。(3)《郭沫若著译系年索引》，按年月顺序反映郭沫若著译的写作、出版情况。(4)《郭沫若著作篇名主题索引》，将郭沫若的著作篇目按类别主题归并集中，加以反映。(5)《〈沫若文集〉(17卷)目录》。(6)《郭沫若佚著目录及部分全文抄录》。(7)《郭沫若部分手书》。(8)《郭沫若部分照片目录》。(9)《郭沫若研究专题篇名索引》。从整体上看，这是一种以篇目索引为主，全面地、多角度地揭示郭沫若一生著译及有关研究资料出处的综合性工具书。

老舍研究资料编目，首都图书馆1981年编印。其中揭示老舍著译篇目出处的部分，一是《老舍著译系年目录》，二是《老舍著作分类目录》。另有《老舍传记资料》、《作家研究及作品评论目录》、《冒名、盗版书目》等内容。

二、群集篇目

所谓"群集"，是指多种诗文总集或别集。集中查考多种诗文集中的篇目出处，主要应利用群集篇目分类索引。

群集篇目分类索引是一种分类揭示多种诗文集中篇目出处的索引。其基本的编制形式是：先把所收录的诗文集中的篇目按其内容分类集中，然后逐一注明每一篇目的具体出处。简单地说，就是对众多诗文集中的篇目"先分类，后索引"。群集篇目分类索引的主要功用是，一方面可以准确、迅速地查到某一具体篇目的出处，另一方面，可以集中查到不同文集中论述同一问题的相关篇目及出处。后者也是这类索引最突出的优点。因为它通过层层分类，把分散在不同文集中内容性质相同的篇目集中地反映了出来，使索引具有"检一篇而诸家之说毕具，求一事而异同之论皆存"的功能，从而非常便于人们从众多诗文集中全面、系统地搜集相关资料。

国内现有的群集篇目分类索引主要的只有两部，一是《清代文集篇目分类索引》，一是《元人文集篇目分类索引》。

清代文集篇目分类索引，王重民、杨殿珣编，北平图书馆，1935，中华书局1965年重印。这是国内出现最早的一部群集篇目分类索引。全书共揭示了428种清人别集、12种清人总集中的所有文章篇目(不包括诗歌篇目)。编者把所有这些文章篇目，首先按其内容分为三大部分：一是学术文，二是传记文，三是杂文。学术文部分，汇集了清人文集中所有以探讨学术问题为主的篇目。举凡对经史诸子的疏通笺注、考订校勘、序跋题识，以及论及宫室冕服之制、婚丧郊祀之仪、庙谥封建、田制名物、山川地理、河渠水利、边防外纪、名胜古迹、书画杂艺等方面的内容，统归于此。这一部分内分经、史地、诸子、文集四大类，每一大类下又分若干小类，小类下分属。然后列出同类篇目，并逐一注明出处。如这一部分的“史地·目录类·书籍制度杂论”：

书籍制度杂论

周代书册制度考	金鹗	求古录礼说	10/1a
周代书册制度考	汪继培	诂经精舍文集	11/28a
周代书册制度考	徐养原	诂经精舍文集	11/31b
汉唐以来书籍制度考	金鹗	求古录礼说	15/1a
		诂经精舍文集	11/36b
汉唐以来书籍制度考	赵坦	诂经精舍文集	11/34b
记板刻原始	万斯同	群书疑辨	9/20a

（下略）

这一部分首载反映详细分类情况的“学术文目录”，是查考时的主要途径。

传记文部分汇集了清人文集中记载历代人物生平事迹的传记性篇目。凡散见于文集中的人物传记、行状、墓志、赠序、寿序、哀诔、铭赞等，统归于此。这一部分的编排体例是：篇目据体裁集中，如首先分为碑传、赠序、寿序、哀祭、赞颂、杂类等；查找以被传人名为线索，首附“姓氏索引”。这样，虽然有关一人的不同体裁的传记篇目分散于各处，但通过“姓氏索引”的指引，便可确知有关该人的传记篇目哪些体裁中有，哪些体裁中没有。“姓氏索引”把不同体裁的相关篇目有机地联系了起来。如要查清人文集中保存了哪些记载清初学者黄宗羲生平传记情况的篇目，根据“姓氏索引”的指引，在“碑传文”类中可以见到：

黎洲先生神道碑文　全祖望　鲒埼亭集 11/1a

遗献黄文孝先生传　邵廷采　思复堂文集 3/16a

在“寿序”类中又可见到：

黄征君寿序　朱彝尊　曝书亭集 41/7b

即有关黄宗羲生平传记的资料，见于本索引所收的清人文集者，共有上述三篇。

杂文部分汇集了上述两部分以外的其他篇目，内容复杂一些。共分四类：一曰书启，即书信；二曰碑记；三曰赋；四曰杂文。每类下依作者、文集集中篇目。如这部分的“书启”类：

书　启

钱谦益(一)牧斋初学集

贺福清相公启　79/1a

答方长治启　79/2a

……

钱谦益(二)牧斋有学集

答杜苍略论文书二篇　38/1a

答徐巨源书　38/7a

……

顾炎武(一)亭林文集

与友人论学书　3/1a

与友人论易书二篇　3/2b

(下略)

此书还有三种附录。《所收文集目录》列出了所收文集的撰者、版本；《文集提要》对所收文集的作者、内容、版本、刊刻情况作了简略介绍；《文集著者索引》为以著者为线索查考文集提供了方便。总之，《清代文集篇目分类索引》是目前揭示清人文集篇目出处最为全面、系统的工具书。

元人文集篇目分类索引，陆峻岭编，中华书局，1979。这部索引共揭示了 170 种文集中的文章篇目(诗词一般不录)，其中包括元人别集 151 种，总集 3 种，涉及元代史事的明初人别集 16 种。编排体例与《清代文集篇目分类索引》略同。所有的文章篇目，编者也按内容性质首先分为三大部分：一曰人物传记，二曰史事典制，三曰艺文杂撰。这三部分的名称虽与《清代文集篇目分类索引》不同，但内容却基本相当。人物传记部分下分男子、妇女、释道、有姓无名4类；史事典制部分下分政事、赋役、礼教、军事、刑法、营造、农民起义7类；艺文杂撰部分下分经、史、子、集、杂撰5类。卷首附有《文集目录》，列出了所收文集的卷数、作者、版本。《元人文集篇目分类索引》的主要功用和使用方法，都和《清代文集篇目分类索引》基本相同。

由于群集篇目分类索引对文集篇目是按内容分类编排，而不是简单地按篇名或作者名顺序编排，所以，在利用这种索引查考篇目出处时，一定要注意了解它的分类情况，按"类"查找，因"类"求篇。比如，要查考某一类文章篇目的出处，就应该根据索引的分类情况，到相应或相近的类目下去找；要查考某一具体文章篇目的出处，则需要先根据索引的分类情况，分析、判断一下所要查的篇目大致应归入什么类，然后再到相应的类目下去找。总之，使用篇目分类索引，一定要把握住"分类"这个关键。

查考诗文集篇目的两种主要类型的索引——专集篇目索引和群集篇目分类索引，其主要的区别是：

第一，揭示诗文集的数量不同。专集篇目索引是一部索引只揭示一部诗文集中的篇目处出，而群集篇目分类索引则是一部索引揭示多种诗文集中的篇目出处。

第二，编排方法不同。专集篇目索引只是简单地把篇名或作者名按某种顺序统一编排起来，而群集篇目分类索引则是按照篇目的内容来分类归并集中篇目。

第三，解决问题的深度不同。专集篇目索引只能查到某一具体篇目或某一具体作者的作品在一部诗文集中的出处，而群集篇目分类索引既可以查考具体篇目的出处，又可以集中了解那些分散在不同文集当中的内容性质相同的篇目及出处。

第二节　查考诗词文句出处

古今图书中的诗词文句不计其数，其出处问题不可能靠工具书全部解决。根据现有工具书的状况，所能解决的只限于那些出自比较重要的图书和比较重要作者的诗词文句。一般来说，要查考某一诗词文句的出处，首先需要根据已知条件并结合工具书的实际状况，正确地选择查考线索，即正确地选择检索点。有时可以任意选择文句中的某个字、词为线索，利用字词索引查考；有时可以选择一个文句的首、尾字为线索，利用文句索引查考；有时则须选择文句中的关键词为线索，利用关键词索引查考。在选择查考线索的过程中，既需要对已知条件作深入分析，又需要对工具书的现状胸中有数。

一、从字、词入手查文句出处

选择诗词文句中的任意一个字、词，以此为线索查考其出处，需要利用字词索引。

字词索引是一种逐一标引文句中所有字、词的索引。其中有的是逐字标引，一般称为“逐字索引”；有的是以词语为单位标引，一般称为“语词索引”或“词语索引”。

逐字索引以一部图书中出现的每一个单字为标目，在每一个单字下面，都要列出该书中包含了该单字的所有文句，并逐一注明出处。如顾颉刚主编的**尚书通检**（哈佛燕京学社引得编纂处，1936，书目文献出版社1982年重印）便属此类。它将《尚书》中出现的每一个单字依笔画顺序加以编排，在每一单字下首先列出《尚书》中该单字出现的次数，然后逐一列出《尚书》中包含该单字的所有文句，并注明其出自所附“《尚书》本文”中的某篇某句。例如“册”字条（见下页）。

由于逐字索引对文句中的每一个单字都要进行标引，因此，用它来查考诗词文句的出处，极其方便。记准原句与否关系都不大，只要能知道原句中的一个字，以此为线索，一句话的出处就可以迅速准确地查到了。

册(9字)
260068 史乃○祝曰
0247 乃納○于金縢之匱中
330722 王命作○逸祝册
0725 王命作册逸祝○
0749 作○逸誥
340362 惟殷先人有○有典
420231 命作○度
0508 御王○命
511005 康王命作○畢

现有的逐字索引数量不多。有关古籍方面的，哈佛燕京学社引得编纂处所编的《毛诗引得》、《周易引得》、《尔雅引得》属于此类。哈佛燕京学社引得编纂处所编的索引，标目全依其所发明的“中国字庋撷法”排列顺序。对于不熟悉这种排检方法的人来说，查考时需要先按笔画查出一字的“中国字庋撷法”号码，然后根据此号码才能过渡到索引的正文中去。这些逐字索引，上海古籍出版社 1986 年重印。

近年新出版的古籍逐字索引主要有：

诗经索引，陈宏天、吕岚编，书目文献出版社，1984，附有原文。此书与哈佛燕京学社引得编纂处所编《毛诗引得》内容、功用相同，但目前此书比较通行易得。

李贺诗索引，唐文等编，齐鲁书社，1984。此索引将收入中华书局 1960 年出版的《三家评注李长吉歌诗》中的李贺诗逐字标引，注明包括该字诗句的诗题代号，所在卷、页。全书按汉字部首顺序排列。卷首有《诗题编号表》、《部首目录》、《部首检字表》，后附《音序检字表》。

台湾文海出版社 1964 年印行了庄为斯所编**唐律疏议引得**。该索引以台湾商务印书馆《国学基本丛书》本为依据编制，亦适用于上海商务印书馆《国学基本丛书》本和《万有文库》本。索引除对《唐律疏议》书于行首，借以表明各条文性质的“唯”、“疏议曰”、“注”、“问曰”、“又问”、“答曰”等字未作标引外，其它涵律、疏议、注及答问诸条，均为逐字标引。因此，从整体上看，《唐律疏议引得》基本上属于逐字索引。

揭示近现代图书中诗词文句出处的逐字索引，数量更少。目前最主要的是**现代汉语语言资料索引**，武汉大学语言自动处理研究组编、四川人民出版社 1983 年开始出版。这套索引是利用电子计算机对语言资料进行自动加工处理的结果，书本型索引计划出版 23 辑，包括的作品有老舍《驼骆祥子》、《龙须沟》、《茶馆》、《老张的哲学》、《四世同堂》、《离婚》；叶圣陶《倪焕之》；曹禺《雷雨》、《日出》、《北京人》；茅盾《子夜》、《腐蚀》、《蚀》；赵树理《三里湾》、《小二黑结婚》、《李有才板话》、《李家庄的变迁》、《登记》；巴金《家》、《春》、《秋》、《寒夜》、《爱情三部曲》；夏衍《公防》、《法西斯细菌》；鲁迅《朝花夕拾》、《故事新编》、《呐喊》、《彷徨》；郭沫若《棠棣之花》、《屈原》、《虎符》、《蔡文姬》。

每一单字下注明的项目有：汉语拼音，定字符号，该单字在原书中出现的总次数、总页数，该单字出现的所有位置（页码 P 和行号 H，以及该字在该行出现的次数）。例如：

了 LE4ZZN		次数2403		页数 213	
	P 1 H 3:1	P 1 H 7:2	P 1 H 9:1	P 1 H10:1	P 2 H 1:1
	P 2 H 7:1	P 2 H 8:1	P 2 H11:1	P 2 H15:1	P 2 H17:1
	P 2 H18:1	P 3 H 5:1	P 3 H17:1	P 3 H18:1	P 4 H 6:1
	P 4 H12:1	P 4 H15:1	P 4 H17:1	P 4 H21:1	P 5 H 9:1
	P 5 H12:1	P 5 H14:1	P 5 H19:1	P 6 H12:2	P 6 H13:1
	P 6 H16:1	P 6 H17:2	P 6 H18:1	P 6 H21:1	P 7 H 5:1
	P 7 H16:1	P 7 H20:2	P 8 H 1:1	P 8 H 2:1	P 8 H 5:1
	P 8 H 7:1	P 8 H10:1	P 8 H11:2	P 8 H12:1	P 8 H14:1
	P 8 H21:2	P 8 H22:2	P 9 H 1:1	P 9 H 2:1	P 9 H 3:2
	P 9 H 7:1	P 9 H11:1	P 9 H12:1	P 9 H13:1	P 9 H16:1

每一辑的逐字索引均按汉语拼音音序排列单字（—M、—YU 分别代替汉语拼音中的—NG、—ü，声调则以 1234 代替），多音字一般排在较常用的音项之下。

除逐字索引外，这套索引的每一辑中还有《单字频度表》和《部首索引表》。《单字频度表》主要反映单字在原书中的频率指标，包括频度序号、使用频率（该字使用次数占全书总字数的百分比）、累

计频度(该字之前使用的所有单字已占全书总字数的百分比)。如:

序号	字头	代码	次数	频度	累计频度
1	的	DE4PBX	4123	4.1198%	4.1198%
2	他	TA1NDR	2573	2.3966%	6.5164%
3	不	BU4PHN	2417	2.2513%	8.7677%
4	了	LE4ZZN	2403	2.2383%	11.0060%
5	一	YI1VHN	2111	1.9691%	12.9750%
6	是	SHI4HRJ	1976	1.8405%	14.8156%
7	子	ZI3VZC	1658	1.5443%	16.3599%
8	着	ZHUO4MYD	1353	1.2602%	17.6202%
9	有	YOU3PYJ	1189	1.1075%	18.7276%
10	个	GE4NRG	1070	0.9966%	19.7243%

(以上均见第1辑老舍《骆驼祥子》)

《部首索引表》主要起单字部首索引的作用。按《新华字典》的部首排列,共分188部首("曰"部并入"日"部)。

这套索引由于采用了现代化的编制手段,不仅为查考原书文句提供了极大的方便,而且还提供了靠手工编制几乎无法得到的统计数据,为研究作家作品的语言风格、特征提供了定量化的参考资料,显示了利用计算机编制大规模索引的优越性与广阔前景。

语词索引以图书中出现的每一个词为标目,在每一个词下面,都要列出该书中包含了该词的所有文句,并逐一注明出处。汉语中的词,既包括双音节词、多音节词、词组,也包括单音节词,但不包括那些不能成词的单字。语词索引与逐字索引的根本区别,就在于语词索引以词为标引对象,而逐字索引以字为标引对象。现有的语词索引,集中在古籍方面。在古代汉语中,单音节词数量较多。因此,就古籍语词索引和逐字索引而言,二者的标引对象事实上出入不大。语词索引的标引对象虽不及逐字索引那样细密周遍,但它仍有众多的检索点,利用它来查考古籍中诗词文句的出处,仍然十分方便。例如,《论语》中有这样一段记载:

阳货欲见孔子。孔子不见。归孔子豚。孔子时其亡也而往拜之,遇诸涂。谓孔子曰:"来,予与尔言。"曰:"怀其宝而迷其邦,可谓仁乎?"曰:"不可。""好从事而亟失时,可谓知乎?"曰:"不可。""日月逝矣,交不我与"。孔子曰:"诺,吾将仕矣。"

哈佛燕京学社引得编纂处所编的**论语引得**,便是语词索引。以"阳货欲见孔子"一句为例,该索引在以"阳货"一词作标目时列出:

○○欲见孔子,35/17/1

同样,在以"欲"、"见"、"孔子"这些词作标目时亦分别列出:

(1)阳货○见孔子,35/17/1

(2)阳货欲○孔子,35/17/1

(3)阳货欲见○○,35/17/1

不论从上述哪一词目入手,均可查到该句见于所附《论语》本文第35页第17篇第1章(《论语·阳货》)。但是,在分别以"阳"、"货"、"孔"、"子"作标目时,下面就不再列出这一句了。因为在原句中,"阳货"和"孔子"都是词,但"阳"、"货"或"孔"、"子"是不能独立成词的单字。如果以这些单字为线索,在这部索引中便查不到该文句的出处。

哈佛燕京学社引得编纂处所编索引见本章末。

台湾印行的重要古籍语词索引有:

《楚辞索引》,(日)竹治贞夫编,台湾中华书局,1972。此索引据《四部备要》本《楚辞补注》(王逸章句,洪兴祖补注)编制,附有《楚辞补注》原文。

《国语引得》,张以仁编,台湾中央研究院历史语言研究所,1976。

1980年,中华书局出版的一部有代表性的古籍语词索引是**韩非子索引**,周钟灵、施孝适、许惟贤主编。这部索引标引了《韩非子》中的所有词,包括单音节词、双音节词、词组、短语等,不能成词的单字,则不予标引。所有词目按汉语拼音字母顺序排列。每一词目下,列出了《韩非子》中包含该词的全部文句,并注明该文句见于索引所附《韩非子》原文的篇、段、句。所附原文以清人吴鼎影刊的南宋乾道本为底本，广参众本众说校勘整理而成。索引卷首有汉语拼音检字、笔画检字、四角号码检字；卷末附有《人名索引》、《地名索引》、《官名索引》、《先秦诸子名词术语索引》等四种专题索引。

字词索引在过去亦称为“堪靠灯”式索引。“堪靠灯”系英文 Concordance 的音译，它是指把书中所用到的词逐一加以标引，注明出处，并按字母顺序排列的一种索引，故严格地说，它是指词语索引。由于在西方语言中只有词而没有汉语意义上的字，而“堪靠灯”的本质特点是标引极其周遍细密，在这一点上，我国的逐字索引和语词索引均与其相同，故人们一般也把汉语字词索引统称为“堪靠灯”式索引。

字词索引最突出的优点是索引深度高，检索线索多。它不仅是查考诗词文句出处最为方便有效的工具，而且在辨析字义词义、统计字频词频，以及语言的定量化研究、语言规律的研究等方面，都有重要的作用。

二、从首、尾字入手查文句出处

选择诗词文句首尾字为线索查考出处，需要利用文句索引。

文句索引是一种逐一标引图书中所有句子的索引。它以文句为单位，以文句首字或尾字为标目，一句话标引一次，然后注明这句话的出处。因为这种索引的索引单位是句子而不是字、词，选取的标目是句子首字或尾字而不是全部字、词，所以，用它查考诗词文句出处时，就必须要准确知道一句话中打头或齐尾的那个字，否则，就无法查考了。

现有的文句索引，也集中在古籍方面。比较重要而又具有代表性的一部是**十三经索引**(重订本)，叶绍钧编，中华书局，1983。1980年，中华书局影印出版了原世界书局影阮元校刻本的《十三经注疏》。这部索引可以用来查考十三经中所有文句的出处。

《十三经索引》(重订本)的编排体例是：以文句首字作标目，在索引正文中，所有作为标目的单字依笔画顺序排列。每一单字下，列出了十三经中所有以该单字打头的文句，并注明其出处简称及在《十三经注疏》中的页次、栏数。如“思”字下列有：

思小惠而忘大恥 左傳二八3·一八二六上
思不期而會焉 詩鄭野序·三四六中
思之弗得弗措也 禮中19·一六三三上
思天下之民匹夫匹婦有不被堯舜之澤者 孟萬上7·二七三八下
思天下之民匹夫匹婦有不與被堯舜之澤者 孟萬下1·二七四〇下
思天下惟羿爲愈己 孟離下24·二七二九下
思夫人自亂于威儀 書顧·二三八上
思曰睿 書洪·一八八下
思曰贊贊襄哉 書臯·一三九下
思文后稷 詩周清思·五九〇上
思文后稷配天也 詩周清思序·五九〇上
思以一豪挫於人 孟公上2·二六八五中
思古明王交於萬物有道 詩小甫鴛序·四八〇下
思古明王能爵命諸侯 詩小甫瞻序·四七九上
思死者如不欲生 禮義7·一五九三上
思而不止 詩衛河序·三二六中
思而不貳 左襄二九12·二〇〇七中
思而不學則殆 論爲15·二四六二下
思而不懼 左襄二九12·二〇〇六下
思而作是詩也 詩秦渭序·三七四上

以“思”字开头的句子共 80 条。

《十三经索引》(重订本)首附笔画检字、四角号码检字，还有篇目简称与全称对照表，供还原篇目全称之用。

同类型的文句索引还有：

中国旧诗佳句韵编，王芸孙编，岳麓书社，1984。这是一部专门用来查考古诗佳句出处的工具书，在编排上，具有文句索引的性质。该书选录的古诗句有 1 万条以上，涉及的作家有 800 人左右。所有选句，均按句尾字韵脚集中排列。全书根据民间流行的诗韵 13 辙，又参考了中原音韵，分为 16 个韵部。每一选句后，先列出该句的上句或下句，尔后注明诗句的时代、作者、原诗题目。如该书第 16 部“姑韵”(仄声)下列有：

细雨鱼儿出(…微风燕子斜) 唐·杜甫《水槛遣心》

江山代有才人出(…各领风骚数百年) 清·赵翼《论诗》

山从飞鸟行边出(…天向平芜尽处低) 宋·陆游《游修觉寺》

……

为了方便不熟悉古韵的人使用，书后附《韵脚字笔画索引》，一般人可按诗句韵脚字的笔画去查考。

万首唐人绝句索引，武秀珍、阎莉等编，书目文献出版社，1984。本索引根据书目文献出版社1983年出版的明赵宧光、黄习远等编定，刘卓英点校的《万首唐人绝句》新印本编制。共收唐人绝句10500余首，计有诗句42000多条。索引按诗句句首字的笔画和笔形顺序排列。每一诗句后，注明其在"新印本"中的页数、卷次、诗序（即包含该句的诗歌在卷中的顺序）。附有《笔画检字表》、《汉语拼音索引》。

文句索引的索引单位整齐划一，标目选取密度较小，编制起来比较省时省力，还可以避免索引规模的过分庞大。但由于它只以文句的首字或尾字作标目，查考时的限制性较大。再加上现有的文句索引集中在古籍方面，对于古籍文句，由于理解或诵读习惯的不同，标点断句往往有异，从而导致文句单位选取不同，又在一定程度上给利用文句索引查考出处带来了困难。

三、从关键词入手查文句出处

选择诗词文句中的关键词为线索查考其出处，需要利用关键词索引。

关键词索引是一种标引文句中关键性词语的索引。所谓关键性词语，就是指那些在文句中具有实质意义、能够独立使用的词语，比如像文句中的人名、地名、书名、篇名、官名、历史事件名称、典章制度名称、学科术语等等。关键词索引不像字词索引那样，逢字逢词必须逐一标引，也不像文句索引那样，一句话只标引一个首字或尾字，它是从文句的内容上着眼，选择那些对揭示文句意义有关键性、实质性作用的词语加以标引，索引的单位和标目的设立都有较大的灵活性。例如，《史记》中有这样一段记载：

> 淮阴侯韩信者，淮阴人也。始为布衣时，贫无行，不得推择为吏，又不能治生商贾，常从人寄食饮，人多厌之者。常数从其下乡南昌亭长寄食，

数月，亭长妻患之，乃晨炊蓐食。食时信往，不为具食。信亦知其意，怒，竟绝去。

哈佛燕京学社引得编纂处所编的**史记及注释综合引得**，便是一部关键词索引。该索引在揭示这段记载的出处时，只选择了五个关键词作为标目，列出了如下五个条目：

(1)淮阴人，韩信为，92/1a

(2)淮阴侯

一，韩信为，92/1a

(3)韩信

一为淮阴人 92/1a

(4)吏

一，韩信不得为，92/1a

(5)南昌亭长，韩信寄食，92/1a

每一条均包括标目、注文及出处。如"淮阴人，韩信为，92/1a"一条，"淮阴人"为标目，即编者所选择的关键词，"韩信为"是注文，"92/1a"为出处，表示该句见于《史记》第92卷(《淮阴侯列传》)第1页的a面(上半页)。如果想要查考有关"淮阴侯韩信寄食南昌亭长"的记载见于《史记》何处，从"南昌亭长"这个关键词入手，在此索引中便可得到结果。应该特别注意，因为关键词索引只选择诗词文句中的关键词加以标引，所以，利用它查考，首先必须正确地分析、判断、选择文句中的关键词，这是前提，否则便无法入手查考。《史记及注释综合引得》索引的范围，包括了《史记》原文，以及南朝宋裴骃的《史记集解》，唐司马贞的《史记索隐》，唐张守节的《史记正义》、《史记考证》，(日)泷川龟太郎的《史记会注考证》。

中法汉学研究所所编的13种索引，均为古籍关键词索引(细目见本章后附)。

另外两种重要的查考古籍诗词文句出处的关键词索引是《佩文韵府索引》和《骈字类编索引》。

佩文韵府，清张玉书等编，全书 106 卷，拾遗 106 卷。清康熙四十三年(1704)开始编修，至康熙五十年完成。这部书本来是为当时的一些读书人吟诗作赋、遣词造句时查找词语、典故而编纂的，因此，书中采辑了较多的骈词丽语、诗文典故，而且一般都简单地注明出处。在今天，主要是利用它的这个特点，来查考一些诗文语句、历史典故的出处。

《佩文韵府》本来的编排体例是：按平水韵的 106 韵目汇集、排列单字。每一单字下面，一般都有如下四项内容：(1)简释该单字的音义。(2)列出由该单字所组成的“韵藻”。所谓韵藻，就是以这个单字为词尾的词汇。在每一个这样的词汇后面，都罗列了大量的“用例”，即古书中包含有这个词汇的那些诗文典故。这些“用例”，一般都简单地注明出处。(3)列举“对语”。所谓对语，就是指那些对仗的词汇。(4)辑录“摘句”。即辑录一些以该单字为韵尾的诗句。例如卷 23 下平声“鱼”韵里的“蕖”字：

《佩文韵府》全书单字按平水韵106韵目编排，“韵藻”、“对语”、“摘句”都是齐韵尾的，因此，在查考时，要求按韵入手。但是，今天一般的使用者大都不熟悉或根本不懂古韵，这就无法入手查考了。鉴于此，1937年商务印书馆在影印《佩文韵府》时，附编了四角号码索引，附于全书之后。这个四角号码索引，便是关键词索引。

佩文韵府索引的编排方法是：把《佩文韵府》“韵藻”部分所列的词语，按首字的四角号码顺序加以排列，然后注明该词语在原书中的位置。由于该索引标引的是《佩文韵府》“韵藻”部分所列的词语，所以，利用它查考诗文语句的出处时，便需选取句子当中那些被作为“韵藻”的词汇入手，这实际上就是要选取句子中的关键词。如要查“甘膏滴滴是精诚”一句诗的原始出处，在索引中，可以选取“甘膏”一词入手查，也可以选取“精诚”一词入手查，根据索引指示的页码过渡到《佩文韵府》原文中去，在“甘膏”和“精诚”二词的“用例”中，均可见到这句诗，注明其出处：“李商隐《县宰祈雨诗》”（又作李商隐《县宰祈祷得雨诗》）。

《佩文韵府》和它的索引配合起来使用，可以解决大量的古代诗文典故的出处问题。但《佩文韵府》本身也有明显的缺点。主要是：(1)引用的资料大多是从其他类书中辗转抄袭而来，而且没有经过认真地核对校勘，因此，错误很多；(2)引文的出处，诗句多是仅注作者不注诗题，文句多是仅注书名不注篇名，这实际上并没有彻底、完满地解决出处问题。

骈字类编，清张廷玉等编，240卷。清康熙五十八年(1719)开始编纂，至雍正四年(1726)成书，较《佩文韵府》略晚。和《佩文韵府》一样，《骈字类编》本身，一般认为也是类书，但编排体例和《佩文韵府》有所区别。《佩文韵府》中作为“韵藻”的齐尾词，既有双音词，也有多音词，而《骈字类编》中的立目词语则全部是双音词，故名“骈字”；《佩文韵府》按词尾所属的韵部排列词语，而《骈字类编》则按打头词的意义分类集中词语，故曰“类编”。一般认为此二书是相为表里的姊妹篇。《骈字类编》全书共分13门，即13大类，计有：天地门、时令门、山水门、居处门、珍宝门、数目门、方隅门、采邑门、器物门、草木门、鸟兽门、虫鱼门、人事门。门下又分小类。小类的名称，既是类目名称，又是小类下辑录的双音词的词头。如"天地门"下分天、日、月、星等小类，"天类"下辑录的双音词有天地、天日、天月等等，均是以"天"字为词头的词语；"日类"下辑录的双音词有日月、日星、日辰、日宿等等，均是以"日"字为词头的词语。小类下辑录的这些双音词，一般也按全书13门的类别顺序排列。每一个双音词下，都罗列了许多包含有这一词语在内的诗文语句，并详细注明其作者、书名、篇名等。例如天地门·天类的"天龙"一词（见下页）。

与《佩文韵府》相比，《骈字类编》在引用诗词文句时所注的出处，大都比较明确、具体、详细，诚如《四库全书总目》所说："引书必著其篇名，引诗文必著其原题，或一题而数首者，必著其为第几首，体例更为精密。"这就为我们利用它查考古籍诗词文句出处提供了更大的方便。但是，由于《骈字类编》原书是分类编排的，全书的立目词语达10多万条，同一门类下所收的词语动辄成百上千，直接从原书中查考某一具体词目十分困难，必须借助于索引。

骈字类编索引，何冠义等编，中国书店，1988。该索引将《骈字类编》中的10万多条立目词语按四角号码顺序加以编排，并注明每一词语在原书中的册数、卷数、页数。如：

1043天

00天主 1/4/3a

～童 1/3/4b

～疾 1/5/11b

……

由于索引的标引对象是原书中的立目词语，相对于原书中引用的诗词文句来说，这些词语便可认为是关键词，故《骈字类编索引》属关键词索引。有了这部索引，利用《骈字类编》查考古籍诗词文句出处时，只要先选择关键词，然后查考索引，便可准确迅速地获得该词语在原书中的位置，进而根据索引的指引过渡到原书，就可以查到包含了该词语的诗词文句的原始出处。

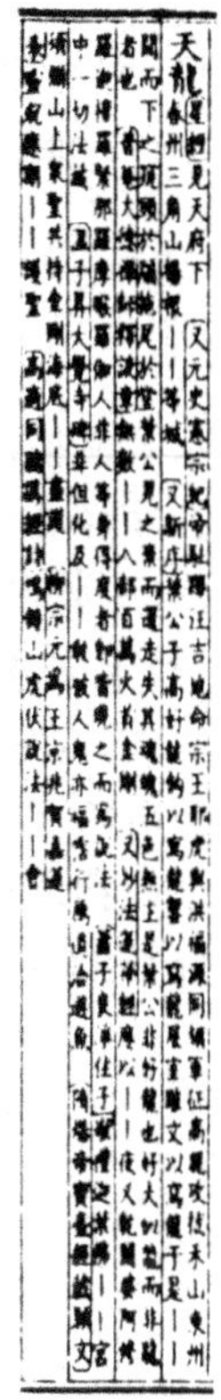

《骈字类编索引》据中国书店 1984 年影印本《骈字类编》编制，也适用于石印本等其他版本。书后附有《首字笔画索引》和《首字音序索引》。

关键词索引对诗词文句的标引有较大的灵活性，它可以根据实际需要选择关键词语，而且由于标引词语的密度较小，可以相对缩小一部索引的篇幅，因此，这种索引形式特别适合于那些大部头的古籍。但是，这种索引要求对关键词语的选择“简而备，疏而不漏”，必须真正按照一般人的检索心理和习惯，把那些具有实质意义的“关键性”词语标引出来，否则，就难以准确、迅速地查考了。

揭示近代以来重要著作中文句出处的关键词索引目前数量很少，有代表性的是**鲁迅著作索引五种**，《鲁迅大辞典》编纂组编，四川人民出版社，1980。这套索引依据人民文学出版社 1957—1958 年版 10 卷本《鲁迅全集》、1958—1959 年版 10 卷本《鲁迅译文集》、1976 年版 2 卷本《鲁迅书信集》和两卷本《鲁迅日记》编制，采用关键词索引的形式，对鲁迅著作的内容作了多层次、多角度的揭示，是目前查考鲁迅著作中文句出处最为详备的索引。全书共包括 5 个分册，即 5 种关键词索引：

(1)书刊分册，以鲁迅著作中明确提到的书刊名称(包括书籍、报刊、诗文、美术、音乐、文物拓片等)为标引对象，注明这些词目在鲁迅各文集中的卷数、页数、行数。对同书异名、写法不同、版本不同等情况，均作了区别与考定，以规范通用名称作主目，其余的为副目，作参见处理。如：

四库全书简明目录

全 7·755·15

（简明目录）

全 6·107·18

索引正文按汉语拼音音序排列，附有中文书名音序检字表、中文书名首字读音待考笔画检字表、中外混写书名首字为汉字者音序检字表、中外混写书名首字为拉丁系统外文者音序表、日文书名检字表、拉丁文系统外文书名音序表、俄文书名音序表。

(2)人名分册（上、下），以鲁迅著作中出现的古今中外人名为标引对象，注明这些人名在鲁迅各种文集中的卷数、页数、行数。共收录人物词目 9742 条，对一人多名、同名异人、简称等情况均作了区分与考定。如：

纪昀

全 6·44·15

全 8·9·3

（纪氏）

全 8·179·17

（纪晓岚）

全 8·175·4

……

索引正文，中国人物居前，外国人物列后。汉字条目按汉语拼音音序排列。附有中国人名词目首字汉语拼音音序检字表、中国人名代称词目字头检字、外国人名中文词目首字汉语拼音音序检字、外国人名外汉文混写词目外文字头检字、外国人名外文拼写词目字头检字。

(3)神话、传说及文学作品中人物分册，以鲁迅著作中出现的神话、传说及文学作品中的人物(包括鬼怪、拟人化人物)为标引对象、注明这些词目在鲁迅各种文集中的卷数、页数、行数。

(4)事件分册,摘要标引鲁迅著作中出现的政治、军事、历史、文化等方面的事件以及有关鲁迅的工作、生活、社会活动方面的事件,注明这些词目在鲁迅各种文集中的卷数、页数、行数。索引正文按事件名称首字的汉语拼音音序排列。

(5)社团分册,以鲁迅著作中出现的社团类词目为标引对象,这类词目大体包括:党、政、文化机关及学校、系科名称;文化社团组织名称;思潮、流派、主张名称;图书馆、阅览室名称;书店、帖店、印刷厂、图书公司名称;文艺展览会名称;宗教及团体名称等,注明这些词目在鲁迅各种文集中的卷数、页数、行数。

查考古今图书中诗词文句的出处,上述三种类型的索引是目前主要的工具书。从总体上看,每一类型的索引都有自身的优点,也都有一定的局限。从发展趋势上来看,这方面的工具书正朝着把多种类型的索引熔于一炉,以便对诗词文句出处进行多角度、多层次揭示的方向发展。特别是电子计算机进入索引编制领域以后,更为编制功能完备、结构复杂、规模较大的索引开辟了广阔的道路。目前,这类索引的数量还不多,常见的有:

史记索引,李晓光、李波主编,中国广播电视出版社,1989。以中华书局点校本《史记》为底本编制,分单字索引、人名索引、地名索引、援引著作索引、专有名词(包括天文词、年号名、神仙名、学派名等)索引、补遗索引、衍文索引7部分。从整体上看,是逐字索引和关键词索引的结合。

文心雕龙索引,朱迎平编,上海古籍出版社,1987。以范文澜《文心雕龙注》中的《文心雕龙》原文为底本编制,并附录原文。全书分为文句索引、人名索引、书名篇名索引、文论语词索引4部分。

唐宋名诗索引,孙公望编,湖南人民出版社,1985。共收录了流传较广的唐宋名诗835首,分句首词索引、诗题索引、主题词关键词索引、作者索引4部分。它和《文心雕龙索引》性质相同，属于文句索引与关键词索引的结合。

利用各种类型的索引查考古今图书中诗词文句的出处时，应该注意：

第一，由于古今图书中的诗词文句不计其数，而揭示其出处的工具书却主要集中在那些重要的图书和作者身上，所以，在查考此类问题时，一方面需要对现有工具书的整体状况有基本的了解，这对大体判别哪些问题可以通过工具书解决，哪些问题目前还无法利用工具书解决极为重要。另一方面，需要对所查考的问题作一些具体分析，从而大致判断查考的基本范围。一般来说，在查考目标、范围不很明确的情况下，应先选择那些收录图书数量较多或所收图书成书较早的索引去查考。采用在范围上由广到狭，在时间上由远及近的方法。如查考文句出处，首先选择《十三经索引》，查考诗词出处，首先选择《佩文韵府》及其索引，等等。这样，往往可以收到事半功倍之效。

第二，揭示诗词文句出处的索引为了避免繁冗，缩小规模，其出处项所注的书名、篇名往往使用代称、简称。如“吾日三省吾身”一句话，在《论语引得》的“吾”字下注为：

〇日三省〇身 1/1/4

在《十三经索引》(重订本)的“吾”字下注为：

吾日三省吾身 论学 4·二四五七中

作为查考结果的表述，应将索引提供的代称、简称还原为全称，否则，一般人便不知其意。一般来说，诗词文句的出处，最基本的应该包括完整、规范的作者名、书名、篇名或卷数(某些尽人熟知的图书，作者名可以省略)。如上述二例，书名、篇名均应还原为《论语·学而第一》。凡在正文中使用简称或代号的索引，均附有全称与简称对照表。

第三，任何一部索引都是根据某一具体版本的图书编制的，因此，任何一部索引所注明的出处，也只是该文句在某一具体版本图书中的出处，与其他不同版本的同种图书的出处不一定吻合，这是由图书版本本身的复杂性所决定的。这一点在古籍图书中表现得尤为突出。为了扩大索引的适用范围，有些索引以一种版本作为编制依据，同时以表格的形式列出其它较为常见的版本在行数、字数上与底本的差异，从而使人们能按一定规律推算出在其他版本上的出处。如《说苑引得》所附的“各版《说苑》页数推算表”(以《四部丛刊》本为标准)：

版本	每页行数	每行字数	每页共计字数	推算数
四部丛刊	18	15	270	1.00
四部备要	26	19	494	0.55
崇文子书百家	24	24	576	0.47
崇文单行本	24	24	576	0.47
(下略)				

《说苑引得》以《四部丛刊》本为依据编制，同时列出了其他 12 种常见版本在行数、字数上与《四部丛刊》本的差异。如用该索引查到了某句话在《四部丛刊》本《说苑》中的出处，而欲推算其在其它版本的《说苑》中的准确出处，只要用查得的页数乘以其他版本的“推算数”即可。哈佛燕京学社引得编纂处所编的古籍索引中，有许多都采用了这种办法，扩大了索引的功能，为使用者提供了方便。

哈佛燕京学社引得编纂处自 1930 年至 1950 年共编索引 64 种，其中仅有索引，不附原文的，称为“正刊”，计 41 种。附有原书标校全文的索引，称为“引得特刊”，计 23 种。中法汉学研究所(后称“巴黎大学北平汉学研究所”)自 1943 年至 1950 年，共编制古籍索

引13种。这些索引,近年陆续重印。现综录于下:

一、哈佛燕京学社"引得正刊"

1. 说苑引得 1931.
2. 白虎通引得 1931.
3. 考古质疑引得 1931.
4. 历代同姓名录引得 1931.
5. 崔东壁遗书引得 1937.
6. 仪礼引得附郑注引书及贾疏引得 1932.
7. 四库全书总目及未收书目引得 1932.
8. 全上古三代秦汉三国六朝文作者引得 1932.
9. 三十三种清代传记综合引得 1932.
10. 艺文志二十种综合引得 1933.
11. 佛藏子目引得 1933.
12. 世说新语引得附刘注引书引得 1933.
13. 容斋随笔五集综合引得 1933.
14. 苏氏演义引得 1933.
15. 太平广记篇目及引书引得 1934.
16. 新唐书宰相世系表引得 1934.
17. 水经注引得 1934.
18. 唐诗纪事著者引得 1934.
19. 宋诗纪事著者引得 1934.
20. 元诗纪事著者引得 1934.
21. 清代书画家字号引得 1934.
22. 刊误引得 1934.
23. 太平御览引得 1935.
24. 八十九种明代传记综合引得 1935.
25. 道藏子目引得 1935.
26. 文选注引书引得 1935.
27. 礼记引得 1937.
28. 藏书纪事诗引得 1937.
29. 春秋经传注疏引书引得 1937.

30. 礼记注疏引书引得 1937.

31. 毛诗注疏引书引得 1937.

32. 食货志十五种综合引得 1938.

33. 三国志及裴注综合引得 1938.

34. 四十七种宋代传记综合引得 1939.

35. 辽金元传记三十种综合引得 1940.

36. 汉书及补注综合引得 1940.

37. 周礼引得附注疏引书引得 1940.

38. 尔雅注疏引书引得 1941.

39. 全汉三国晋南北朝诗作者引得 1941.

40. 史记及注释综合引得 1947.

41. 后汉书及注释综合引得 1949.

二、哈佛燕京学社“引得特刊”

1. 读史年表附引得 1931.

2. 诸史然疑校订附引得 1932.

3. 明代敕撰书考附引得 1932.

4. 引得说附引得 1932.

5. 勺园图录考附引得 1933.

6. 日本期刊三十八种东方学论文篇目引得 1933.

7. 封氏闻见记校证引得 1933.

8. 清画传辑佚三种附引得 1934.

9. 毛诗引得 1934.

10. 周易引得 1935.

11. 春秋经传引得 1937.

12. 琬琰集删存并引得 1938.

13. 日本期刊一百七十五种东方学论文篇目附引得 1940.

14. 杜诗引得 1940.

15. 六艺之一录目录附引得 1940.

16. 论语引得 1940.

17. 孟子引得 1941.

18. 尔雅引得 1941.

19. 增校清朝进士题名碑录附引得 1941.

20. 庄子引得 1947.

21. 墨子引得 1948.

22. 荀子引得 1950.

23. 孝经引得 1950.

三、中法汉学研究所"通检"

1. 论衡通检 1943.

2. 吕氏春秋通检 1943.

3. 风俗通义通检 1943.

4. 春秋繁露通检 1944.

5. 淮南子通检 1944.

6. 潜夫论通检 1945.

7. 新序通检 1946.

8. 申鉴通检 1947.

9. 山海经通检 1948.

10. 战国策通检 1948.

11. 大金国志通检 1949.

12. 契丹国志通检 1949.

13. 辍耕录通检 1950.

第五章　查考报刊论文

报刊是报纸与期刊的总称。我国最早的报纸起源于邸报。邸报是封建宫廷用以发布皇帝的谕旨、臣僚奏议等官方文书与政治消息的报纸，由地方政府派驻京师的邸吏负责传发。在古代文献中，邸报也称为邸钞、阁钞、朝报、杂报、条报、状报或京报。唐末孙可之在《经纬集》中所写的《开元杂报》，是有关邸报最早的记载。而在伦敦发现的敦煌邸报，即本世纪初由斯坦因劫走、现藏不列颠博物院的敦煌卷子中的《进奏院状》，则是我国现存最早的古代报纸，其时间是唐僖宗光启三年(887 年)。近代的中文报刊在我国的出现，是与外国教会和传教士的活动分不开的。1815 年 8 月 5 日英国伦敦布道会传教士马礼逊和米怜，在马来亚的马六甲主编并出版了《察世俗每月统纪传》。1833 年德国传教士郭实腊在广州创办的《东西洋考每月统纪传》，是我国境内最早出版的中文近代化报刊，而 1873 年武汉出版的《昭文新报》、1874 年王韬在香港创办的《循环日报》，则是中国人最早自办的近代化报刊。

随着社会的发展，我国报刊也在不断地发生着巨大变化。目前，我国社会主义报刊事业空前繁荣。据《中国百科年鉴(1988)》所载，1987 年全国报纸出版发行总计 2059 种，其中日报 255 种。全国杂志 5687 种，其中哲学社会科学 1130 种、自然科学技术 2877 种。海外华文报刊自 1874 年《旧金山唐人街新闻报》在美国问世以来，虽然此生彼灭，低潮、高潮交替，但总体仍呈发展趋势。据 1988 年 12 月 26 日《人民日报》海外版载《海外华文期刊巡礼》一文统计，1988 年有华侨报纸 125 家，分布在 25 个国家和地区，其中 86 家集中在华侨聚居的东南亚地区，占百分之七十。至 1987 年初，海外华文报刊，增至369家，其中日报88家，这对维系中华民族传统和弘扬中华文化有着重要的作用。

第一节　查考报刊论文资料

一个时期出版的报刊，是研究这个时期政治、经济、文化、思想的重要资料来源。要检索中文报刊论文资料，可注意利用报刊索引一类的工具书。

一、一般报刊资料

查找我国近代期刊资料可用**中国近代期刊篇目汇录**，上海图书馆编，上海人民出版社，1965—1985。全书分3卷：第1卷，1857—1899年；第2卷，1900—1911；第3卷，1912—1918年。收录了1857至1918年出版的比较重要的、侧重于哲学社会科学方面的中文期刊495种。每种期刊都有简要的说明与介绍，注明收入卷期、创刊与停刊时间，出版地点、刊期、编纂者、发行者与期刊性质，并按每种期刊的卷期(注明收藏单位代号)，分别汇录全部篇目。

辛亥革命时期期刊总目，上海图书馆，1961。本书只收录辛亥革命时期我国留日青年在东京编辑出版的20种期刊，分别注明每种期刊刊名、编者，并按收入的卷期及出版起讫年月，逐期抄录篇目。书后附作者索引，笔名亦注明。

中国近代出版史料，初编、二编，张静庐辑注，群联出版社，1953—1954，刊载了《辛亥革命杂志录》(张于英编)、《辛亥前海内外革命书报一览》(冯自由编)与《民国初期的重要报刊》(戈公振编)，从中又可扩大检索辛亥革命时期报刊资料的线索。尤其是《辛亥革命杂志录》一文，对《辛亥革命时期期刊总目》中收录的《醒狮》、《汉帜》、《国民报》、《游学译编》、《浙江潮》、《江苏》、《河南》、《四川》、《洞庭波》等期刊，均有简略介绍。

五四运动时期期刊较多，查找其中有影响的期刊资料，可利用

五四时期期刊介绍（中共中央马克思、恩格斯、列宁、斯大林著作编译局研究室编，人民出版社，1958—1959，1980年重印）。本书分3集，收录与介绍五四时期期刊157种。第1集21种、第2集70种、第3集66种。每集分为两部分：第一部分详细评介每种期刊内容，并对期刊的编辑出版者、出版期数、创刊与停刊时期作了考订；第二部分是附录，其中包括所介绍期刊的发刊词、宣言，并逐期抄录篇目，为检索五四时期期刊资料，提供了线索。

查找二十世纪二十年代的期刊资料，可用**中文杂志索引**（岭南大学图书馆编印）。该索引编于1935年，只出了第1集上、下卷。书中收录清末至1929年冬出版的105种杂志上刊载的论文资料，按标题编排。

查找三十年代至四十年代的报刊资料，可用《最近杂志要目索引》、《期刊索引》与《日报索引》。

最近杂志要目索引，上海《人文》编辑部编，创刊于1930年2月，附在《人文》杂志后，按期编辑刊出杂志要目。每期收录报刊种数不一，最多收到500种。从1935年6卷6期开始，又增收7种报纸的重要文章篇目。抗日战争爆发后，出至8卷，于1937年年底休刊。1947年春复刊，1949年5月再度休刊。后又复刊，出至新3卷1期停刊。索引按类编排。

期刊索引，南京中山文化教育馆编，中国图书服务社出版，创刊于1933年11月，月刊。此索引正式出版前，曾有4期附于《时事类编》之后；正式出版后，每年出版2卷，每卷6期。初收杂志200余种，从1卷3期起增收报纸，最多收录报刊500余种。由于当时征集报刊没有保证，同一杂志卷期时断时续，常有遗漏。从3卷1期起，另编《日报索引》。此索引不再收报纸资料。1937年底出至8卷4期停刊。索引按类编排，后附著者索引；也有按篇目、著者、标题混合编排的。

日报索引，南京中山文化教育馆编。1934年5月创刊，1937年

7月停刊，共出了7卷。1至6卷每卷6期，第7卷只出了2期。本书收录当时有影响的日报10余种，如《申报》、《大公报》、《时事新报》、《中央日报》、《北平晨报》、《武汉日报》、《广州民国日报》、《香港工商日报》等。书后附《分类索引》与《著者索引》。

查建国前的报刊资料，还要注意利用出版时间长而有影响的单种期刊总目，主要有《东方杂志总目》、《国闻周报总目》与《新中华总目》。

东方杂志总目，三联书店，1957。《东方杂志》是旧中国出版历史最久的一部大型综合性刊物，1904年3月创刊于上海。杂志社曾迁至长沙、香港、重庆，1947年1月返沪。本杂志16卷前是月刊，17卷起改为半月刊。徐珂、杜亚泉、陶惺存、钱智修、胡愈之(化鲁)等先后任主编。初为文摘刊物，自1910年起刊载论文或译文。1932年、1937年、1941年三次停刊，1948年12月终刊，共出44卷。《东方杂志总目》按卷期次序照录44卷全部篇目。50卷的全部论文资料，亦可查《重印东方杂志全部旧刊索引》(王云五主编，台湾商务印书馆股份有限公司1976年发行)

国闻周报总目，三联书店，1957。《国闻周报》资料比较丰富，1924年8月创刊，1937年12月停刊，共出14卷。《国闻周报总目》按卷期次序照录14卷全部篇目，注明著译者及刊载卷期。

新中华总目，三联书店，1957。《新中华》在旧中国有一定影响，1933年1月创刊，1949年5停刊，共出42卷。《新中华总目》按卷期次序照录42卷全部篇目，注明著译者及刊载卷期。

查建国前党报、党刊、革命报刊上的论文资料，从一般报刊资料索引中是查不到的，这必须从另一些索引中去查找。主要有：

十九种影印革命期刊索引，人民日报出版社，1959。从本书中可查到由人民出版社影印《新青年》(月刊，1915年9月至1922年7月)、《每周评论》、《共产党》、《先驱》、《向导》、《新青年》(季刊，1923年6月至1924年12月)、《前锋》、《中国工人》(1924年10月至1925年5月)、《新青年》(1925年4月至1926年7月)、《政治周报》、《农民运动》、《布尔什维克》、《无产青年》、《中国工人》(1928年12月至1929年5月)、《实话》、《群众》、《八路军军政杂志》、《中国青年》、《中国工人》(1940年2月至1941年3月)等19种革命期刊上登载的论文资料。书后附个人作者、译者索引,按姓氏笔画排列。

二十六种影印革命期刊索引,中国革命博物馆资料室编,人民出版社,1988。从本书中又可查到由人民出版社等单位影印出版的《星期评论》、《少年中国》、《新社会》、《北京大学学生周刊》、《秦钟》、《觉悟》、《劳动界》、《上海伙友》、《共进》、《新时代》、《中国青年》、《政治生活》、《中国军人》、《战士》、《中国农民》、《犁头》、《人民周刊》、《劳动》、《全总通讯》、《红旗周报》、《斗争》、《苏区工人》、《解放》、《中国妇女》、《共产党人》、《中国文化》等26种革命期刊的全部篇目。书中编有篇名分类索引和著、译者姓氏笔画查字表。

除上述两种索引外,还可补充查找**新民主主义革命时期影印革命期刊索引**(抗日战争时期),中共中央党校图书馆编,中共中央党校出版社,1987。该索引收录的革命期刊有9种,其中《文艺突击》是上述两种索引所未收的。这三种索引为比较全面系统地查找新民主主义革命时期中国共产党、共青团、军队、工会等政治组织的机关刊物上的革命文献和资料,提供了方便。

《新中华报索引》(1939年2月7日—1941年5月15日)

《解放日报索引》(1941年5月—1947年3月)

《(晋冀鲁豫)人民日报索引》(1946年5月15日—1948年6月14日)

人民日报索引(1948年下半年本、1949年本、1950年本)

上述四种索引,均为人民日报图书馆编辑,人民出版社1956年、1961年出版。

《新中华报》的前身为《红色中华》,1931年12月创刊于瑞金。

1937年1月29日改名为《新中华报》，在延安出版，不久就成为中国共产党中央委员会机关报。1941年5月15日终刊，与延安《今日新闻》合并为《解放日报》，至1947年3月27日停刊。《(晋冀鲁豫)人民日报》，系中国共产党晋冀鲁豫边区中央局机关报，先后在河北邯郸、武安出版，创刊于1946年5月15日，1948年6月14日停刊。同年6年15日与《晋察冀日报》合并为《人民日报》，成为华北局机关报。不久，改为党中央机关报。这些党报在五六十年代出版过影印本。上述四种索引，都是为了配合影印本的出版而编制的。每种索引按分类编排，除《解放日报索引》外，后均附“人名索引”，包括个人作者、译者、文章篇名与消息报道标题中的人名，或按汉语拼音字母，或按姓氏笔画排列。

《新华日报》1938年1月11日创刊于汉口，是中国共产党在国民统治区公开出版的报纸。后迁往重庆，至1947年2月28日被迫停刊。1963年北京图书馆影印刊行，并编**新华日报索引**，体例同上。

查建国初期的报刊资料，可查《报章杂志参考资料索引》(江苏省立教育学院研究部资料室编印，创刊于1949年10月，半月刊)。1950年6月停刊。另外可补查人民日报图书资料组编印的《1950年全国期刊重要资料索引》，以及山东省图书馆编印的《全国主要期刊重要资料索引》。后者创刊于1951年4月，季刊，1955年6月停刊。

查五十年代中期至六十年代中期的报刊资料。可用**全国主要报刊资料索引**(上海图书馆编辑出版)。该索引初名《全国主要期刊资料索引》，创刊于1955年3月，原由上海市报刊图书馆编印，双月刊。1956年7月改为月刊，公开发行。1959年分为“哲学、社会科学”和“自然、技术科学”两册发行。1966年10月停刊，1973年10月复刊，改名为《全国报刊索引》。因此六十年代中后期至七十年代前期，除少数日报索引，如《人民日报索引》等可查外，几乎无报刊资料索引可用。山东师范学院政史系曾编印《教学参考资料索引》,共14册。收录1966年6月至1974年国内主要报刊上发表的文章篇目,虽有缺漏,却补充了这一期间报刊索引的空白。

查当前正在发行报刊上的论文资料,可用**全国报刊索引**,上海图书馆编辑出版,月刊。此索引取材于约5千种左右国内公开发行的全国性、专业性、省、市、自治区报刊以及部分地方性、内部报刊。从1980年起,索引分哲社版与科技版两册发行。报刊资料按自编的《全国报刊资料分类表》21大类编排,与《中国图书馆图书分类法》类表基本相同,具体类目作了增删合并与调整。本索引覆盖报刊面广,及时向读者提供了国内外社会政治、经济、学术研究与科技进展的信息。

复印报刊资料索引亦可用于查阅当前正在发行的报刊资料,由中国人民大学书报资料中心编印,发行全国。《复印报刊资料》是从国内1700多种报刊上选材,按哲学、社会科学与实际业务工作门类汇编成99个专题,全文影印按期出版,具有集中系统、连续的特点。专题名称如下:

	刊期
马克思主义、列宁主义研究	月
毛泽东思想研究	双月
哲学原理	月
自然辩证法	月
逻辑	月
心理学	月
中国哲学史	月
外国哲学与哲学史	月
美学	月
伦理学	月
无神论、宗教	双月
社会科学总论	季

社会学	双月
人口学	双月
新技术革命问题及对策研究	双月
新兴学科	季
科学社会主义	月
中国共产党	月
国际共产主义运动	双月
中国政治	月
法学	月
经济法	双月
中国共产主义青年团	双月
工人组织与活动	双月
妇女组织与活动	双月
中国少数民族	月
中国外交	月
外国政治、国际关系	月
国际组织与会议	月
政治经济学(总论部分)	月
政治经济学(前资本、资本主义部分)	双月
政治经济学(社会主义部分)	月
特区与开放城市经济	月
国民经济计划与管理	月
财务与会计	月
劳动经济与人事管理	月
物资经济	双月
统计学经济数学方法	双月
城市经济	双月
新兴经济学科	半年
农业经济	月
畜牧业经济水产经济	季
农村企业管理	月

工业经济	月
工业企业管理	月
交通运输经济	月
商业经济商业企业管理	月
外贸经济、国际贸易	双月
财政、金融	月
经济史	月
世界经济	月
旅游经济	双月
文化研究	双月
教育学	月
思想政治教育	月
中小学教育	月
中小学学校管理	季
中等职业技术教育	双月
中学语文教学	月
中学历史教学	双月
中学地理教学	双月
中学数学教学	月
中学物理教学	双月
中学化学教学	双月
中学其他各科教学	双月
小学各科教学	双月
高等教育	月
职工教育与其他类型教育	双月
幼儿教育	月
家庭教育	半年
新闻学	季
档案学	季
体育	月
图书馆学、情报学、资料工作	月

语言文字学	月
文艺理论	月
中国古代、近代文学研究	月
《红楼梦》研究	季
中国现代、当代文学研究	月
中国现代著名作家研究	年
鲁迅研究	季
外国文学研究	月
戏剧研究	月
戏曲研究	月
音乐、舞蹈研究	月
造型艺术研究	月
电影、电视艺术研究	月
历史学	月
先秦、秦汉史	月
魏晋南北朝隋唐史	月
宋辽金元史	双月
明清史	月
中国近代史	月
中国现代史	月
世界史	月
中国地理	月
世界地理	双月
科技管理与成就	月
出版工作图书评介	月

复印报刊资料索引是全年报刊资料的检索工具，分 8 册：

第一分册（经典、哲学、社科总论类）

第二分册（政治类）

第三分册（经济类）

第四分册（文化教育类）

第五分册（语言文艺类）

第六分册(史地类)

第七分册(科技出版类)

第八分册(著者索引类)

《全国报刊索引》与《复印报刊资料索引》虽都收录一些内部刊物,但种数有限。查内部刊物上的论文资料,可用**内部资料索引**(上海社会科学院图书馆编,双月刊)。此索引收录29个省、市、自治区内部交流与内部发行的社会科学刊物五、六百种,分哲学、政治、法律、经济、文学、社会学、历史(含党史)和文化教育等类。

查报刊所载要目,比较迅速的是查《新华月报总目录》与《新华文摘》及其所附《报刊文章篇目辑览》。

新华月报系选辑全国报刊重要文章的综合性刊物。主要刊登党和政府的重要文件、领导人的重要讲话和文章,国内外重大事件始末的报道,中央各地报刊的重要社论,以及阐述党和政府方针政策的重要文章、经验总结、调查报告和其他资料,保存了重要文献。**新华月报总目录**由新华月报社1963年编辑出版。书中著录了《新华月报》第1——194期(1949年11月至1960年12月)各期上的篇目,分上、下两编,按类编排。

新华文摘集国内报刊之精萃,每期附《报刊文章要目辑览》,所收文章较精,包括政治、经济、哲学、科学、文化教育、历史、文学等七个方面。从中可查到当前发表在国内主要报刊上较有学术水平或参考价值的论文资料。

此外,**红旗杂志索引**(1958——1978)亦可查阅。该索引由北京大学图书馆1979年编印,收录《红旗》第1期至328期、增刊3期上发表的文章3200多篇,分上、下编,2册。上编为分类索引和总目录;下编为著者索引,按姓氏的汉语拼音字母顺序排列,并附《笔画检字表》。

各种日报索引,每月出版的《人民日报索引》、《光明日报索引》、《文汇报索引》等,也是检索报纸资料常用的工具。

二、学术报刊论文

查学术报刊论文资料，除查阅上述几种报刊资料索引外，尤其要注意利用**中国社会科学文献题录**。参加选题与编辑的单位有29个省、市、自治区社会科学院情报研究所或图书馆。《题录》主要搜集全国社会科学期刊（公开或内部）上发表的具有学术性、理论性、信息性的论文及对社会科学研究有参考价值的资料，为全国社会科学研究机构、科研及教学人员提供学术情报。《题录》分月刊、双月刊、季刊三种，八个分册：《马克思主义·哲学》、《社会科学总论》（含：人口学、社会学）、《政治·法律》、《经济》、《文化·科学·教育》（含：图书馆学、情报学）、《文学、艺术》、《历史、考古》、《语言》。每分册每期约收题录2000条，采用《中国图书馆图书分类法》A至K大类的类号和类名，各大类下属类目则按文献题录的特点设置。1986年起，《题录》不分册，每期分学科收录文献，定为双月刊。

高等院校编辑出版的社会科学学报，及时地反映了各校学术研究成果与学科发展动态。吉林大学社会科学学报编辑部编辑出版的**全国高等院校社会科学学报（年度）总目录**，是查找学术论文不可不加以利用的检索工具。已出版1906—1949、1950—1966年两本，从1980年起，每年出版一本。各本所收学报种数不等。按学科分类编排。检索论文时，凡属跨学科的论文，按其主要内容，到相应的学科去查找。

为了了解高等院校社会科学学报所载论文内容，可经常查阅**高等学校文科学报文摘**，上海师范大学刊行，创刊于1984年，季刊。此文摘集各高等院校文科学报之精华，推荐学术论文，传递学术信息，综述学术观点，提供学术资料，有助于吸收学术成果，促进学术研究。

如果要从更广的范围了解社会科学论文的内容，则可查阅**社会科学文摘**，河南省社会科学院情报研究所编，全国发行。该文摘设有经济、哲学、史学、文学、语言、教育、法学、社会学、人口学和科学社会主义，以及“学术动态”、“新学科”、“新书林”、治学之道”、“学苑轶事”等栏目，汇集社会科学研究的最新成果，传递学术研究方面的新观点、新动向、新问题和新资料。

查国外社会科学论文，可利用**国外社会科学论文索引**(中国社会科学院情报研究所编，中国社会科学出版社出版，双月刊)。本索引收录刊物的文种较多，学科有哲学、经济、文学、历史、社会学、政治、法律、教育、语言，以及科学学、未来学等边缘学科。各种观点的论文均可从中查到，便于了解国外哲学、社会科学方面的各种新思潮。同时亦可查阅上海社会科学院情报研究所《文摘》杂志编辑部编印的《现代国外哲学社会科学文摘》。

三、台、港、澳、海外报刊资料

查台港报刊资料，可注意查阅北京图书馆文献信息服务中心剪辑影印的**台港及海外中文报刊资料专辑**及其编辑的《专辑》题录索引(书目文献出版社出版)。《专辑》侧重选编 1985 至 1986 年约 500 种台港及海外中文报刊中的学术论文以及可作为学术研究素材的动态资料。分为 1985 年、1986 年与特辑三部分发行。每部分又分若干专题，专题范围包括：哲学、社会学、经济学、政治学、法律学、军事学、语言学、文学、艺术、教育、历史、地理、科学技术等各种学科。为了便于读者迅速检索《专辑》资料，又编辑了 1985 年与 1986 年两本**台港及海外中文报刊资料专辑题录索引**。1985 本索引，收条目 3500 条，包括 1985 年《专辑》出版的 26 个专题、119 个分册的全部篇目。1986 年本索引，收条目约 1 万条，包括 1986 年《专辑》出版的 56 个专题、316 个分册的全部篇目。两本索引均按学科编排，后附篇名和著译者音序索引。

从上海国际问题研究中心、上海图书馆等单位主办的**中外报刊选摘**(半月刊)中亦可获得从数百种港、澳、台以及世界各国报刊中精选出大量有价值的信息情报。该刊内容丰富多彩，辟有海外看上海、政治动态、改革信息、经济瞭望、文化纵观、科技集锦、城建战略、国际掠影、社会视野、贸易往来、人物春秋等栏目。

还可查考台北国防研究院图书馆编辑印行的《中文杂志论文索引》、台北政治大学社会科学资料中心编辑印行的《中文报纸论文分类索引》。

第二节 查考报刊专题文献

查找论文，从一般报刊资料索引中去检索，这是常用的办法，但颇为费时；如能利用专题文献索引，则会事半功倍。特别是需要系统地查找某一专题文献时，使用专题文献索引更为方便。

本节介绍检索各科文献比较常用的专题文献索引。

一、哲学

查找哲学论文可用**中国哲学论文索引**(1900—1980)，南开大学图书馆、哲学系1980年编印。本书按收录论文年限分为四册：第一册1900—1947；第二册1949—1966；第三册1967—1976；第四册1977—1980；另收录台湾发表论文编为第五册：台湾1950—1970。**哲学论文索引**(1980—1985)，中国社会科学院哲学研究所资料室编，见于1982—1986年《中国哲学年鉴》每本附录。该索引收录总论、辩证唯物主义、历史唯物主义、自然辩证法、中国哲学史、外国哲学、逻辑学、伦理学、美学、心理学、无神论、宗教等十二方面的论文。**全国报刊主要哲学论文索刊**，附于《国内哲学动态》刊物之后，从1979年起每月一期。1980年起改名为《全国报刊部分哲学论文目录索引》。**建国以来哲学问题讨论综述**，艾众、李唤编，吉林人民出版社，1983。分6部分62个专题分别综述各专题的学术讨论概况，有些专题后编有参考文章索引。**中国哲学史论文索引**，方克立等编，中华书局，1986。按收录论文年限分为四册：第一册1900—1949；第二册：1950—1966；第三册1967—1976；第四册1977—1984；另附编台港1950—1980年发表的论文。

查找美学论文可查《我国现代美学论文要目》(1918—1949.9)(浮石辑)、《我国当代美学译文要目(1949—1981.6)》(陈文良辑)、《美学论文要目(1949—1981.6)》(郭兰芳辑),均见于《美学向导》,北京大学出版社,1982。

二、史学

查找中国史学论文,可用**中国史学论文索引**。全书分为两编,每编又分两册。第一编,中国科学院历史研究所第一、二所、北京大学历史系合编,科学出版社,1957。第二编,中国科学院历史研究所资料室编,中华书局,1979。两编分别收录清末至抗战前与抗战至建国前国内1960余种期刊上所发表的史学论文篇目6万余条,均按类编排。每编上册专载有关历史科学的论文,下册专载各种学科历史的论文,覆盖学科面较广。第一编还附以人名、地名、朝代名、书名、物名、族名及重要历史事件名称为标目组织起来的辅助索引,这样就可从类、主题两个角度查到所需要的史学论文。

查找中国古代史论文,可用**中国古代史论文资料索引**,复旦大学历史系资料室编,上海人民出版社,1985。此索引分上、下两册,收录1949年10月至1979年9月国内报刊上发表的中国古代史论文资料共3万余条。

查找中国断代史论文,可用的索引主要有:

战国秦汉史论文索引,张传玺等编,北京大学出版社,1983。此索引收录1900年至1980年国内1240种中文报刊上的战国秦汉史论文篇目1万余条,并录港台报刊上的有关论文篇目,收录范围广,内容涉及考古、文物方面的资料。

魏晋南北朝史论文索引,武汉大学图书馆1982年编印,分上、中、下三册。此索引以收录1900年至1981年底公开发行或国内刊物上发表的研究魏晋南北朝史的专著及论文为主,酌收了一些内部印行的国外中文报刊上的有关论文,还兼收日文资料1000条。

隋唐五代史论著目录,中国社会科学院历史研究所隋唐史研究室编，江苏古籍出版社，1985。本书收录中国、日本自1900年至1981年所发表的隋唐五代史论文与著作。

宋史研究论文与书籍目录(增订本)，宋　编，台湾省中国文化大学出版社，1983。本书收录1905年至1981年发表的宋史论文与专著，其中所收台湾、香港学人所发表的论著较多。

辽史研究论文专著索引，辽宁社会科学院历史研究所，1982。本书收录清末至1981年国内外正式发表的辽史专著与论文，港台与国外论著中有译文的，亦予收入。

中国近八十年明史研究论著目录，中国社会科学院历史研究所明史研究室编，江苏人民出版社，1981。本书收录1900年至1978年国内所发表的有关明史的论文与著作，全书收论文9400篇、著作600部。

清史论文索引，中国社会科学院清史研究室、中国人民大学清史研究所合编，中华书局，1984。本书收录1903年至1981年6月我国报刊、论文集中发表的有关鸦片战争前的清史论文、史料篇目24000条左右，其中包括1949年10月以后港台发表的论文篇目。

查找中国近代史论文，可用**中国近代史论文资料索引**，徐立亭、熊炜编，中华书局，1983。本书收录1949年10月至1979年12月国内出版的主要报刊上发表的论文篇目。同时可参考**中国近代史论著目录**，复旦大学历史系资料室编，上海人民出版社，1980。本书主要收录1949年至1979年全国报刊与80多种论文集中的论文资料篇目，仅报刊论文就有1万余条，并著录有关中国近代史的著作1200余种。

这里应特别介绍一下**史学论文索引**，北京师范大学历史系资料室1982年编印。书中收录1979年至1981年的报刊论文篇目2万余条。所收录论文时限，中国古代史部分与《中国古代史论文资料索引》、中国近代史部分与《中国近代史论著目录》相衔接，很有实用价值。

查找中国现代史论文，可用**中国现代史论文著作目录索引**，荣天琳主编，北京大学出版社，1986、1990。全书两册，分别收录1949—1981年、1982—1987年国内发表和出版的有关从五四运动到中华人民共和国建立这一历史时期的论文、著作和史料共约六万余条目。涉及国内各报刊、丛刊、专刊、研究资料、文史资料、革命史资料、地方史资料等一千余种。不论观点，尽量收录无遗。分为四编：第一编为概述论文，包括史学理论、政治史、社会史、经济史、文化教育史、军事史、中外关系史、民族史、地方史、华侨史等专门史及书评、史料、年表等。第二编为分期史论文，按五四运动和第一次国内革命战争时期、第二次国内革命战争时期、抗日战争时期和解放战争时期四个历史时期编排。第三编为历史人物论文及史料，包括各方面的人物1200余人，按列传与合传两部分编纂。第四编为历史著作，分史学理论、分期史和历史人物研究三部分。这是迄今为止收录有关中国现代史论文著作最完备的一部工具书。亦可参考**中国现代史论文书目索引**(1949.10—1984.12)，李光一主编，河南大学出版社，1986。甲编为论文索引，乙编为著作书目，按专题与历史时期结合分类编排。此外还可参考**五十二种文史资料篇目分类索引**，复旦大学历史系资料室编，复旦大学出版社，1983。《文史资料选辑》是全国政协、各省市自治区政协、民盟北京市委与天津市委文史资料研究委员会编辑的，资料的撰写人都是近代现代历史事件的参与者或目击者，因此具有较大的史料价值。这部索引就是供查找1982年前上述单位所编五十二种《文史资料选辑》使用的。

查找边疆史地论文，可查的有**清代边疆史地论著索引**，中国人民大学清史研究所、中国社会科学院中国边疆史地研究中心编，中国人民大学出版社，1988。收录1900—1986年发表或出版的清代边疆史地论文8000余条、著作1200余种。涉及的地区限于云南、广西、台湾、海南岛以及东南海疆地区。论著按总论、政治、自然地理、历史地理、经济、科技文化、宗教、社会风俗、民族与民族关系、军事、对外关系、人物、书评、书目及资料十四类编排。

查找华侨史论文，可用**华侨史论文资料索引**，中山大学东南亚历史研究所、图书馆合编，1981 年印行。本书收录 1895 年至 1980 年间 365 种中文期刊上所发表的有关华侨问题的论文、译文、资料篇目。后附《华侨问题书目》、《英文期刊论文索引》。

查找中国古代科技史可用**中国古代科技史论文索引**，严敦杰主编，江苏科学技术出版社，1986。收录 1900—1982 年间发表的有关古代科技史论文。

查找世界史论文可用：

世界通史论文资料索引（上册），复旦大学资料室等编，复旦大学出版社，1987。本书收录 1949—1984 年间发表的有关世界史总论、世界古代史、中世纪史方面的论文资料篇目。

世界近代史论文资料索引，杭州大学历史系世界史教研组 1973 年编印。本书收录 1949 年 10 月至 1972 年 12 月全国报刊上发表的世界近代史论文资料篇目。

世界现代史报刊论文资料索引华东师范大学历史系资料室 1982 年编印。本书收录 1949 年至 1981 年发表于 300 多种报刊上有关世界现代史方面的论文篇目 16000 余条。

三、语言、文学

查找语言学论文，可用**中国语言学论文索引**。该书由中国科学院语言研究所编，分甲、乙编两册。甲编由科学出版社于 1965 年出版，收录 1900 年至 1949 年全国报刊、论文集中的语言学论文 5000 余篇。乙编由商务印书馆 1983 年出版增订本，收录 1950 年至 1980 年全国报刊、论文集中语言学论文 12000 余编。甲、乙编均按语言与语言学、汉语、少数民族语言三大类编排。附著者姓名索引。亦可参考**语文教学篇目索引**，《中国语文》编辑部编，上海教育出版社，1982。本书收录 1950—1980 年报刊上所发表的语文教学论文约10000篇。

查找中国文学研究论文，主要利用：

文学论文索引，陈璧如等编，中华图书馆协会1932年至1936年印行。本书分初编、续编、三编三册，收录1905年至1935年国内575种报刊上发表的中外文学论文。

三十年代中国文艺杂志总目录索引，卫金蒙编，香港突破书屋，1971。同时可参考**主要左翼文艺刊物目录索引**，收录45种期刊的全部篇目。此索引附录在《三十年代左翼文艺资料选编》，马良麦等编，四川人民出版社，1980。

抗战文艺报刊篇目汇编，王大明等编，四川省社会科学院出版社，1984。本书主要收录1937年至1945年出版的近60种文艺期刊与报纸副刊上发表的文章篇目，兼收抗战前与胜利后出版的文艺报刊上的篇目，其中大部分属于进步的报刊。

主要文学期刊目录索引，山东师范学院中文系编，1962年刊行。本书简介1937—1949年间出版的30种重要文学期刊，并抄录全部篇目。

全国报刊文学论文索引，中国科学院文学研究所图书资料室编，人民文学出版社，1965。本书以收录1960年至1965年报刊上的文学论文为主，酌收重要动态与资料，引用报刊288种，收录篇目4556条。其《续编》由中国人民大学书报资料社于1982年出版，收录1977年至1979年各省、市、自治区报刊与文学丛刊、辑刊、集刊上发表的论文资料。

查找中国古典文学论文，可用**中国古典文学研究论文索引**，中山大学中文系资料室编，广西人民出版社，1984。本书收录1949年至1980年全国报刊、高校学报、集刊上发表的中国古典文学研究的论文、资料篇目，酌收港台文学杂志上的论文资料篇目。所收论文兼及音韵、文字、版本校勘、古典文献等方面。亦可使用主要由中国社会科学院文学研究所图书资料室编辑、中华书局陆续出版的三部**中国古典文学研究论文索引**，收录论文发表时间是相互衔接的：1949—1966.9 本，1979 年出版（增订本）；1966.7—1979.12 本，1982 年出版；1980.1—1981.12 本，1985 年出版。收录中央和省、市、自治区级报刊、高校学报、集刊上的发表的中国古典文学研究论文篇目。

查找中国现代、当代文学论文，可用**中国现代当代文学研究论文索引**，天津师范学院中文系资料室编，南开大学出版社，1984。本书收录 1949 年至 1966 年 5 月与 1979 年至 1982 年国内 700 多种报刊上发表的有关中国现代、当代 800 多位作家的作品研究论文篇目。还可参考：**中国现代文学作家的作品评论资料索引**，福建师范学院中文系中国现代文学教研组、中文系资料室编，福建人民教育出版社，1961、1963。全书分正、续编，收录 1949 年 10 月至 1962 年年底国内书刊中刊载的有关中国现代重要作家、作品评论文章篇目。**中国现代文学研究资料索引**，东北师范大学中文系、图书馆编辑，1986 年印行。收录 1976 年 10 月至 1985 年发表的现代文学研究论文和专著 1300 余条，并另附港台论文专著条目。《中国当代文学研究资料丛书》中刊载的作家研究专集或合集中所附的《作家作品系年》与《评论文章目录索引》，亦可注意查阅。

查民间文学研究论文，可用**民间文学研究资料目录索引**（初稿），西南师范学院中文系 1980 年编辑印行，分上、中、下三编。上编收民间文学理论著述 100 多种，研究文章 3500 多篇。中编收民间文学作品 400 多种。下编收民间文学、民俗学、说唱文学期刊 90 种，附录部分收民俗学、通俗文学、少数民族文学理论著述 20 种，研究论文 120 篇。

查找中国少数民族文学研究资料，可用**中国少数民族作家作者文学作品目录索引**，中央民族学院图书馆 1978 年编辑印行。本书收录建国初至 1977 年报刊所载与中央民族学院图书馆所收藏的 50 多位少数民族作家作品的资料。

查找儿童文学论文，可用**儿童文学论文目录索引**，少年儿童出版社，1961。本书收录1911年2月至1960年12月所发表的儿童文学论文与著作。

查找外国文学研究论文，可用**外国文学研究资料索引**，河南师范大学中文系1979年编辑刊行。本书收录"五四"前后至1978年报刊上发表的外国文学研究论文、外国文学研究专著与外国文学作品中译本的前言、后记。**外国文学研究论文资料索引**，河北教育学院图书馆、上海教育学院图书馆合编，上海社会科学院出版社，1986。本书收录1978—1985年报刊上发表的有关外国文学研究的论文资料。

四、**经济学、法学**

查找经济理论文章，可用**社会主义经济理论报刊文章目录索引**，这是中国社会科学院经济研究所学术资料室所编《经济研究参考资料》的增刊，1981年、1983年已出两册，分别收录1949年至1979年、1980年至1982年报刊所发表的关于社会主义经济问题的论文。亦可参考《经济学文摘》（月刊）每期后所附的《全国报刊部分经济学文章目录索引》。

查找财政金融论文，可用**财政金融报刊资料索引**（1949. 10—1981. 6），湖北财经学院图书馆1983年编印。辑录国内公开发行的485种报刊刊载的有关财政金融论文12000余篇篇目。

查找中国经济史研究资料，可用**中国古代经济史研究资料索引**，中山大学历史系资料室、中国古代史教研室合编，1982年印行。本书收录建国初至1981年年底发表的上古至1840年前后有关中国经济史的学术论著与资料目录。附有港台学者著述。**中国古代社会经济史论文目录索引**，山西省社会科学研究所历史研究室1983年编印。收录20世纪初到1981年间的经济史论文篇目约2200条。

查找外国经济资料，可用**国外经济文献索引**，中国社会科学院世界经济与政治研究所世界经济资料中心编辑，中国人民大学书报资料社出版，创刊于 1978 年，半年刊。本书收录美、法、德、日、俄、西班牙六国经济刊物中的有关各国经济研究资料。同时可参考外国经济管理资料索引，附于《外国经济管理》刊物中，该刊由中国人民大学外国经济管理研究所编辑，中国人民大学出版社出版。

查找南洋研究资料，可用**南洋研究中文期刊资料索引**，南洋大学南洋研究所 1968 年编印。本书收录 500 多种期刊上发表的有关东南亚论文 1 万篇，以经济资料为主，也涉及社会、政治、文学艺术等方面的研究文献。

查找统计学论文，可用**统计学报刊论文资料索引**，湖北财经学院图书馆参考咨询情报服务组 1982 年编印。本书收录 1949 年至 1980 年 399 种中文报刊所发表的 5181 篇论文与资料。

查找法学研究资料，可用：**法学资料索引**，兰州大学图书馆 1982 年编印。本书两辑，收录 1950 年至 1981 年底国内出版或报刊发表的法学论文与资料。**全国主要报刊法学资料索引**，西南政法学院图书馆 1985 年编印。全书 4 册，收录 1950—1984 年报刊法学资料 2 万余篇。**中文法律论文索引**，台湾东吴大学盛子良编，台湾三民书局，1972。后又由东吴大学图书馆陆续编辑出版。全书 12 册，汇集了 1963—1984 年间报刊所载法学论文 32517 篇。

五、文化、教育

查找教育论文，可用：**教育论文索引**，邰爽秋等编、彭仁山增订，上海民政书局，1932。收录当时现刊 22 种教育杂志上的教育论文。**教育论文索引**，北京师范大学教育系、图书馆 1960 年编印。收录 1949—1960 年教育论文。中文报刊教育论文索引，中央教育科学研究所图书资料室 1982 年编印。每季一期，内部印行。

查找高等教育研究论文，可用**高等教育资料索引**，兰州大学高等教育研究室、兰州大学图书馆合编，1980 年、1983 年印行，三册。本书收录 1977 年至 1982 年报刊上所发表的高等教育科研论文。

查找图书馆学论文，可用**图书馆学论文索引**，两辑。第一辑李钟履编，第二辑南京图书馆编，商务印书馆，1959。本书收录清末至1957年底发表的图书馆学论文篇目7000余条。查找建国以来的图书馆学论文，可用另一种**图书馆学论文索引**，南京图书馆编辑，正、续编两册。正编由书目文献出版社1982年出版，收录1949年10月至1980年12月发表的图书馆学论文篇目。续编由江苏省图书馆学会1983年刊行，收录1981至1982年发表于图书馆学、档案学、情报学、出版工作专业刊物上的论文篇目。同时可参考**图书馆学情报学档案学论著目录**，华东师范大学图书馆学系、图书馆合编，上海人民出版社1984、1989年出版。已出两册：第一册选自1949—1980年100余种专业及相关学科期刊上的图书馆学、情报学、档案学论文11000余篇目。第二册选自1981—1985年226种专业及相关学科期刊上的图书馆学、情报学、档案学论文16000余篇目。每册还收录专业论文集、专著。查找台湾学人所撰述的图书馆学论文，可用**中文图书馆学暨目录学论著索引**（方仁编，1975年台北刊行）。本书收录1945年至1975年台湾报刊上有关图书馆学、目录学的论文篇目4050条。

六、新兴学科

查找科学学论文，可用：**科学学与科技管理文献资料索引**，梁宝林编，科学普及出版社，1986。本书分“文选”和“索引”两部分。索引部分选自1985年上半年前各主要报刊上的论文5000余条。按下列11专题编排：关于科学及科学学、科技政策及其组织管理、科技人才及其管理、科研机构管理、科技成果管理、科研课题管理、技术管理、信息及科技情报、科学预测与决策、关于新技术革命、新知识、新学科。**科学学文摘·索引**，中国科学院图书馆编辑刊行。创刊于1980年，原名《科学学文献索引》，自第4期增加文摘，改为现名。现为季刊，每期收录英、俄、日文科学学译文文摘与篇目。

查找人才学论文，可用**人才学研究资料目录**，韩静华、葛民编，江苏省图书馆学会1981年印行。本书收录46种报纸、15种期刊上发表的人才学论文篇目1468条。

查找人口学论文，可用**国内有关人口科学文献目录**，河北师范大学人口研究室至1982年编印。收录1903年至1981年有关人口学研究的文献篇目2228条、专著77种，引用报刊、文集445种。

有些学科，已经有多年的研究历史，但是没有通行的专门名称，或者名称时有变动。如外国对中国的研究，过去一直叫汉学，近年来我国称为“中国学”。再如我国对朝鲜、日本、俄国—苏联的研究，近年来称为朝鲜学、日本学、苏联学。这方面也有专门的资料索引，如**中国日本学论著索引**，(1949—1988)李玉等编，北京大学出版社，1991，收列我国学者写的专著、论文8699条，译著、译文4089条，较为齐备。这类资料亦应注意。

以上从五方面介绍了几十种查找报刊资料的索引。当我们检索一篇文章或某一专题的文献时，首先应尽量利用专题文献索引，同时再补查综合性的报刊资料索引。如果我们要查的论文是近期发表的，则需查找《全国报刊索引》，因为这样的文章篇目还没有收录到专题文献索引中去。

索引数量很多，使用起来要注意掌握每部索引的功用，收录论文资料的时限，编排的方法，以及它与其它索引的关系。一篇论文有时可从多种索引中查到，有时则只能从特定的索引中去查，有的专题文献则需利用几种索引，互为补充，才能查全。

第三节　查考报刊收藏

报刊资料的出处查到以后，还需要进一步去查此种报刊有哪些单位收藏。这既可使用报刊联合目录，也可使用馆藏报刊目录去解决。为了对报刊有所了解，本节还准备提供一些报刊简介资料或专著，供查阅报刊时参考。

一、报纸收藏

目前，还没有一部反映全国图书馆收藏报纸的联合目录供人们查考。这里选介两部图书馆收藏报纸的联合目录：

解放前中文报纸联合目录草目(北京地区部分图书馆藏)，全国图书联合目录编辑组1967年编印。本书收录北京图书馆、首都图书馆、中国科学院图书馆和中国人民大学、清华大学、北京师范大学、北京铁道学院、北京外交学院、北京政法学院图书馆入藏的解放前国内外出版的中文报纸1000多种，分解放区、国统区、港澳及海外地区三部分，各按报名笔画排列。著录项目有：报名、出版地及编辑单位，创刊、停刊年月，注释，馆代号及馆藏年月。

上海各图书馆藏报调查录，由上海新闻图书馆于1950年广泛调查了上海市112所图书馆馆藏报纸情况，编成这本调查录。书中以馆为序，分别记载各馆收藏了哪些报纸。著录项目有报纸名称、存报年月、存报日期、备注四项。本书编辑年代较早，收录又限于上海一地，有些馆已经调整合并，因而有一定的局限性。但仍可提供查找今天不易见到的报纸的线索。例如，从书中可以获知上海新闻图书馆收藏了《淮海报》、《江海报》、《拂晓报》。书后附《新闻学图书目录》。

同时，应注意查找一馆收藏报纸的目录。此种馆藏报纸目录，还收录建国以来创刊至今尚在发行的报纸。可查的有：

北京图书馆馆藏报纸目录，北京图书馆报纸期刊编目组编，书目文献出版社，1981。本书包括馆藏中文、外文报纸两部分。中文报纸部分收录建国前解放区发行的报纸，按报名笔顺排列；建国前各省报纸，按省市顺序排列，省市级以下报纸按报名笔顺排列；建国后出版的报纸，按《中华人民共和国行政区划简册》上的省、市、自治区顺序排列。书中还收录了香港、澳门及各国华侨报纸，先按亚、非、拉、美地区，再按各国国名排列。各报单独出版的副刊，排在该报的后面。著录项目有报纸名称、出版地、馆藏年月、创刊与停刊年月、变动情况。例如：

烟台日报

1958:7—12

1959:1—1962:12

1963:1—2

1968:1—

创刊:1958,10,15。1962,4,改名“烟台大众”。停刊:1963,2,28。1968,1,改名“新烟台报”,1972,改现名。

书后附建国前报纸索引和香港、澳门及各国华侨报纸索引。

上海图书馆馆藏建国前中文报纸目录,上海图书馆编,1984年印行。本书收录上海图书馆入藏的1862至1949年国内外出版的中文报纸3500余种。每种报纸的名称、编者、出版地、卷期号均有详细著录,报纸沿革亦有说明。这是目前收编解放前旧报纸较多的一部馆藏报纸目录。

徐家汇藏书楼报纸目录初稿,上海图书馆编,1957年印行。本书收录解放前出版的中文报纸225种,大多数是清朝同治、光绪、宣统年间和民国初年出版的报纸。这对查找出版早、收藏少而又完整保存下来的珍贵报纸是有用的。例如,从书中可以查到自清同治十一年就创刊,至1949年5月停刊的全份《申报》。

中文报纸目录,上海市报刊图书馆编,1958年印行。本书收录馆藏1861年至1958年出版发行的中文报纸2085种,其中包括少数民族文字的报纸。本书还将建国后港台及海外华侨出版的报纸25种附录于后。

馆藏中文报纸副刊目录(1898—1949),上海图书馆编辑,1985年印行。副刊是我国报纸的一大特色。它发轫于19世纪末,至本世纪三十年代,《申报》、《大公报》、《益世报》等,都同时附有十几种副刊,除文艺副刊外,还有反映社会生活各个侧面的专门性副刊。其中有大量研究中国近现代社会的重要资料。本书收录建国前1000多种中文报纸上刊载的副刊7078种。考虑到各种类型读者检索的需要，副刊收录较宽，定期出版的专页、增刊、特辑、特刊等，均视其内容酌情收录，以保持报纸副刊的特点。书后附有分类、隶属报名等索引以及“副刊名首字汉语拼音检字表”、“副刊名首字笔画检字表”，以便从多种途径查找所需的副刊资料。

二、期刊收藏

查考期刊收藏情况，应先查(1833—1949)**全国中文期刊联合目录**(增订本)，书目文献出版社，1981。本书收录了全国 50 所图书馆在 1957 年底以前所藏建国前国内外出版的中文期刊近 2 万种。

每种期刊著录项目是刊名、刊期、编辑者、出版地、出版者，创刊、停刊卷期与创刊、停刊时间，注释，总藏，馆藏卷期及馆名代号。

例一：

生活星期刊 邹韬奋主编，上海生活书店出版 1：1—28，*1936.6—12* (本刊原名为“生活日报星期增刊”，在香港创刊，自9期起改名为“生活日报周刊”，迁至上海出版。自12期起改用本名，同时在香港发行。)

总藏 1：12—28

1：12—28	*1936*	1，6，143，511 541，544，545
1：12—25，27	*1936*	851
1：12—22，24—28	*1936*	931
1：12—13，15—28	*1936*	7
1：12，14—17， 19—20，22—28	*1936*	852
1：13，17—20， 22—23，25	*1936*	782
1：14，17—18，22， 25—27	*1936*	831
1：14，18—19，21， 23—28	*1936*	651
1：15，19，26	*1936*	936
1：17—18，23—24， 26—27	*1936*	921
1：22—28	*1936*	305
1：22—27	*1936*	63
1：22，28	*1936*	781

例二：

国是公論(旬刊) 重庆国是公論旬刊社 1—37，*1938.6—1940.7*

总藏 1—37

1	1—36	*1938—40*
6	1—20	*1938*
8	20—32	*1938—40*
252	1—35	*1938—40*
401	1—21，23，25—34	*1938—40*
421	3—11，13—9，23—6	*1938—39*
511	1—20	*1938*
541	25—6	*1939*
545	1—3，5—20，22—8，32，34—5	*1938—40*
651	1—37	*1938—40*
671	1—3，5—14，16—28，31—5，37	*1938—40*
741	16—25，27—35	*1938—40*
791	1，3，5—7，11—3，15—27，30—3 35	*1938—40*
831	1—9	*1938*
851	1—26，32—5，37	*1938—40*
852	1—26，28—9，32—6	*1938—40*
861	1—22，24—5	*1938—39*
905	1—22，24—6，32—4	*1938—40*
911	9—28	*1938—39*
931	1—20，27	*1938—39*

注释：对刊物沿革的简略说明，诸如刊名、刊期的改变、出版地

的变动、编辑出版机构的更换，以及出版情况的变化。

总藏：每一种期刊各馆所藏的全部卷期总数，由此可看出全国入藏该刊的全缺情况。

馆藏：各馆入藏一种期刊卷期的详细情况。

馆藏代号：查本书前附《参加单位名称号和地址表》，就可知号码所代表的馆名。例如 1，即北京图书馆。馆藏代号有两种排列：一种入藏卷期在前，馆名代号在后，例一即是；一种馆名代号在前，入藏卷期在后，例二即是。

本书 1957 年初版，未收录中国共产党在各个时期出版的党刊、抗日根据地和建国前各个解放区发行的期刊，以及国民党统治区发行的进步刊物，增订本补充收入。凡属增收的期刊，刊名前均加星标，以示区别。右例即是。

查考时，不要把同名期刊误认为一刊，要从编者与刊期上仔细加以区分。例三的期刊虽都以《新文艺》为刊名，实际却是 7 种不同的期刊。

使用这部期刊联合目录时，如所需要的某种期刊的卷期不包括在总藏之内，就不必再查馆藏部分了，可通过其他途径去查询。

新文艺 广州新文艺社 1—5，*1946.6—1949.12*

1	*1946*	1
5	*1949*	921

★新文艺 太岳新文艺社 1—3，*1946.7—8*

3	*1946*	1

新文艺 浙江浙北文艺研究会 1—2，*1947.6—8*

1—2	*1947*	541
1	*1947*	7,63

新文艺(月刊) 上海新文艺月刊社 1—2：2，*1929.9—1930.4*；复1：1—3，*1940.10—1941.1* （本刊曾停刊，1910年10月复刊，卷期另起。）

总藏 1—2：2；复1：1—3

1—2：2	*1929—30*	1,2,6,8,852
1—2：1	*1929—30*	7,545
1：	*1929—30*	9,731
1：1—5	*1929—30*	593,911
1：1,3—4,6	*1929—30*	541
1：1	*1929*	721
1：2—4,6	*1929—30*	851
1：2	*1929*	781
1：6	*1930*	511,671
2：1—2	*1930*	851,915
2：1	*1930*	63,252,421,541,781,911,931
复1：1—3	*1940—41*	541
复1：1	*1940*	7
复1：3	*1941*	931

新文艺(月刊) 西安新文艺出版社 1：1—4，*1947.3—6*

1：1,3—4	*1947*	401

新文艺(半月刊) 上海新文艺社 1，*1946.6*

1	*1946*	8,461,515,541,545,921

★新文艺(半月刊) 长春新文艺社 1，*1946*

1	*1946*	7

本书收录期刊并不全，也有遗漏。**全国中文期刊联合目录补编**，收录同一时期中文期刊 16000 余种，体

例有改进，即将由书目文献出版社出版。此外，可注意补查：

地区期刊联合目录，如**武汉地区期刊联合目录**（武汉地区图书馆学会编，1956 年印行）。本书分三卷，收录武汉地区 20 所图书馆收藏的中外文期刊 5962 种，其中中文期刊以 1955 年前出版的为限。

地方期刊目录，如**建国前山东旧期刊目录**，（山东大学历史系资料室洛洋编，1983 年印行）。本书收录 56 个省市级以上图书馆所藏清末至解放前山东地区出版的刊物 650 多种，包括政治、经济、军事、司法、文化、教育、卫生、妇女、宗教等方面的刊物，范围比较广泛。

专业期刊联合目录，如**全国中文体育期刊联合目录**，体育文献资料工作协作组编，1982 年刊行。本书收录国家、省市体委科研所及体育院系共 12 个单位所藏中文体育期刊 320 种，其中包括公开和内部发行的连续出版物。书后附（1922—1945 年）部分中文体育期刊。每种期刊还说明出版情况。**中国现代文学期刊目录**（初稿），上海文艺出版社，1961。本书收录 1902 至 1949 年出版的文学期刊 1594 种，附国民党、敌伪等出版的各类文学刊物。**中国现代戏剧电影期刊目录**（初稿），刘华庭编，上海文艺出版社 1962 年出版。本书收录 1919 至 1949 年出版的戏剧电影周刊，并注明上海图书馆等 14 个单位的馆藏。

馆藏期刊目录，各馆编制较多，主要有：上海市报刊图书馆 1957 年编印的**中文期刊目录**（1881—1949），收录馆藏中文期刊 8037 种；1956 年编印的**中文期刊目录**（1949—1956），收录馆藏中文期刊 1700 余种。北京大学图书馆 1956 年编印的**北京大学图书馆中文旧期刊目录**，收录馆藏中文旧期刊 9000 余种。北京师范大学图书馆 1982 年编印的**中文期刊目录**，收录馆藏 1949 年至 1980 年国内外出版的中文期刊 4300 余种，其中包括 1949 年以前创刊，1949 年后继续出版的刊物。东北师范大学图书馆 1983 年编印的

东北师范大学图书馆中文期刊目录，收录馆藏 1889 年至 1979 年出版的中文期刊 6105 种，分建国前、后两部分。广东省中山图书馆 1956 年编印的**广东省中山图书馆藏广东杂志目录**(1949 年以前)，收录 1949 年以前广东出版的杂志及部分华侨杂志约 2300 种，颇具特色。

三、报刊简介

报刊目录中有些是不反映馆藏的，但常常准确地记录了一个时期或一个地区出版发行了哪些报刊，有时还对报刊作些介绍。还有一些简介报刊的专书或报刊史的专著，对报刊进行或略或详的评介。掌握这些资料，对于查阅报刊资料，是很必要的。

介绍近代报刊的有：

中国近代期刊篇目汇录，书中除汇录每一期刊篇目外，还简介期刊 495 种。例如：

> **甲寅杂志**(The Tiger)，1914 年 5 月(民国三年五月)创刊，在日本东京出版。月刊。由甲寅杂志社发行。发行人渐生，编辑人秋桐(章士钊)。1915 年 10 月(民国四年十月)停刊，共出十期。本书全部收录。

同时亦可参考(1833—1949)**全国中文期刊联合目录**(增订本)中有关《甲寅杂志》的注释：

> 本刊原在日本东京出版，5 期起，迁至上海出版。自 1925 年 6 月起改名为《甲寅周刊》，卷期另起。

再查《甲寅周刊》注释：

> 本刊前身为《甲寅杂志》。原在北京出版，自 37 期起迁至天津出版。

从上述介绍中可以了解《甲寅杂志》的编辑出版沿革。

清季重要报刊目录，编者不详(载《中国近代出版史料》初编)。收录杂志 24 种、报纸 266 种，其中有些报刊还作了简介。例如：

> **清议报**(1897 年)　　戊戌政变失败后，梁启超逃日本，十月在横滨出版《清议报》。旬刊，每期四十页，分论说、名家著述、新书译丛、外论汇译、群报撷华等。出版达三年，因火灾停刊。

晚清文艺报刊述略，阿英著，古典文学出版社，1958。本书在《晚清文学期刊述略》中，考订与介绍了24种晚清文学期刊；另载待访期刊5种。在《晚清小报录》中，收录晚清小报26种，反映了当时半殖民地都市的上海生活。这类报纸中也包含着丰富的民俗学材料。后附《中国画报发展之经过》，亦颇有参考价值。

晚清以来文学期刊目录简编（初稿），鲁深编（载《中国现代出版史料》丁编下卷，张静庐辑注，中华书局，1959。）以收录1872至1949年7月出版的纯文艺期刊为主，兼及章回体趣味性刊物，共988种。通过著录项目，提供了查考每种期刊的基本资料。

辛亥革命时期期刊介绍，丁守和主编，人民出版社陆编出版。本书收录期刊上起1900年，下至1918年，与《五四时期期刊介绍》正好衔接。从当时七、八百种期刊中选出二百多种比较重要的或有代表性的刊物，分别介绍它们的性质、主要言论和倾向、在重大政治事件和思想斗争中的态度、对中国社会的认识和有关文化的观点、对西方各种思想文化的看法与介绍，以及该刊在当时社会上的影响和作用等。同时对刊物编辑出版者、主要撰稿者、刊期、版式等，也尽可能作一些说明。全书分五集，现已出版两集：第一集介绍刊物41种，第二集介绍刊物42种。同时可参考**辛亥革命时期报刊史料**（1899—1912）（中国社会科学院新闻研究所主编，中国展望出版社陆续分册出版）。该书已出第一册，在所收100多种报刊及大量报人传记中，提供了不少珍贵的资料。

介绍现代报刊的有：

五四时期期刊介绍，较详地介绍了五四运动时期的期刊157种。书中所载的各种期刊发刊词、宣言，有助于了解各种期刊的性质与特点。

中国革命报刊简介，刘光良编。本文载于《中国新闻年鉴》（1984），中国社会科学院新闻研究所编，人民日报出版社，1985。本文记载1937年至1949年陕甘宁、晋察冀、晋冀鲁豫、晋绥、华中、山东各根据地，以及东北解放区出版的革命报刊300多种，简要地介绍了每种报刊的性质、沿革、出版、负责人、主编、创刊与停刊时期。举例如下：

江淮日报　中共中央华中局机关报

出版地：江苏盐城

社长：刘少奇（兼），编委会主任：钱俊瑞，副社长兼总编辑：王阑西，编辑部副主任：刘述周

1940年12月2日创刊，1941年7月20日停刊。

刊载在《中国现代出版史料》丁编、补编中的下列资料，如《一九三〇年全国革命报纸调查》、《一九三一至一九三六年间上海出版的几种革命报刊简介》、《抗日战争时期上海的革命报刊和进步报刊》、《抗日战争时期中国共产党党报和主要进步报刊简介》、《一九四六年各解放区出版的报纸》与《一九四八年各解放区出版的报纸》等，亦可提供不少现代报刊的情况。

介绍当代报刊的有：

中国报刊名录，中国报刊名录编辑部编辑，新华出版社，1985。本书收录了3806种现行报刊，并为部分报刊写了提要。书后附《港澳台报刊目录》，收编了香港报刊170种、台湾省报刊2394种、澳门报纸4种，可供参考。

中国报刊大全，郑德海、周可宁主编，人民邮电出版社，1987。本书上册为邮发部分，搜集了1987年交邮局发行的全部报纸1100多种、杂志2800多种，约计4000种。下册为非邮发部分，搜集了1987年经国家出版局和各省、市、自治区出版部门批准出版的全部非邮发报纸500种、杂志2500种，计3000种。港、澳报刊未收。每种报刊介绍包括：报刊名称、报刊社地址、电话、刊期、创刊时间及沿革情况、主办单位、出版单位、刊物内容、办刊方针、读者对象、开本页码、发行范围、定价等，邮发报刊还增加邮发代号。参照《中图法》分类编排。上册附邮发代号索引与汉字笔画索引；下册附

分省笔画索引与汉字笔画索引。

中国当代期刊总览，黑龙江人民出版社，1987。收录正式注册1986年发行的期刊。每种期刊均详细著录其名称、出版地点、演变、主办者、出版者、创刊日期、代号、定价等20个项目。全部期刊先按地区再按内容分类排列。书后附分类索引、笔画索引。

查外国报刊概况，可查中国图书进出口公司每五年修订出版的**外国期刊目录**，有中文简介，按类编排。每年增加的新报刊有补充本随时报道。

为了进一步系统地了解我国近现代报刊，下列报刊史、新闻事业史著作也可参考：

《中国报学史》，戈公振编著，三联书店1955年重印。

《中国近代报刊史》，方汉奇编著，山西人民出版社，1981。

《中国新闻事业简史》，方汉奇、陈业劭、张之华编著，中国人民大学出版社，1983。

《报刊史话》，方汉奇编著，中华书局，1979。

四、影印报刊

五、六十年代，为了保存珍贵稀见的史料，并提供给学术文化界利用，有关单位曾陆续影印了一些建国前出版的革命报刊和进步的文艺期刊，如《共产党》、《向导(周报)》、《先驱》、《中国青年》、《少年》、《中国工人》、《中国军人》、《中国农民》、《八路军军政杂志》、《新中华报》、《解放日报》、《(晋冀鲁豫)人民日报》、《新华日报》、《十字街头》、《小说月报》、《文学月报》、《文学》、《文艺新闻》、《艺术月刊》与《大众文艺》等。近几年又影印了一些史料价值很高的近现代报刊，如《盛京时报》、《民国日报》、《申报》、《晨报》、《湖南民报》、《生活星期刊》、《大众生活》、《生活教育》及《东方杂志》等。这些影印报刊，提供了重要的资料。要了解影印了哪些报刊，可查**影印报刊简目**(孟育辑，载于南京师范大学古文献整理研究所主办的《文教资料》1986年第3—4期)。《简目》提供了影印报刊170余种，每种报刊尽可能列出刊名、编者、出版发行人、出版地、起迄卷期、创刊与停刊期、影印单位与时间，并对报刊性质、出版周期和变动情况作了简要说明。

第六章　查考人物传记

人物传记资料分布很广，正史、野史、方志、笔记、诗文集、回忆录、日记、年谱、宗谱、人名词典、年鉴、百科全书以及书目提要中，均有详略不一的人物传记资料可供我们查阅。

第一节　查考人名

人名是人们在社会交往中用来代表个人的符号。查人名首先要弄清真实姓名。姓有单姓和复姓，名除本名而外，还有字、号；号又有自号、别号、尊号、谥号；字号有取自室名、斋名的，又有以籍贯、官职命名的。唐代还有以行第为名。此外，僧徒有法名，戏剧演员有艺名。因此，历史上的人物都有多种称谓。查考人名是查考人物的一项重要内容。

一、姓氏

中国的姓氏相当复杂。据史书记载，在我国氏族社会末期，每一个氏族都以某一种崇拜物作为本民族供奉的神物或标志，这就是所谓图腾。《史记·五帝本纪》记载，黄帝“教熊罴貔貅貙虎，以与炎帝战于阪泉之野。”即黄帝令六个以熊罴貔貅貙虎为图腾的氏族部落和炎帝大战于阪泉之野。久而久之，图腾的名称就逐渐演变成同一氏族共同的标记——姓。《通鉴·外纪》说：“姓者，统其祖考之所自出；氏族，别其子孙所自分。”姓是代表有共同血缘关系的氏族的称号，氏则是由姓衍生的分支。姓起源于母系社会，氏已是父系社会的现象。随着生产的发展，氏族的繁衍，姓氏概念也发生了变化。至战国后期，姓氏逐渐融合，汉代姓氏合一，统称为姓。姓有单姓与复姓之分。复姓有双字(欧阳)、三字(莫贺弗)、四字(刹利邪伽),甚至五字(骨𡿨𡿨骨思)。我国有悠久而灿烂的历史文化,已知中华民族古今姓氏的总数有6300多个。今人之姓,继承先人姓氏,总数约为2000个左右,但常见姓氏不过400多个。查中国姓氏有《新编千家姓》、《中国姓氏汇编》与《中国古今姓氏辞典》。

新编千家姓,严杨帆编,群众出版社,1981。书中共搜集单、复姓3107个,其中旧百家姓503个、续百家姓1852个、习惯用姓752个。为便于查阅,附有汉语拼音检字表、部首检字表、难读姓氏表、易读错姓氏表和一字多音姓氏表。

中国姓氏汇编,阎福卿等编,人民邮电出版社,1984。本书共收集单姓、复姓5730个,其中单姓3470个、双字姓2085个、三字姓163个、四字姓9个、五字姓3个;常见姓2077个,不常见姓3653个。每个姓均注有汉语拼音、注音符号。常见姓还增加字意或字形解释。书后附有姓氏首字笔画索引(简体、繁体字并收)和一字多音姓表,颇便查考。

中国古今姓氏辞典,慕容翊编撰,黑龙江人民出版社,1985。本书收集中国古今各民族姓氏4386个,均出自史传和历代姓氏、姓谱专书。用汉语拼音注音,释义引用古籍,注明出处。姓源涉及朝代、古国等名词,可参阅附录《古部落、古国、朝代一览表》。书后所附《主要参考和引用书目》,多系姓氏、谱谍专书,提供了查阅与研究姓氏的丰富资料。

亲属称呼是人类血缘关系、婚姻关系在语言中的反映,这与姓氏有着密切的关系。汉语的亲属称呼数量多、关系复杂,要查亲属称呼,可查**亲属称呼辞典**,鲍海涛、王安节编著,吉林教育出版社,1988。本书汇编了汉语中从古至今的亲属称呼。所收词语,包括现代普通话词、现代方言和古语词,并酌收文献中常见的外来词。现代方言词以主要方言点的主要亲属称呼为主;古语词中一般不收关系极疏远的并且现代没有与之对应的亲属称呼。全书分父系、母系、夫系、妻系、兄弟姊妹、儿孙系、堂亲系、表亲系、合称、泛称十大类，每类分通称、代称、美称、自称、敬称、专称；其下又分 333 小类。每一称呼，注读音、解释、用法以及古文献的例证。书后附"词条笔画索引"、"亲属称呼的限制成分与中心成分"。本书除 可供了解人类社会的婚姻、家庭关系演变外，还有助于汉语亲属称呼的研究，帮助外民族人学习汉语，了解汉语亲属关系，掌握汉族亲属称呼习惯。

顺便介绍一部**古今称谓辞典**，林应芹、诸伟奇编著，黄山书社，1989。本书不限于亲属称呼，所收条目为人的各种称谓的正名以及与正名有关的异名，共计 10459 条。分八大类：人称泛称、亲属辈次、身份职业、社会关系、情状境遇、品姓才识、民族宗教、罪犯丑类。大类之下再按群属关系分为若干小类。条目不常见的异读和冷僻难认字加注汉语拼音，并一一释义。

二、字号

文人学士不仅有本名，还有字。字常常是名的解释和补充，如宋代文学家曾巩，字子固，取"巩"、"固"同义。名与字又有意义相辅的，如唐代白居易，字乐天，取因'乐天"，才能"居易"之意。也有名与字意义相反的，如清代作家管同，字异之。还有的名与字取自典故，如清初钱谦益，字受之，出自《尚书》："谦受益"。字之外，还有号，号是固定的别名，其中自号常常以文人情趣自取，如宋代欧阳修，字永叔，号醉翁，晚年自号六一居士。"六一"指一万卷书、一千卷古金石文，一张琴、一局棋、一壶酒、本人是一老翁。也有些文人给自己的居处、书斋、藏书楼起个风雅的名称，自称某斋居士，某室主人。他们的著作，不用本名题署，而以室名命名。如我国现代著名画家、文学家丰子恺的室名为缘缘堂。他的文集名为《缘缘堂随笔》、《缘缘堂再笔》。唐代人习惯以"行第"称呼对方，甚至以排行与官名连带相称，如称李白为李十二，杜甫为杜二拾遗。历史上，有人以字行世，有人以别号闻名，也有人以斋名著称于世。因此需要查核一个人的本名以及字号等别名。

这类常用的工具书有：**室名别号索引**，陈乃乾编，中华书局，1957；后丁宁、何文广、雷梦水补编，1982年中华书局又出增订本。本书所收人物，从先秦至近代，初版收室名、别号17000多条，后增至34000条。室名、别名之后注明时代，籍贯与姓名。例如由此书可知旭窗居士为清代鄞县徐国麟。由于此书所收别号只限三字以上，因此必须注意补查**古今人物别名索引**，陈德芸著，岭南大学图书馆，1937。本书收录古今人物4万余人，截至1936年为止，收录别名7万余条，凡属字、号、谥号、斋舍自署、爵里称谓以及帝王庙号、书画家题识、文学家笔名均一一载入。相同的别名，一一加以区别。书后附《补遗》与《续补遗》，补收了明清，特别是清末民初的人名。全书别名采用横、直、点、撇、曲、捺、趯七种笔形顺序排列。不熟悉此种检字法，可从书后所附以别名笔画顺序排列的《检目》中去查找。上述二书，明代以前的笔名别号收录较全，所不足的是明清两代。明代室名别号索引尚缺。清代室名别号可查**清人室名别称字号索引**，上、下两册。杨廷福、杨同甫编，中华书局，1988。本书收录清代（包括清朝前后）在政治、经济、军事、科学技术、医药卫生、文学、艺术、音乐、戏剧、收藏等方面有著作或一技之长的人物的室名、别号、别称、计三万六千余人、十万三千余条，订正了前二书所收清人室名、别号方面的错误。全书分甲、乙两编，甲编只列字、号、别号、室名或别称，指出其姓名。乙编具载姓名、籍贯、字、号、室名、笔名或别称。遇有字、号、室名、别称等，查甲编知其姓名；由此查乙编就可了解其人籍贯、异名和字、别号、室名等。要弄清一人室名、别号，查乙编即可解决。按笔画排列，另附四角号码字头检字表。书末附异名录、参征书籍举略。

书画家常常以别号题署自己的作品。有的人别号甚多，如明代山西书画家傅山，就有九峰、青竹等40多个别号。篆刻署款，一般多用字、号，很少用姓名；署名、字又很少冠以姓氏。查找历代书画、篆刻家的字、号、别名，还需补查**中国历代书画篆刻家字号索引**，商承祚、黄华编，人民美术出版社，1960。本书收秦汉至民国的书画篆刻家约16000人，上卷，从字号查本名、籍贯、生卒年、技艺擅长、师友渊源或曾任官职。所有古地名均注明现行省、县名。下卷，从姓名查字号，下注上卷页码。本书未收录室名，从室名查姓名，则要借助于上述索引。

由"行第"称呼去查本名，可用的工具书有**唐人行第录**（岑仲勉著，中华书局，1962；上海古籍出版社，1987。）本书是作者在长期研究唐代文献的过程中，从唐代诗文集中辑录出来的。条目以姓的笔画为序，同姓的再依排行次第排列，每条下知其名就注名，不知名则注未详，尽可能进行考订，列出资料来源。

三、笔名

笔名是作者发表文章时题署的别名，这是文坛的一种特殊现象。笔名常常从一个侧面反映出作家复杂的思想感情，记录人世沧桑，个人坎坷的经历和遭遇，透露了作者执著的探索与追求，显示出作者的性格与他所处时代的特征。许广平指出："鲁迅的笔名深深地打上了时代的烙印，记录了他的思想变迁的历程，表现了一个伟大革命家韧性战斗的精神和灵活巧妙的战斗艺术。"作家的笔名，有的平淡，有的含义深刻，有的则是个人自励的词语。不仅一人有多种笔名，例如鲁迅就有150多个笔名；有时一个笔名往往又为多人所用，例如"巴人"是鲁迅的笔名，也是王任叔、萧公权的笔名；瞿秋白的文章曾用鲁迅的笔名乐雯、何家干、小明、余铭、洛文发表。所有这些情况，都为今天辨别一文的真实作者带来一些困难。从三十年代开始就有人整理、辑录过作家笔名录。从那时到现在，从未间断过笔名的搜集、研究与笔名录的编辑、刊行工作。

晚清报刊如《雁来红丛报》、《世界繁荣报》中，就常见作者发表作品时使用笔名。查近代报刊上作者发表文章时用的笔名，可用张静庐等辑录的两部笔名录：**戊戌变法前后作者字号笔名录**（载《文史》第4辑，中华书局，1965年）。收录当时报刊上的作者900余人，笔名2400多个。**辛亥革命时期重要报刊作者笔名录**（载《文史》第1辑，中华书局，1962），收录当时报刊上的作者700余人，笔名2200多个。这两部笔名录收录相当完备，为辑录者长期收集，多方稽考，几经校补而成。虽间有交叉，但可互为补充。

现代作家由于种种原因，也常用笔名从事文学活动。有些笔名一看就知道不是本名，但不知作者究竟是谁，甚至有些著名作家本人，也不知道自己用过多少笔名，这就需要查笔名录。现代人物、作家的笔名录，以**现代中国作家笔名录**为最早。该书由袁涌进编，中华图书馆协会1936年刊行。本书收录现代作家540人的笔名。索引列出笔名，标出本表页码，笔名相同者一一注明。**作家笔名索引**，蒋星煜编，重庆燎原出版社，1944。本书收录作家240人，主要是抗战时期国统区作家的笔名。笔名或本名可以互查。

现代文坛笔名录，曾健戎、刘耀华编，重庆出版社，1986。上编，从笔名查原名；下编，从原名查笔名。共收现代文坛笔名近7000个，并附录部分作家使用笔名发表之文章举例，他们是鲁迅、郭沫若、茅盾、老舍、萧红、丁玲、巴人、柳亚子、沈从文、叶圣陶、张星芝、严庆澍。书前有“笔画检字表”。书后将上、下编中人名不同的首字按汉语拼音音序排列编成汉语拼音检字表。

中国现代文学作者笔名录，徐乃翔、钦鸿编，湖南文艺出版社，1988。本书收录1917年至1949年10月这段历史时期内，从事各种文学体裁（包括创作、理论、翻译）写作、有一定成绩或影响的文学工作者6000余人，包括港澳台地区作者及新加坡、马来亚华人作者，计笔名（包括原名、曾用名、字号、号）3万余个。有1300余位作者提供或审核过自己的笔名材料，有600余位知情者提供或审核过有关作者的笔名材料。全书分笔名录、笔名索引和附录三大部分。笔名录按作者通用名笔画顺序排列，用于已知作者通用名查找作者简历及笔名使用情况。简历包括性别、生（卒）年月、籍贯、民族、原名、字、号、曾用名和笔名等项。每个笔名下尽量提供首次或曾用过此笔名发表的文章、著作的时间、报刊或出版社。笔名索引按作者全部名号笔画顺序排列，用于已知某一笔名查找使用该笔名作者的通用名，并据此找到该作者其他笔名使用情况。附录部分主要说明本书材料来源，列举了大量提供或审核补正材料人员名单、引录主要参考书刊。

中国现代作家笔名索引，苗士心编，山东大学出版社，1986。本书收录辛亥革命至当代的人物笔名，以文学作家为主，共 2100 余名，计笔名 9300 多个，其中包括曾用名、化名、字、号、室名、斋名等别名。“笔名索引”用于从笔名查原名；“笔名录”用于从原名查笔名、别名。两种索引均按笔画笔形法排列。

中国作家笔名探源，丁国成、于从杨、于胜编著，时代文艺出版社，1986。本书分册陆续出版，现已出第一册，收录上自“五四”，下至当今作家 283 人的笔名；其中 83 人后加 符号，表示他们的笔名已由作家本人审定过。全书扼要考释了每一作家的一个或者多个笔名的来历和含义，简要评介了作家的生平事迹和代表作品。笔名之外用名，有特殊含义的也略作诠解，一般放在笔名之后，加引号以示区别。书后附笔名笔画索引。

中国现代文学作家本名笔名索引，周锦编，台北成文出版社，1980。本书收录 1200 人左右，按本名、笔名混合编排。全书收台湾作家较多，可利用此书查找台湾作家笔名。

还有两部专题笔名录亦可参考。**五四以来历史人物笔名别名录**，张静如等编，陕西人民出版社，1986。本书是编者长期积累，又经一定考证而编成的。书中所收笔名、别名均注出处，写明所依据的第一、二手资料，出处注在原名或常用名条下。全书按原名、别名、笔名的笔画顺序混合编排。本书对于中国现代史、中共党史教学与研究是颇有参考价值的。

中共党史人物别名录（字号、笔名、化名），陈玉堂编，红旗出版社，1985。本书以收录中共党史人物的字号、笔名、化名为主，并作人物简介。为了参考的需要，亦兼收几名与党史有关的共产国际代表，并酌收若干反面人物。全书共收录192人的字号、笔名，化名，并简述每一别名产生的历史背景，笔名还尽可能举例，注明出处。例如，周恩来的化名之一"冠生"条下写道："1928年8月，彭湃等同志被捕后，在狱中致党中央的信中之'冠生'即周恩来，信的抬头称'冠生暨家中老少……'。1930年8月30日彭湃等同志遇难一周年的时候，周恩来以'冠生'笔名于《红旗日报》发表了纪念文章《彭杨颜邢四同志被敌人捕杀经过》。"全书以姓氏笔画为序，又以字号、笔名、化名的笔画编成索引，附于书后。这是一本有特色的笔名录，不仅可用来查字号、笔名、化名，也可从字号、笔名、化名查出本名。编者所写的人物简介，可对人物有一概括的了解，兼有人名录的作用。

即将出版的**现代中国人物笔名录**（北京图书馆参考研究部编），收录本世纪初到七十年代末我国学术界和少数政界人物共4000余人的笔名12000余个。由陈玉堂整理编写、南京师范大学王长恭补订的《中国现代人物别名录》，拟收1911年以后的人物1500人左右，分人物简介和索引两部。这两部笔名录出版后，将大大有助于中国现代人物别名、笔名的查找。

关于个别作家笔名的查找，除注意查找上述笔名录外，还要注意查找专人的笔名录，例如查鲁迅的笔名，有**鲁迅名号笔名年里录**，上海师范学院图书馆资料组1979年编印。本书是在编者广泛搜集与研究鲁迅笔名资料的基础上，经过查对核实编成的，是现有鲁迅笔名中较为完备的一种。全书分名号（包括奶名、法名、学名、字号、化名、题跋名、拟用名）、笔名（包括笔名、拟用笔名、笔名辨伪、待查笔名）、通信署名、室名、印章名、"鲁迅"的外文译名等类。笔名下注明首次使用的例证与时间，并力求探索该笔名的含义。书后所附《鲁迅谈笔名》、《鲁迅笔名研究资料索引》，提供了进一步研究鲁迅笔名的资料线索。**鲁迅笔名索解**,李允经著,四川人民出版社,1980。**鲁迅笔名探索**,高信著,陕西人民出版社,1980。这是近年来出版的两部较好的鲁迅笔名录。编者参考了较多的有关鲁迅的资料,结合鲁迅的作品,对鲁迅笔名列举例证,并作探索与阐释,使读者从笔名这个角度去熟悉鲁迅的生平和思想。

查郭沫若的笔名,有**郭沫若名、号、别名、笔名辑录**,艾扬辑,载《中国现代文艺资料丛刊》1979年第4辑。收郭沫若笔名30多个,每一笔名下列举例证。编者还根据上海古旧书店编的《笔名别号索引》,搜集到一些不明出处的别号、笔名,也附在后面,以待进一步考证。

查茅盾的笔名,有**茅盾笔名(别名)笺注**,孙中田编,载《论茅盾的生活与创作》,百花文艺出版社,1980。收茅盾笔名90多个,都是编者在编写与修订《茅盾著译年表》时辑录的。在辑录过程中,得到茅盾本人与沈霜同志的指点,对某些笔名进行了校正、辨识与释源,否定了误传或笔误形成的笔名。

查巴金的笔名可参考**巴金笔名考析**(张晓云等编,载《新文学史料》1981年第1期)。文中介绍了巴金的29个笔名,其中有的笔名不为人所知。

近几年来,关于老一辈作家的个人笔名录逐渐增多,往往一个作家的笔名有多人研究,发表多篇笔名录。例如丁玲的笔名,可查考的有:《丁玲的名、别名、笔名辑录》(王中忱编,载于《社会科学战线》1980年第4期);《丁玲的笔名》(叶考慎编,载于《甘肃师范大学学报》1981年第1期)。

只要平时注意搜集,从《全国新书目》、《全国报刊索引》中可以查到有关笔名录的专书、专文。从《中国现代作家作品研究资料丛书》、《中国当代文学研究资料丛书》中,从文学或文学家辞典及文学、文艺、新闻年鉴中亦可查到一般笔名录中所查不到的笔名。

四、谥号、史讳

我国古代的帝王将相、大臣及后妃死后，要给一种特殊的称号，如西汉皇帝刘彻称孝武皇帝（汉武帝），宋大臣司马光称文正公等，这就是谥号。谥号之制，始于周代，秦代曾废除，汉代恢复，直至清末。帝王的谥号由礼官议定，将相大臣后妃的谥号则由朝廷赐予。关于谥号的规定，就是谥法。根据死者生前表现，分别给予不同的谥号，可分褒、怜、贬三类。谥号一般在丧礼时给予，但也有追谥（追加的谥号）、加谥（谥号上加字）、改谥（改变谥号）和夺谥（撤消谥号）。凡有特别功勋或"节义"行为者也赐予谥号。民间也有私谥，是乡党、门生、亲属以谥号寄托对死者的哀思。谥号，等于一个人在名字之外，又多了一个别号。查谥号可用**历代名臣谥法汇考**，清刘长华撰，1917 年海宁陈氏印《崇川刘氏丛书》本。本书 15 卷，辑录汉至清代名臣、宗室、外戚、外藩等谥号，以及载入史书传记的历代私谥。谥号下列谥字，并注出历代名臣用此谥号的姓名。另外还可参考雷廷寿编的**清谥法考**。

避讳是我国历史上特有的现象。其俗起于周，成于秦，盛于唐宋，直至清末。所谓避讳，就是文字上不得触犯当代帝王或所尊者之名，必须用其他方法来回避。各朝所讳不同，避讳方法也不一致，因此史书上有不少因避讳而将文字改易的地方，甚至改变了前人的姓名、官名以及地名、书名、年号等。单就改姓名来说，主要有：改字，如《汉书·叙传》称庄子为严子，乃因东汉明帝名庄；空字，如贞观三年等慈字塔记称王世充为王充，因唐太宗李世民之故；缺笔、同音，如清乾隆帝名弘历，遇有"弘"字，或缺笔写成弘，或以宏代弘。古代文人也有避家讳的，司马迁父名谈，《史记·赵世家》中改张孟谈为张孟同；范晔父名泰，《后汉书》中郭泰改为郭太。

查考历代避讳，可学习与研究**史讳举例**，陈垣撰，科学出版社，1958。本书仿俞樾《古书举例》，举 80 多例，分析并说明历代避讳的种类、所用方法，以及如何加以利用等。这不仅能弄清史书上的姓名，而且也可以用它来辨别古书真伪，审定其时代。这是一部有关避讳问题的总结性、学术性著作。

五、同姓名

同姓名是常见的现象。要准确地查出一个人的姓名，就要善于辨别同姓名，如果不加辨别，很可能发生差错。遇到同姓名而产生疑问时，即使学识渊博的学者，也要翻阅有关工具书，这样才不至把同姓名的人误认为一人。

关于同姓名问题，早就引起了人们的注意。远在南北朝时，梁元帝萧绎就编有《古今同姓名录》一卷。此后几朝，或为之作续补，或新编同姓名录。目前查考历代同姓名较为适用的是**古今同姓名大辞典**（彭作桢辑著，北京好望书店，1936，上海书店 1983 年影印）。本书编者吸收前人所编同姓名录的成果，参考经史百家、清代传记及 22 省通志、报刊资料，作了增补修订，还补记了近现代人物中的同姓名。书中收录上古至 1936 年同名同姓者总计 56700 人，其中姓 403 个、同姓名 1600 个。在姓名下分别注明同姓名者的各自简况，有时还注明资料来源。凡引用前人成果，直接注明所引书的编者姓氏，并加括号。如（萧），即萧绎《古今同姓名录》；（余），即明代余寅《同姓名录》；（陈），即清代陈棐《同姓名谱》；（汪），即清代汪辉祖《九史同姓名略》；（刘），即清代刘长华《历代同姓名录》。编者对所引书还作考订，补充内容缺略，说明疏漏之处，注明[桢按]。书后附录资料，亦可参考。

六、官名

查考历史人物，不可不明官职及其职责范围。我国古代各种职官的名称、建置、职掌的变迁，品级、员额的增减，不仅每代都有变动，就是一代之中也往往废置无常。利用职官表一类工具书，可以迅速查到某种官名使用于哪一朝代，具有怎样的职权范围，甚至可查出某一朝代的重要官职的历任人员姓名及人事动态。

查考官名可用**历代职官表**（清黄本骥编，中华书局，1965）。本书以《历代职官表》为主。此表是由中华书局上海编辑所根据清代黄本骥缩编乾隆年间官修的《历代职官表》为底本，订正其错误，调整其排法而编成的。此表以清代职官为主，比附历代职官，反映了夏、商、周三代至清代的职官设置情况。书前收有瞿蜕园编写的《历代官制概述》，系统地介绍了历代职官的概况，为查考《历代职官表》提供了职官制度的基本知识。书后附有《历代职官简释》，是对《历代职官表》中所列官名的简要解释，由此可了解各种官名的变迁及其职责。还附有历代职官表及简释综合索引，以官名末字的四角号码顺序排列，提供某一官名见于《历代职官表》的页次与《历代职官简释》的页次。此外，还有几种职官年表可参考：

清代职官年表，钱实甫编，中华书局，1980。本书共 4 册，沿用编者所编《清季重要职官表》与《清季新设职官年表》的体例，作了一些改进与补充，又纠正了二表中的错误。全书根据清代顺治至光绪九朝实录和宣统政纪的记载，参考其他古籍材料，将重要职官的设立、裁撤、合并、分置等变化情况和人事动态，制成 49 种职官表。凡职位变化多、情况复杂的，如清代内阁、部院组织、总督、河道总督、巡抚、布政使、按察使、各地驻防将军、各地提督等，还就其变化制成“概况”与“简图”，附在相应的表后。书后附有“人名录”、“别号索引”、“外号索引”、“谥号索引”、“籍贯索引”等。

清代各地将军都统大臣等年表，章伯锋编，中华书局，1965。

辛亥以后十七年职官年表，刘寿林编，中华书局，1966。

这三种年表反映了清初到北洋军阀政府统治时期各个阶段职官的设置和变动情况，并注明了某一职位某一年月由何人担任。

第二节　查考人物生平

查考人物生平是查考人名的继续，即不但要查其姓名、字号，还要查出国别、时代、籍贯、职业、著述及一生主要活动与事迹。一般地说，从《辞海》(1989年版)就可查到古今中外各类名人的生平简介。《辞海》收录人物(包括神话戏剧中的人物)共有7000条左右。至于各种人名辞典，则是用来查考人物生平的主要工具书。

一、中国人物生平

查考中国古今人物，常用的是**中国人名大词典**，上海辞书出版社、外文出版社分卷出版。本书拟收录古今各类有影响的正反面人物三万余条，上起远古，下迄当代，介绍力求反映中国历史真相和全貌。共分三卷。1989至1990年已出版"历史人物卷"，选收远古至1949年10月1日以前去世人物14000人，并附有插图；"现任党政军领导人物卷"，选收1988年12月31日前在职的中央和各省、市、自治区的现任领导人物2185人，并附"主要机构及其领导人一览表"。"当代人物卷"拟收1949年10月1日至1986年12月底去世和在世人物，待出。

查考中国古代人物，常用的是另一部出版较早的**中国人名大辞典**，此书由臧励龢等编，初版于1921年，后多次重印。这部辞典收录人名较广，上起远古传说时代，下迄清末，共收录4万多人。全书按姓氏笔画排列，同一姓氏的人又按名字的笔画为序。每条下注明朝代、籍贯、生平事迹，着重记载历任官职、著述，不注生卒年。本书的材料多取自经史、传记。

查考中国近现代人物，可查**中国近现代人名大辞典**，李盛平主编，中国国际广播出版社，1989。本书简介了1840年至1988年9月30日期间逝世的，并在中国近现代历史上起过一定作用或有一定影响的的历史人物10750人；其中中国人物9904人，外国来华人物846人。查辛亥革命前后及民国时代的人物，可用**当代中国名人录**(樊荫甫编，上海良友图书印刷公司，1931)。本书收录清末至1931年以前社会政治、经济、文化教育、科学技术各方面的人物4000多人，其中不少是军阀、政客。此书观点陈旧，只能作为人物参考资料。查民国时期的人物，可用**民国人物传**(中华民国史资料丛稿)(中国社会科学院近代史研究所李新、孙思白主编,中华书局,1978年起分卷出版)。本书选录1905年同盟会创立时起,至1949年南京国民党政府灭亡时止,这四十五年间的各方著名人物,计一千多人的简传。亦可参阅**中国革命史人物传略**,范济国主编,湖北教育出版社,1987。本书介绍了与中国革命史有关人物的身世、作为、影响和功过。后附"北洋军阀政府更迭情况表"、"中国共产党第一至七届中央委员会委员"、"国民革命军北伐序列"、"民主革命时期人民军队序列"、"中国人民解放军序列",颇有参考价值。此外,还可参考**民国名人传记辞典**,该书由(美)包华德主编,沈自敏译、林东民校,中华书局1979年起分册出版。书中收录辛亥革命以后的人物传记595篇。

查考建国以来的人物可查**中华人民共和国人物辞典**(1949—1989),王乃庄、王清树主编,中国经济出版社,1989。本书收录1949年10月至1989年期间逝世的人物3000人,包括政治、经济、军事、文化、教育、科技、卫生、艺术、体育、工商、宗教等各界知名人士以及有突出贡献的革命烈士、劳动模范和战斗英雄。每一人物记载姓名、曾用名、字号、籍贯、生卒年、生平经历、成就著述等,按姓氏笔画排序。亦可参阅**新中国名人录**,京声、溪泉编撰,江西人民出版社,1987。收录1949年10月1日至1984年10月期间逝世人物一千五百余人。

查考军事人物可查:**中国军事人物辞典**,施善玉等主编,科学技术文献出版社,1988。汇集了两千四百多位古今军事人物,包括著名将领、军事幕僚、历代王朝起义领袖、军事科技研究的发明创造者、著名战斗英雄、模范等。简介中突出其军事经历,简化或略去非军事经历。全书按朝代,同朝代再按姓氏笔画排列。书后附"黄花岗七十二英烈"、"大渡河十七勇士"等。**中国人民解放军组织沿革和领导成员名录**,军事科学院图书馆编著,军事科学出版社,1987。本书反映了中国人民解放军从1927年创建至1950初,二十二年的组织编制发展沿革和各主要领导成员的变更情况。**中国人民解放军将帅名录**，星火燎原编辑部编，解放军出版社，1986、1987。本书辑录1955年至1965年期间授衔的元帅和将军的简历和照片。共三集：第一集收录10位元帅、10位大将、57位上将、177位中将；第二、三集收录1395位少将。**中国人民解放军将军谱**亦可参阅，荒山等搜集整理，文物出版社1986年出版。介绍10位元帅、10位大将、57位上将、177位中将的简历和照片。

查考科技人物。可查**中国科学家辞典**，山东科技出版社1980年起陆续出版。本书分古代和现代两部分。至1984年，现代部分已出三分册，共收科学家452名，记载每一种科学家的姓名、出生年月、籍贯、生平事迹和学术成就。书中对重要的科学论著，尽量注明发表时间，刊载期刊卷期或出版社名称。在此书的古代部分未刊行前，可查考**畴人传**。我国古时称历算学者为“畴人”，《畴人传》主要记载我国从上古到清末的天文学家和数学家的生平事迹以及他们的成就。《畴人传》分为四编，清代著名学者阮元编撰，此书商务印书馆《国家基本丛书》本后附罗士琳的《续编》、诸可宝的《三编》。以后，黄钟骏又编《四编》，商务印书馆1955年重印。四编共辑录清末以前天文学家、数学家，中国的670余人，西方的200余人。除介绍生平事迹，阐述创作发明外，还分析各家的演变得失，为后人的研究提供了重要的史实。

查考我国当代著名科学家可参阅**中国科苑英华录**，科学普及出版社，1988。本书简介中国科学院各学部委员400多位。主要记述科学家的简历、专长、主要贡献、重要论著及今后研究方向，并附有本人照片。

查考中国医学人物可查**中国医学人名志**，陈邦贤、严菱舟合编，人民卫生出版社，1983。本书收录古代至清末医学名家2600多人，人物简况中突出医学著作的介绍。**中医人名辞典**，李云主编，国际文化出版公司，1988。本书以《中国医学人名志》为基础，先后查阅了历代正史、野史、人物传记、笔记、书目、方志、医史专著，古代医书五百余种，比较全面地介绍了中医学历代有名人物10500余名，记载其姓名、生卒年、字、号、时代、籍贯、简历、著作以及师承关系。补充了同类著作内容，订正了他书错误。

查考语文方面人物可查：**中国语文学家辞典**，陈高春编，河南人民出版社，1986。本书所收人物上自先秦，下迄明清，凡有语文著作的作者（不论书稿已刊、未刊，还是今存、久佚），均予收录，共有历代语文学者1950余人及其有关著作5500余部，包括文字、音韵、训诂，兼及金石、校勘。按人物生卒年编排，概述作者生平及其著作的要略。**中国现代语言学家**，共五册，河北人民出版社1980—1988年出版，仅录现代语言学家近200人。

查考文学艺术方面的人物可查：

中国文学家大辞典，谭正璧编，光明书局，1934，现又重印。本书收录春秋战国至近代的文学家，以及留有诗文集的文人、士大夫6000余人，分别注明姓名、字号、籍贯、生卒年。书中所载人物生平事迹和著述，较《中国人名大辞典》详细。

中国文学家辞典，四川人民出版社1979年开始陆续出版。本书收历代作家、文艺批评家、文学史家、翻译家及文学流派、社团4000多条。条目内容包括姓名、字号、笔名、生卒年、籍贯、职称、生平事迹、文学活动及主要作品简评。对于古代作家作品还注明存佚；现代作家作品尽量著录版本。古代部分已出两分册，计收1211人；现代部分已出4分册，计收2262人。

中国美术家人名辞典，俞剑华编，上海人民美术出版社，1980。本书系在《中国画家人名大辞典》的基础上增订编成。收录范围包括历代书法家、画家、篆刻家、雕塑家以及各种工艺美术家。该书沿用类书体例，注明资料出处。全书人名按姓氏笔画顺序编排。书后附录部分增补了近几年去世的知名美术家100余人，并补充了全国美术家协会会员的简历。美术家字号、别名繁多，其中不少人又以字号驰名中外，书末附有《中国美术家人名辞典字号异名索引》，以备查检。

中国当代国画家辞典、**中国当代书法家辞典**两部辞典均为金通达主编，浙江人民出版社，1990。分别收录中国美术家协会（国画方面）会员、中国书法家协会会员以及二协会各省、市、自治区分会理事和成就突出的部分人员，1949 年 10 月以后去世的知名度较高的国画家、书法家以及一生默默耕耘鲜为人知的有突出成就者。按地区再按姓氏笔画排列。介绍内容包括姓名、年龄、籍贯、字、号、身世、艺术风格、艺术成就、肖像照和本人代表作。

中国音乐舞蹈戏曲人名词典，曹惆生编，商务印书馆，1959。本书选收上自传说时代，下至清末的音乐、舞蹈、戏曲方面的人物 5200 人，其中包括旧史不屑记载的民间艺人，为查找与研究古代艺术家，提供了有价值的资料与线索。全书以姓氏笔画为序。所收人物，有些为其他人名辞典所不载。

中国艺术家辞典，湖南人民出版社 1981 年开始陆续出版。本书现代部分上起“五四”，迄于当今，已出 5 分册，收 2500 人。凡在戏剧、戏曲、电影、音乐、民间艺术等方面有成效、有影响的各族艺术家，均予收录。港澳同胞及海外华侨中的一些艺术家，亦予收录。每一位艺术家注明原名、笔名、艺名、籍贯、生卒年月、生平事迹、艺术活动、流派师承、艺术风格、成就及受奖情况。

中国影坛新人录，中国电影家协会电影史研究部编，中国电影出版社，1984。本书收录影坛新秀 99 人的传略。

查考翻译家简况可查**中国翻译家词典**，中国对外翻译出版公司，1988。本书所收人物上溯古代，迄于当代。分古代和当代两部分，以收录“五四”前后至现代、当代的翻译家和优秀翻译工作者为主，包括长期从事口译、新闻、广播和少数民族语文翻译的专职翻译人员，从事翻译理论、历史研究者。酌收台、港、澳地区与外籍华人，以及对繁荣我国科学文化事业作出过贡献的古代外国僧人和西方传教士。记载翻译家的简历、突出事迹、主要译著、翻译活动和成就，有时还评述翻译家的翻译理论、主张及其译著特点。

查考佛学人物可查**中国佛学人名辞典**，比丘明复编撰，中华书局1988年据台湾方舟出版社1974年版影印。本书收录汉代至当代佛学人物5326人，主要是我国历代高僧和在我国活动过有影响的外国僧人，亦酌收对在佛教影响下，于哲学、文学、艺术等方面有成就的历代学者、对佛教产生过影响的帝王、官吏等。记载每人姓名、字号、别号、籍贯、家世、学历师承、官职、重要行实、卒年、主要著作、学说或事功，并作必要的评介与考证。书后附：异名表、历代塔寺道场略志、华梵翻译人名对音表、中外历代纪年对照表。

查考妇女人物可查**华夏妇女名人词典**，华夏出版社，1988。本书选收从古至今海内外华夏民族在历史、政治、经济、科学、教育、文化、艺术、卫生、体育、军事等方面有一定贡献和影响，并在一定范围内有名望的妇女3300余人。特别收录了长年默默奉献，不易引人注意的中小学教师、卫生、科技工作者、书刊编辑以及早年参加革命的老同志。

查考历代封建朝帝王世系人物可查**中国帝王皇后亲王公主世系录**，柏杨编著，中国友谊出版公司，1986。本书分为三篇：第一篇序表，包括历代王朝关系位置表、历代王朝国号表、历代王朝数表。第二篇帝王篇，包括历代立国年数表、历代帝王籍贯表、历代建都表。第三篇皇位世系篇。全书记载83个王朝、83国和559个帝王。书后附"春秋时代重要封国、建都分布表"、"春秋时代次要封国"、"边疆诸国"。

二、外国人物生平

查考古今外国人物，主要查**简明外国人物词典**，杨生茂、扬子竟主编，天津教育出版社，1989。选录人物上起古代，下迄1987年底，共计5224条，着重近现代，同时侧重政治、经济、军事与文学艺术方面较有影响的人物，社科、科技界人物次之。体育界人物酌收。

工人运动、人民群众运动、民族解放运动的重要人物特别注意收录，亚非拉各国著名人物选收。记载人物的生卒年代、国籍、主要经历或成就。书前编有汉字笔画索引，书后附英汉人名对照表、俄汉人名对照表。**外国人名辞典**，上海辞书出版社 1988 年编辑出版。收录世界各国在各个领域、各门学科中比较重要、比较常见的历史人物 10510 位。包括帝王将相、总统、总理、革命领袖、专家学者、英雄模范、能工巧匠等。不收在世人物。人物介绍包括外文原名、生卒年、国籍、头衔、最高学历、主要经历、事迹、成就、主要著作等项目。词目按姓氏首字笔画排列。书后附“外国人名译名索引”、“世界重要王朝世系表”、“诺贝尔奖获得者一览表”。

科技方面还有：**外国科技人物词典**，江西科学技术出版社，1990。全书按学科分门别类收录外国科技人物词目 7022 条，集古今科技精英的生平、学术成就、科技成果于一书。**科技名人词典**，曾少潜编，中国青年出版社，1988。收录 1500 多人，涉及全世界古今著名的科技学者、发明家、并包括 1901 至 1985 年自然科学方面的诺贝尔奖获得者 370 人。着重介绍每位科学家的简要经历、从事的研究工作、重要成就、主要科学著作（译成中文的，注明中译名、出版年份），以及所得的奖励等。书后附“按汉字笔画次序排列的人名索引”、“按拉丁字母次序排列的人名索引”、“按斯拉夫字母次序排列的人名索引”、“自然科学方面诺贝尔奖获得者人名索引”等。亦可查阅**古今科技名人辞典**，（美）I. 阿西摩夫著，科学出版社，1988。共收集从古埃及到现今宇宙航行时代共 1510 位科技名人的传略，其中着重阐明每人对科学世界所作的贡献，注意记载科学家之间和各学科之间的相互影响，并提供了一些科技名人的轶事，可视为简要的传记体裁的科学史工具书。后附“主要科学著作中外文对照索引”。

哲学社会科学方面有：**哲学社会科学名人名著辞典**，萧灼基主编，河北人民出版社，1980。本书集中介绍马克思主义经典作家和经典著作、哲学社会科学各领域中作出重大贡献的人物和发生重大影响的著作。人物719条，简介经历，重点介绍其学术观点、学术著作、学术贡献、学术活动和学术地位；著作347条，主要介绍作者简况、写作背景、著作结构、基本内容、主要观点、出版情况、学术地位和影响。按学科分类，后附音序索引。**社会科学人物辞典**，上海辞书出版社，1985。本书选收古今哲学社会科学各学科人物2799人。着重介绍经历、学历、学位、学衔、职务，概括学术上的主要特点和成就，并列举其主要著作，按词目笔画排列，附“词目汉语拼音索引”。**世界经济学家辞典**，（英）马克·布劳格、保罗斯特奇斯主编，汪熙曾等译，经济出版社，1987。汇集近代现代世界各国的近千名经济学家的生平事略，介绍主要学术贡献，列举主要著作，除中译文外，均附原文，以便查阅。书后附“原文人名索引”、“中文译名人名索引”以供查阅。**外国历史名人辞典**，庄锡昌主编，江西教育出版社，1989。收录远古至20世纪70年代的外国已故历史人物近7000人。按词目笔画排列，附“外国人名中外文对照表”。**外国名作家大词典**，张英伦等主编，漓江出版社，1989。本书记载了从古至今104个国家和地区1534位名作家的传记。**世界文学家大辞典**，四川人民出版社，1988。本书收列149个国家、地区7283位古今文学家，以汉语拼音排列，并附“汉语拼音著作目录”和“国家、地区索引”。**外国影人录**，冯由礼编，中国电影出版社1986年起分册出版。已出苏联部分一、二册、美国部分一册及德国部分一册。

查考近代、现代外国人物，可查以下四部人名词典：

近代现代外国哲学社会科学人名资料汇编，商务印书馆1965年编译出版。本书主要收录近代现代外国哲学、社会科学方面的思想家和学者，兼收政治人物、社会活动家以及少数和我国近代、现代史有关的资本主义国家的军人、外交人员和传教士等。所收人物以卒于1870年以后者为限，共收人物简介资料7500条。书中资料选译自《苏联大百科全书》、《不列颠百科全书》、《美国百科全书》以及日本出版的《大人名事典》、美国出版的《当代人物传记》和《社会科学百科全书》。全书按人物姓氏的拉丁字母次序排列。书后附《汉译名音序索引》。

近代来华外国人名词典，中国社会科学院近代史研究所翻译室编辑，中国社会科学出版社，1981。本书收录与中国近代史有关的来华外国人物简介资料2000余条，包括1840至1949年间来华的参赞以上的外交官，重要口岸领事官，海关、盐务、邮政等机构的主管职员，著名传教士、军人、汉学家、新闻记者、商人、"探险家"及其他人士等。同时兼收1840年以前来华，但在中外关系史上有影响的外国人，如著名的明清耶稣会士，重要的外交使节、军人等。条目内容包括原姓名(拉丁化)、生卒年、国别、自取汉名、官方译名或惯用译名、规范译名、来华年代、在华主要活动或履历以及编著的有关中国的著述。全书按人物姓氏拉丁字母次序排列。书末附汉译名音序索引及检字表。

当代国际人物词典，新华社国际资料编辑室编，上海辞书出版社，1989年二版。本书共收当代国际著名人物7000人，以政治、外交、军事为主，绝大多数为在世人物，附人物照片300余帧，比较全面反映当代国际知名活动家的概貌。以简介人物经历、事迹、著作为主，不加主观褒贬。其职务和经历如与当时局势有密切关系者，适当作简要说明。有关的重要机构、地名、今昔异称者多予以注出。全书按汉译名首字笔画排列，书后附"英汉人名索引"和"俄汉人名索引"等。

世界人物大辞典，国际文化出版公司，1990。本书简介当今在世的重要人士及第二次世界大战期间的一些风云人物共计14000人。书后附"英汉人名索引"和"外国人姓氏简介"等。

补充查考的有：**日本人物辞典**，商务印书馆，1985。选收日本人物1525人，包括日本各界和从事日中友好活动的著名人士，并兼收部分历史人物。**现代日本名人录**，于清高、华珏等编，时事出版社,1982。所收人物包括皇室、国会、政府、政党、经济、学术、文化、自卫队等各界人士2000余人,其中有已故较有影响的名流。**东南亚、南亚名人录**,现代国际关系研究所世界人物研究室编,时事出版社,1990。收录东南亚、南亚地区十八个国家的各界要人1400余名,其中包括朝野要人、经济实业巨头、地方实力派首领、著名专家学者、社会名流、宗教领袖、文体明星等,并有选择地收录二次世界大战后对对该地区或国内政治、经济形势起过主要作用的已故名人。**现代非洲名人录**,时事出版社,1987。收录人物包括非洲54个国家和地区约一千余人,主要是当前非洲各国政治、经济、军事、文化等方面的要人、名流学者,也有第二次世界大战以来已去世的民族运动领袖和一些在本地区有影响的著名人物。**苏联人物**,三联书店,1980。收录苏联当代党政军社团、科学、文教等各界的主要负责人和一些知名人士,其中包括已故的人物,总共4680人。

查考外国的中国学家可查:

日本的中国学家,严绍璗编,中国社会科学出版社,1980。此书收录当今日本科学领域内从事中国问题研究的学者专家1105人,他们的著作1034种。书中介绍日本中国学家的学历、职称,并着重介绍他们的学术活动及研究成果和著作。

美国中国学手册,中国社会科学情报研究所编,中国社会科学出版社,1981。这部手册收有美国的中国学家、美籍华裔中国学家的生平简介,并附每人学术著作简目。

俄国苏联中国学手册,中国社会科学情报研究所编,中国社会科学出版社,1986。本书收俄国与苏联研究中国问题的学者700余人及其主要著作,同时介绍了研究中国问题的主要学术机构及其活动。

查找中外人物生平,还要注意查找专业词典、年鉴、百科全书及人物评传。

从专业词典中往往可查到专业人物的简况,可补人名辞典资料的不足。例如,《法学词典》中就收录了较多的法学界人物。

从年鉴中可以查到在人名辞典中难以获得的较新的人物资料。不论何种人名辞典,都有一定的稳定性,不能年年修订增补。在这方面,年鉴具有人名辞典所不及的功能。**中国百科年鉴**中编有"新闻人物"与"逝世人物"专栏,从中就可查到其他工具书所查不到的人物资料。华艺出版社出版的**中国人物年鉴**,更具有这一特点。例如该年鉴1989年本,不仅收录介绍1988年度内我国各方有一定影响的人物,包括港、澳、台的著名人士,而且还简介了1988年内逝世的知名人士以及在1988年举行过纪念活动或出版过文集、传记的历史名人。

从**中国大百科全书**各学科分卷或**简明不列颠百科全书**中,可以系统、全面地掌握各学科或专业方面的人物资料。例如《中国大百科全书》体育分卷内的"中国古代体育史"、"外国体育人物"、"中国现代体育事业"、"各项运动"诸部分,可以系统地了解古今中外体育名将。

从人物评传则可获得有关一个人物的详细资料。此类出版物,近年来编辑出版的较多,涉及范围广。

第三节　查考传记资料

查找人物传记资料,可从查日记、年谱、疑年录、传记资料,乃至人物图像几方面入手,从而获得比较全面、完整的资料。

一、日记

日记是作者本人每天的见闻、言行、感受和思考的记录。日记溯源两汉,肇始唐代,发展于两宋,盛行于明清。日记类型多样,例如记事备忘日记、著述立言日记、工作日记、游历日记等等,作用广泛,常常深深地留下时代生活的痕迹,具有独特的文献价值。就查考个人资料而言,由于日记最真实记录着个人的学历、工作和思想，也记录着个人生活中的一些秘密、深沉而亲切的感情，反映出一个人的个性，因此日记成为一面生活的镜子，往往可以提供个人生平的第一手材料。鲁迅说，日记是个人“自己的简洁的注释”。因此查考个人传记资料，日记是不可或缺的。

这里提供四部中外日记书目，供参考：

清代道咸日记知见录，陈左高编，刊《文教资料》1990 年第 5 期。本篇编者介绍了 40 种清代道光咸丰之际的日记。其中有沈芝瑞撰《京口偾城录》、王萃元撰《星周纪事》、刘毓南撰《咸丰十年洋兵入京之日记》、邵懿辰撰《半岩庐日记》、龙启瑞《粤东纪程录》等。

三十五种近代日记书录，丁丁编，刊《文教资料》1988 年第 6 期。据编者估计，清代以来日记的稿本，抄本、刻本达千余种之多。书录择要介绍了 35 种近代日记，按历史事件分为七个专题，其中收录了《林则徐日记》、汪德门撰《庚申殉难日记》、曾纪泽《使西日记》、《张謇日记》、李慈铭《越缦堂日记及日记补》。

现当代日记篇目选录，乐齐编，刊载《文教资料》1989 年第 5 期。辑录 90 种日记，其中包括：《鲁迅日记》上下卷、瞿秋白《新俄国游记》、《胡适日记》上下册、《恽代英日记》、《郁达夫日记》、《陈赓日记》、《谢觉哉日记》、《竺可桢日记》、《张元济日记》、郭沫若《离沪之前》、寒星(阿英)《流离》、《敌后日记》上下册、乐齐编录的《现代作家日记》以及汉奸《周佛海日记》上下册等。

现代外国日记译作书目提要，孙继林辑，刊载《文教资料》1990 年第 5 期。编者介绍 26 种，大致可分两类：一类是反映第二次世界大战的日记，如美国威廉·希莱著《西线闪击战随军日记》、美国 Erskine Caldwell 著《莫斯科日记》、苏联渥克斯编《德兵日记》、美国《史迪威日记》等；另一类是外国著名作家及家属的日记，如陀思妥耶夫斯基夫人著《朵思退夫斯基——朵思退夫斯基夫人日记及回想录》(朵思退夫斯基习惯译为陀思妥耶夫斯基)、《马克·吐温日记抄》、《契诃夫手记》、《托尔斯泰夫人日记》等。

上述四部日记书目中，简介了日记内容特点，并注明每部日记的出版时间或说明刊载报刊卷期等出处。

二、年谱

年谱是个人编年体的传记，内容包括谱主的籍贯、家族、家庭、事业、著作、师友交往与生平活动，是按年次记载人物生平事迹的专书。

年谱之作，始于宋代，发展于元明，盛行于清代。年谱有个人的年谱，如杨廷福编的《谭嗣同年谱》；也有数人的合谱，如黄盛璋编的《赵明诚李清照夫妇年谱》。年谱有自撰的，如清人王士祯撰的《渔洋山人自撰年谱》；多数是家属、师友或别人编的，如王寻南编的《龚自珍先生年谱》；还有的年谱是别人根据谱主本人所写著译文字辑录的，如舒汉编的《鲁迅生平自述辑要》。年谱中还有一种专谱，只详述谱主某一时期或某一方面的成就，如宋人赵子栎编的《杜工部诗年谱》，着重记述的是杜甫诗作方面的成就。

年谱有种种不同名称：系年（如王焕镳编的《万季野先生系年要录》）、年略（如易顺豫编的《孔子年略》）、年状（如杨同升编的《滨石年状》）等。有些书不取年谱、系年、年略、年状之名，而其内容实为年谱，如殷迈编的《幻迹自警》。旧时代的年谱往往是谱主一生事迹资料的排比与说明。当今新编年谱，则注意综合谱主生平与学术活动，紧密联系时代背景，注重著作介绍，系年编谱。

查找年谱首先要注意使用年谱目录，弄清某人是否有年谱，有几种年谱。四十年代初，李士涛编《中国历代名人年谱目录》，收录年谱 1108 部。六十年代初，杭州大学图书馆资料组编印了《中国历代人物年谱集目》，收录年谱 2000 余种。目前，年谱目录中最适用的是**中国历代年谱总录**（杨殿珣编，书目文献出版社，1980）。此书基本上收录了 1979 年以前编辑的年谱，包括未经刊印的稿本及台湾、香港出版的年谱，计 3015 种，反映的谱主有 1829 人。书中所收年谱，编者几乎全部过目。年谱名称过简，不明谱主，则补以名号，加上括号，如清人张文达编的《(阳明先生)年谱一卷》。原名过繁，则加以删削，原题列入按语中，如清人罗本镇等编的《壮勇罗公口授年谱二卷》，原题名称 134 个字。有些谱主生卒年月说法不一，编者将考证生卒年的专书书名或论文篇目，附录在该人年谱之后，共计 277 条。全书按谱主生年为序，注明年谱名称、卷数、编者、版本及出处。书末附谱主和编著者人名索引。此书编者后来又编写了**《中国历代年谱总录》续录**，刊于《文献》第 13 辑(书目文献出版社 1982 年出版)，补年谱 220 余种，反映谱主 170 余人(其中《总录》未收的谱主计百人左右)，并附参考文章 50 余篇。《总录》及其《续录》是迄今为止参考价值较大的一部年谱目录，它收录比较完备，内容比较丰富，资料翔实，体例简明，是查找年谱的一把钥匙。同时可参考《新编中国名人年谱集成》1—16 辑，王云五主编，台北商务印书馆 1978 至 1981 年出版。

近三百年人物年谱知见录，来新夏著，上海人民出版社，1983。本书收录年谱 800 种，包括自谱、子孙友生编谱、后人著谱，以及校书谱、诗谱、图谱、纪年诗、年表、合谱、专谱。每一年谱著录谱名、撰者、刊本，并注明各年谱专目中著录情况，记载谱主事略(即谱主姓名、字号、籍贯、生卒年、科分、仕历、荣衰及主要事迹与特长)，还增录相关史料，简述年谱编著缘由、材料根据及编者与谱主关系，最后标明收藏单位。全书按谱主生卒年为序，分为六卷，前五卷为书录。卷六为附录资料，编有《知而未见录》、谱主索引、谱名索引。书中编者按语，对前人著录年谱情况多所考辨，或纠前人之谬，或补前人之阙。凡谱中记事与史事有关者，或指明与某史事有关，或对那些重要但不经见者即录入原文。这是一部很有工力的年谱目录著作，可与《中国历代年谱总录》及其《续录》相互补充使用。

除去利用年谱目录查找年谱外，还要经常查阅新出版或重新修订的年谱，以便较全面地掌握年谱。一人数谱，要比较它们各自的特点，取其所长，从而详尽地了解谱主的生平事迹。使用年谱，遇有疑惑之处，要进一步查对相关的资料。碰到谱主生卒年不一或不详，还可注意查考疑年录一类的工具书。

三、疑年录

历史人物的生卒年，有的史书上有明确的记载，有的则无记载或记载含糊不清。为查考、推算历史人物的生卒年，早在清代，钱大昕就编撰了**疑年录**，他考证了汉至清代 363 人的生卒年。之后，他的弟子吴修又作《续疑年录》。自此，疑年录引起了学者注意，不断有人续补。**疑年录汇编**(张惟骧编，1920 年小双寂庵刻本)汇编了过去各家疑年录，并加以增补，共收 3928 人，是一部较完备的查考人物生卒年的工具书。此外，还有以下几部生卒年表，可供参考：

历代名人生卒年表，梁廷灿编，商务印书馆，1931。本书共收 5033 人，著录姓名、字号、籍贯、生年、卒年、岁数等。

历代人物年里碑传综表，姜亮夫纂定，陶秋英校，初版于 1937 年，中华书局 1956 年重印。全书收上古至 1919 年人物 12000 名，记载姓名、字号、籍贯、生卒年及依据的文献资料出处。查考时，按人物姓氏笔画顺序。姓名后的数码，是指此人的生年(或卒年)，不是本书页码。

中国历史人物生卒年表，吴海林、李延沛编，黑龙江人民出版社，1981。本书上起西周共和行政，下迄清末，共收历史人物 6600 余人。每人著录姓名、别名、籍贯、生年、卒年；籍贯均列古今地名。

释氏疑年录，陈垣撰，中华书局，1964。本书收晋至清初有年可考的僧人 2800 人，运用 700 余种古籍，考僧人生卒年之异同，校订错误。书中每一僧人名上冠以地名和寺名，有号者，则将号放在法名之上。例如“筠州清凉觉范德洪”，“筠州”是地名，“清凉”是寺名，“觉范”是号，“德洪”是法名。这是一部查考我国历史上僧人生卒年极为适用的工具书。

四、传记资料

传记是叙述个人生平事迹、思想、学术、著作的人物传。传记资料包括传、墓志铭、哀启、行状、逸事状、诔赞、寿文等。传记有史传、家传、本传、别传、外传、小传、自传之分。最有影响的传记作品，是正史里面的传记。

1. 正史 “正史”即通常所说的“二十四史”，就史书体例而言，是纪传体。“正史”的名称，最初见于《隋书·经籍志》。该志“正史”类小序中说：“世有著述，皆拟班、马，以为‘正史’”。清乾隆皇帝弘历钦定“二十四史”以后，“正史”一称就为“二十四史”所专有，取得了“正统”史书的尊崇地位。1921 年，徐世昌以北洋军阀大总统之名义，下令把《新元史》也列入“正史”，遂有“二十五史”之名。如果再加上民国时编修的《清史稿》，纪传体史书就增至 26 部了。从这 26 部史书的本纪、列传（《史记》和《新五代史》中还有世家，《晋书》中又有载记）中可查到约有 45000 人的传记资料。

“本纪”是按年月次序编写帝王简史，以记载帝王言行政迹为中心，兼述当时重大事件。

“世家”是用来记载子孙世袭的王侯封国的历史，实际上是诸侯的“本纪”，有的则类似“列传”。

“列传”主要是记述人物的传记，包括将相大臣和王公贵族，统治阶级的中下层和社会各领域的代表人物也占一定的比例。“列传”也兼载我国少数民族以及与我国互相往来的一些国家的地区的历史情况。“列传”有专传。即一人一篇传记；合传，即二人以上合写成一篇传记；附传，即一人的传记附载于另一人传记的后面；类传，即同类人物编次于同一列传中，如《儒林列传》等。

“载记”记载的是非“正统”君臣的“僭伪”人物。

怎样查这些史书中的传记资料呢？主要是利用史书人名索引。

二十五史人名索引初版于 1935 年，中华书局 1956 年重印。这是为查找 1935 年开明书店版《二十五史》里面的人物传记用的。全书按人物姓名首字的四角号码顺序排列，每个姓名后注明书名简称、开明书店版《二十五史》卷数、页码及栏数。例如：

史可法　　274　7757·4

即史可法传记见《明史》274卷，开明书店版《二十五史》7757页第4栏。

二十四史纪传人名索引，张忱石、吴树平编，中华书局，1979。这是为查找中华书局出版的二十四史点校本中人物传记编制的。编者把一人异称统一集中于一处，另立参见；把数人同名加以区别，并分别列目。这就可以从一人各种称谓查找，又可查出同名不同人的传记资料的出处。例如：

混盘况（混　况）

南齐　3/58/1014

梁书 3/54/788

南史 6/78/1952

混　况　见混盘况

又如：

杜曾

晋书　8/100/2619

杜曾

宋史　28/300/9973

近几年来，陆续出版了"二十四史"专史人名索引，已出版的有《史记人名索引》（钟华编，1977）、《汉书人名索引》（魏连科编，1979）、《后汉书人名索引》（李裕民编，1979）、《三国志人名索引》（高秀芳等编，1981）、《晋书人名索引》（张忱石编，1974）、《南朝五史人名索引》（张忱石编，1985）、《北朝四史人名索引》（陈仲安编，1968）、《隋书人名索引》（邓经元编，1979）、《新旧唐书人名索引》（张万起编，1980）、《新旧五代史人名索引》（张万起编，1980）、《辽史人名索引》（曾贻芬、崔文印编，1982）、《金史人名索引》（崔文印编，1980）、《元史人名索引》（姚景安编，1982）、《明史人名索引》（李裕民编，1984）。这些专史人名索引，不仅著录一人的专传资料，标以“※”号，而且也列出散见于其它纪传中有关记述此人传记资料的出处，扩大了收录资料的范围。

由于《二十四史纪传人名索引》与这类专史人名索引，均以目前通行的“二十四史”点校本为底本编制而成，所以查正史传记资料，可先利用这些人名索引。

2. 传录　传记资料亦可从传录等古籍中去查。常用的索引有：

唐五代人物传记资料综合索引，傅璇琮、张忱石、许逸民编撰，中华书局，1982。本书分为两部分：姓名索引和字号索引。姓名索引收录唐五代各类人物近3万人，引用书83种，包括正史列传、本纪、表、志（艺文志）、诗传、文集、书目、书画、图经、有关释氏的书等。按姓名或常用称谓立目，其它称谓括注于后。条目按四角码编排。字号索引包括字、号、绰号、谥号等。

哈佛燕京学社引得编纂处编的**四十七种宋代传记综合引得**、**辽金元传记三十种综合引得**、**八十九种明代传记综合引得**与**三十三种清代传记综合引得**，通行本均为中华书局1959年影印本；上海古籍出版社1986年又出版影印合订本。这四种人名引得，取材于正史、史表、传纪、日记、笔记、诗话及学术史著述近200种古籍，记载了由宋代至清代近一千年间8万余人传记资料的出处。《四十七种宋代传记综合引得》与《八十九种明代传记综合引得》，书后均附“字号引得”和“姓名引得”，只知字、号，可先从“字号引得”查到本名，然后再从“姓名引得”查到该人物传记资料的线索。《辽金元传记三十种综合引得》则是姓名和字号混合编排，因而从姓名或从字、号均可直接检索到辽、金、元三代历史人物传记资料的出处。《三十三种清代传记综合引得》只有“姓名引得”。遇有清代人物的字、号时，必须先查出本名，然后才能从“姓名引得”中查到该人物传记资料的线索。

这四部引得，系按“中国字庋擷”法编排的，由于此法不通行，可注意利用每部引得前所附的“笔画检字”。

台湾出版过三部传记资料索引，可作为上述四部传录综合引得的补充：

宋人传记资料索引（增订本），昌彼得等编，王德毅增订，台北鼎文书局 1977 至 1980 年出版；中华书局 1989 年影印出版。全书共分 6 册，前 5 册是正文，从宋元人文集、史传典籍、宋元方志等 505 种古籍，以及单行本年谱、行状、期刊中的传记论文中收录人物 15000 人，大都附以小传。第 6 册是宋人别名字号封谥索引。

元人传记资料索引，王德毅、李荣村等编，台北新文丰出版公司，1979 至 1982；中华书局 1987 年影印出版。本书收编人物 16000 人，引用书 800 种。

明人传记资料索引，昌彼得等编，台北中央图书馆，1978。本书据明、清人文集 528 种，史传、笔记等古籍 65 种，以及单行本年谱、行状、期刊中的传记论文等编成，除列举资料出处外，还附有小传。

学案是专记学术源流与学说的资料汇编，其中也有学术人物传记。**宋元学案**、**明儒学案**、**宋学渊源记**、**国朝汉学师承记**及**清儒学案小识**，是宋、元、明、清四朝哲学与学术的总汇。书中有 3000 余人的传记资料，记述了他们的生平、著作、思想和学术渊源。利用张明仁编的**四朝学案人名索引**，检索起来颇为方便。这部人名索引附在《四朝学案》（世界书局，1936）之后。

3. 方志　方志中保存了大量的人物传记资料，但编成传记索引的极少。**宋元方志传记索引**，朱士嘉编，中华书局，1963。，从 33 种宋元方志中，揭示了 3949 人的传记资料出处。**北京天津地方志人物传记索引**，高秀芳等编著，北京大学出版社，1985。本书是京、津及所属县地方志中人物传记的综合索引，征引方志 73 种。收录人物 14608 名。该书条目内容包括姓名、别名、字、号、异称、时代、里籍，对其中有疑问者作了必要的考证与说明。

此外，在 1934 年商务印书馆影印出版的《畿辅通志》、《山东通志》、《广东通志》、《浙江通志》、《湖北通志》与《湖南通志》等书后所附的“人名索引”中，也可查出该区人物的传记资料。

4. 文集　文集中含有大量的人物传记文章。查找文集中的传记文章，可用的索引有两部：**元人文集篇目分类索引**与**清代文集篇目分类索引**。前者系从170种元人文集中辑出的篇目索引，分人物传记、史事典制、艺文杂撰；后者是从440种清人文集中辑出的篇目索引，分学术文、传记文、杂文。

5. 碑志　刻于碑石的文字，有些就是碑传文，有些则可以提供查找传记资料的线索。

所谓碑传文，就是在宫庙墓前建立的石碑上刻有前人事迹的文字材料。它提供的传记资料可补古籍、史传之不足。查找散见于清人文集中的碑传、墓志铭等资料，可使用**清代碑传文通检**（陈乃乾编，中华书局，1959）。本书可查到清人1025种文集中的碑传文，涉及一万余人。全书以碑主姓名笔画为序，每一条目注明姓名、字号、籍贯、生卒年和出处等项；出处注明篇目、文集作者、集名及卷数。书后附《异名表》、《生卒考异》及《清人文集经眼目录》。

明清进士题名碑录索引，朱保炯、谢沛霖编，上海古籍出版社，1980。此书可提供明清考中进士者传记资料的线索。明清科举制度规定，凡考中进士者的姓名都要刻在石碑上，这就是“进士题名碑”，后又刊印成册，称为“进士题名碑录”。明清两代先后举行过进士考试201科，取中进士51624人，这些人当中，只有少数的传记见于正史，多数人物的史料散见于其它古籍，难于查找。**明清进士题名碑录索引**是以“进士题名碑录”为底本，参照其它记载，校订增补而成的。为查找进士传记资料提供了大量线索。利用这部索引可查出进士姓名、籍贯、科年、甲第、名次，如：

陆言　浙江钱塘　清嘉庆 4/2/66

这就是说陆言的籍贯是浙江钱塘，在清嘉庆四年榜录取为第二甲、第六十六名。由此获得进士的籍贯及考中的年份、名次。然后根据籍贯，从相应的地方志中追索传记资料，根据考中年份，了解其人参与上层社会活动的时限，循此查考同时代人撰写的文集、杂记、野史，从中检索到此人的传记资料。

与《明清进士题名碑录索引》性质相同的，还有房兆楹、杜联喆合编的《(增校)清朝进士题名碑录(附引得)》。此书收录清朝26747名进士考中的年代、名次及本人籍贯。

五、人物图像

有关人物图像，是查考人物资料的一个方面。首先可查**中国历代名人图鉴**，苏州大学图书馆编著、瞿冠群、华人德执笔，上海书画出版社，1989。本书收录我国上古至清末著名人物1137人的图像1165帧。其中包括政治家、哲学家、科学家、军事家、史学家、文学家、语言学家等，酌收历代帝王及部分后妃。图像为古人所作画像、木刻像、石刻像、塑像以及近代照片。每一图像下各系简要说明：生卒年或时代、字号、籍贯、身份。人物按其生卒年代顺序。其次可参考：**中国历代名人画像汇编**，林明哲编，台湾伟文图书出版社，1977。收人物358人，编例不甚严密，内容有误。**清代学者像传**，二集：第一集，清代叶兰台撰绘，商务印书馆1930年影印出版。书中绘有170名学者的像，每幅像后附一传。第二集，叶恭绰编绘，商务印书馆1953年影印出版。第二集补收清代学者200人，每人只有画像，无传文。两集作者都精于书画，提供的画像，颇有参考价值。**明清人物肖像画选**，南京博物院供稿，上海人民美术出版社1982年编辑出版。本书收有近70幅彩色精印人物画，其中包括名人肖像(如徐渭、林则徐、关天培等)，有些画像系出名画家之手，是一部有文献价值的人物图像。此外可参考：**历代古人像赞**(古典文学出版社，1958)，原本是明代中叶的木刻本，绘制了上古至宋末历史人物图像88幅。**无双谱**(清代金古良绘，中华书局，1961)，绘制西汉至南宋名人的画像40幅。**晚笑堂画传**(清上官周编撰，人民美术出版社，1959)，绘制西汉至明初120多人图像。

第七章　查考地理文献

地理文献是指有关地方的名称、简况、沿革演变、历史、现状等方面的文献资料。可以用来查考地方文献资料的工具书很多，如一些综合性的词典、百科全书、类书、政书、年鉴、手册等，其中大都包含了一定的地方文献资料。本章主要讲述那些用于查考地方文献资料的专门工具书。

第一节　查考标准地名

地名是用以识别不同地理实体的记号。从广义上来说，地名不仅包括国家地区、城镇乡村、居民点等行政区划名称，而且还要包括山川岛屿、江河海洋等自然地名，楼台亭塔、宫苑寺庙等人造地名。地名看似简单，其实在它身上存在着许多复杂的问题。仅就称谓来说，规范的地名强调"一地一名"，强调"同级同名排斥"，但在历史上和现实生活中，同一地方往往有简称、省称、别称、雅称、合称、俗称、美称、讳称等多种称谓，造成了"同地异名"现象，而不同的地方，名称又往往相同，造成了"同名异地"现象。地名的规范形式，应由地理专名和地理通名两部分构成。地理专名是用以表示某一地理实体的专用名词，地理通名则是对专名地理属性的说明。如"北京市"、"喜玛拉雅山"，"北京"、"喜玛拉雅"为专名，"市"、"山"为通名。但许多史籍和文献中出现的地名，其形式往往不那么规范。另外，中国的地名，历来注重用字的表征意义，由形及义，以地名反映地方特征，这就使地名的用字呈现出某种规律，也使地名中聚集了较多的难字。地名强调相对稳定，强调相互区别，地名的读音往往游离于一般语音的发展之外，导致地名中保存了较多的古音、方音等特殊语音。所有这些地名中的复杂现象，无一不在一定程度上给人们的学习研究、内外交往带来了困难。当今，在世界范围内，地名正在向规范化、标准化的方向发展，适应这种形势，准确地了解、使用地方的标准名称，是一个极为基本也比较重要的问题。

查考标准地名，基本的工具书是地名录。地名录是一种伴随着地名规范化、标准化工作而兴起的工具书。它一般以较为简明的形式，反映地名的标准名称、规范书写和读音，提供准确而简略的地名资料。地名录的突出特点，一是在收录上注重完备性，二是在内容上注重准确性。通过查考地名录所能获得的，是有关某一地方比较可靠的最为基本的信息。

目前，国内规模最大的一部地名录是**世界地名录**，中国大百科全书出版社编辑，并于 1984 年出版。正文包括“外国地名”和“中国地名”两部分，共收中外地名近 30 万条。其编排体例是：外国地名条目不分国家、地区，一律按罗马字母顺序混合排列；中国地名条目则按汉语拼音字母顺序排列。外国地名一般包括罗马字母拼写名、中文译名、所在地域和地理座标四项。如：

Leningrad 列宁格勒　苏 N59. 55E30. 15

中国地名一般包括汉语拼音、中文地名、地理座标三项。如

Yumenguan 玉门关 N40. 3E93. 9

《世界地名录》所收地名数量之多，在国内的地名工具书中堪称第一，这为我们查考国内外一般地名比较规范、标准的拼读方法、书写形式、地理位置等，提供了极大的方便。对同地异名情况的处理比较细致。这部地名录对同一地方有多种称谓的，对两国边界上共有的地名或有争议的地名而双方名称不一致的，对有新、旧之分的地名，对有多种中译名的外国地名，均作了正、副条处理。副条用圆括号表示参见正条。如美国的 San Francisco，在我国有“圣弗

朗西斯科”和“旧金山”两个译名，在地名录中的表示形式是：

San Francisco 圣弗朗西斯科（旧金山）

这对我们了解同地异名情况极为方便。本书还编制了较多的附录。全书卷首、卷末共有10种附录，有的与正文配合使用，有的单独使用，有的是一些相关知识，与正文相辅相成，起到了扩展、补充正文内容的作用。

《世界地名录》所收资料，截至1983年12月。

反映国内地名标准名称、读音、方位的地名录，较完备的一部是**中国地名录——中华人民共和国地图集地名索引**，国家测绘总局测绘科学研究所地名研究室编，地图出版社，1983。这部地名录共收录了全国的地名、山水名、岛屿名等32000多条。因为这些地名都是从地图出版社1979年版《中华人民共和国地图集》中选录出来的，地名录中又标注了全部地名在地图集中所在的位置，所以，这部地名录既可以作为该地图集的索引与其配合使用，又可以作为地名录单独使用。

《中国地名录》是按照地名首字的汉语拼音字母顺序编排的，后附笔画索引，资料截至1982年底。在每一条地名下，一般注明五项内容：(1)地名所在的省份（用简称）；(2)地名的类别；(3)地名的汉语拼音；(4)地名所处的经纬度；(5)地名在《中华人民共和国地图集》中的图幅页码和座标网格数。如：

石家庄〔冀〕 Shijiazhuang 38.6 112.0 35 D4

单独使用这部地名录，可以了解某一地名的上述内容，如果把它和1979年版《中华人民共和国地图集》配合使用，则可以根据它的指引过渡到地图集中去，在一个更广阔的地域内对地名进行考察、了解。

反映国内乡镇地名的地名录，目前资料最新的是**中华人民共和国乡镇地名手册**(1989)，民政部行政区划和地名管理司行政区划处编，浙江人民出版社，1989。该书分市、县、市辖区列出街道办事处、镇、乡、民族乡以及相当于乡的苏木、农场、牧场等行政区划名称。县以上地名，资料截至 1988 年 6 月，县以下地名，资料一般截至 1987 年底。

从 1978 年开始，我国进行了全国范围的地名普查工作。在此基础上，许多省、市、县目前都陆续编纂了反映本地区地名情况的标准地名录(或称“地名志”)。这类地名录，收录的地名完备，提供的情况可靠，而且对地名都作了规范化、标准化处理，具有法定的权威性，它们是查考地方现行标准地名极为适用的工具书。这类工具书目前数量较多，很难一一列举，但其编制结构基本略同。现以《江苏省无锡市地名录》为例加以说明。

江苏省无锡市地名录，无锡市地名委员会编，1983 年印行。这部地名录是在无锡市地名普查的基础上编成的。全书共包括地名图，无锡市、区概况，标准地名录，地名工作文件资料，地名汉字首字笔画索引五部分内容。其中“标准地名录”一部分是主体。在这部分中，对每一地名，一般均注出四项内容：(1)地名类别；(2)标准名称；(3)地名汉语拼音；(4)备注。如：

类别	标准名称	汉语拼音	备　　注
城市	无锡	wúxī	西郊锡山盛产锡，汉初锡竭，故名无锡。位于惠山、锡山东麓，太湖之滨，京杭运河、沪宁铁路经之。曾为全国“四大米市”之一，有“鱼米之乡”、“小上海”之称。市政府所在地。

查考标准地名，还包括查考外国地名的标准中译名。解决这类问题，主要是利用一些地名录性质的外国地名译名手册。主要有：

汉俄英文对照外国地名译名手册，地图出版社 1960 年编辑出版。这部手册共收外国地名 3900 多条，共有三个对照表：(1)《汉俄英文地名对照表》，供从外国地名的汉字名称入手查俄文、英文名称；(2)《俄汉文地名对照表》，供从外国地名的俄文名称入手查汉字名称；(3)《英汉文地名对照表》，供从外国地名的英文名称入手查汉字名称。1962年，地图出版社又编辑出版了**汉俄英文对照外国地名手册补编**，编排结构与原手册相同，但它不是补原手册的遗漏，而是对原手册地名译法的调整，对原手册错误的订正。因此，在查考时应该先查《补编》，查不到的，再去查原手册，这样才能使《补编》起到订正勘误的作用。

外国地名译名手册，中国地名委员会编，商务印书馆，1983。这部手册共收外国地名18000多条。每一地名均注出外国名称、汉字译名、归属、经纬度四项内容。本书是专为统一规范外国地名的中文译法而编辑的，是一部内容较新，且具有一定权威性的查考外国地名译名的工具书。

世界地名翻译手册，萧德荣主编，知识出版社，1988。本书根据《世界地名录》缩编而成，删去了原书中的中国地名，对外国地名中使用频率较低的小地名加以删节，增补重要的历史地名和考古地名，其他地名适当调整合并。每一地名，列出外文原名、汉字译名和所属国家。附录中增加了第一次世界大战以后部分外国地名更名资料，以及《世界各国(地区)首都(首府)和行政区划名称一览》。

第二节　查考地理简况

地理简况是指有关某一地方的地理位置、方圆四至、建置沿革、经济文化、风物特产等方面的基本情况。它所涉及的内容，不仅仅限于名称上的问题，而是深入到了地方社会生活的诸多方面。一般人查考有关某一地方的情况，主要是这一层次的问题。查考地方简况，较为专门的资料工具书主要是史书"地理志"、地名词典、地理沿革表、地图等几类。

史书地理志主要用来查考中国古代的地理、地名简况。所谓史书地理志，是指二十六史中的“地理志”。在二十六史中，最早设立“地理志”的是东汉班固的《汉书》。自此以后，历代共有18部史书设有“地理志”，具体情况如下表：

名　　称	起讫卷数	所在册数
汉书·地理志	卷28上—卷28下	第6册
后汉书·郡国志	志19—志23	第12册
晋书·地理志	卷14—卷15	第2册
宋书·州郡志	卷35—卷38	第4册
南齐书·州郡志	卷14—卷15	第1册
魏书·地形志	卷106上—卷106下	第7册
隋书·地理志	卷29—卷31	第3册
旧唐书·地理志	卷38—卷41	第5册
新唐书·地理志	卷37—卷43下	第4册
旧五代史·郡县志	卷150	第6册
新五代史·职方考	卷60	第3册
宋史·地理志	卷85—卷90	第7册
辽史·地理志	卷37—卷41	第2册
金史·地理志	卷24—卷26	第2册
元史·地理志	卷58—卷63	第5册
新元史·地理志	卷46—卷51	第8册
明史·地理志	卷40—卷46	第4册
清史稿·地理志	卷54—卷81	第8～9册

注：所列“起讫卷数”和“所在册数”两项，《新元史》据开明书店版《二十五史》，其余均据中华书局点校本。

在二十六史中，除上述史书外，其它几部本来未设“地理志”这部分内容，但后人一般也都为其续补了“地理志”。这些续补之作，今天集中收在《二十五史补编》这部丛书中。

史书中的"地理志"，名称并不划一。多数叫"地理志"，有的叫"州郡志"、"郡国志"、"郡县志"、"地形志"，还有的叫"职方考"，但性质则相同，故一般统称其为"地理志"。

史书地理志的内容，主要是以当时国内的行政区划（如州、郡、道、路、省等）为单位，详列其所辖地域，记述其政区设置、演变沿革，同时也涉及各地的山川河流、户口数字、地方特产、民俗风情等情况。对于规模较大的地域，一般记载较详，规模较小的地域，多数记载简略，有的在地名下略加注语，有的则仅列地名。如《汉书·地理志》中对当时敦煌郡的记述：

> 敦煌郡，武帝后元年分酒泉置。正西关外有白龙堆沙，有蒲昌海。莽曰敦德。户万一千二百，口三万八千三百三十五。县六：敦煌，中部都尉治步广候官。杜林以为古瓜州地，生美瓜。莽曰敦德。冥安，南籍端水出南羌中，西北入其泽，溉民田。效穀，渊泉，广至，宜禾都尉治昆仑障。莽曰广桓。龙勒。有阳关、玉门关，皆都尉治。氐置水出南羌中，东北入泽，溉民田。

史书"地理志"中包含了丰富的地名资料、政区沿革资料、社会经济、风俗民情资料。如果把各史中的"地理志"这部分内容衔接起来，事实上就构成了一部比较完整的反映我国从上古至清末政区、地理沿革情况的专史，是查考古代地理情况的资料宝库。

史书中的"地理志"分散于各部史书当中，若要集中查考，颇有不便。另外，史书"地理志"也不是按工具书的编纂原则编成的，易检性略差。为了强化史书"地理志"的检索、查考功能，清人李兆洛将历代史书"地理志"的内容加以重新编排，形成了**历代地理志韵编今释**，这是我国历史上第一部具有地名词典雏形的专门工具书。该书将二十四史"地理志"中所涉及的地名，按地名末字所属的韵部顺序编排起来，注明每一地名在历代的统属关系及清地所在。从内容上来看，它所收的地名和所用的资料，并没有超出二十四史

“地理志”的范围，但由于它采用了新的编排形式，使原来分散于各书中的相关内容按地名集中，易检性加强了，从而也便于人们集中查考史书“地理志”中有关某一地方的资料。该书比较明显的缺点是：涉及范围较窄，如所列地名最小到县，县以下的重要地名很少涉及；分韵编排地名，使今天不懂古韵的人查考起来颇感困难。

目前，中华书局正在陆续出版与点校本二十六史配套使用的一系列地名索引，这是今天从二十六史中查考地理资料最为方便适用的索引工具。已经出版的有：

史记地名索引，嵇超等编，1990

后汉书地名索引，王天良编，1988

三国志地名索引，王天良编，1980

这些地名索引，收录的地名十分广泛。举凡一部史书中涉及到的国名、邑名、州、郡、县名、城、乡、里、亭名，以及地区、道路、关塞、山川、湖泽、津梁、宫苑、门、台、陵、观、祠、庙等名称，全都囊括无遗。而且对地名的简称、别称、异称、同名同地异类、同名异地异类、同名同类异地等复杂现象，均作了辨析考证，分别立目。每一地名下，注明所在史书的卷数、页数。这套索引的编制和出版，为人们充分利用二十六史“地理志”中的资料提供了极大的方便。

地名词典是一般人查考地方简况最常用的工具书。地名词典的主要内容是介绍地名的概况，提供基本的事实和有关资料，一般不做定义性的描述。它属于专名词典的范畴。在编制形式上，地名词典一般以地名为词目，全书按词目的某种顺序加以编排。现有的地名词典，可以分为一般地名词典、名胜古迹词典、地名语源词典等几类。

一般地名词典在内容上大都具有综合性的特征。尽管这类地名词典的收录范围可以不同，大到世界、国家，小到一省、一市、一县，但它所收的地名则是行政地名、自然地名、人造地名兼而有之，介绍的内容也往往兼及地理方位，沿革演变，经济文化、风物特产等诸多方面。在现有的地名词典中，一般地名词典最为常见。

在我国，出版较早且较为通行的一般地名词典，当数**中国古今地名大辞典**，臧励龢编，商务印书馆，1929，中华书局1959年重印。这部词典所收地名，上起上古，下至现代，共4万多条。凡是中国历史上比较重要和显著的地名、山水名胜、险关要塞等，基本全都收录。对每一地名，一般是先注明当时所在的地理位置，然后广泛征引历代古籍资料，说明该地的建置、沿革、变迁情况。如：

[敦煌县]亦作燉煌。汉置，为敦煌郡治。应劭曰：敦，大；煌，盛也。北周改为鸣沙。隋复曰敦煌。唐武德初为瓜州治，建中间陷于吐蕃。宋入西夏。元为沙州路治。明置沙州卫。清改置敦煌县，为安西府治。后府废，属甘肃安西州。今属甘肃安肃道。

从内容上来看，《中国古今地名大辞典》有两个比较明显的特点：一是收录的地名数量较多；二是征引的材料比较丰富。《中国古今地名大辞典》所收的地名，按笔画顺序编排，另附四角号码索引。书后附有几种附录，反映当时的有关情况。

《中国古今地名大辞典》在今天实际上只能起历史地名词典的作用。即便如此，其中的许多资料、介绍也显得陈旧，可靠程度有所下降。目前，查考中国历史地名内容较新的专门词典是**中国历史地名辞典**，复旦大学历史地理研究所编，江西教育出版社，1986。该书广泛收录了中国历代正史与正史"地理志"、正史以外的各种史籍地志以及历代诗文中所叙及的重要地名，包括县以上政区、重要的山川岛屿、城镇堡寨、关津驿站、道路桥梁、工程建筑、宫观园囿、寺庙陵墓、居住与矿冶遗址等等，总数约21000条。与《中国古今地名大辞典》相比，本书的突出特点是广泛吸收了当代的研究成果，对历史地名的地理方位、建置沿革以及今地所在，作出了准确而又简略的介绍。其中"今地"一般以1980年我国的行政区划为准。如同样是"敦煌县"条，该书的释文为：

[敦煌县] 西汉置，治所在今甘肃敦煌县西。十六国前凉建都于此。北

周改名鸣沙县。隋大业初复名敦煌县。唐末废。清乾隆二十五年(1760)复置,移治今址。

显而易见,在准确、简略两方面,均远胜于《中国古今地名大辞典》。该书按条目首字笔画顺序编排,附有笔画检字表。

四十多年来,我国的政区设置和地方经济、文化建设都发生了重大变化,但全面反映建国后地方概况的一般地名词典,长期以来一直是空白。直到八十年代,中国地名委员会、国家教育委员会、国家出版局才开始领导编纂我国历史上第一部大型地名词典**中华人民共和国地名词典**。该书的基本目的,是力求全面地反映我国及各省市、自治区、直辖市的地名结构及地名分布的概貌和特征。它以从1978年开始进行的我国第一次地名普查成果为基础,并广泛吸收有关学科的研究成果,不论在收录地名的完备性上,还是在释文内容的准确性上,都将达到一个新的高度。全书计划收录1949年10月1日以来的我国地名10万个,其中包括县以上政区名、县以下镇名和重要居民点名7万个,自然地名1.5万个,水利和电力设施名、交通名、纪念地名、名胜古迹名、地域名、简名、旧名等其他地名1.5万个。每一地名,均按规范化、标准化的原则处理,给出规范的汉字书写形式和罗马字母拼音,少数民族语地名,则提供规范的汉字转写和读音。释文内容除提供基本的地理要素外,还注意考究地名的语源,结合地名介绍地方的经济、文化建设成就。因此,该书也具有标准化地名词典和地名语源词典的功用。例如该书“江苏省卷”介绍“寒山寺”的条目(见下页)。

《中华人民共和国地名词典》计划先按省、自治区、直辖市为单位分卷出版,并出版“总卷”,收录那些跨省的和有全国性意义的重要地名。各卷均按分类和分区相结合的原则编排,并附音序、笔画索引。该书由商务印书馆出版,截至1990年,已出的分卷有:

江苏省卷,单树模主编,收录地名4838条,资料截至1984年。

浙江省卷,陈桥驿主编,收录地名4556条。资料截至1985年。

上海市卷，李春芬主编，收录地名 2308 条，资料截至 1986 年。

湖北省卷，梁希杰主编，收录地名 4731 条。资料截至 1988 年。

台湾省卷，朱天顺主编，收录地名 4363 条，资料截至 1988 年。

《中华人民共和国地名词典》的编纂和出版，标志着我国地名词典编纂事业发展到了一个新的阶段，它全部出齐以后，将是查考中国地方简况具有集大成性质的权威工具书。

寒山寺[Hánshān Sì] 在苏州阊门外枫桥镇。梁天监年间始建，初名妙利普明塔院。相传唐初高僧寒山曾在此住持，遂名寒山寺。唐代诗人张继夜泊枫桥镇写下著名的《枫桥夜泊》诗篇。自此，诗韵钟声脍炙人口，名播中外。后屡有兴废，现存殿宇为清末重建。有大殿、藏经楼、钟楼、枫江第一楼、碑廊等建筑。寺壁有寒山、拾得、丰干三僧石刻画像，俞樾补书张继《枫桥夜泊》诗碑以及岳飞、唐寅、文征明、康有为等人诗文碑刻。寺及附近的枫桥、江村桥均为省级文物保护单位。

目前，完整出齐的以反映我国当今地方简况为主要内容的地名词典，有**中国地名词典**，社科院民族研究所等编，上海辞书出版社，1990。共收录我国地名 21240 条，以今地名为主，旧地名收录民国时期和 1949 年以后的旧县名，古地名一般不收。资料截至 1988 年。这是 1949 年以来国内出版的第一部中型中国地名词典。

查考世界地方简况的一般地名词典，目前资料较新，质量较高的一种是**世界地名词典**，中国科学院地理研究所等 11 单位编，上海辞书出版社，1981。这部词典共收录中国以外的外国地名 1 万条。这些地名包括大洲、大洋的名称，世界各国家、地区及首都、首府名称，各国大行政区、城市及历史上发生重大事件的地名，主要山脉、河流、湖泊、港湾、岛屿的名称，部分古国名、古地名，世界名胜古迹、著名建筑物的名称等。中国和外国共有的山、河、湖、泊名称，本词典也酌收。全书词目按笔画顺序排列。对词目的解释，一般都比较全面、扼要。例见下页。

名胜古迹名称本来就包括在广义的地名当中，因此，专门的名胜古迹词典，实际上就是内容较为特殊的地名词典。名胜古迹词典对名胜古迹本身的介绍，大都较一般地名词典详细、深入，不仅介绍有关的地理要素，而且还要介绍其主要格局、历史沿革、风貌特点、史实传说、发展成就等相关情况。这样的内容，既可弥补一般历史地名词典对名胜古迹相关史实介绍的不足，又反映了与名胜古迹有关的经济、文化建设新成就。因此，不论是查考有关地方的历史或现状，名胜古迹词典往往可以起到一般地名词典的作用，或是补充一般地名词典的不足。

马尔维纳斯群岛 (Islas Malvinas) 又名'福克兰群岛'(Falkland Islands)。南大西洋的群岛。距阿根廷巴塔哥尼亚海岸550公里。由索莱达岛、大马尔维纳岛以及附近约200个小岛组成。面积约1.2万平方公里。人口约2,000 (1978)，多为英国人及其后裔，大部分居住在索莱达岛。首府斯坦利港。多丘陵高沼地，最高点厄斯本山(Usborne)，海拔705米。海岸曲折，多小海湾。河流短小，富浅水湖塘。海洋性气候，阴凉湿润。年平均气温5.5°C，年平均降水量约600毫米，阴雨日达250天，多强风。经济以畜牧业为主，主要养绵羊，还有牛、马等。出口羊毛、皮革、油脂、鲸脂等，大部分日用品依靠进口。1770年西班牙驱逐英国人后占领群岛。1816年阿根廷独立后属阿根廷。1833年被英国占领。现阿、英两国对其归属有争议。

在我国，专门的名胜古迹词典近年来开始较多地出现，其中有代表性的有：

中国名胜词典，国家文物事业管理局编，上海辞书出版社，1981。这部词典选收的词目都是全国各地的名胜古迹，其中包括全国著名的文物保护单位、各地的风景区、游览胜地，以及有名的楼阁亭塔、奇花异木、古建筑、古遗址等等，共4600多条。每一词目，均注明其地理位置、建置沿革、主要格局，还往往结合传说、史实，描绘其风貌特点。

中国历史文化名城词典，文化部文物局、中国城市规划研究院主编，上海辞书出版社，1985。本书汇集了国务院公布的我国第一批24个历史文化名城中的名胜古迹、风景园林、风物特产和城市建设等方面的资料。全书按国务院公布的城市次序排列。对每一城市的介绍，一般包括史地概况、古迹园林、风物特产、城市建设四部分。全书列出词目 3100 条。这是国内第一部专门介绍 24 个历史文化名城历史和现状的资料工具书。

世界名胜词典，新华社国际资料编辑组编，新华出版社，1986。本书选收世界各国和各地区（中国除外）的名胜古迹 3000 条。释文在侧重介绍其本身情况的同时，注意旁及有关的历史沿革、地理概貌以及与风土有关的重要产业等。资料一般截至 1984 年。

地名语源词典是一种主要从语源角度介绍地名含义及其演变的专门工具书。地名作为一种人类社会活动的产物，有鲜明的时代、自然、社会烙印。许多地名往往与当地的自然景观、经济特征、宗教、文化、民族乃至于神话传说等密切相关，在一定程度上折射和反映了这些现象。因此，地名被称为是研究社会政治、经济、文化的活化石，它可以为众多学科的研究提供珍贵的旁证资料。地名语源词典与一般地名词典的重要区别，就在于它内容的重点不是介绍有关地名的地理要素和风物概貌，而是探究、介绍地名的起源、含义、演变，由此从一个侧面再现当时的地理环境和历史现实。地名语源词典起源于西方。在我国，直到目前，这类专门的工具书仍不多见。除了少数几种国外地名语源词典的中译本外，国内出版的较为通行的一种是**外国地名语源词典**，邵献图等编，上海辞书出版社，1983。这部词典共选收外国常见地名 4200 多条。这些地名包括：世界大洲、大洋名称，世界各国家、地区及首都、首府名称，各国主要大行政区、大中城市名称，世界主要山、河、湖、泊、岛名称，少数世界名胜古迹、著名建筑名称，及一些古地名、街道名等。该书对地名的解释，以探讨其语源含义和词语特征为主，力求通过对地名含义的考证，从一个侧面再现世界各地的自然景观，揭示历史上重大的政治变革、经济发展、民族迁徙、宗教信仰以至民间传说等历史事实。例见下页。

广泛搜集资料，兼容各家之说，是该书在内容上的明显特点。

马德里(Madrid) 西班牙的首都，马德里省首府。在西班牙中部。始见于十世纪的欧洲编年史。其名称一说来源于拉丁文 materia，意为木材，因该地盛产木材。摩尔人入侵后，公元 932 年写作Madarat。1083 年西班牙人夺回该地，拼写为Madrid。一说来源于凯尔特语，由修饰词 mago 或 mageto (大的)加地理通名 rito 或 ritu 构成，意为宽广的渡口。另说其名称来源于一民间传说。古代此地为一人烟稀少，熊迹出没的小村落。一天，一小孩在屋外遇到大熊向他追来，在危急关头他爬上一棵樱桃树躲避。正巧母亲来找，见他在树上，示意令其下来，但对树下那只大熊毫无觉察。躲在树上的孩子见此情景，惊呼："Madre id！"西班牙语意为妈妈快跑！马德里即由此得名。

地理沿革表是一种以表格的形式反映政区设置变迁、历史沿革的工具书。其编制结构，一般是地名和时期经纬交织，对应揭示具体地名在不同时期的隶属关系和变动情况，必要时辅以一定的注释说明。其内容，一般侧重政区沿革，不像地名词典那样兼及概貌。这类采用表格形式的工具书，具有眉目清晰，提纲挈领，易于概略了解某地在不同时期的变易等优点，但同时也容易出现难以准确对应，难以及时、细致地反映变化等不足，使用时需注意。

在我国，地理沿革表一类工具书在清代就已大量出现。如清人陈芳绩所编**历代地理沿革表**，反映从上古至明代我国的政区沿革；清人段长基所编**历代沿革表**，以清代嘉庆年间的行政区域为纲，反映其设置变迁。这是查考我国古代政区沿革的重要工具书。反映近代以来我国政区沿革的这类工具书，目前所用资料较新的一种是**中国近现代政区沿革表**，张在普编著，福建省地图出版社，1987。该书系统地反映了 1820 年至 1984 年间我国县以上政区的沿革。全书分"总表"和"分表"两部分。"总表"反映省级政区及其治所的沿革，并辅记总督辖区、府州厅制兴废及道制置废年代；"分表"反映县级以上政区及其隶属关系的沿革，并辅记变动情况和治所。其编制结构为："总表"、"分表"均以地为经，时为纬，对应列出每一建制单位的名称、级别、沿革过程。例见下两页表。

在同类工具书中，该书较有代表性。明显的优点是：表格设计较为精密；根据近代以来的时期特点划分若干阶段，便于及时反映变迁，弥补了同类著作中普遍存在的清末和民国间屡有脱节、矛盾的不足；"辅记"以简略的文字撮述沿革梗概，起到了补充、概括表格内容的作用；书末附有按地名首字笔画顺序编排的地名索引，强化了检索、查考功能。

此外还有两种常见的以政区沿革表为主体内容的手册型工具书：一是**中华人民共和国行政区划手册**，民政部行政区划处编，光明日报出版社，1986。全书分综合篇、市镇篇、民族区域自治篇、人口、面积篇四部分，将资料汇辑与政区沿革表融为一体。综合篇概述我国行政区划的由来、原则、沿革概况，辑录了有关行政区划方面的法规，列有典型年份行政区划表，1985 年省辖地区、行政区、县以上行政区划表，台湾、香港行政区划表等。市镇篇简述市、市管县以及建制镇的发展过程，辑录有关法规，选编了部分年份直辖市、市和市辖区表、市管县表。民族区域自治篇辑录了有关民族区域自治的法规，列有各级民族自治地方表、1985 年自治区、自治州县级以上行政区划表。人口、面积篇汇集了第三次全国人口普查资料，各地区和各市人口、面积、人口密度等资料。

二是**中国县市政区资料手册**，陈潮、王锡光编，地图出版社，1986。全书由《全国县市政区明细表》和《全国旧县市明细表》组成。前者列出政区名称、驻地、经纬度、沿革简介等项目。沿革简介始于 1912 年，止于 1985 年底，简介行政建制的设置和撤销，县市名称的更改，治所的迁移，县市归属的变化等内容。后者只列政区名称和沿革简介，介绍旧县市设撤的时间及变迁的过程，以及现在的归属等内容。

总表 省级政区及其治所的沿革

今称	沿革名称			治所	辅记
	1820—1911	1912—1948	1949—1984		
北京市	顺天府	京兆地方 1914.10 北平特别市 1928.6 (降为北平市) 1930.7 北平(直辖)市 1930.11	北京(直辖)市 1949.10	北京内城	清朝定都于此：设置顺天府，设府尹，省级单位，上隶直隶总督，下领24州县。1914.10废府，改置京兆地方，直隶中央。1912.4至1928.3为北洋军阀统治中心。1928.6裁京兆地方，所领各县划归直隶省；同时划原城郊区域置北平特别市。1930.7（6月批准）降为河北省辖市，11月升直辖市。1949.10.1起为中华人民共和国首都，改名北京（直辖）市。1952年及1958年，先后划河北省11县市来属。1928.6前及1949.10后简称京，1928.6至1949.9简称平。
天津市		天津特别市 1928.6 天津(直辖)市 1930.6 (降为天津市) 1930.11 天津(直辖)市 1935.6	(降为天津市) 1958.2 天津(直辖)市 1967.12	天津城	1928.6划河北省天津县城区附近地置天津特别市。1930.6改名天津（直辖）市，11月降为河北省辖市。1935.6升直辖市。解放初，将河北省宁河县部分区域及天津全县并入，为其市辖区。1958.2又降为河北省辖市。1967.12又升直辖市。1973年划河北省静海等五县来属。简称津。
河北省	直隶省	河北省 1928.6	仍	保定府(1913.2 废府存清苑县), 1914.6 天津县, 1928.9 北平特别市(1930.7 降为市), 1932年天津市, 1935.6 清苑县, 1948年冬保定市, 1958.4 天津市, 1968.2 石家庄市。	清初置直隶省，省会保定府；直隶总督（统辖直隶省、顺天府）也驻保定府。1870年直隶总督兼北洋通商大臣后，有时驻天津府，1900年起常驻天津府。1913.2废府州厅制。1914年存省，县之间置道。1928年废道制。1928.6划原京兆地方所领各县来属，改名河北省。简称直（冀）.
		热河特别区 1914.1 热河省 1928.9	(裁入河北等省区) 1956	承德县, 1948.11 承德市。	1914.1划直隶省15县（局）及内蒙古16旗合置热河特别区，同年设热河道。1928年废道制，9月改特别区为省。简称热。1956年裁入河北、辽宁、内蒙古三省区。
山西省	山西省	仍	仍	太原府 (1912.5废府存阳曲县), 1947.1 太原市。	原山西省，今仍。1912.5废府州厅制，1914年存省，县之间置三道，1927年（1928年[illegible]3）废道制。简称晋。

所隶省区	名称和级 1820—1911	名称和级 1912—1948	名称和级 1949—1958	名称和级 1959—1984	辅记
顺天府——京兆地方 1914.10——北平特别市 1928.6 河北省 1930.7 北平市 1930.11 北京市 1949.10			东郊区 朝阳区 1958.5	仍	见前页。
同上			南苑区 （并入朝阳等区）1958.5		
顺天府——京兆地方 1914.10——河北省 1928.6——北京市 1958.3	大兴县(顺天府治)	大兴县 1914.10	大兴区 1958.5	大兴县 1960.1	1914.10废府存县。1928年由北京内城迁治黄村。1958.5南苑区部分区域与之合并为大兴区。1960.1改县。
同上	房山县	仍	周口店区 1958.5	房山县 1960.1	分驻二县县城（城关）。1958.5二县合并为周口店区，驻原房山县城关。1960.1改置房山县，仍驻城关镇。
同上	良乡县	仍	（并入房山县）1958.5		
顺天府——京兆地方 1914.10——河北省 1928.6——北京市 1949.10			京西矿区 门头沟区 1958.5	仍	见前页。
顺天府——京兆地方 1914.10——河北省 1928.6——北京市 1952	宛平县(顺天府治)	宛平县 1914.10	丰台区 1952	仍	1914.10废府存县。1928年由北京内城迁治卢沟桥。1952年废县改置丰台区，改驻丰台。
顺天府——京兆地方 1914.10——河北省 1928.6——北京市 1956	昌平州	昌平县 1913.2	昌平区 1956	昌平县 1960.1	1913.2废州改县。1956年大部分区域改置昌平区，其余区域并入顺义县。1960.1改县。
顺天府——京兆地方 1914.10——河北省 1928.6——北京市 1958.10	平谷县	仍	仍	仍	向驻平谷（城关镇）。
同上	密云县	仍	仍	仍	向驻密云（城关镇）。
同上	怀柔县	仍	仍	仍	向驻怀柔（城关镇）。
顺天府——京兆地方 1914.10——河北省 1928.6——北京市 1958.3	顺义县	仍	顺义区 1958.5	顺义县 1960.1	1958.5改县为区。1960.1改区为县。向驻顺义（城关镇）。
同上			通县城关区 1949 通县镇 1951 通州市 1953 （并入通县）1958.5		1949年划通县城区置通县城关区。1951年改通县镇。1953年改通州市，仍驻通州。1958.5废市，与通县合并为通州区（见下页）。

地图是将地表事物与现象标绘于图纸上的缩影。我国是世界上最早编制、使用地图的国家之一。春秋战国时期，地图已经比较普遍地运用于军事战争、外交往来等活动。西晋初年，我国著名地图学家裴秀在总结前人制图经验的基础上，创立了“制图六体”理论（即分率、准望、道里、高下、方邪、迂直），并以此为指导编制出了《禹贡地域图》；唐中叶著名的地图学家贾耽用“古墨今朱法”绘成《海内华夷图》，在世界地图学史上占有重要地位。裴秀的“制图六体”理论，一直为我国古代制图者所遵循。在传统地图绘制日臻完善的同时，清代康熙年间，我国出现了用新法测绘的全国性地图——《皇舆全图》。这标志着我国的地图编制发展到了一个新阶段。清末著名学者杨守敬编绘的《历代舆地图》，洋洋 34 册，以清代实测的《大清一统舆图》为底影，古今对照，朱墨套印，详示春秋至明各朝政区和山川形势，成为我国历史地图绘制史上的一座里程碑。几千年来，我国积累、流传下许多地图。因为地图是把地表事物缩影到图面上，具有直观、形象、视野开阔、易比较等优点，所以在查考地方简况时，它有其他类型的工具书不可替代的独特功用。当然，地图本身也有局限性，如不易随时反映疆域、政区、地名的伸缩变动情况，某些历史地名（如未经实地考察的古遗址、古地名等）不易准确定位，一些古代水道、湖泊难以准确复原，等等，这些在使用时应注意。

查考中国历史上的地方简况，目前权威性的历史地图是**中国历史地图集**，谭其骧主编，地图出版社 1982 年开始出版。此书曾于 1974 年出内部试行本。这部地图集是在清末杨守敬《历代舆地图》的基础上，于 1954 年开始编绘的。它反映了 1840 年以前中国各个历史时期的政区设置变迁和部族分布的基本情况。全书共分 8 册：第 1 册：原始社会、商、周、春秋、战国时期；第 2 册：秦、西汉、东汉时期；第 3 册：三国、西晋时期；第 4 册：东晋、十六国时期；第 5 册：隋、唐、五代十国时期；第 6 册：宋、辽、金时期；第 7 册：元、明时期；

第8册:清时期。每一时期,先有一幅该时期全图,然后是该时期的分图,即州、郡、县,乃至城镇图等。每册后附有《地名索引》,供从古代地名入手查找其在地图中的位置。索引的条目列出地名、历史时期、图幅页码和纵、横座标网格数四项内容。例如:

鄱阳(唐)　　56～57③9

共有20个图组,304幅地图(不包括不另占篇幅的插图),所收地名总数在7万个左右。修订本十分注意吸收近年来的考古发现和学术研究的新成果,订正了内部试行本中的许多错误。如改绘了着色、注记和边界画法上的不妥之处等。还补充了许多阙漏。如各图幅都或多或少地增改了一些点、线,增补了一些插图;在唐时期图组内还增补了一幅八世纪中叶的突厥图等。修订本还充实了许多内容。如对前后变化较大的若干时期,酌情增画了几幅全图,以期更准确地反映其变化;将原来图中按不同年代情况绘出的某一时期"全图",一律改为按同一年代情况绘出;将原来的741年吐蕃图改按吐蕃极盛的820年绘出等。这样,修订本在反映历史地理情况的科学性、准确性、全面性诸方面有了整体的提高。

《中国历史地图集》从开始编绘到公开出版,历时近三十年,是我国历史地图史上的空前巨著。它最突出的优点是:(1)反映历史地理情况比较全面、系统。每一时期,既有"全图",又有"分图",点面结合,纵横交贯。整部图集,系统地展示了我国自石器时代以来人们生息活动地区的发展演变情况。(2)地名的古今对照做得比较深入、细致。全书的每一幅地图,均以现代版图为底影,然后把古代版图用不同颜色套印在上面,古今地域的异同十分清楚。对比较重要的地名,古今名称同时标出(修订本所标今名,截至1980年底全国行政区划资料),查对极便。(3)编定时间距今较近,而且广泛吸收了前人的研究成果和当代的最新资料,学术性、可靠性较高。

为了弥补地图限于形式所造成的内容上的不足,《中国历史地图集》还将作为编绘地图依据的文字说明汇编成册,定名为**中国历**

史地图集释文汇编，将分东北、蒙古、青藏、西南、中原王朝六卷单独出版。释文汇编的内容，主要是介绍图集各册点、线、面的定位依据。按时期分章、按地区分节加以编排。每节先有"总说"，然后分别介绍所属各县。各卷后均有地名索引，注明所释条目在《中国历史地图集》及本卷中的位置与页数。如该书"东北卷"在第五章（清时期）、第一节（盛京将军辖区）下对"奉天府"的介绍：

二、奉天府

1.府治　在今辽宁省沈阳市旧城

《嘉庆一统志》卷五九奉天府一记载，顺治十四年（1657）"设奉天府，置府尹"，领州二（辽阳州、复州），县六（承德、海城、盖平、宁海、开原、铁岭），厅三（新民、岫岩、昌图）。乾隆二十八年（1763）在兴京城置厅，此后奉天府辖有四厅。

奉天府"东西距八百七十里，南北距九百九十里，东至抚顺与兴京接界八十里，西至山海关七百九十里，南至海七百三十里，北至开原县边界二百六十里，东南至鸭绿江朝鲜界五百四十里，东北至吉林界二百一十里，西北至义州边界四百五十里。"（同上书）府治本明代沈阳中卫，今辽宁省沈阳市旧城。

从内容上看，这些考释文字具有地名词典和地理资料汇编的双重性质，它可以在以下几个方面弥补图集自身的不足：(1)图集中编绘的每一图幅，显示的都是历史上某一标准年代的情况，虽有典型代表性，但全面细致尚嫌不足。释文汇编在主要说明图幅标准年代划线定点依据的同时，有时也涉及标准年代前后的变化，这等于扩大了图集的容量。(2)一些由于技术及其他各种原因无法在图幅上作出反映的内容，释文汇编作了必要的补救。(3)对诸家研究成果的吸收，图幅中只能选择一家之言，释文汇编则提供了未被图集采纳，但有一定价值的资料和见解。总之，图集与释文汇编相辅而行，使《中国历史地图集》的内容更为完备，使用价值更为提高。

目前，《中国历史地图集释文汇编》已出版的只有"东北卷"，谭其骧主编，中央民族学院出版社，1988。

“读史地图”是历史地图中的特殊类型。这类地图大都是配合某部历史著作而编绘的，一般既可以看作是该部历史著作的附册，又可以作为独立的地图集查考。其内容是以地图的形式概略地反映社会政治、经济、军事、文化等各方面的基本情况，以补历史著作中某些文字叙述的不便与不足，起到配合读史的作用。这种“读史地图”和文字记述相比，具有主线突出、形象具体、时空感强的优点，但历史的内容异常丰富，历史资料也极其复杂，如果以地图的形式来表现，势必需要剔除一些次要的方面，以避免线条纷陈之患，这又是“读史地图”的局限。比较重要的“读史地图”有：

中国史稿地图集，郭沫若主编，地图出版社，1979。这部地图集是配合郭沫若主编的《中国史稿》编绘的。全书分上、下两册，时间是从原始社会开始到鸦片战争为止。其内容是以地图的形式反映我国历史上各族人民重大的政治斗争、生产实践和活动区域。所绘地图，除《原始社会遗址分布图》外，均以分色办法，做了古今对照。

中国近代史稿地图集，张海鹏编著，地图出版社，1984。这部地图集是配合《中国近代史稿》编绘的，概略地反映了中国近代史时期(1840—1919年)政治、经济、军事、文化诸方面的基本情况。全书共收各类地图68幅，每幅一般都有文字说明，配合该图内容，扼要说明某一历史事件的背景和经过。地图中古今同点不同名的地名，均有古今对照。附有按地名首字笔画顺序编排的地名索引。

查考我国当前地方简况的地图，内容较新，质量较好的是**中华人民共和国地图集**，地图出版社1979年编制出版，8开精装本。这是建国以来公开出版的一部内容丰富的地图集，曾获1982年全国优秀科技图书奖。图集由专题图、省(区)图、城市图三个图组组成，每一图幅后均有文字说明。其中专题图30幅，如《中国政区》、《中国人口》、《中国民族》、《中国地形》、《中国气候》等等，比较系统地介绍了我国广袤的土地、众多的人口、丰富的资源等情况。省(区)图31幅，比较详细地介绍了各省(区)的自然要素和社会经济要素。城市图 14 幅，包括 42 个城市、各省区行政中心，展示了这些城市的风貌格局。1983 年，地图出版社又出版了可与之配合使用的地名索引，即《中国地名录——中华人民共和国地图集地名索引》。这部地图集的特点在于：结合介绍我国的地理面貌来反映新中国的经济建设成就。图集的说明文字比较丰富，共约有 10 万字。另外，还配插了许多统计图表。它是一部综合性的参考地图集。本图集所用的行政区划资料截至 1979 年底。

1984 年，地图出版社又将此图集缩印为 16 开本出版，并订正了原来的个别错误。缩印本所用行政区划资料，截至 1982 年底。

此外尚有**中华人民共和国分省地图集**，地图出版社 1974 年编制出版，目前最新版本为 1984 年版。这是一部供中等以上文化水平的人学习时事政治、探求地理知识时查考之用的地图集。共有地图 50 幅，包括总图 3 幅、省区图 28 幅、地区图 4 幅、地形图 15 幅。省区图插绘有省会的城市略图。每一图幅均有文字说明，末附地名索引。1984 年版所用行政区划资料截至 1983 年 6 月底。

查考世界历史上的地方简况，目前重要的地图是**泰晤士世界历史地图集**(中文版)，杰弗里·巴勒克拉夫主编，三联书店，1982。这是一部驰名世界的地图集，自 1978 年由英国伦敦泰晤士图书公司出版以后，先后被译为多种文本。中文本从内容到形式完全保持了原著的面貌。本图集反映了从人类起源开始至 1975 年为止人类历史的运动和发展，尤其注意反映人类文明在各个历史时期的不同发展水平，反映不同文明在历史上的成就、挫折和复兴。全书约有 600 幅精美的彩色地图，有 127 篇文字论述。这些文字论述，分别由 80 位西方历史学家撰写，既是有关地图的文字说明，又是人类历史重大主题的高度概括；既有完整体系，又可独立成篇，具有较高的学术价值。图集的编排结构是：卷首有《世界历史大事年表》，用对照形式，选列从公元前 9000 年至 1975 年(个别到 1976 年)世界各大地区的重要历史事件和文化、科技成就。还有一幅世界历史的地理背景图。图集的主体是《世界历史地图》，共包括 7 部分：早期人类的世界、最初的文明、欧亚的古典文明、划分为地区的世界、新兴的西方世界、欧洲统治时期、全球文明时代。全图集的 600 多幅地图和 127 篇文字论述绝大多数集中于这一部分。卷末附有《资料来源》，列出了本图集的参考书目；《专名汇编》将图集所附的文字论述中涉及到的 1600 多条人物、民族、事件、条约等专名，作了简略解释；最后是本图集的索引。

与同类型的世界历史地图集相比，《泰晤士世界历史地图集》从内容到形式都较有特色。在内容上，编者以较为严谨的学术研究为基础，比较全面、客观地表现了世界各地区、各民族在人类历史上的贡献、成就、影响，在一定程度上改变了过去以欧洲为中心的旧观念。在具体表现人类历史的形成和发展时，作者尽量避免堆砌个别历史事件，而十分注意从宏观历史的高度上进行阐述，因此，整部图集较少涉及个别国家历史上的个别事件，而较多地涉及了那些席卷世界的大规模的运动。人类文明的进步，文化知识的发展，是本图集表现的重点内容，这与以往的世界历史著作更多地注意政治分野和武功战绩的做法有所不同。在形式上，本图集特别注意发挥"图"的优势，尽量调动一切适当的视觉手段来突出变化，表现进程。使用时应该注意的是，有些内容未尽妥当确切，特别是有关中国历史的内容。

第三节　查考历代方志

方志即地方志，它是一种记述地方自然和社会等各个方面历史与现状的综合性著作。方志的主要特点是：在内容上，具有广泛性。举凡一个地方的自然情况，诸如地理、气候、天文、灾异、山川、河流等等，经济情况，诸如资源、物产、户口、农田、水利、盐政、交通、贸易、税收、赋役等等，典章制度情况，诸如地方政治制度、兵制、科举制度等等，社会风貌情况，诸如风俗、民情、氏族、生计等等，以及科学、文化、教育、人物、艺文、名胜等等，几乎无所不有。因此，在古代，方志被称为“一方之全史”，在现代，方志被誉为“地方百科全书”。在记述范围上，方志具有地域性。方志记述的范围，一般都以一定的地理区域为限。就现存的方志来说，按地理区域可分为全国性的和地方性的两大类。全国性的方志一般称为“一统志”。方志中的绝大多数都是地方性的。地方性的方志种类极多，主要有省志、府志、州志、厅志、县志、乡镇志、乡土志、边关志、土司所志、盐井志等。在编纂刊印上，方志具有连续性。一部方志在首次编成刊印后，间隔一段时间，一般就要进行续修。首次编纂的方志，往往追根溯源，概述当地历代的兴衰变化，具有“通史”的性质；续修的方志，则重点反映当地新近发生的情况，以补首次志书之未及。

我国编修方志有悠久的历史。早在周王朝时期，就出现了专门论述地方情况的史书，像传说中的晋《乘》、楚《梼杌》、郑《志》等，这些被称为“四方之志”的国别史，实际上就具有方志萌芽的性质。春秋战国时期出现的地理著作《山海经》、《尚书·禹贡》等，也和后来的方志有一定的渊源关系。到东汉年间，出现了袁康所编的《越绝书》，这是国内现存的最早的地方志。整个秦汉魏晋南北朝时期，方志的主要形式是反映一方风土人物的“地记”，内容和文字大都比较简略，而且体例也多因人而异。隋唐时期，舆图和说明文字相结合的“图经”盛行起来，这是方志发展的一种新形式。中国方志体例基本定型、内容趋于完备是在宋代。这时，“地记”、“图经”等已经基本上被“志”所取代，方志记述的重点也开始从地理情况转到社会的众多方面，“人物”和“艺文”在方志中逐步占据了比较重要的地位，形成了后来方志的一般格局。像《太平寰宇记》、《元丰九域志》，以及被称为“临安三志”的《乾道临安志》、《咸淳临安志》、《淳祐临安志》，都是当时具有代表性的地方志。清代是中国地方志编纂的极盛时期，各地都设有专门的修志机构，许多文人学者也竞相编纂、辑录方志，出现了一大批方志学家和高质量的方志。

中国的地方志，经过几千年的发展，体例、内容逐渐完善，积累的数量也极多。但许多方志在流传过程中都已经亡佚了，特别是宋代以前的方志。据统计，国内现存的方志，总数大约在 8000 种以上，这个数字，几乎相当于现存全部古籍的十分之一。这些流传至今的方志，从编修时间上看，多数是清代的，大约有 6000 多种；从方志类型上看，多数都是县志，大约占全部现存方志的 70%左右；从所属地域上看，以河北、江苏、浙江、山东、四川等省最多，其次是河南、江西、山西、陕西、广东、湖北等省，边疆地区的则很少；从收藏地点上看，北京、上海、天津、南京、湖北等地的大型图书馆收藏量最多。如北京图书馆收藏地方志 6000 多种；上海图书馆收藏方志 5400 多种；天津图书馆藏方志 3686 种；中国科学院图书馆藏方志 4000 多种；故宫博物院图书馆藏方志 2000 多种；湖北省图书馆藏方志 1000 多种。有些大专院校图书馆收藏方志的数量也比较多，如北京大学、南京大学、北京师范大学、南开大学、复旦大学等。另外，还有一些中国古方志流散在海外，主要是在日本和美国。

新中国成立以后，我国编修方志的优良传统得到了继承和发展，进入了一个崭新的阶段。1956 年以后，全国各地在研究和总结旧方志的基础上，开始编修新方志。到“文化大革命”以前，这项工作取得了显著成绩。“文革”以后，编修方志的工作重新在全国展开。目前，全国有许多县市都设立了专门的修志机构，方志在四化建设中的作用被人们逐步认识。可以预料，在不远的将来，一大批内容丰富、资料翔实的新方志将以崭新的面貌问世。

地方志中包含了大量连续、完整的反映地方自然、社会各方面情况的资料，而且有许多资料在其他史书、文献中难以见到，因此，在诸多学科的研究中，在今天的社会经济、文化建设中，地方志中的资料有极高的价值。但是，现存的地方志一方面数量较多，另一方面收藏地点也比较分散，要想充分有效地利用方志中的资料，就必须借助于有关的工具书，主要是方志目录。

确切地说，方志目录是一种揭示方志基本情况的工具书。所谓“基本情况”，包括方志的名称、卷数、作者、版本、收藏地点、纂修源流、主要内容等等。现有的方志目录，有的仅罗列名称、卷数、作者、版本、收藏等基本项目，称为“一般方志目录”，实际上就是不列提要的方志目录。有的在罗列上述基本项目的基础上，还撰写提要，概述方志的纂修源流，考订方志的版本流别，简介作者事迹和主要内容，一般称为“方志考录”。

我国较早出现的综合性一般方志目录是**中国地方志综录**，朱士嘉编，商务印书馆，1935，1958 年又出版增订本。该书反映了全国 41 所图书馆收藏的地方志 7400 多种。《中国地方志综录》的问世，为我国方志的整理、利用，为我国方志目录的编纂奠定了基础，开辟了道路。

目前，国内收录方志最多的一般方志目录是**中国地方志联合目录**，中国科学院北京天文台主编，中华书局，1985。这部方志目录是北京天文台中国天文史料普查整编组为了编写《中国古代天象记录总集》和《中国天文史料汇编》二书，在普查全国地方志的基础上，以《中国地方志综录》为蓝本编成的。全书共反映了全国 190 个图书馆、博物馆、文史馆、档案馆所藏的地方志 8200 多种。这些地方志，既包括已经编定刊印的成型方志，还包括具有方志初稿性质的志料、采访册、调查记等。其编纂年代，均在 1949 年以前，1949 年以后编修的新方志不收。对每一种方志，均著录如下五项内容：书名、卷数、纂修者、版本、收藏单位和备注。如：

〔康熙〕顺天府志八卷
(清)张吉午纂修
清康熙抄本
北京(存卷 2—8)　上海(胶卷)

《中国地方志联合目录》的主要特点是：(1)收录方志的数量

多，基本上能够反映全国方志收藏的基本情况。(2)著录的项目比较精细、准确。古代编修的方志，在编者、卷数、版本等方面存在许多复杂的问题，有些还存在同书异名的情况，对此，《联合目录》的编者都认真核对了原书，作出了准确的著录，有的还加按语、注语略作说明。另外，在书名前，编者还按方志纂修年代或记事所止时间加冠了年号，这给使用者带来了极大的方便。

《中国地方志联合目录》的主要功用是：了解一部方志的基本情况，诸如书名、卷数、编者、版本等；了解一部方志在全国 190 多个单位的收藏情况。

需要比较深入、全面地了解方志的有关情况时，方志考录是更为适用的工具书。与一般方志目录相比，方志考录的最大优点就是既有“录”，又有“考”，即既有对方志名称、卷数、编者、版本等基本项目的著录，又有对方志编纂、作者、源流、内容的考订与介绍。当然，一般来说，方志考录所反映的方志的数量，不及一般方志目录多，有些方志考录对方志的收藏地点不作介绍，这又是它的不足。目前，比较重要的方志考录主要有：

中国古方志考，张国淦编著，中华书局，1962。这是一部不论存佚，悉加考订的综合性方志考录。所录方志，起自秦汉，止于元代，基本上按省排列。对于每一方志，不仅列其书名、卷数、作者、版本，简介作者生平，而且还记述历代各种目录中的著录情况，辑录提要及序跋原文，作者亦间作分析考辨。特别是对一些今已失佚的方志，不仅提要、序跋辑录得比较完备，而且还将作者所见的一些引用佚文之书逐一注明，这为后人辑录方志佚文提供了极大的方便。辑录旧著资料丰富，这是本书在内容上最显著的特色。书后附有按首字笔画顺序排列的《书名索引》。

方志考稿(甲集)，瞿宣颖著，北平天春书社，1930。本书所录方志，为江苏、河北、山东、河南、山西、辽宁、吉林、黑龙江八省的现存方志。每一方志，均有提要，“辨其体例，评其得失”，重点指明方志中重要史料的价值。

浙江方志考，洪焕椿编著，浙江人民出版社，1984。共收录浙江已佚和现存的历代方志2000多种。全书共分20卷，比较详尽地考索了浙江各类方志的纂修源流、存佚情况。对一些有价值的方志，介绍作者简况，概述主要内容，特别是对一些国内藏本不多的珍贵本、旧钞本、批校本、手稿本，还摘录其序跋和后人的评论。对现存方志，均详细著录版本流别、收藏地点，同时，对历代目录及有关专著中的记载舛误之处，择要加以考订。这样，全书便具有提要目录、版本目录、典藏目录和考订目录的多重功用。《浙江方志考》对历代浙江古方志作了一次系统、全面的清理，是现有方志考录中质量较高的一部。

上海方志资料考录，上海师范学院图书馆1963年编印。共采录上海市各县方志295种，方志资料书846种。该书的最大特点是：许多方志下摘引了原书的重点内容，为一般人利用方志资料提供了方便。

东北地方志考略，郝瑶甫著，辽宁人民出版社，1984。本书共收录目前国内现存的东北三省通志、府厅州县志及乡土志267种。对每一方志，先注书名、卷数、版本、册数，次列纂修年月、纂修人员、纂修经过，然后列出方志目录，有的还引述了纂修沿革、编纂凡例及重点内容，遇有问题，作者间加考证。

1982年，吉林省地方志编纂委员会和吉林省图书馆学会共同约请组织全国各省、市、自治区的方志学、图书馆学、目录学等方面的专业工作者编纂一套**中国地方志详论丛书**。这套丛书，计划每省一册，以本省图书馆所藏的方志为基础，将本省范围内的通志、府州厅县志、村卫乡镇志作出具体的概述、评析和介绍。一般的体例是：先概略介绍本省方志的一般情况，诸如历代方志的编修情况，各类方志的总体情况等等，然后以现行行政区划的地、市为单元立题，具体介绍、考订本地区志书。这是一套比较系统有序地反映全国各省、市、自治区方志情况的丛书，从内容上看，具有“方志考录”的性质。目前，这套丛书已经问世的有：

北京地方志概述，冯秉文主编，1985

天津地方志考略，魏东波编著，1985

黑龙江方志简述，方衍主编，1985

江苏方志考，倪波编著，1985

山东地方志纵横谈，王桂云、鲁海编著，1985

江西地方志概述，漆身起主编，1985

青海地方志书介绍，陈超、刘玉清编著，1985

西藏志书述略，河金文编著，1985

地名、地方简况总是处于不断发展变化的过程中，因此，有关工具书中提供的资料、结果，准确性、完备性只能说是相对的。明乎此，在利用工具书查考这方面问题时，就应该特别注意拓宽思路，讲究方法。具体来说，先近后远、图文结合、综合比较，是查考的基本原则。先近后远是说在查考地名、地方简况一类问题时，应先从新近出版的工具书入手。因为一般来说，新近出版的工具书总要参考、吸收已有的成果，并且可以利用新资料，反映新情况，准确程度相对较高。新近出版的工具书还不能圆满地解决问题时，考虑由“近”及“远”，有目的地选择其他工具书加以补充。图文结合是说应注意地图和文字资料的对照与配合。因为地图和文字资料在内容上、形式上各有优势，也各有局限，仅仅依靠某一类工具书，难免顾此失彼，而将二者加以对照、配合，可以使查考的结果更为准确、全面。综合比较是说对从各种工具书中查得的结果，不应盲目照搬，而应有一个综合比较、审慎鉴别的过程，这样才能发现错误，去伪存真。总之，遵循先近后远、图文结合、综合比较的原则，不仅可以保证查考的质量，而且可以提高查考的效率，具有事半功倍的效果。

地名、地方简况的发展变化与工具书反映这种变化总有一定的“时间差”。因此，一些最新的变动情况、发展情况，及时、迅速地加以反映的往往不是专门的工具书，而是政府的行政公报、有关文件或报刊中的有关报道。所以，在了解最新的情况时，还应特别注意利用这些文献资料。

第八章 查考纪年历日

年月日问题，是人们随时都会遇到的问题。在远古时候，人们还没有计算时间的概念。后来，随着生产实践和实际生活的需要，并且观察了日月星辰的运动和变化，寒来暑往，露霜雨雪以及花草树木的繁茂与枯萎，经过长时间的经验积累，人们才逐渐地产生了年月日的初步概念。首先是对日有了认识，因为它和人类生活关系最为密切。后来通过对月亮外形变化的观察，人们用日来测量月亮圆缺变化的周期，这样产生了月的概念。至于人们对年的认识比日和月的认识要晚得多。

怎样表现年月日呢?这集中反映在有日历可供我们查考上；而日历又是根据历法编制起来的。历法不同，日历也就不同了。今天世界上绝大多数国家都使用公历，但古今中外在历史上曾经出现过、使用过的纪年、纪月、纪日方法却是五花八门，多种多样的。在平常的学习研究中，在阅读一些历史文献，查考一些历史事件时，经常需要把不同的纪年、纪月、纪日方法加以对照和换算，以更清楚、准确地把握时间背景。解决这类问题，主要应该利用的工具书是历表和年表。

第一节 查考年代对照

单纯查考不同纪年年代的对照，可查历史纪年年表。历史纪年年表是以表格形式用以对照不同纪年方法记载的年代，就中国历史纪年年表而言，总是中国历史纪年与公元纪年的年代对照，记载项目有朝代、庙号、帝王姓名、年号纪年、公元纪年以及干支纪年。

不同纪年年代的对照，主要是中国历史上几种常用的纪年方法和公元纪年的相互对照。

我国是世界上最早有较为精确历法的国家之一，早在公元前841年，就开始有了确切的历史纪年。最早的确切的历史纪年，称为“帝号纪年”或“王位纪年”，是以王公在位的年次为序纪年，如公元前841年记为西周共和元年，鲁真公十五年、齐武公十年等，形式比较简单。到战国时期，我国出现了星岁纪年。西汉武帝时首创年号纪年，东汉初干支纪年已被广泛应用。还有起源于我国古代北方边疆少数民族地区后传入中原的生肖纪年。各具特点。现分别予以说明。

干支纪年 干支是幹枝的意思，是天干和地支的统称。干支纪年就是天干和地支依次搭配起来用以纪年的方法。天干10个：甲乙丙丁戊己庚辛壬癸，地支12个：子丑寅卯辰巳午未申酉戌亥。也有人把干支称为“甲子”，这是用第一个天干和地支的名称来代称所有的天干、地支。十个天干和十二个地支依次搭配，轮回一周，共计60年，一般也称“六十花甲子”。六十甲子周而复始，永不间断，所以，每隔60年，干支的顺序、名称就完全相同。周期的干支（甲子）排列顺序表见下页。

由于天干、地支的顺序是固定的，天干、地支的搭配又要求依次进行，所以，只要知道了某一年的纪年干支，就完全可以推算出另外一年的纪年干支。如已知1976年的纪年干支是“丙辰”，只要把天干、地支依次组配，很容易就可以推算出1984年的纪年干支是“甲子”。

干支的名称一般情况下是固定不变的，但在太平天国制定并使用的“天历”中，把传统的地支名称改换了三个字：即改“丑”为“好”；改“卯”为“荣”；改“亥”为“开”。这样，“太平天国历”中十二地支的名称便是：子好寅荣辰巳午未申酉戌开。这是历史上干支名称唯一的特殊变动。

1 甲子	2 乙丑	3 丙寅	4 丁卯	5 戊辰	6 己巳	7 庚午	8 辛未	9 壬申	10 癸酉
11 甲戌	12 乙亥	13 丙子	14 丁丑	15 戊寅	16 己卯	17 庚辰	18 辛巳	19 壬午	20 癸未
21 甲申	22 乙酉	23 丙戌	24 丁亥	25 戊子	26 己丑	27 庚寅	28 辛卯	29 壬辰	30 癸巳
31 甲午	32 乙未	33 丙申	34 丁酉	35 戊戌	36 己亥	37 庚子	38 辛丑	39 壬寅	40 癸卯
41 甲辰	42 乙巳	43 丙午	44 丁未	45 戊申	46 己酉	47 庚戌	48 辛亥	49 壬子	50 癸丑
51 甲寅	52 乙卯	53 丙辰	54 丁巳	55 戊午	56 己未	57 庚申	58 辛酉	59 壬戌	60 癸亥

干支纪年法在古代比较流行，也很方便。从文献记载看，此法使用应为西汉，《淮南子·天文训》写道："淮南元年冬太一在丙子"，这是现知以干支纪年的最早史料。一般学者认为，干支纪年的应用，是从东汉的"四分历"开始（公元 85 年），至今没有间断过，而且后人还为以前的年代逐年推算补记了干支。现在见到的年表、历表，一般从有确切纪年开始，便逐年标有干支年名。

年号纪年 年号是古代帝王在位时用以纪年的名号，如汉武帝建元元年中的"建元"，便是年号。在中国封建社会，年号被认为是政权的象征，因此，皇帝登基后首先便要确立自己的年号，而且一遇朝廷或国家发生大事，便要改换年号，此曰"改元"。据统计，在中国封建社会，自汉武帝建元元年开始至清宣统三年为止的两千多年中，先后出现的纪年年号共有 700 多个，平均不及三年就要改换一次年号。明代以前，一般都是一个皇帝用多个年号，从明代开始，除明英宗用过"正统"、"天顺"两个年号外，其他均为一帝一号。明清两代基本是一帝一号，这时的年号可以用来代称皇帝，如"崇祯皇帝"、"乾隆皇帝"等。

所谓年号纪年，是以朝代名称、年号配以年次或干支，用以纪年的一种方法，如清康熙十二年、清康熙癸丑等。因为明代以前一般一个皇帝要用许多年号，而不同皇帝的年号又时有雷同，为避免混淆误会，故后人在使用明代以前的年号纪年时，均要在朝代名称后、年号前加上皇帝名号，如汉武帝元朔三年，唐太宗贞观五年等。用于纪年的皇帝名号，主要是庙号和谥号。庙号是帝王死后在太庙立室奉祀时特立的名号，如某祖、某宗等等便是。谥号是帝王死后由礼官根据其生平事迹议定的一种带有褒贬色彩的称号，如文、景、武、昭、宣之类，便是常用的谥字。不论庙号还是谥号，一般来说，都是帝王死后追加的名号。约略来说，汉代至隋代，皇帝名号多用谥号，唐代至元代则多用庙号。从明代开始，基本上一个皇帝一个年号，年号本身就可以成为皇帝的代称，所以在明清两代的年号纪年中，就不必专门加注皇帝的名号了。

年号纪年是中国古代使用时间最长的一种纪年方法，自汉武帝建元元年始，至清宣统三年止，从未中断，直到今天，人们在讨论历史问题时仍然使用，需要随时对照查考。

星岁纪年　岁星纪年和太岁纪年，二者统称星岁纪年。岁星是指木星。岁星纪年是一种以木星运行的周期来纪年的方法。古人认为，木星由西向东运行一周天需要 12 年时间(经科学测定应为 11.8622 年)，于是他们就把这一周天由西向东分为 12 等分。每一等分叫做一个“星次”，又称“次”，代表一年。12 个星次分别依次命名为：星纪、玄枵(xiāo)、娵訾(jū zī)、降娄、大梁、实沈、鹑首、鹑火、鹑尾、寿星、大火、析木。木星每年经过一个星次，这一年就用该星次的名称来命名。如某年木星运行到了“星纪”星次，这一年便记作“岁在星纪”；某年木星运行到了“大火”星次，这一年便记作“岁在大火”。

太岁纪年与岁星纪年密切相关。在岁星纪年中，岁星运行的方向是自西向东，这样一种方向和当时人们熟悉的“十二辰”的方向

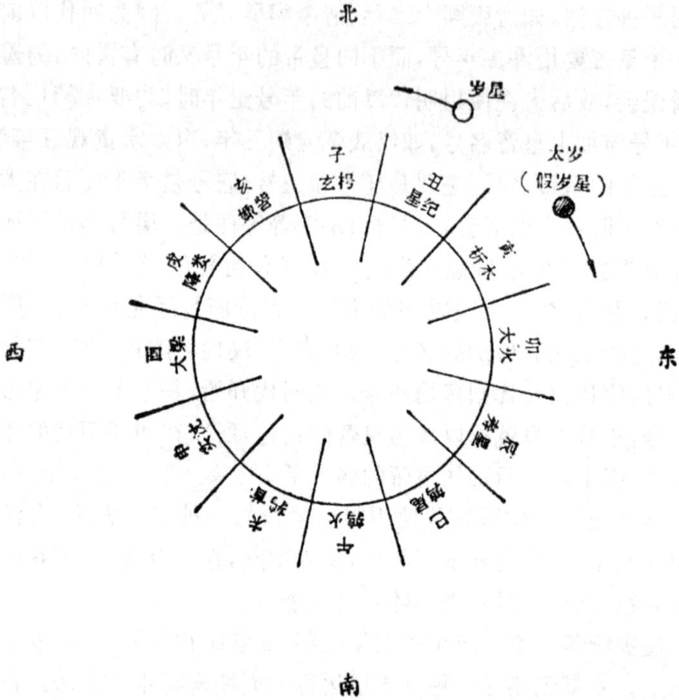

岁星、太岁运行示意图

恰好相反。古人把黄道附近的一周天由东向西分为 12 等份，并用 12 个地支的名称依次命名，称为“十二辰”。为了解决木星运行方向和十二辰划分方向之间的矛盾，以方便人们实际使用，当时的天文星占家便设想了一个假岁星，让它由东向西运行，和十二辰的方向一致起来，而正好和真岁星背道而驰。这个假岁星，便称为“太岁”。假岁星太岁每年经过一辰，这一年便用该辰的名称来命名。如某一年太岁运行到了十二辰中“寅”的位置，这一年便记作“太岁在寅”;某一年太岁运行到了十二辰中“卯”的位置,这一年便记作“太岁在卯”。可见,所谓太岁纪年,就是一种以假岁星太岁运行的周期用来纪年的方法,实际上是一个经过了人为改造的岁星纪年法。

“十二辰”的名称本来是以十二个地支的名称来命名的,但在太岁纪年法当中,古人又为其取了一组别名,和十二地支名称一一相对,作为太岁纪年的年名。这组别名称为“岁阴名称”。大约在西汉年间,古人又为十个天干取了一组别名,这组别名称为“岁阳名称”。岁阴和岁阳的搭配,实际上就是天干和地支的搭配。具体的岁阴、岁阳名称,我国古籍中有不同的记载(见下表),一般多以《尔雅·释天》所记为准。

太岁纪年表岁阳名称异同表

	尔雅·释天	史记·历书
甲	阏逢	焉逢
乙	旃蒙	端蒙
丙	柔兆	游兆
丁	强圉	疆梧
戊	著雍	徒维
己	屠维	祝犁
庚	上章	商横
辛	重光	昭阳
壬	玄黓	横艾
癸	昭阳	尚章

岁阴名称异同表

	尔雅·释天	淮南子·天文训	史记·天官书	汉书·天文志
寅	摄提格	同	同	同
卯	单阏	同	同	同
辰	执徐	同	同	同
巳	大荒落	同	大荒骆	大荒落
午	敦牂	同	同	同
未	协洽	同	叶洽	协洽
申	涒滩	同	同	同
酉	作噩	作鄂	同	作洛
戌	阉茂	同	淹茂	掩茂
亥	大渊献	同	同	同
子	困敦	同	同	同
丑	赤奋若	同	同	同

岁星纪年法和太岁纪年法是我国出现较早的纪年方法，主要是在先秦时期使用，后代有些文人学者在纪年时也间有改天干地支为岁阳岁阴者，遇到这种情况，可根据此表查对。

生肖纪年　在我国民间，还广泛流行着一种和干支纪年密切相关的纪年方法，曰“生肖纪年”，或“动物纪年”。它以 12 个肖兽的名称来对应 12 个地支，用肖兽的名称作为年名，如虎年、兔年、鸡年、狗年等等。12 个肖兽和 12 个地支的对应关系是：

子丑寅卯辰巳午未申酉戌亥

鼠牛虎兔龙蛇马羊猴鸡狗猪

因为12个肖兽的名称和12个地支的名称是一一相对的，所以，只要知道了一个干支纪年的年名，便可知道与之相应的生肖纪年年名，反之亦然。

生肖纪年始于何时，目前尚无确说。可以知道的是：早在汉代一些学者的著作中，如东汉王充的《论衡》、许慎的《说文解字》，对生肖纪年便有涉及。唐、宋和元北方诸族也有以肖兽名称纪年者，如元太祖成吉思汗至元世祖忽必烈的五十多年间，便是如此。

以上是中国古代几种重要的纪年方法。目前世界上通行的公元纪年，是从公元六世纪的532年开始实行的，相当于我国的梁武帝中大通四年。这一年，罗马教士乔尼西"推算"出传说中的基督教创始人耶稣诞生于五百多年前，于是便以耶稣诞生的那一年作为公元元年，这一年相当于我国汉平帝元始元年。前此者为公元前，后此者为公元后。因为这种纪年方法是以基督教主耶稣诞生年为根据，故又称"基督纪元"。耶稣虽然是基督教创造出来的一个"神"，但这个纪年标准后来却被世界各国所接受了。

查考不同纪年年代的对照，主要应该利用的工具书，就是那些单纯纪年的年表。这类年表很多，如一些字典、词典、有关的手册、资料汇编等工具书，附有比较简单的历史纪年表。这里主要介绍那些比较常用、重要的专门年表。

规模较小的普及性年表，有《中国历史年代简表》，文物出版社1974年编辑出版。这是一部中国历史纪年和公元纪年的逐年对照表。其中中国历史纪年列出的项目有：帝王名号、姓名、年号、干支。后附《年号通检》，供从年号入手查考其所属朝代、使用者、使用年限之用。较为详备的年表有：

中国历史纪年表，万国鼎编，商务印书馆，1956，中华书局1978年重印。这部年表共分上、下两编。上编包括《历史年代总表》和《公元甲子纪年表》，下编包括《夏、商、周年代简表》、《殷年代简表》、《西周周王简表》、《东周周王简表》等若干个分朝代年表及《中日对照年表》、《公元甲子检查表》；其中重新整理与拟定西周共和以前难考年次，颇有参考价值。用来查考公元纪年、年号纪年、干支纪年对照的，主要是上编的《公元甲子纪年表》。该表记载的时间从公元前 841 年开始，至 1949 年结束，其功用，既可以从公元纪年入手查到相应的年号纪年、干支纪年；又可以从年号纪年或干支纪年入手查到相应的公元纪年。表的编制格式见下页。

在表中，栏外顶端的数字“185”、“186”等是公元纪年的千、百、十位数；栏外左侧的数字“0－9”是公元纪年的个位数；栏外左侧“庚”、“辛”等字是天干名称；表内每一方格，一般列出年号纪年的年次和干支纪年中地支的名称，帝王即位或改元的第一年，还要列出帝王名号和年号。查考时，只要根据已知条件，将公元纪年的千、百、十位数和个位数，或干支纪年中的天干和地支组配起来即可。例如：已知公元纪年 1851 年，欲查相应的年号纪年和干支纪年，“185”向下延伸，“1”、“辛”向右延伸，相交点为“文宗咸丰 1，亥”，即表示公元 1851 年相当于清文宗咸丰一年，纪年干支为“辛亥”。这是一部查对比较简便的年代对照表。

中国历史纪年，荣孟源编，三联书店，1957。本年表共分三编：一为《历代纪元谱》，详列自公元前 206 年(汉高祖元年)至 1949 年历代帝王的名号、世系、在位年数、年号等。如：

> 文宗协天翊运执中垂谟懋德振武圣孝渊恭端仁宽敏显帝奕詝，宣宗子。庚戌(1850 年)嗣立，逾年改元。在位十一年，辛酉(1861 年)死。改元一。咸丰辛亥。(1851 年)。

二为《历代纪年表》，按朝代分表，对照列举自公元前 841 年至 1949 年的公元纪年、干支纪年、年号纪年。三为《年号通检》，是一个从年号入手查考所属朝代和使用者的索引。本书的特点在于：对历代帝王名号、世系的记载较为完备；对有不同记载的年号均作考

（公元 1850 年—1899 年）

文宗奕詝　　穆宗载淳　　德宗载湉

		185	186	187	188	189
0	庚	30 【太平天国】 戌 天王	10 申	9 午	6 辰	16 寅
1	辛	文宗咸丰 1 亥	11 酉	10 未	7 巳	17 卯
2	壬	2 子	穆宗同治 1 戌	11 申	8 午	18 辰
3	癸	3 丑	2 亥	12 酉	9 未	19 巳
4	甲	4 寅	3 【太平天国】亡 子	13 戌	10 申	20 午
5	乙	5 卯	4 丑	德宗光绪 1 亥	11 酉	21 未
6	丙	6 辰	5 寅	2 子	12 戌	22 申
7	丁	7 巳	6 卯	3 丑	13 亥	23 酉
8	戊	8 午	7 辰	4 寅	14 子	24 戌
9	己	9 未	8 巳	5 卯	15 丑	25 亥

【太平天国】天王洪秀全

订；对农民起义的年代和年号也作了认真的考订，并将各朝代农民起义的年号附于每朝代之后。

中国历史纪年表，方诗铭编，上海辞书出版社，1980。本表原为《辞海》(1979 年版)附录，共包括 15 个按朝代区分的纪年表，纪年起于公元前 841 年(西周共和元年)，止于 1949 年。其编制结构见下页。

第一栏为公元纪年，第二栏为干支纪年，第三栏一般为王朝的年号纪年，之后罗列重要的并建立年号的封建割据、少数民族政权，以及农民起义和农民战争。

与同类年表相比，此书在下列三方面处理得较为细致、准确：(1)从秦代开始，注明帝王即位、建年号、改年号，以及覆灭的中历月份。如公元 1850 年栏内"(文宗㊀)"，表示清文宗于该年中历一月即位。再下看即知，1861 年病逝，在位 11 年。(2)农民政权的建立和年号的更改与失败的中历月份亦予以注明，如公元 1855 年栏内"陈开㊇[洪德]㊇"，表示陈开在该年中历八月建立"大成"政权，年号"洪德"亦从该年中历八月开始使用。再下看即知，1861 年中历 8 月起义失败。(3)从公元元年开始，注明每年公历 12 月 31 日相当于中国历史纪年的月日。这为查考公元纪年和中国历史纪年绝对年份的对照提供了方便。此书出版距今较近，而且在编制中广泛参考了历史文献记载及地下出土的文物资料，是现有年表中质量较高的一部。

不同的国家往往有不同的传统纪年方法。查考不同国家传统纪年之间的对照，目前有**中国日本朝鲜越南四国历史年代对照表**(山西省图书馆 1979 年编印)。日本神武天皇元年(公元前 660 年)开始，逐年对照列出中、日、朝、越四国的传统历史纪年，并列出相应的公元纪年和干支纪年，至公元 1918 年为止。其具体格式见 282 页表。

查考公元纪年与干支纪年或公元纪年、干支纪年与年号纪年

公元	干支		清			公元
1836	丙申	[illegible]	道光 16			1836
1837	丁酉	[illegible]	17			1837
1838	戊戌	[illegible]	18			1838
1839	己亥	[illegible]	19			1839
1840	庚子	[illegible]	20			1840
1841	辛丑	[illegible]	21			1841
1842	壬寅	[illegible]	22			1842
1843	癸卯	[illegible]	23			1843
1844	甲辰	[illegible]	24			1844
1845	乙巳	[illegible]	25			1845
1846	丙午	[illegible]	26			1846
1847	丁未	[illegible]	27			1847
1848	戊申	[illegible]	28			1848
1849	己酉	[illegible]	29			1849
1850	庚戌	[illegible]	30(宣宗㊀)	〔太平天国〕		1850
1851	辛亥(开)	[illegible]	文宗(爱新觉罗奕詝) 咸丰 1	洪秀全 **1		1851
1852	壬子	[illegible]	2	2		1852
1853	癸丑(好)	[illegible]	3	3	〔大成〕	1853
1854	甲寅	[illegible]	4	4		1854
1855	乙卯(荣)	[illegible]	5	5	陈开㊅(洪德)㊅ 1	1855
1856	丙辰	[illegible]	6	6	2	1856
1857	丁巳	[illegible]	7	7	3	1857
1858	戊午	[illegible]	8	8	4	1858
1859	己未	[illegible]	9	9	5	1859
1860	庚申	[illegible]	10	10	6	1860
1861	辛酉	[illegible]	11 *(文宗㊆)	11	7㊈	1861
1862	壬戌	[illegible]	穆宗(~载淳) 同治 1	12		1862
1863	癸亥(开)	[illegible]	2	13		1863
1864	甲子	[illegible]	3	~天贵福㊄ ***14		1864
1865	乙丑	[illegible]	4			1865
1866	丙寅	[illegible]	5			1866
1867	丁卯	[illegible]	6			1867
1868	戊辰	[illegible]	7			1868
1869	己巳	[illegible]	8			1869
1870	庚午	[illegible]	9			1870

* 穆宗七月即位，改年号祺祥，十月再改同治，以明年为同治元年。

** 太平天国金田起义在道光三十年十二月初十日，相当于公元1851年1月11日，以一般习知金田起义在1851年，故列辛开元年在1851年栏内。

*** 太平天国天京陷落于1864年7月19日(同治三年六月十六日)，一般即作为太平天国的结束，但也有延伸到1868年8月16日(同治七年六月二十八日)捻军在山东茌平徒骇河失败，作为太平天国结束的。

公元	干支	中国	日本	朝鲜（高丽）	越南（大瞿越）
979	己卯	**宋太宗赵炅** 太平兴国四年	**圆融天皇** 天元二年	**景宗献和王王伷** 行宋年号	**丁朝大胜明皇帝** 太平十年
980	庚辰	五年	三年	-	**前黎朝桓** 天福元年
981	辛巳	六年	四年	**成宗文懿王王治** 行宋年号	二年
982	壬午	七年	五年	-	三年
983	癸未	八年	永观元年	-	四年
984	甲申	雍熙元年	**华山天皇** 永观二年	-	五年

之间的对照，还有两种简明方便的年表，即唐汉名、舒英发编著的《历法漫谈》中所介绍的《公元干支纪年用表》与汤有恩编《公元干支推算表》。**公元干支纪年用表**如下：

58	838	1618	2398
118	898	1678	2458
178	958	1738	2518
238	1016	1798	2578
298	1078	1858	2698
358	1138	1918	2638
418	1198	1978	2758
478	1258	2038	2818
538	1318	2098	2878
598	1378	2158	2938
658	1438	2218	2998
718	1498	2278	3058
778	1558	2338	
838	1618	2398	

3	783	1563	2343
63	843	1623	2403
123	903	1683	2463
183	963	1743	2523
243	1023	1803	2583
303	1083	1863	2643
363	1143	1923	2703
423	1203	1983	2763
483	1263	2043	2823
543	1323	2103	2883
603	1383	2163	2943
663	1443	2223	3003
723	1503	2283	
783	1563	2343	

使用上页左表可推算出公元前的纪年干支；使用右表可推算出公元后的纪年干支。首先按所查公元年数，在甲表或乙表中列于哪两个数据之间。查公元前纪年，则以两数据中的大数减去所求公元前年数；查公元后纪年，则以所求公元后年数减去两数据中的小数。然后按相减得干支序数，查甲子表即可知该年干支。必须注意，凡求公元前或公元后年数超过 3000 以上，则须先减去 3000 或 3000 的倍数，然后再按上述方法求得。例如，求公元前 4200 的纪年干支。可先从 4200 减去 3000，所余 1200 查甲表知在 1198 与 1258 之间，以 1258 减去 1200，所得 58，查甲子表后得知公元前 4200 年应为辛酉。又如，求公元 1976 年的纪年干支，可先查乙表知 1976 在 1923 年与 1983 年之间，以 1976 减去 1923，所得 53，查甲子表后得知该年为丙辰。

公元干支推算表，汤有恩编，文物出版社，1961。本表包括《公元推算干支表》和《干支推算公元表》两部分。《公元推算干支表》见下页。

利用它，可以迅速、准确地从公元纪年入手推算出自公元前 3200 年始，至公元 3200 年止逐年的纪年干支。

在表中，中央方框内为一周期(60 年)纪年干支名称，因公元前后合用，故有 12 个干支名称重复；左侧方框为公元前纪年的千位数、百位数；右侧方框为公元后纪年的千位数、百位数；干支名称下的三行数字为公元前、后纪年的十位数，其中白体数字为公元前纪年的十位数，黑体数字为公元后纪年的十位数；干支名称左侧“9－0”为公元前纪年的个位数；干支名称右侧“0－9”为公元后纪年的个位数。查对时应严格注意的问题：(1)每一组公元前、后纪年的千位数、百位数、必须按箭头所指，和相应一组的十位数配合使用，不能混淆；(2)公元前纪年的千位数、百位数必须和公元前纪年的十位数、个位数配合使用，公元后纪年的千位数、百位数则必须和公元后纪年的十位数、个位数配合使用，亦不能混淆。

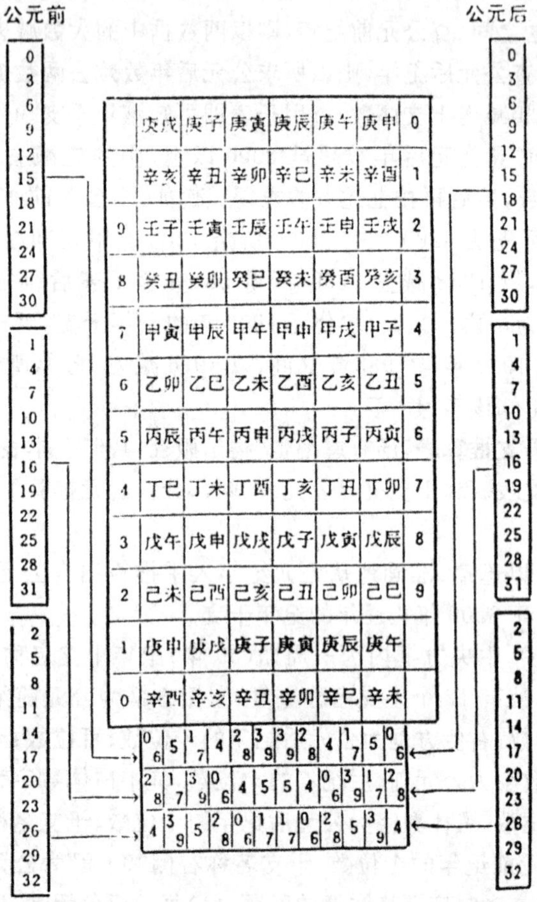

例如，欲推算公元 1984 年的纪年干支，在公元后纪年的千、百位数方框中找到“19”，据箭头指引，在相应的十位数组别内找到公元后纪年的十位数“8”(黑体)；再在干支名称右侧找到公元后纪年

的个位数“4”。十位数“8”向上延伸，个位数“4”向左延伸，相交点的干支名称为“甲子”，即公元 1984 年若写为干支纪年应是“甲子”。

《干支推算公元表》以干支纪年年名为纲编排，逐年列出相对应的公元纪年和年号纪年。记载的时间上起公元前 1978 年（传说的夏启元年），下至 1911 年（清宣统三年），公元前、后分别编排。其编制格式见下表。

干支	庚寅	辛卯	壬辰	癸巳	甲午	乙未	丙申	丁酉	戊戌	己亥
公元	0	1	2	3	4	5	6	7	8	9
105	宋皇祐 2	3	4	5	6	宋至和2	3	宋嘉祐2	3	4
111	宋大观 4	宋政和1	2	3	4	5	6	7	8	宋重和2
117	宋乾道 6	7	8	9	宋淳熙1	2	3	4	5	6
123	宋绍定 3	4	5	6	宋端平1	2	3	宋嘉熙1	2	3
129	元至元27	28	29	30	31	元元贞1	2	3	元大德2	3
135	元至正10	11	12	13	14	15	16	17	18	19
141	明永乐 8	9	10	11	12	13	14	15	16	17
147	明成化 6	7	8	9	10	11	12	13	14	15
153	明嘉靖 9	10	11	12	13	14	15	16	17	18
159	明万历18	19	20	21	22	23	24	25	26	27
165	清顺治 7	8	9	10	11	12	13	14	15	16
171	清康熙49	50	51	52	53	54	55	56	57	58
177	清乾隆35	36	37	38	39	40	41	42	43	44
183	清道光10	11	12	13	14	15	16	17	18	19
189	清光绪16	17	18	19	20	21	22	23	24	25

在表中，第一横行为干支纪年年名；第二横行为公元纪年的个位数；自第三横行起，左侧第一竖行数字为公元纪年的千、百、十位数；左侧第二竖行为年号纪年；其它逢改换帝王或年号者详细列出，一般只列举年号纪年的年次。利用此表从干支纪年查对公元纪年或年号纪年较为方便。如中国近代史上曾有著名的“戊戌变法的运动，发生在清末光绪年间。“戊戌”为何年？查考时，先在干支年名中找到“戊戌”，下有公元纪年的个位数“8”。“戊戌变法”发生在

清末光绪年间，故由“戊戌”向下延伸，与“189”、“清光绪16”一横行相交点为“24”，即戊戌变法发生于清光绪二十四年，公元1898年。

由于干支纪年的年名每60年就要重复一次，所以，从干支纪年入手查对公元纪年、年号纪年时，已知的干支纪年必须相对确切，限制在一个不超过60年的范围内，否则难以准确断定相应的其它纪年年数。

不同纪年年代的对照，一般来说，只是一个大体上的对照，因为并不是所有历法一年内的天数都完全相同。如公历和中历，虽说大体上是一年对应一年，但年头年尾却有交叉：公历新的一年的年头，还在中历旧的一年的年尾；或者说中历旧的一年的年尾，已跨入了公历新的一年的年头，少者相差十多天，多者竟达五十多天。所以，要查考不同纪年绝对年代的对照，使用一般年表还应深入到月、日层次。

第二节　查考历日对照

不同的历法，不仅纪年方法不同，纪月、纪日的方法也不相同。年表只能大体解决不同纪年年代对照查考的问题，但在学习研究中，常常遇到不同历法年月日对照查考的问题，即便是年代的对照，有时也需要深入到月日的层次。解决这类问题，便需利用历表。

历表或称“历书”，是一种按一定历法排列年月日，以供查考的工具书。一般是以表格的形式编制成书，有的只记录一种历法的年月日序，更多的则是将多种历法的年月日序加以对照记录。任何一部历表都是根据一定的历法编制而成的，所以要想正确、熟练地使用常见历表，必须了解有关历法的基本知识。

历法是依一定的法则将年月日组合起来，以便人们推定岁时节候的方法。古今中外出现过许多原理不同、格式各异的历法，但就其本质来说，大体可分为三类：即阳历、阴历、阴阳历。

阳历是以回归年的时间长度为根据制定的历法。所谓“回归年的时间长度”，是指地球围绕太阳公转一周所需的时间长度，即365.2422日，合365日5小时48分46秒。阳历的基本特征是：历年的长短依回归年而定，反映地球围绕太阳运行的周期；而历月的长短则是人为规定，不反映月相的盈亏变化。因为这种历法以地球围绕太阳运行的周期作为确定时间的根据，故称“太阳历”，简称“阳历”。

世界上最早出现的阳历是七千多年前古埃及的“太阳历”。古埃及的太阳历最初规定一年为360天，后改为365天。公元前46年，罗马统帅儒略·凯撒决定采用在古埃及太阳历基础上修订而成的新历法，历史上称为“儒略历”。儒略历的主要规定是：

一历年平均长度为365.25天。平年365天，闰年366天。每隔3年置一闰年，即4年中有3个平年和1个闰年。

每年分为12个月。单月为大月，31天；双月为小月，30天；2月份平年为29天，闰年为30天。

儒略历自公元前46年1月1日起实行，此时相当于我国汉元帝初元三年十一月二十九日。“儒略历”在实行初期，闰年问题上出现了错误，三十多年后才由奥古斯都改正，他对大小月安排做了某些调整。经奥古斯都修正调整的儒略历，历史上称为“旧历”。

儒略历的平均历年长度每年比一个回归年长0.0078日，合11分14秒，积累到十六世纪末时，历年时间已比实际时间提前了10天，如当时的“春分”日便由3月21日提前至3月11日。为了满足各方面对历法精确化的要求，公元1582年10月4日，罗马教皇格里哥里（又译“格里高列”、“格列高利”）十三世下令对儒略历进行改革。改革的主要内容是：

(1)公元1582年10月4日的次日，不是10月5日，而改为10月15日，这样把长期积累下来的10天误差一笔勾销。

(2)改变闰年的办法。规定一般的公元年数，凡能被 4 整除的为闰年，但逢百之年（如 1600，1700 等）必须能被 400 整除的才是闰年。凡闰年 2 月份比平年增加一天。这是为了避免以后再出现积累误差的现象。

按照上述规定，每 400 年中，将有 303 个平年，97 个闰年，这样，一历年的平均长度则为：

$$365\text{日}+97\text{日}\div 400=365.2425\text{日}$$

合 365 天 5 小时 48 分 46 秒，每年只比一个回归年长 26 秒，经过 3323 年才能长 1 天。显然，比儒略历更加精确了。格里哥里十三世改革的历法，历史上称为“格里历”，又称“新历”。后来，格里历逐渐被世界大多数国家所接受，在世界范围内通行，故人们又称其为“公历”。又因为格里历创始于西方，故人们也称其为“西历”。

阴历是以朔望月的时间长度为根据所制定的历法。所谓“朔望月的时间长度”，是指月球绕地球运转一周所需的时间长度为 29.5306 日，合 29 日 12 小时 44 分 0.28 秒。阴历的基本特征是：历月的长短依朔望月而定，反映月球运行的周期，而历年的长短只是历月的整倍数，与回归年无关。因为这种历法只反映月相的盈缺变化，与“太阳历”相对，故称“太阴历”，简称“阴历”。

阴历是人类最早使用的历法，如埃及、希腊、巴比伦、中国等文化发达较早的国家，早期使用的历法，均为阴历。但在阴历中历史较长、使用较广、具有代表性的，是伊斯兰教历，又称“希吉来历”，“穆罕默德历”，或“回历”、“回回历”。

回历纪元是从公元 622 年 7 月 16 日开始的，这一天为回历元年 1 月 1 日，相当于我国唐高祖武德五年六月初三日。该时间是公元 639 年由第二代“哈里发”欧麦尔选定的，目的是为了纪念穆罕默德于公元 622 年由麦加迁徙（阿拉伯语“迁徙”一词的音译为“希吉来”）到麦地那。回历以月亮盈缺一次作为一月，因月亮盈缺的周期平均为 29.5306 天，故回历中采用了大小月相间的办法来安排历月。规定凡双月为小月，29天，凡单月为大月，30天。一年共安排12个月。12个历月的总长度为354天，但12个朔望月的总长度则为354.3672天，二者相差0.3672天。30年相差11.0160天，约11天。为了解决这一矛盾，回历采取了设置闰年的办法，规定以30年为一周期，每周期设11个闰年，19个平年。凡回历年份以30除之，其余数为2,5,7,10,13,16,18,21,24,26,29者，则该年为闰年。凡闰年比平年多加一天，置于当年12月的最末日，即这一年12月为30天。这样，回历的历年平均长度便为：354日＋11日÷30＝354.3667日，合354日8小时48分，只比12个朔望月的实际长度短0.0005日，约合34秒，需经2500多年才能相差1日。

因为回历完全是根据月球运行的周期制定出来的，没有顾及回归年的长短，所以，回历的月份与季节是完全脱节的。与公历相比，回历每年都提前11天左右(平均为10日21小时1分)跨入下一年，16年后，便提前了半年。假如有一年公历和回历都是在瑞雪纷飞的季节里过"元旦"，16年后，回历的元旦则在酷暑盛夏。

阴阳历是把阴历和阳历加以调和的历法，它的历年以回归年的时间长度为根据，而历月则以朔望月的时间长度为根据。阴阳历的基本特征是：历年的平均值大致等于回归年，历月的平均值大致等于朔望月，既重视月相盈缺的变化，又照顾寒暑节气，把回归年和朔望月有机地调和统一在一起。我国传统的历法"中历"，即是典型的阴阳历。

中历又叫"夏历"，这是因为中历与春秋战国时的"夏历"有相承关系；亦称"农历"，这是因为中历反映农时季节很全面。民间也称中历为"阴历"，这是一种不准确的但又在广泛使用的说法。中历起源很早。据现有资料看，商代的甲骨文中便有完整的纪日干支，有学者试图据此考证商代的历法。先秦时期，通行的历法主要有夏历、殷历、周历三种。三种历法的主要区别，在于岁首月建不同。夏历以建寅之月为岁首，殷历以建丑之月(即相当于夏历12月)为岁首，而周历以建子之月（即相当于夏历 11 月）为岁首，历史上称此为“岁首异建”或“三正”。秦始皇统一中国后，统一实行以建亥之月（即相当于夏历 10 月）为岁首的秦历。至汉武帝太初元年（公元前 104 年），落下闳、邓平等人创制了我国历史上著名的“太初历”，并付诸实施。太初历沿用了夏历以建寅之月为岁首的格式，第一次把 24 节气订入历法，规定以 365.25 日为一年，其精确程度与儒略历相同，但时间却早于儒略历。太初历是我国历史上第一部比较完整、系统的历法，它奠定了我国传统历法的基本格局。自此以后，历代都有一些杰出的天文历法家对历法进行修订改革，创制了许多著名的历法。如元代郭守敬等人根据大量的实测资料编制的《授时历》，确定一年为 365.2425 日，一月为 29.530593 日，其精确程度与目前世界通行的公历（即“格里历”）不差分毫，但时间却早于格里历三百多年。据统计，自秦汉以来至清末，我国历代出现的历法共有 100 多种，从整体上看，这些历法多属“阴阳历”。

中历的历年以回归年的时间长度为根据，即一历年应为 365.2422 天；历月以朔望月的时间长度为根据，即一历月应为 29.5306 天。中历规定，一年为 12 个月，12 月朔望月的总长度为 354.3672 天，与一个回归年的总长度相差 10.8750 天，即近 11 天。19 年相差 209 天，大体相差 7 个月。所以中历采用了设置闰年的办法来调和、统一这个差距，规定以 19 年为一周期，一周期中设置 7 个闰年，12 个平年，凡闰年则增加一个月。这样，中历在 19 年里便有 235 个朔望月（19×12+7），其总长度为 6939.6910 日（235×29.5360），而 19 个回归年的总长度则为 6939.6018 日（19×365.2422）。虽然中历的一个平年和一个闰年之间，以及某一平年、闰年和回归年之间相差的日数都不小，但 19 个中历历年和 19 个回归年的总日数却基本相等。通过设置闰月，中历把回归年和朔望月调和统一起来了。

怎样设置闰月呢？这与二十四气有关。所谓二十四气，就是把地球围绕太阳公转的轨道分成二十四等分，因而有二十四个等分点；把地球通过二十四个等分点的时刻，叫做二十四气。在二十四气之中，单数的叫做节气，那就是立春、惊蛰、清明、立夏、芒种、小暑、立秋、白露、寒露、立冬、大雪和小寒；双数的叫做中气，那就是雨水、春分、谷雨、小满、夏至、大暑、处暑、秋分、霜降、小雪、冬至和大寒。凡有中气的历月是一年内的正规历月，没有中气的历月，即定为前一个月的闰月；但必须不违反五年二闰、七年三闰、十九年七闰的规律。中历的历月亦有大小之分，大月 30 天，小月 29 天。但中历大小月的排列顺序不固定，是经过严密计算朔望月的实际时间长度而决定，所以中历常常出现连续几个大月或小月的现象。

太平天国创立过自己的历法，称为“天历”。使用于太平天国二年（壬子），即清咸丰二年（1852 年）。太平天国十四年（甲子），即清同治三年（1864 年），天京失陷，但太平天国余部使用天历一直到太平天国十八年（戊辰）。天历与中国传统的历法不同，它不属阴阳历，而属于阳历。其基本规定是：每年 366 日，分为 12 月（单月为大月，每月 31 日；双月为小月，每月 30 日），不置闰月，不计朔望，“节气”统一放在月首，“中气”统一置于月中。天历也用干支纪日，但地支名称有三字改变，且纪日干支比中历提早一天；天历也设星期，但亦比公历提早一天。公元 1859 年（太平天国己未九年），洪仁玕曾对天历略作修订，主要是规定每隔 40 年为一斡年，逢斡之年每月为 28 日，此为“太平新历。”

在我国，还出现过一些特殊的纪月、纪日方法。特殊的纪月方法主要有：

（1）干支纪月。古代的干支纪月包括两种：一是把十二地支与十二月份一一相配，称为“月建”。夏历通常以冬至所在的十一月配“子”，称“建子之月”；十二月配“丑”，称“建丑之月”，余类推。二是把天干、地支搭配起来用以纪月，如“丙寅月”、“丁卯月”等。中历正月的纪月干支中，必定包含了地支“寅”。

(2)别称纪月。在古代文献中或民间，有以花卉草木、四季次序、古音乐十二律等名称来纪月者，形成了许多纪月的别称，详见：

月的别名表

月次	《尔雅·释天》	民间流传的花卉草木、节气等名称	四季次序名称	古代音乐十二律名称
一	陬	正月（月正），春王，青阳	孟春	太簇
二	如	仲和，杏月	仲春	夹钟
三	寎	桃月	季春（暮春）	姑洗
四	余	清和，槐月	孟夏	中吕
五	皋	榴月，蒲月，端月	仲夏	蕤宾
六	且	荷月，伏月，天贶	季夏（暮夏）	林钟
七	相	桐月，巧月，霜月	孟秋	夷则
八	壮	桂月，荻月	仲秋	南吕
九	玄	菊月	季秋（暮秋）	无射
十	阳	小阳春，梅月，良月	孟冬	应钟
十一	辜	葭月	仲冬	黄钟
十二	涂	腊月，嘉平月	季冬（暮冬）	大吕

特殊的纪日方法主要有：

(1)干支纪日。把天干和地支搭配起来用以纪日，如辛丑日、壬寅日等。也有仅用一个天干或地支纪日的。

(2)特定别称纪日。在中历的一月中，有些天有特定的别称。如每月初一日称“朔日”，每月第三日称“朏”(fěi)日，大月十六日、小月十五日称“望日”。紧挨望日后的一天称“既望”，每月最后一日称“晦日”。

(3)韵目代日。韵目是韵书当中韵部的标目，以该字代替日期，便是韵目代日。如“马日事变”中的“马日”。韵目代日一般取106韵的“平水韵”中上平声15字，上声14字，去声1字，另加“引”或“世”字，替代一月中的31天。现对照列表如下：

韵目代日表

日期	韵目					日期	韵目		
	上平声	下平声	上声	去声	入声		上声	去声	入声
1	东	先	董	送	屋	16	铣	谏	叶
2	冬	萧	肿	宋	沃	17	筱	霰	洽
3	江	肴	讲	绛	觉	18	巧	啸	
4	支	豪	纸	寘	质	19	皓	效	
5	微	歌	尾	未	物	20	哿	号	
6	鱼	麻	语	御	月	21	马	箇	
7	虞	阳	麌	遇	曷	22	养	祃	
8	齐	庚	荠	霁	黠	23	梗	漾	
9	佳	青	蟹	泰	屑	24	迥	敬	
10	灰	蒸	贿	卦	药	25	有	径	
11	真	尤	轸	队	陌	26	寝	宥	
12	文	侵	吻	震	锡	27	感	沁	
13	元	覃	阮	问	职	28	俭	勘	
14	寒	盐	旱	愿	缉	29	豏	艳	
15	删	咸	潸	翰	合	30		陷	
						31	引	世	

常用的计时方法尚有以十二地支计时的。我国古代把一日分为十二辰，用十二地支计时。至清初又引用西法，把每天分为24小时，一辰等于2小时，每辰又有初、正之分。见下页表。

供查考不同历法年月日对照的历表较多，下面择要介绍几种功能较全者。

查考中历、公历年月日的对照，有**两千年中西历对照表**（薛仲三、欧阳颐编，三联书店1957年增订重印）。该书的内容，是将公元元年至公元2000年间中历、公历逐年、逐月、逐日加以对照。编制格式如295页表。此为该历表中的一页，包括两年中西历历日的对照。其他各页编制格式相同。上表各栏内所列内容为：

时 辰 表

辰 名	时	辰 名	时
子	23—1 点	子 初	23 点
		子 正	24 点
丑	1—3 点	丑 初	1 点
		丑 正	2 点
寅	3—5 点	寅 初	3 点
		寅 正	4 点
卯	5—7 点	卯 初	5 点
		卯 正	6 点
辰	7—9 点	辰 初	7 点
		辰 正	8 点
巳	9—11 点	巳 初	9 点
		巳 正	10 点
午	11—13 点	午 初	11 点
		午 正	13 点
未	13—15 点	未 初	13 点
		未 正	14 点
申	15—17 点	申 初	15 点
		申 正	16 点
酉	17—19 点	酉 初	17 点
		酉 正	18 点
戌	19—21 点	戌 初	19 点
		戌 正	20 点
亥	21—23 点	亥 初	21 点
		亥 正	22 点

年序 Year	阴历月序 Moon	阴历日序 Order of days (Lunar) 1 2 3 4 5	6 7 8 9 10	11 12 13 14 15	16 17 18 19 20	21 22 23 24 25	26 27 28 29 30	星期 Week	干支 Cycle
道光19年 己亥 一八三九	3 1	14 15 16 17 18	19 20 21 22 23	24 25 26 27 28	31 2 3 4 5	6 7 8 9 10	11 12 13 14 —	3	34
	2	15 16 17 18 19	20 21 22 23 24	25 26 27 28 29	30 31 41 2 3	4 5 6 7 8	9 10 11 12 13	4	3
	3	14 15 16 17 18	19 20 21 22 23	24 25 26 27 28	29 30 51 2 3	4 5 6 7 8	9 10 11 12	6	33
	4	13 14 15 16 17	18 19 20 21 22	23 24 25 26 27	28 29 30 31 61	2 3 4 5 6	7 8 9 10 —	0	2
	5	11 12 13 14 15	16 17 18 19 20	21 22 23 24 25	26 27 28 29 30	71 2 3 4 5	6 7 8 9 10	1	31
	6	11 12 13 14 15	16 17 18 19 20	21 22 23 24 25	26 27 28 29 30	31 81 2 3 4	5 6 7 8 —	3	1
	7	9 10 11 12 13	14 15 16 17 18	19 20 21 22 23	24 25 26 27 28	29 30 31 91 2	3 4 5 6 7	4	30
	8	8 9 10 11 12	13 14 15 16 17	18 19 20 21 22	23 24 25 26 27	28 29 30 O1 2	3 4 5 6 —	6	0
	9	7 8 9 10 11	12 13 14 15 16	17 18 19 20 21	22 23 24 25 26	27 28 29 30 31	N1 2 3 4 5	0	29
	10	6 7 8 9 10	11 12 13 14 15	16 17 18 19 20	21 22 23 24 25	26 27 28 29 30	D1 2 3 4 5	2	59
	11	6 7 8 9 10	11 12 13 14 15	16 17 18 19 20	21 22 23 24 25	26 27 28 29 30	31 11 2 3 4	4	29
	12	5 6 7 8 9	10 11 12 13 14	15 16 17 18 19	20 21 22 23 24	25 26 27 28 29	30 31 21 2 —	6	59
道光20年 庚子 一八四〇	14 1	3 4 5 6 7	8 9 10 11 12	13 14 15 16 17	18 19 20 21 22	23 24 25 26 27	28 29 31 2 3	0	28
	2	4 5 6 7 8	9 10 11 12 13	14 15 16 17 18	19 20 21 22 23	24 25 26 27 28	29 30 31 41	2	58
	3	2 3 4 5 6	7 8 9 10 11	12 13 14 15 16	17 18 19 20 21	22 23 24 25 26	27 28 29 30 51	3	27
	4	2 3 4 5 6	7 8 9 10 11	12 13 14 15 16	17 18 19 20 21	22 23 24 25 26	27 28 29 30	5	57
	5	31 61 2 3 4	5 6 7 8 9	10 11 12 13 14	15 16 17 18 19	20 21 22 23 24	25 26 27 28	6	26
	6	29 30 71 2 3	4 5 6 7 8	9 10 11 12 13	14 15 16 17 18	19 20 21 22 23	24 25 26 27 28	0	55
	7	29 30 31 81 2	3 4 5 6 7	8 9 10 11 12	13 14 15 16 17	18 19 20 21 22	23 24 25 26	2	25
	8	27 28 29 30 31	91 2 3 4 5	6 7 8 9 10	11 12 13 14 15	16 17 18 19 20	21 22 23 24 25	3	54
	9	26 27 28 29 30	O1 2 3 4 5	6 7 8 9 10	11 12 13 14 15	16 17 18 19 20	21 22 23 24	5	24
	10	25 26 27 28 29	30 31 N1 2 3	4 5 6 7 8	9 10 11 12 13	14 15 16 17 18	19 20 21 22 23	6	53
	11	24 25 26 27 28	29 30 D1 2 3	4 5 6 7 8	9 10 11 12 13	14 15 16 17 18	19 20 21 22 23	1	23
	12	24 25 26 27 28	29 30 31 11 2	3 4 5 6 7	8 9 10 11 12	13 14 15 16 17	18 19 20 21 22	3	53

"年序"栏：列出中历的年号纪年、干支纪年及公元纪年。

"阴历月序"栏：(1)列出"纪月干支数"，供计算中历每月的纪月干支时使用；(2)列出中历月序。

"阴历日序"栏：(1)列出中历日序；(2)列出公历的月序和日序。其中公历月序用黑体字列于每月1日前。公历的10、11、12三月，分别用O、N、D(October、Novenber、December之缩写)表示。

"星期"栏：列出"星期数"，供计算每日的星期时使用。

"干支"栏：列出"纪日干支数"，供计算每日的纪日干支用。

《两千年中西历对照表》的主要功用是：

(1)查考中历、公历年月日的对照。如查中历清道光十九年十二月三日相当于公历何年何月何日，具体的查考方法是：在“年序”栏内找到清“道光 19”；在“阴历月序”栏内找到中历月序“12”；在“阴历日序”栏内找到中历日序“3”；月序“12”向右延伸，日序“3”向下延伸，相交点为“7”，即表示公历的日序为“7 日”。在“7 日”所在月的第一天前，标有公历月序“1”，即表示为“1 月 7 日”。中历清道光十九年相当于公历 1839—1840 年，此处的“1 月”所在年份，自然应为 1840 年。至此即查到中历清道光十九年十二月三日相当于公历 1840 年 1 月 7 日。由公历年月日查对中历年月日，道理相同。

(2)查考任何一天的星期。查考星期可套用下式：

$$\frac{\text{中历日数} + \text{星期数}}{7}$$

套用该式计算后有三种结果：a、二者之和除 7 后有余数，则余数是几，这一天便是星期几。b、二者之和恰好被 7 除尽，无余数，这一天是星期日。c、二者之和小于 7，则不必再除，和为几，这一天便是星期几。另外，“星期”栏内的每一个“星期数”，都和相当于中历一个月的公历日数对应，查考这一月间任何一天的星期，均使用与其对应的一个“星期数”。

(3)查考干支纪日与数字纪日的相互对照。若已知公历或中历的数字纪日，需查考相应的干支纪日，可套用下式：

$$\text{中历日数}+\text{纪日干支数}=\text{纪日干支顺序数}$$

“纪日干支数”是“干支”栏内的数字，每一个“纪日干支数”亦和相当于中历月份的公历日数相对应，查考这一月间任何一天的纪日干支，均使用与其对应的一个“纪日干支数”。“纪日干支顺序数”是表示纪日干支名称在干支顺序表中位置的数字。有了此数字，只要到干支顺序表中一查，便可得知相应的干支名称。该干支名称，便是纪日干支的名称。纪日干支顺序数超过 60 时，必须先减去 60，然后再按此数查干支顺序表。

已知中历干支纪日，查中历或公历的数字纪日，可套用下式：

纪日干支顺序数－纪日干支顺序数＝中历日数

方法与从数字纪日查干支纪日正好相反。

（4）查考纪月干支。查纪月干支可套用下式：

纪月干支数＋中历月数＝纪月干支顺序数

“纪月干支数”每年1个，查考中历该年任何一月的纪月干支，均用此数。“纪月干支顺序数”的性质与“纪日干支顺序数”相同。

《两千年中西历对照表》除正文外，还有18个附表，如诸朝代的朔闰与西历对照表、历代年号笔画索引、干支顺序表等，有的可补正文之阙，有的可与正文配合使用。

查考中历、公历、回历三种历法年月日的对照，有**中西回史日历**（陈垣编，中华书局1962年修订重印）。这是一部将中、西、回三种历法逐年逐月逐日加以对照编排的历表，在编制过程中，广泛参考了前代的历书及有关历法著作，是目前较为完善和精密的历表。全书共20卷，涉及的时间从公元元年始，至公元2000年止，其中中历从西汉平帝元始元年（公元元年）开始记载；回历从回历纪元元年（公元622年）开始记载。全书结构主要分为“日序表”，“日曜表”、“甲子表”三部分。日序表是中、西、回三种历法年月日的对照，以4年为一单元，每单元印成两面，每面2年；日曜表供与日序表配合使用，查对每一天的星期；甲子表供与日序表配合使用，查对干支纪日与数字纪日的对照。各表基本格式见298至300页。

日序表共分两层。第1层包括顶端1栏，内列公元纪年、干支纪年、年号纪年、回历纪年。第2层包括以下6栏，内列：（1）公历的月数、日数。所有白体阿拉伯数字均为公历日数；公历月数置于每月第1天位置，用黑体阿拉伯数字写出，且该位置代表该月第1天，日数省略。（2）中历的月数。用中文数字写出，置于公历日数右侧，该位置代表中历该月第1天。（3）回历的月数。用①、②等形式写出，置于公历日数右侧，该位置代表回历该月第1天。（4）中历的“冬至”日及“闰月”。冬至日以“冬”字表示，置于公历日数右侧；闰月以“闰”字表示，亦置于公历日数右侧，该位置代表闰月第1天。日序表在每一单元(4年)结束时，均在表的左下角列出查对该单元中任何一天的星期时需配合使用的“日曜表”号码，以及查对该单元中任何一天干支纪日与数字纪日相互对照时需配合使用的“甲子表”号码，如“日曜表4”、“甲子表11”。

《中西回史日历》的主要功用是：

(1)查考中历、公历、回历年月日的对照。解决此类问题，只用日序表即可。如欲查公元1851年3月5日相当于中历、回历何年何月何日，具体查考方法是：在日序表中找到1851年3月5日的位置；公历3月3日相当于中历二月初一日，故3月5日相当于二月初三日；公历3月4日相当于回历5月1日，故3月5日相当于5月2日；公元1851年基本相当于中历清咸丰元年；公元1851年10月27日相当于回历1268年1月1日，故公元1851年3月应为回历的1267年。至此即可得知：公元1851年3月5日相当于中历清咸丰元年

日　曜　4

17	18	18	19	20·	20	21	21	22	20	21	22·
18	19·	19	20	21	21	22	22	23·	21	22	23
19	20	20	21	22	22·	23	23	24	22	23	24
20	21	21·	22	23	23	24	24	25	23·	24	25
21	22	22	23	24	24	25·	25	26	24	25	26
22	23	23	24·	25	25	26	26	27	25	26·	27
23·	24	24	25	26	26	27	27·	28	26	27	28
24	25	25	26	27·	27	28	28	29	27	28	29·
25	26·	26	27	28	28	29	29	30·	28	29	30
26	27	27	28	29	29·	30	30	31	3	30	31
27	28	28·	29	30	30	31	5	4	2·	31	1
28	29	29	30	31	7	6·	2	2	3	2	2
29	30	30	31·	8	2	2	3	3	4	2·	3
30·	31	10	9	2	3	3	4·	4	5	3	4
12	11	2	2	3·	4	4	5	5	6	4	5·
2	2·	3	3	4	5	5	6	6·	7	5	6
3	3	4	4	5	6·	6	7	7	8	6	7
4	4	5·	5	6	7	7	8	8	9·	7	8
5	5	6	6	7	8	8·	9	9	10	8	9
6	6	7	7·	8	9	9	10	10	11	9·	10
7·	7	8	8	9	10	10	11·	11	12	10	11
8	8	9	9	10·	11	11	12	12	13	11	12·
9	9·	10	10	11	12	12	13	13·	14	12	13
10	10	11	11	12	13·	13	14	14	15	13	14
11	11	12·	12	13	14	14	15	15	16·	14	15
12	12	13	13	14	15	15·	16	16	17	15	16
13	13	14	14·	15	16	16	17	17	18	16·	17
14·	14	15	15	16	17	17	18·	18	19	17	18
15	15	16	16	17·	18	18	19	19	20	18	19·
16	16·	17	17	18	19	19	20	20·	21	19	20

(原书每个日曜表共代表4年，今仅录其第三年部分)。

日 序 表

1268									咸丰元 清文宗	辛亥	一八五一	
17	18	18	19	20	20	21	21	22	20	21	22	冬
18	19	19	20	21	21	22	22	23	21	22	23	
19	20	20	21	22	22	23	23	24	22	23	24	
20	21	21	22	23	23	24	24	25	23	24	25	
21	22	22	23	24	24	25	25	26	24	25	26	
22	23	23	24	25	25	26	26	27	25	26	27	
23 十	24 九	24	25	26	26	27	27	28	26	27	28	
24	25	25 闰	26	27	27	28	28	29	27	28	29	
25	26	26	27 八	28 七	28	29	29	30	28	29	30	
26 2	27 1	27 12	28 11	29	29 六	30	30	31	3	30	31	
27	28	28	29	30 10	30 9	31 五	5 四	4	2	31	1	十
28	29	29	30	31	7	6 8	2 7	2 三	3 二	2 正	2	二
29	30	30	31	8	2	2	3	3 6	4 5	2	3	
30	31	10	9	2	3	3	4	4	5	3 4	4	3
12	11	2	2	3	4	4	5	5	6	4	5	
2	2	3	3	4	5	5	6	6	7	5	6	
3	3	4	4	5	6	6	7	7	8	6	7	
4	4	5	5	6	7	7	8	8	9	7	8	
5	5	6	6	7	8	8	9	9	10	8	9	
6	6	7	7	8	9	9	10	10	11	9	10	
7	7	8	8	9	10	10	11	11	12	10	11	
8	8	9	9	10	11	11	12	12	13	11	12	
9	9	10	10	11	12	12	13	13	14	12	13	
10	10	11	11	12	13	13	14	14	15	13	14	
11	11	12	12	13	14	14	15	15	16	14	15	
12	12	13	13	14	15	15	16	16	17	15	16	
13	13	14	14	15	16	16	17	17	18	16	17	
14	14	15	15	16	17	17	18	18	19	17	18	
15	15	16	16	17	18	18	19	19	20	18	19	
16	16	17	17	18	19	19	20	20	21	19	20	

日曜表4 甲子表11

(原书每一页代表2年，今仅录其第1年，表末所注之日曜表、甲子表号码原在本页最后，今移于此。)

二月初三日，回历 1267 年 5 月 2 日。

(2)查考任何一天的星期。查星期需将日序表和日曜表配合起来使用。原书每一单元(4 年)的日序表和一个日曜表配合使用，应该配合使用的日曜表号码在日表左下角注明(如本书所列日序表和日曜表 4 配合使用)。日曜表统一附于书后。日曜表是按公历日序编排的，凡公历日数右侧标一黑点者，表示该日为星期日。

(3)查考干支纪日和数字纪日的相互对照。解决这类问题，需将日序表和甲子表配合起来使用。原书每一单元(4 年)的日序表和一个甲子表配合使用，应该配合使用的甲子表的日序表左下角注明，甲子表亦统一附于书后。甲子表列出了一个周期的干支名称，分两行排列，右行为单行，左行为双行，每行分为 30 格。查考时只要将二表日期的位置对应准确即可。如欲查清咸丰元年正月初一日的纪日干支，将日序表中该日的位置对应到甲子表相应的位置，可见干支名称“戊子”，即表示清咸丰元年正月初一日的纪日干支是“戊子”。相反，清咸丰元年二月戊午日若写为数字纪日，应是二月初一日。

甲子表11

丁丑	丁未
戊寅	戊申
己卯	己酉
庚辰	庚戌
辛巳	辛亥
壬午	壬子
癸未	癸丑
甲申	甲寅
乙酉	乙卯
丙戌	丙辰
丁亥	丁巳
戊子	戊午
己丑	己未
庚寅	庚申
辛卯	辛酉
壬辰	壬戌
癸巳	癸亥
甲午	甲子
乙未	乙丑
丙申	丙寅
丁酉	丁卯
戊戌	戊辰
己亥	己巳
庚子	庚午
辛丑	辛未
壬寅	壬申
癸卯	癸酉
甲辰	甲戌
乙巳	乙亥
丙午	丙子

《两千年中西历对照表》和《中西回史日历》是两部编制较为精密，使用较为简便的大型历表，其主要功用，有相同之处，也有不同之点。相同之处在于：都可以查考中历、公历年月日以及数字纪日

和干支纪日的相互对照，都可以查考星期。不同之点在于：《中西回史日历》可以解决三种历法的对照互换问题，而《两千年中西历对照表》只能解决两种历法的对照互换问题；《两千年中西历对照表》可以查考纪月干支，而《中西回史日历》却无此功能。

与《中西回史日历》关系密切的，还有一部**二十史朔闰表**（陈垣编，中华书局 1962 年修订出版）。此书的内容，是将自公元前 206 年（汉高祖元年）至公元 2000 年间中历、公历、回历三种历法加以对照，其中公历起自公元元年，回历起自回历纪元元年。但它不是逐日对照，而是把中历每月的第一天与公历加以对照，把回历每年的元旦和中历加以对照，因此，从内容上看，此书相当于《中西回史日历》的“简编本”。其编制结构是以 10 年为一页，每年为一行，每页基本格式如下页表（限于篇幅，仅列 7 年）。

在上表中，栏外顶端列出干支纪年及查考星期时应配合使用的“日曜表”号码。日曜表仍为每 4 年使用一个，号码注在第一年干支年名的左下角。表内第 1 栏列出年号纪年。每页第 1 年详列，其它诸年仅列年次。以下 12 栏（从“正”至“十二”）中的每一组文字，分别是中历正月至十二月每月第 1 天和公历对应的日期及该日的纪日干支。其中中文数字为公历月数；阿拉伯数字为公历日数。如“正”月栏内的 $\frac{\text{二戊}}{\text{1 子}}$，即表示清咸丰元年正月初一日的纪日干支是“戊子”，这一天相当于公历的 2 月 1 日。标有“闰”字的一栏，列出了中历的闰月情况。干支名称上方的中文数字，为该年中历闰月的月份。如“$\overset{\text{九八}}{\underset{\text{25申}}{\text{甲}}}$”，即表示中历清咸丰元年为闰年，该年闰八月。闰八月初一日的纪日干支为“甲申”，这一天相当于公历的 9 月 25 日。标有“回”字的一栏，列出了回历每年元旦与中历对应的日期。中文数字为中历月数；阿拉伯数字为中历日数。如 $\frac{\text{九}}{4}$，即表示回历 1268 年 1 月 1 日相当于中历清咸丰元年九月初四日。凡中历日数右下角置一黑点者，表示该年为回历的闰年。最后一栏列出了回

	辛亥	壬子	5 癸丑	甲寅	乙卯	丙辰	6 丁巳
	清文宗咸丰元	二	三	四	五	六	七
正	二戊 1子	二壬 20子	二丙 8午	一辛 29丑	二乙 17丑	二己 6未	一甲 26寅
二	三戊 3午	三壬 21午	三丙 10子	二庚 27午	三甲 18午	三己 7丑	二癸 24未
三	四戊 2子	四辛 19亥	四乙 8巳	三庚 29子	四癸 16亥	四戊 5午	三癸 26丑
四	五丁 1巳	五辛 19巳	五乙 8亥	四己 27巳	五癸 16巳	五丁 4亥	四壬 24午
五	五丁 31亥	六辛 18亥	六乙 7巳	五己 27亥	六壬 14戌	六丁 3巳	五辛 23亥
六	六丙 29辰	七庚 17辰	七甲 6戌	六戊 25辰	七壬 14辰	七丙 2戌	七庚 21戌
七	七乙 28酉	八己 15酉	八甲 5辰	七戊 25戌	八壬 13戌	八丙 1辰	八庚 20辰
八	八乙 27卯	九己 14卯	九癸 3酉	九丁 22酉	九辛 11卯	八乙 30酉	九己 18酉
九	十癸 24丑	十戊 13申	十癸 3卯	十丁 22卯	十辛 11酉	九乙 29卯	十己 18卯
十	十一癸 23未	十一戊 12寅	十一壬 1申	十一丙 20申	十一辛 10卯	十乙 29酉	十一戊 16申
十一	十二壬 22子	十二丁 11未	十二壬 1寅	十二丙 20寅	十二庚 9申	十一乙 28卯	十二戊 16寅
十二	一壬 21午	一丙 9子	十二辛 30未	一乙 18未	一庚 8寅	十二甲 27申	一戊 15申
闰	九八甲 25申			八七戊 24辰			六五辛 22巳
回	九 4	九 3	九 2.	八 3	八 3	八 3.	七 3
回历 1268 西历 1851							嘉道万年书预推十一甲寅，今从本年时宪书。

历、公历与中历相对应的年份及附注。每页只列回历、公历第1年的年份，如回历1268年大体相当于公历1851年，中历清咸丰元年，其它各年依次类推即可。"附注"是一些在编制历表时需要说明

的问题。

《二十史朔闰表》的功用与《中西回史日历》相同，即凡《中西回史日历》能解决的问题，《二十史朔闰表》亦均可解决。但由于《二十史朔闰表》只列出了与中历每月第1天相对应的公历日期，与回历每年第1天相对应的中历日期，所以，利用此表查考不同历日的对照时，一般需稍作推算。例如：欲查清咸丰元年九月初八日相当于公历、回历的何年何月何日及该日的纪日干支，具体查找方法是：先查到清咸丰元年九月初一日相当于公历1851年10月24日，据此后推，便可知九月初八日相当于1851年10月31日；中历九月初一日的纪日干支为“癸丑”，根据干支顺序表后推，便可知九月初八日的纪日干支为“庚申”；再查到回历1268年1月1日相当于中历清咸丰元年九月初四日，据此后推，则可知中历清咸丰元年九月初八日相当于回历1268年1月5日。若需查考星期，可与“日曜表4”配合使用，亦很方便。

如果需要推算的日期是跨月份的，则必须确知中历、公历、回历的大、小月及天数，否则容易产生误差。公历、回历的大小月都是固定的，中历的大小月虽不固定，但在本表中通过比较相邻两月第1天的纪日干支，可以确定上一月的大小。确定中历大小月的规则是：如果相邻上下两月第1天的纪日干支中天干名称相同，上月为大月；天干名称不同，上月为小月。如清咸丰元年正月初一日的纪日干支是“戊子”，二月初一日的纪日干支是“戊午”，天干相同，故正月为大月。又如清咸丰元年三月初一日的纪日干支为“戊子”，四月初一日的纪日干支为“丁巳”，天干不同，故三月为小月。

值得注意的是，该书在推算汉代太初改历以前的朔闰是依据“殷历”。现据出土的历书核实，在此以前所使用的是“颛顼历”。因此该书这一段的历日有误差。应以《临沂出土汉初古历初探》一文所列《汉高祖元年(公元前206)至汉武帝元封六年(公元前105)朔闰表》为准。此文刊载《文物》1974年第3期。

近年来，方诗铭、方小芬又编著**中国史历日和中西历日对照表**（上海辞书出版社，1987），分上、下编及附编。上编起自西周共和元年（公元前 841 年），迄于西汉哀帝元寿二年（公元前 1 年）。下编起自西汉平帝元始元年（公元 1 年），迄于民国 38 年（1949 年）。附编为“殷历日表”起自盘庚十五年（公元前 1384 年）至殷帝辛六十三年（公元前 1112 年），“共和元年前西周历日表”起自周武王元年（公元前 1111 年）至周厉王三十七年（公元前 842 年）以及“1949—2000 年历日表”。各编均按年编排，格式如下：

清宣宗道光十八年戊戌(1838—1839)

一·一 甲戌 1.26	二·一 癸卯 2.24	三·一 癸酉 3.26	四·一 壬寅 4.24　闰四·一 壬申 5.24
一·十一 甲申 2.5	二·十一 癸丑 3.6	三·十一 癸未 4.5	四·十一 壬子 5.4　闰四·十一 壬午 6.3
一·二十一 甲午 2.15	二·二十一 癸亥 3.16	三·二十一 癸巳 4.15	四·二十一 壬戌 5.14　闰四·二十一 壬辰 6.13
五·一 辛丑 6.22	六·一 庚午 7.21	七·一 庚子 8.20	八·一 庚午 9.19
五·十一 辛亥 7.2	六·十一 庚辰 7.31	七·十一 庚戌 8.30	八·十一 庚辰 9.29
五·二十一 辛酉 7.12	六·二十一 庚寅 8.10	七·二十一 庚申 9.9	八·二十一 庚寅 10.9
九·一 己亥 10.18	十·一 己巳 11.17	十一·一 己亥 12.17	十二·一 戊辰 1.15
九·十一 己酉 10.28	十·十一 己卯 11.27	十一·十一 己酉 12.27	十二·十一 戊寅 1.25
九·二十一 己未 11.7	十·二十一 己丑 12.7	十一·二十一 己未 1.6	十二·二十一 戊子 2.4

清宣宗道光十九年己亥(1839—1840)

一·一 戊戌 2.14	二·一 丁卯 3.15	三·一 丁酉 4.14	四·一 丙寅 5.13
一·十一 戊申 2.24	二·十一 丁丑 3.25	三·十一 丁未 4.24	四·十一 丙子 5.23
一·二十一 戊午 3.6	二·二十一 丁亥 4.4	三·二十一 丁巳 5.4	四·二十一 丙戌 6.2
五·一 乙未 6.11	六·一 乙丑 7.11	七·一 甲午 8.9	八·一 甲子 9.8
五·十一 乙巳 6.21	六·十一 乙亥 7.21	七·十一 甲辰 8.19	八·十一 甲戌 9.18
五·二十一 乙卯 7.1	六·二十一 乙酉 7.31	七·二十一 甲寅 8.29	八·二十一 甲申 9.28
九·一 癸巳 10.7	十·一 癸亥 11.6	十一·一 癸巳 12.6	十二·一 癸亥 1.5
九·十一 癸卯 10.17	十·十一 癸酉 11.16	十一·十一 癸卯 12.16	十二·十一 癸酉 1.15
九·二十一 癸丑 10.27	十·二十一 癸未 11.26	十一·二十一 癸丑 12.26	十二·二十一 癸未 1.25

每年 12 格，代表 1—12 月。每格内三行为该月上、中、下旬第一日的中历日期、纪日干支与相应的西历日期，中历闰月在该月格内以小字另加三行。凡属公元前历日表，在每一行只标月、日与纪日干支；1949 年以后历日表，只在每行注明公历月、日，中历纪日干支及日期。三国、南北朝、宋辽金元、明清之际朔闰不同之处，则

分别加以排列，如清顺治十年(1653年)八月一日甲子，是南明桂王永历七年八月一日癸亥。

此书编者充分吸收了前人编制历表的经验与成果，征引了多种历表，并将各家推算异同及失误之处均加以注明，增加使用之便。书后附"年号索引"。本书虽填补了公元前历表空白，但要查考公元前中西历日对照，则需利用张培瑜编著的《中国先秦史历表》(齐鲁书社，1987)。

中国先秦史历表是研究历法的专书。主要包括两部分四种表：第一部分是"冬至合朔时日表"，列出公元前1500年至公元前104年(汉武帝太初之年)每年冬至日的干支，每月合朔的公历(儒略历)年月日时分和干支；第二部分是"史日朔闰表"，包括"春秋朔闰表(公元前722—公元前480)"、"战国朔闰表(公元前480—公元前221)"和"秦汉初朔闰表(公元前221—公元前105)"，列出推算所得各月朔日干支和闰月位置。这是查阅先秦史籍、研究殷周历史、进行考古研究的一部切实有用的工具书。

较为常见的历表还有：

近世中西史日对照表，郑鹤声编，商务印书馆，1936，中华书局1981年影印。主要内容是公元1513年(明正德十一年)至1941年间中历、公历历日的对照，并记载了星期、干支、节气。编排简明，查对方便。

中国近代史历表，荣孟源编，三联书店，1953，中华书局1977年重印。该书是1830年至1949年间公历与中历的逐日对照表，并记载了纪日干支。全书一年一表，逐日对照，查检极便。

中西回俄历表，纪大椿编，新疆人民出版社，1978。该书将中历、公历、回历、俄历和太平天国历汇为一编，详于中历和公历的对照，时间起于1821年，止于1950年。

天历考及天历与阴阳历日对照表(罗尔纲编，三联书店，1955)。此书内容分两部分：《天历考》是作者研究天历的专门著作；

《天历与阴阳历日对照表》为历表，可查考天历与公历、中历的对照。该历表将天历、中历、公历逐日加以对照，一月一表，基本格式如下：

太平天国十四年	月·日	六·一	二	*三	四	五	六	七	八	九	*十
	干节	小暑	壬午	癸未	甲申	乙酉	丙戌	丁开	戊子	己好	庚寅
清同治三年	月·日	六·十一	十二	十三	十四	十五	十六	十七	十八	十九	二十
	干节	庚辰	辛巳	壬午	癸未	甲申	乙酉	丙戌	丁亥	戊子	己丑
1864 年	月·日	七·14	15	16	×17	18	19	20	21	22	23

在上表中，“干节”一栏所记为纪日干支和节气名称，每逢节气首日，该日纪日干支省记。*符号表示该日为天历的星期日；×符号表示该日为公历的星期日。该历表逐日对照编排，查考天历、中历、公历历日的对照十分方便。例如，太平天国十四年六月七日（丁开）、星期四，查表得知该日是清同治三年六月十七日（丙戌）、公元1864 年 7 月 20 日、星期三。

查对近现代中西历历日对照，还可注意使用**1821—2020 年二百年历表**，中国科学院紫金山天文台编，科学出版社，1959。该书包括公元 1821 年至 2020 年间的公历和中历日期对照，星期与干支的记载、节气的推算以及日月食的时间。书后附录节日、纪念日、太平天国历表、日蚀路线图与太阳出没时刻等。该书另有简编本**二百年历表简编**（1821—2020），科学普及出版社，1965，亦可参考。最近王健民等编、中国工人出版社出版的**200年日历**(1840－2050年),以表格的形式,逐年记载了公历、中历的历日对照,标示出每日星期数,并将公历每月一日的干支列在每月的表下。书中还附"干支表"、"十二生肖表"、"星期日万年历表",一并供查考之用。

第九章　查考百科知识

这里所说的百科知识，是指那些涉及范围十分广泛，容纳内容十分丰富的工具书中所记述的知识与提供的资料。这些工具书主要包括中国传统的类书、政书以及发端于西方的百科全书，它们是现有中文工具书中非常重要的三类工具书。从中外工具书发展的历史来看，这些工具书虽然一般出现稍晚，但发展却十分迅速。知识的广泛传播带来了广泛的知识需求，人们需要了解和认识自然、社会的各个方面、各个层次，这些工具书就以它丰富密集的知识与资料，广泛的适用性满足了人们多方面的需要，因此它后来居上，迅速发展成为层次较高，在某种程度上可以反映一个时代科学文化水平的工具书。

第一节　查考古代百科资料

查考反映古代自然界和社会生活各方面情况的百科资料，主要应该利用的工具书是中国传统的类书。

在中国历史上，第一部严格意义上的类书是成书于三国魏，由王象等人编纂的《皇览》。此后，类书的编纂历代从未间断。特别是唐、宋以来，类书的内容日益丰富，类书的体例日臻完善，类书的卷帙也越来越大，发展成为展现封建文化概貌的总结性著述。一般估计，中国历代编成的类书，总数量在五六百种左右，流传至今的，大约在二百种以上。其中，在今天仍有较大实用价值的，主要是一些规模较大的综合性类书。

在现存的完整的综合性类书中，以成书于隋代的**北堂书钞**为最早。该书系虞世南所编。虞世南(558—638)一生显于唐初,但在隋大业中期,他曾任隋秘书郎,该书即完成于此时。“北堂”是隋秘书省的后堂。也是虞世南当时编书抄书之处,故名。《北堂书钞》原本为174卷,分为80部,801类。至南宋时已演变为160卷。后人怀疑不是有残阙,便是有并省。全书分为帝王、后妃、政术、刑法、封爵、设官、礼仪、艺文、乐、武功、衣冠、仪饰、服饰、舟、车、酒食、天、岁时、地等19部。部下分类,共有851类。

《北堂书钞》在每一类里汇集资料的基本体例是:先摘录古籍中的字句,然后注明所摘字句的出处,列出所摘字句的上下文或有关注释,有时还有编者自己所加的按语。例如卷83“仪礼部4·学校7”:

> 古之教者,国有学。《礼·学记篇》:古之教者,家有塾,党有庠,术有序,国有学。郑注:术当为遂。门侧之堂谓之塾。周礼:五百家为党,万二千五百家为遂。党属于乡,遂在远郊之外。……

以上是《北堂书钞》的基本编排形式,和后来的类书略有不同。

《北堂书钞》的重要价值,在于它所引古籍均为隋以前旧本,保存了许多古籍中片断资料的原始面貌。据统计,《北堂书钞》所引用的古籍,起自三代,止于宋、齐,除集部外,总数达800多种。这些古籍到今天,十之八、九已经亡佚,即便是流传下来的,由于几经传钞、刊刻,残阙讹误之处亦为不少。《北堂书钞》中保存的资料,对校勘、考证某些古籍的内容,有很大的参考价值。

唐代是中国类书发展史上的一个重要时期,这时出现的类书,不仅数量较前大为增加,更重要的是内容进一步扩展,体例逐渐定型,对后世的类书影响很大。在现存的唐代综合性类书中,以《艺文类聚》和《初学记》二种最为重要。

艺文类聚,唐欧阳询等编,上海古籍出版社1982年新一版。此书成于唐高祖武德七年(624年),共100卷,分为46部,727子目,是一部按类别编排的类书。

《艺文类聚》不论在编排形式上还是在内容上都很有特色。在编排形式上，它首创了“事文合编”的体例，奠定了后来类书采辑资料的基本格局。“事”，即“事迹”类资料；“文”即“艺文”类资料。《艺文类聚》以前的类书，一般都以“辑事”为主，对“文”则往往弃而不用，所谓“事自为类书，文自为总集”即指此而言。《艺文类聚》采辑资料时突破了这种传统惯例，不仅“辑事”，而且也“辑文”，“事居于前，文列于后”，创造性地把“事”与“文”两类资料加以合编，扩大了类书采辑资料的范围，适应了一般读书人对类书的要求，使类书具有了更为广泛的适用性。《艺文类聚》所开创的这种体例，成了后世类书采辑资料的常规体例，在中国类书发展史上具有特别重要的意义。

在内容上，《艺文类聚》保存了丰富的唐代以前的文献资料，特别是由于它采辑资料“事文并重”，所以保存了大量的诗文歌赋等文学作品。据统计，《艺文类聚》共引用了1400多种古籍中的资料，这些古籍90%以上均已亡佚。唐以前的许多文学作品或其他资料，只是靠了《艺文类聚》才得以保存了下来。

上海古籍出版社1982年整理出版的《艺文类聚》，附编了《人名索引》和《书名篇名索引》。《人名索引》将《艺文类聚》所引用的古籍及诗文作品的作者姓名、字号等按四角号码顺序加以统一编排；《书名篇名索引》是把《艺文类聚》所引用的古籍书名、篇名按照四角号码顺序加以统一编排，为从《艺文类聚》中查考资料提供了方便。此书另有1965年中华书局影印宋绍兴刻本。

初学记，唐徐坚等编，中华书局1962年整理出版，1980年重印。此书是专为皇子临文作诗时查检事类典故、词藻对语而编纂的，故名《初学记》。全书30卷，分为23部，313子目。每一子目内所汇集的资料，均分为“叙事”、“事对”、“诗文”三类。“叙事”纂辑群书资料；“事对”汇集有关对语词汇并列实例；“诗文”辑录有关诗文歌赋。《初学记》的整个编排体例，略似《艺文类聚》。

《初学记》的特点在于：内容上以基本知识为重点，兼顾词藻典故和诗文歌赋名篇，选材精当，简明易读。编排上"叙事"、"事对"、"诗文"三类资料交相辉映，既便于临文查检事类和词藻，又提供了可资参考的范文。《四库全书总目》对它的评价是："在唐人类书中，博不及《艺文类聚》，而精则胜之。"

从《初学记》中查考资料，可利用《初学记索引》(许逸民编，中华书局，1980)。此索引以中华书局1962年点校本为依据，分为《事对索引》和《引书索引》两部分。

宋代在文献编纂学上成就突出，出现了许多大部头的类书、政书、诗文总集等。在综合性类书中，规模较大而质量又较高的有：

太平御览，宋李昉等编，中华书局1960年影印出版。这是一部于宋代太平兴国八年(984年)编成的大型类书，初名《太平总类》，在全书将要完成前夕，宋太宗命令每天向他进呈三卷，供"乙夜之览"，故改名为《太平御览》。全书共1000卷，分为55部，计有：天、时序、地、皇王、偏霸、皇亲、州郡、居处、封建、职官、兵、人事、逸民、宗亲、礼仪、乐、文、学、治道、刑法、释、道、仪式、服章、服用、方术、疾病、工艺、器物、杂物、舟、车、奉使、四夷、珍宝、布帛、资产、百谷、饮食、火部、休征、咎征、神鬼、妖异、兽、羽族、鳞介、虫豸、木、竹、果、菜、香、药、百卉。部下又分子目，计有子目4558个。每一子目下，广采经史子集各类古籍中的资料，一般依时代先后排列，先列书名，再录原文。例如该书卷957木部"枫"子目(见下页)。

《太平御览》最突出的特点是涉及的范围广，辑录的资料多。全书分为55部，并非偶然而为。《周易·系辞》中有"凡天地之数五十有五"之说，《太平御览》分全书为55部，旨在表明涉及范围之广：天、地、人、事、物各方面无所不包。《太平御览》引用的各类古籍，据其卷首所附《经史图书纲目》所载，总数达1690多种，古律诗、古赋、铭、赞、杂书等尚不包括在内。若加上这些，总数可达2500种左右，这些古籍文献，今天十之七八已经亡佚。《太平御览》所辑资料，

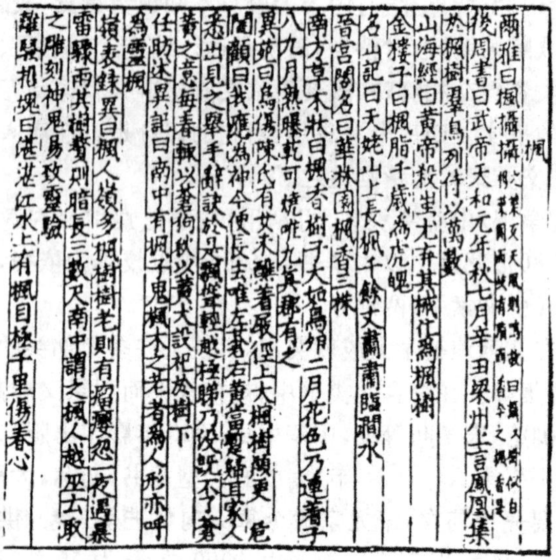

楓

爾雅曰楓欇欇（欇欇之木，葉有天風則鳴，故曰欇欇。楓樹似白楊，葉圓而岐，有脂而香，今之楓香是）

後周書曰武帝天和元年秋七月辛丑梁州上言鳳凰集於楓樹羣鳥列侍以萬數

山海經曰黄帝殺蚩尤弃其械化爲楓樹

金樓子曰楓脂千歲爲虎魄

名山記曰天姥山上長楓千餘丈蕭蕭臨澗水

晉宮閣名曰華林園楓香三株

南方草木狀曰楓香樹子大如鳥卵二月花色乃連着子八九月熟曝乾可燒唯九真郡有之

異苑曰烏傷陳氏有女未醮着屐徑上大楓樹顛更　危閭顧曰我應爲神今便長去唯左右着右黄當覆歸耳家人悉出見之舉手辭訣於是飄聳輕越極睇乃沒旣不了着黄之意每春輒以着衡秋以黄犬設祀於樹下

任昉述異記曰南中有楓子鬼楓木之老者爲人形亦呼爲靈楓

嶺表録異曰楓人嶺多楓樹樹老則有瘤癭忽一夜遇暴雷驟雨其樹贅則暗長三數尺南中謂之楓人越巫云取之雕刻神鬼易致靈驗

離騷招魂曰湛湛江水上有楓目極千里傷春心

多数首尾完整，并注明出处，它被认为是现存类书中保存五代以前文献资料最多的一部，历来以征引广博，资料宏富而著称。

《太平御览》的缺点主要是：(1)由于类目繁多，故时有重复者，这势必导致资料归属上的混乱。(2)所标书名，往往前后不一、舛讹错误。(3)有些资料转抄于前代类书，又未作校勘核对，因袭了许多旧有的错误。

从《太平御览》中查资料，可利用**太平御览引得**，哈佛燕京学社引得编纂处编，1935 年出版。索引包括两部分内容：《篇目引得》，详细标引了《太平御览》的分类细目；《引书引得》，详细标引了《太平御览》所引用的书名、篇名。

册府元龟，宋王钦若、杨亿等编，中华书局 1960 年影印出版，1982 年重印。“册府”是指书籍的府库；“元龟”是指大龟。按照古人的说法，大龟可以预知未来，此书的编纂目的，是为统治者鉴往知来提供参考，故名《册府元龟》。

《册府元龟》成书于宋代大中祥符六年（公元 1013 年），比《太平御览》稍晚。全书 1000 卷，但每卷的规模都比《太平御览》大，故全书总字数超出《太平御览》一倍以上，达到 940 多万字，是宋代编成的最大的一部类书。

《册府元龟》和唐宋以来的其他类书相比，不论在内容上还是在编排上，都有不同。

在取材范围上，《册府元龟》不像一般类书那样，经史子集各类古籍全都涉及，而是以正史为主，间及经书、子书，小说、杂书一概不取。

在类目设置上，《册府元龟》不像一般类书那样，天、地、人、事、物网罗无遗，而是以人物、事类为中心，其余概不涉及。全书共分 31 部：帝王、闰位、僭伪、列国君、储宫、宗室、外戚、宰辅、将帅、台省、邦计、宪官、谏诤、词臣、国史、掌礼、学校、刑法、卿监、环卫、铨选、贡举、奉使、内臣、牧守、令长、宫臣、幕府、陪臣、总录、外臣。每部下又分门，共有 1104 门。

在内容上，《册府元龟》不像一般类书那样，各方面的资料均加以辑录，而是专门辑录从上古至五代的君臣事迹，尤其注意辑录唐、五代的君臣事迹，至于天地时序、动植器物等方面的资料，则概不收录。《册府元龟》原名《历代君臣事迹》，倒是比较明确地反映了该书的主要内容。

在编排上，《册府元龟》最突出的一点是每部前有“总序”，每门前有“小序”。总序概述本部制度、事迹沿革，小序概述、评议本门内容。总序、小序文笔精炼、言简意赅，对于概括了解内容很有帮助。另外一个与众不同之处是，《册府元龟》所辑录的资料，均不注明出处，这在一定程度上限制了人们对它的利用。

《册府元龟》的最大价值在于校史、补史。中华书局影印出版此书时，在书后附编了《类目索引》，标引了每一类目在书中的部次、册数、卷数、页码，查考时应注意利用。

玉海，宋王应麟编，江苏古籍出版社、上海书店 1987 年据清光绪九年浙江书局刊本影印出版。这是一部专为士子应付博学宏词科考试而编纂的类书。博学宏词科是宋代设立的一个科举科目，始设于宋哲宗初年，称宏词科。宋徽宗时改名为词学兼茂科，南渡以后改为博学宏词科。博学宏词科的考试内容，主要是表章、诫谕、露布、檄书、颂、箴、铭、序、记等文体，要求考生有较高的文化修养，如须博览古今，熟悉经史等，同时也要求有熟练的写作技巧，如注重文章的四六对偶、声韵和谐、引经据典等。适应这样的需要，《玉海》的内容便主要是汇集上古至宋代有关典章制度、吉祥善事方面的资料。全书共 200 卷，分为天文、律历、地理、帝学、圣文、艺文、诏令、礼仪、车服、器用、郊祀、音乐、学校、选举、官制、兵制、朝贡、宫宝、食货、兵捷、祥瑞 21 部，240 多子目，并无一般综合性类书中飞禽走兽、花鸟虫鱼一类资料。后人曾说它的内容"与《通典》、《通志》、《通考》诸书相为表里，其于礼乐制度因革损益之故，历历可考。"(清张华年《玉海序》)在编排形式上，《玉海》适应应试者考究源流、把握要领的需求，不仅仅是简单地分类汇集资料。而是在类目下先撰写"提要"，或简释类目名称，或撮述事实梗概，或勾勒流变大略，尔后才汇集有关资料。这种做法，和《册府元龟》相同。因此《四库全书总目》说它"与他类书体例迥殊"，后人也每每称其为"天下奇书"。

江苏古籍出版社、上海书店 1987 年影印出版的《玉海》，全书共 6 册，附有王应麟自著《诗考》、《诗地理考》、《汉艺文志考证》、《通鉴地理通释》、《践阼篇集解》、《急就篇补注》、《王会篇补注》、《汉制考》、《小学绀珠》、《姓氏急就篇》、《六经天文编》、《周易郑康成注》、《通鉴答问》等 13 种著述，另附张大昌所撰《校补琐记》及《王深宁年谱》，是比较完好的版本。

明代类书编纂事业上的最大成就，是出现了我国历史上规模最大的一部类书——**永乐大典**。该书最初是根据明成祖朱棣的提议于明永乐元年(1403年)开始修纂的,主持其事者有解缙、胡广、胡俨、杨士奇等人。明成祖为此书订立了编纂宗旨:“朕欲悉采各书所载事物聚之,而统之以韵,庶几考索之便,如探囊取物尔。……尔等其如朕意:凡书契以来经史子集百家之书,至于天文地志阴阳医卜僧道技艺之言,修辑一书,毋厌浩繁。”解缙等召集140多人匆匆行事,于第二年便编出了名为《文献大成》的类书。书成后,明成祖认为失于简略,未合他的原意,于是又命姚广绪、解缙等人为监修,召集各方学者2000多人重新修纂。至永乐五年重修定稿,并改名为《永乐大典》。接着又向各地征集一批善书人,开始誊钞。至永乐六年最后完成。明成祖盛赞《永乐大典》“上自古初,迄于当世,旁搜博采,汇聚群书,著为奥典”。

《永乐大典》全书共22877卷,另有凡例、目录60卷,分装成10095册,字数达3亿7千多万字。全书的编排体例以《洪武正韵》为纲,按韵目顺序分列单字。每一单字下,先详注该单字的音韵、训释,次移录该单字篆隶楷草各种形体,然后分类汇集与该单字有关的天文、地理、人事、名物,以至奇文异见、诗文词曲等各方面的资料。在体例上,《永乐大典》典型地贯彻了“以韵统字,以字隶事”这种按韵目排序与按类别汇集资料相结合的方法,是古代按韵目编排的类书的代表作。《永乐大典》中所汇集的资料,全都照录原文,注明出处,有许多资料往往是整篇、整卷乃至于整部书加以辑录。据统计,《永乐大典》全书所引用的各类古籍,总数量有七八千种之多,不仅有传统类书中重视的经史典籍,还有大量的不为传统类书重视的小说戏剧、释藏道经以及农、工、医等各类著作,在引用古籍的数量及内容的广博上,达到了其他类书无法比拟的地步,真所谓“包括宇宙之广大,统会古今之异同”(郭沫若《永乐大典·序》),成为世界文化史上的空前巨著。

《永乐大典》编成后,并未刊刻印行。永乐五年定稿后抄成的一部,史称“永乐钞本”或“正本”,最初藏于南京文渊阁的东阁。永乐十九年(1421年)明迁都北京后,运至北京,后藏于文楼。正本在明末时已亡佚。明嘉靖四十年(1562)至明隆庆元年(1567),曾重录一部,史称“嘉靖钞本”或“副本”。副本的装帧、格式与正本完全一样,抄成后藏于当时新建的皇史宬。大约在明末清初时,副本已有1000多册、2400多卷亡佚。清咸丰十年(1860年),英法联军入侵北京,放火焚烧了圆明园,并焚烧劫走了包括《永乐大典》在内的大量珍贵典籍。经过侵略者的这次焚劫,再加上清政府中一些贪婪腐败之徒的偷盗携拿,至光绪元年(1875)重修翰林院衙门时,《永乐大典》已剩不足5000册;及至光绪二十年,所存竟只有800册了。1900年,八国联军入侵北京,将存留在世的《永乐大典》付之一炬,绝大部分被焚毁,另有少量被外国侵略者劫走,或流落于私人手中。至此,《永乐大典》的副本已基本被毁。残存在世者800余卷,分散在世界各地。

新中国成立后,我国政府开始多方征集存留在世的《永乐大典》残本。至1960年,共在国内外征集到730卷,由中华书局影印出版,分装为20函,202册。这是历史上第一个比较完整的《永乐大典》影印本。1960年至1984年,我国政府又从国内外征集到《永乐大典》的残存本67卷,中华书局按1960年影印本格式加以影印,称为“《永乐大典》续印本”。1984年,中华书局又将1960年影印的730卷连同续印本的67卷共797卷,缩印为16开精装本,并将《连筠簃丛书》中所收的《永乐大典目录》60卷附于书后。这是截至目前世界上收集最为齐全的《永乐大典》影印本。据一般估计,目前残留在世的《永乐大典》约370余册,810卷左右,分散于10多个国家的30多个公私收藏者手中。中华书局1984年影印本所收已占残存本的99%,但尚不及原书总数的4%。张忱石所著《永乐大典史话》(中华书局,1986)一书后附有《现存〈永乐大典〉卷目表》,对了解残存本的概况很有帮助。

《永乐大典》中辑存的资料,曾经发挥过重要作用。宋元以前的许多佚文秘典，是靠它才得以保存流传。如清代乾隆中期开设《四库全书》馆时，曾专门设立了《四库全书》馆校勘《永乐大典》散篇办书处，至乾隆四十年(公元1780年)就已从《永乐大典》中辑出亡佚古籍385种，4946卷。张忱石所著《永乐大典史话》所附《永乐大典中辑出的佚书书目》，共收录辑自《永乐大典》的佚书590种，附录44种，其中有许多是非常重要的史籍，像《旧五代史》150卷，《续资治通鉴长编》520卷，《东观汉纪》24卷，《宋会要辑稿》500卷等等。现存的《永乐大典》残本，虽数量不多，但其中亦有许多不见于他书的珍贵资料。如其中辑录的一些唐宋诗词作品，可以补《全唐诗》及某些总集、别集之未备；“戏”字韵中所辑录的《小孙屠》、《张协状元》、《宦门子弟错立身》，是今天所见的三种最早的南戏剧本；志乘类著作保存在《永乐大典》残本中的有700多种，其中10多种较为完整，绝大部分为宋元人所编；“种”字韵中所收的《种艺必用》(吴怿撰)、《种艺必用补遗》(张福撰)，是两种久已失传的宋代重要农书；元初薛景石所著《梓人遗制》是一部有关机械制造方法的专书，它与《种艺必用》一起被称为《永乐大典》残存本中工农学逸书的两大名著；还有重要的医学文献《苏沈良方》、《寿亲养老亲书》及大量的医案验方，等等。所有这些，在学术研究中均有重要的价值。

《永乐大典》辑录资料过程中的舛讹现象时有发生，更突出的问题是在实施“以韵统字，以字隶事”的原则时，表现出了一定的随意性，为人们准确查考带来了某些困难。《四库全书总目》曾经指出过《永乐大典》体例上的问题：“惟其书割裂庞杂，漫无条理，或以一字一句分韵，或析取一篇，以篇名分韵，或全录一书，以书名分韵，与卷首凡例均不相应，殊乖编纂之体。”

三才图会是明代出现的一部颇具特色的类书。该书由王圻、王思义父子编纂，共106卷，分为天文、地理、人物、时令、宫室、器用、身体、衣服、人事、仪制、珍宝、文史、鸟兽、草木14大类。突出的特点是图文并茂，提供了丰富的在一般类书中较少见到的形象化资料。如衣服类下所辑录的有关“衣”、“裳”的资料：

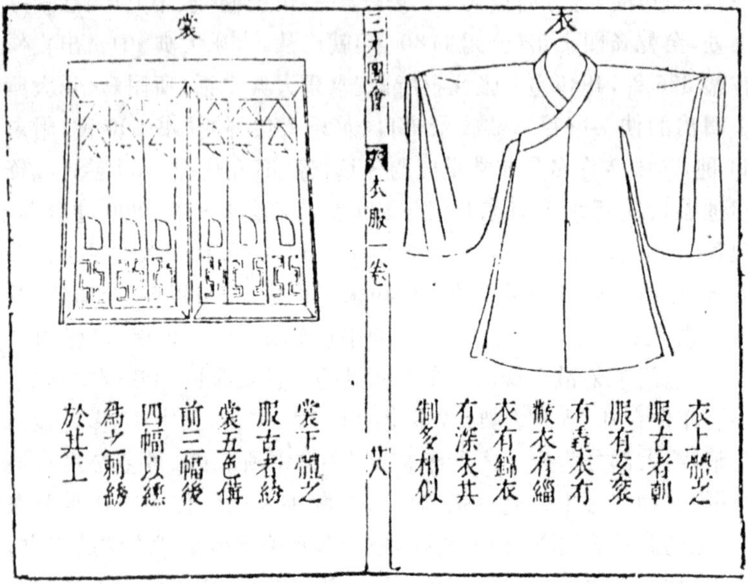

这些形象化资料对于考察、探究事物形制的发展演变极有参考价值。但《三才图会》中的某些资料，也存在着仅凭道听途说而加以穿凿附会的弊端，《四库全书总目》曾经指出过这一点，说它“务广贪多，冗杂特甚。其人物一门，绘画古来名人形象，某甲某乙，宛如目睹，殊非征信之道。如据苍颉四目之说，即画一面有四目之人，尤近儿戏也”。

1988 年上海古籍出版社曾据明万历王忠义校正本影印出版了《三才图会》。

清代是我国类书编纂事业上又一个发达时期，其中最具代表性的成果是综合性类书**古今图书集成**的问世。该书于清康熙四十年(1701)在陈梦雷主持下开始编纂，初名《汇编》。五年后初稿基本完成，然未刊刻。这时，由于清王朝内部发生政治斗争，陈梦雷受牵连被流放东北。雍正皇帝继位后,又命蒋廷锡等人对该书"重加编校"。蒋等人基本承袭了陈梦雷的原稿,于雍正四年(1726)至雍正六年用铜活字排印刊出,仅印 64 部。1934 年,上海中华书局影印铜活字本,凡 800 册。八十年代,中华书局、巴蜀书社联合出版 16 开精装影印本,凡 80 册,附索引 1 册。这是目前易见易得、使用方便的一种版本。

《古今图书集成》全书共 1 万卷,目录 40 卷,计 16000 多万字。由于《永乐大典》的残缺,它便成了现存中国古代类书中规模最大、资料最丰富的一部。

《古今图书集成》最突出的特点,是在编排方法上彻底地贯彻了类书"以类聚事"的原则。全书的整体结构,是一个依据"天、地、人、事、物"这种传统的认识方法而具体设计出来的分类系统,这个分类系统,由"汇编"、"典"、"部"三级类目构成。首先分列 6 个汇编,分别为历象汇编、方舆汇编、明伦汇编、博物汇编、理学汇编、经济汇编。"历象",指推历观象,是有关"天"的内容;"方舆",指地,是有关"地"的内容;"明伦",意为彰明人与人之间的伦理规范,是有关"人"的内容;"博物",指各种技艺、方术、动物、植物;"理学",泛指古代学术思想与著作;"经济",指经世济民,概括与此有联系的制度、礼仪、事、物。上述诸汇编是有关"事"与"物"的内容。6 个汇编是对全书内容最为概括的类分。汇编之下分典。历象汇编统摄乾象、岁功、历法、庶征 4 典;方舆汇编统摄坤舆、职方、山川、边裔 4 典;明伦汇编统摄皇极、宫闱、官常、家范、交谊、氏族、人事、闺媛 8 典;博物汇编统摄艺术、神异、禽虫、草木 4 典;理学汇编统摄经籍、学行、文学、字学 4 典;经济汇编统摄选举、铨衡、食货、礼仪、乐律、戎政、祥刑、考工 8 典,共区分为 32 典。典下又区分为部。32 典共统摄 6117 部。由汇编而典而部层层统摄形成的这个分类系统,与以前的类书相比,显然规模更为庞大,区分层次更为深入,结构条理更为清晰,自然界和人类社会的万事万物有条不紊地容纳其中，体现了高度的抽象、概括与区分水平。在《古今图书集成》中，“部”是最基本、最深入的类目单位，全书所辑录的各种资料便都类聚于“部”之下。以前的类书对具体子目下类聚的资料，一般只是简单地按时代先后排比顺序，充其量只对“事”与“文”两类资料略加区分，“事居于前，文列于后”。而《古今图书集成》在编次每一部中辑录的资料时，依然严格地贯彻了“分类”的原则，从而使同属一部的资料也能按内容性质分类集中。部下所辑的资料共区分为10类：(1)汇考。收录稽考重要事物发展演变的资料。凡有年月可考的大事，事经年纬，依时间为序；无年月可稽的事物，先经史，后子集。(2)总论。收录历代评述具体事物的资料。选择标准是论述“纯正可行”，“论得其当”。(3)图。有关具体事物的图像。(4)表。有关具体事物的表，但不包括史书中的年月表。(5)列传。收录各部中出现的名人传记资料。(6)艺文。收录有关具体事物的诗文歌赋。隋唐以前详，宋以后略。(7)选句。摘录有关具体事物的丽词偶句。(8)纪事。收录有关具体事物琐细而有可取之处的资料，以补充汇考。(9)杂录。收录非专论一事但旁引曲喻偶尔涉及，或因“考究未真”，难入“汇考”，因“议论偏驳”，难入“总论”，因“文辞未工”，难入“艺文”的种种资料，以补充汇考、总论、艺文。(10)外编。收录诸子百家及佛道典籍中“所纪有荒唐难信及寄寓譬托之辞、臆造之说”一类资料。每一部中所辑录的资料便依此分类编次，但上述10类资料并非各部全都具备。这种按类别编次具体资料的方法，大大方便了人们从浩繁的文献中去迅速地查考。总之，《古今图书集成》不论是在全书结构的设计上，还是在每部所辑资料的编次方法上，全都彻底地贯彻了“分类”的原则，从而把类书“以类聚事”的特点进一步推向深入，这是中国古代类书发展成熟的体现。《古今图书集成》本身，可以说是中国古代类书最为典型的代表。

《古今图书集成》规模巨大，尽管它分类精细，编次有序，但直接从中查考有关资料仍比较困难，必须借助于索引。中华书局、巴蜀书社精装影印本所附的索引，是一部高质量的索引。该索引根据《古今图书集成》本身的特点，主要设计编制了如下5种索引以揭示全书内容：

(1)《部名索引》。揭示原书部名出处的索引。以部名立目，注出该部在原书旧版(指上海1934年影印本)和新版中的册次、页数及所属典名。为方便使用，该索引的条目中还设立了“附条”、“见条”、“参见条”、“参阅条”。附条以各部所附的名目立目，注出应查考的部名；见条以异名立目，注出原书部名；参见条以部所包括的内容或在部中处于第二位的名目立目，注出应参见的部名；参阅条以今人的概念立目，注出在原书中相对应的部名。全部条目，依首字四角号码顺序排列。例如：

0040_8　交

03 交谊总部　331·1a 交 33·39749

37 交通　参阅驿递部、太仆寺部

交通工具　参阅车舆部、舟楫部、桥梁部、馆驿部

交通机关　参阅工部部、河使部、漕使部、驿丞部、太仆寺部

45 交姓等部　355·51b 氏 35·42742

61 交趾　见安南部

(2)《图表索引》。揭示原书中图与表出处的索引。以图或表的名称立目，注出该图、表在原书旧版和新版中的册次，页数及所属典名。条目依首字四角号码顺序排列。

(3)《人物传记索引》。揭示原书中人物传记资料出处的索引。此索引主要取材于每部中的“列传”和某些“汇考”，但删去了“闺烈”、“闺节”二部中所收的贞女节妇传记。以人物姓名立目，注出其传记资料在原书旧版和新版中的册次、页数及所属典名。遇有同姓名、通名、错漏等情况，则加注释说明。条目依姓名首字四角号码顺序排列。

(4)《职方典汇考索引》。详细揭示职方典各部“汇考”部分所分

设的各种“小汇考”出处的索引。职方，语出《周礼·夏官》。本为官名，掌天下舆图，主四方职贡。后泛指由职方氏所掌的职务。在《古今图书集成》中，“职方典”属“方舆汇编”，它按清初各州府分部，详述其历代沿革、山川关隘、户口财赋、风俗节序以及灾变、水利、古迹、地方大事等情况，共有1544卷，是《古今图书集成》中汇集材料最多的一典，堪称集古今地志史传之大成。职方典共分223部，每部中的“汇考”又细分为若干种“小汇考”，如“建置沿革考”、“疆域考”、“户口考”、“山川考”、“田赋考”等。各部分设的“小汇考”不尽相同，总计有105种。该索引便以“小汇考”名为纲，以部名为目，注出某一“小汇考”在哪些部中收有，以及在原书旧版和新版中的册次、页数。“小汇考”名和部名均按四角号码顺序排列，但部名仅注出首字前二角的号码。例如：

3

3020_7 户役考

00 兖州府部　　80·31b1 职 9·9746

50 东昌府部　　82·48b1 职 9·10014

户口考

00 庐州府部　　125·28b3 职 13·15058

高州府部　　167·59b2 职 16·20100

(5)《禽虫草木二典释名索引》。专门揭示禽虫、草木二典中“释名”(或“名目”)出处的索引。在《古今图书集成》中，禽虫典与草木典属博物汇编，前者192卷，后者320卷，“虽一虫一草之微，皆各自为部”。此二典各部下，均设有“释名”(或“名目”)项，列出该部所载禽虫或草木的异名或种类名。如“草木典·蒜部”的“释名”项：

草木典第五十七卷

蒜部汇考

释名

葍尔雅

山蒜尔雅

卵蒜大戴礼记

小蒜古今注

宅蒜衍义

泽蒜农书

葫尔雅翼

大蒜别录

老鸦蒜农政全书

石蒜图经

鸟蒜纲目

一枝箭纲目

二典中的"释名"(或"名目")项共列出这种异名、种类名约 6400 条，这对了解古代动植物的名称、发展演变极有帮助。该索引便以二典"释名"(或"名目")项列出的异名、种类名立目，注出其所在的部名及在原书旧版和新版的册次、页数、所属典名。立目名称均按首字四角号码顺序排列。例如：

0

0010_4 主

60 主田　详甘遂部

544.26b_3 草 55.66428

88 主簿　详木客鸟部

519.10b_1 禽 52·63500

主簿虫　详蝎部

529·36b_1 禽 53.64728

以上是《古今图书集成索引》所包括的 5 种主要索引。此外，该索引尚有如下一些重要内容：

(1)《经纬目录》。用表格形式反映原书经线和纬线目录的详细情况。经线目录，指原书的整体分类系统，由 6 汇编、32 典、6117 部的类目名称组成；纬线目录，指原书每一部中类聚资料的类别系统，由汇考、总论、图、表、列传、艺文、选句、纪事、杂录、外编 10 个类别名称组成。该目录列出全书每部中所具有的资料类别及类别数量，并标明该部所在的卷次、册页次。例如：

經目	緯目										卷次	册頁次
彙編 典部	彙考	總論	圖	表	列傳	藝文	選句	紀事	雜錄	外編		
1 曆象彙編												7—50/ 2—6
1 乾象典												7—14/ 2
1 天地總部	3	2	47	30		2	1	1	1	1	1	7・1a/ 2・787
2 天部	1	1				4	1	1	1	1	9	7・43b/ 2・872
3 陰陽部	1	2	1			2	1	1	2	1	15	8・16a/ 2・937
4 五行部	1	2	1	7		2		1	2	1	19	8・38b/ 2・982
5 七政部	4	1	55	2		1		1	1		24	9・1a/ 2・1031
6 日月部	2	1	16			2	1	1	1	1	29	9・23a/ 2・1075
7 日部	1	1	17			2	1	1	1	1	32	9・38a/ 2・1105
8 月部	2	1	34			4	1	1	1	1	36	10・1a/ 2・1147
9 星辰部[1]	13	1	35	34		3	1	1	2	2	44	10・41b/ 2・1228
10 天河部[2]	1	1				[illegible]	1	1	1	1	64	12・12b/ 2・1392

目录后附有《校勘记》，记录以原书总目录、各卷前的目录、每部正文前的小标题和正文互相参校的结果，订正了原书目录中的许多错误。《经纬目录》可以起全书总目录的作用，但它比原书的总目录更为详细、准确，便于查考。

(2)《经线要目简释》。诠释全书各汇编、各典的含义、范围，并注明其所含部的名称、数量、卷数、所在册次(包括旧版和新版)。

(3)《纬线项目简释》。诠释每部中分列的“汇考”、“总论”、“列传”、“艺文”等 10 个资料项目的作用、范围、来源。

(4)《纬目出现频率一览表》。分典统计“汇考”、“总论”等 10 类资料出现的频次。

还有《艺文篇名和作者索引》、《引书和引书作者索引》，因篇幅较大，未编入本册索引中，准备另行刊出。

总的来看,《古今图书集成索引》是一部比较成功的类书索引。它针对原书的编纂特点设计编制了数量较多的具体索引,满足了人们从多方面查考的需要,较多地增设附见、参见、参阅等条目,并对条目作出必要的注释,满足了人们从多角度查考的需要,编写必要的附录,又有助于人们了解原书的概貌和重要内容,出处项标注新、旧两种版本,更扩大了索引使用的范围。过去,人们每每慨叹《古今图书集成》规模巨大、资料浩繁、难于查考。有了这部索引,再加上原书精装影印本的问世,真正利用其中的资料就不是什么困难的事情了。

中国传统的类书在经历了清代的蓬勃发展以后,长期处于停滞状态,以致于有的学者认为类书是封建文化的产物,随着封建社会的结束,类书也就寿终正寝,而被现代百科全书取而代之了。中国传统的类书与起源于西方的百科全书是性质、功能不同的两类工具书。现代百科全书的兴起并不能必然导致类书的消亡。事实上,在系统提供原始资料,展现历史典籍精粹,保存优秀文化成果方面,类书有其他工具书不可替代的作用。在今天,只要对类书的形式、编排加以适当的改造,使之在保持基本特征的同时更多地吸收现代工具书的特点,在整体上更加适应现代使用者的需求和检索习惯,中国传统的类书仍然有广阔的发展前景。

近代以来大量出现的各种专题资料汇编,实际上就具有类书的性质。不过它们的规模有限,分类粗疏,特别是检索性能不强,毕竟还不能算是严格意义的类书。八十年代中期以后,新型类书的编纂工作在我国开始起步。到目前,近代以来我国第一部大规模的综合性新型类书已经问世,这就是《中国历代文献精粹大典》。

中国历代文献精粹大典,门岿主编,学苑出版社,1990。该书在结构、形式、内容上,基本继承了类书的传统。具体表现是,在结构形式上采用了层层分类,“以类聚事”的方法。全书分为政事、文艺、科技、经史、人物5卷,每一卷下又分若干类,类下分条,根据实际情况，有的条下还分目。目在整个分类体系中是最为深入的区分层次。如“科技卷”中“科技总论”和“数学”两个类别的分类情况：

科技卷

科技总论

　宇宙观

　物质观

　科技观

　中国近代科技落后原因

数学

　起源

　　结绳

　　伏戏造数

　　隶首造数

　　规矩度量

　　自然

　　象

　　道

　　河图洛书

　作用

　体系

　计算工具

　　算筹

　　珠算

　算经

　　周髀算经

　　九章算术

　　海岛算经

　　数书九章

　　……

“以类聚事”，这体现了类书在结构形式上最为基本的特征。在内容上，全书分类精选辛亥革命以前中国历代有代表性的及对今天有应用价值的文献，系统提供原始资料，而且所选资料一般均详细注明朝代、作者、书名、篇名（或卷数）等出处。如“科技卷·科技总论·宇宙观”下选录的资料：

宇宙观

天地四方曰宇，往古来今曰宙。

（尸子）卷下

久①，弥②异时也。宇，弥异所也。

（墨经·经上）

〔注〕①久，这是时间概念的名词，即指宙。②弥，为遍或包含之意。

天地万物之橐也，宙合有橐天地。天地苴万物，故曰万物之橐。宙合之意，上通于天之上，下泉于地之下，外出于四海之外，合络天地，以为一裹。散之至于无间，不可名而山〔止〕。是大之无外，小之无内，故曰有橐天地。

（管子·宙合）

天地之间，其犹橐籥乎？虚而不屈，动而愈出。（晋王弼注：橐，排橐也；籥，乐籥也。橐籥之中，空洞无情无为，故虚而不得穷屈，动而不可竭尽也。天地之中荡然，任自然，故不可得而穷，犹若橐籥也。）

（老子·第五章）

往古来今谓之宙，四方上下谓之宇。

（淮南子·齐俗训）

宇，蒙东西南北；宙，合古今旦莫①。

（墨经·经说上）

〔注〕①莫：即暮。

【评】西汉前的学者们，就已明确地提出了宇宙的概念，并对时间与空间作出了正确的解释。

……

过此而往者，未之或知也。未之或知者，宇宙之谓也。宇之表无极，宙之端无穷。

汉·张衡《灵宪》

【评】在我国历史上，对宇宙无限性问题，还没有哪个人表述得如张衡这么清晰明了。

无极之极，漭弥非垠。无中无旁，乌际乎天则？无隈无隅，曷懵厥列。东西南北，其极无方。夫何鸿洞，而课校修长。茫忽不准，孰衍孰穷？①

唐·柳宗元《天对》

〔注〕①该文因太晦涩，故释文：宇宙没有边界，广阔无边。天没有中心和边沿的区别，怎么能划分哪儿是天的边际呢？天没有什么角落和偏僻的地方，为什么要计算它有几处弯曲？几处合拢？东西南北，各个方向上都没有止境。空间无边无际，garbage什么长度呢？元气在迅速变化，不可度量，哪里有什么尽头和尽头？

【评】柳宗元针对战国大诗人屈原所写的《天问》内容，提出了自己的看法。文中体现了柳氏的宇宙无限的思想。

系统地分类辑录原始资料，体现了类书在内容上最基本的特征。

《中国历代文献精粹大典》在保持传统类书基本特征的同时，还适应现代使用者的需求，在结构体系、编排方法上作了创造性的改进，从而使它在整体上成为一部现代化的新型类书。具体表现是：首先，整体结构摆脱了传统类书相沿成习的“天、地、人、事、物”模式，而根据现代实用需要，分为政事、文艺、科技、经史、人物5卷，类目名称也跳出了古代的概念术语范畴，而用现代观念加以概括定义，全书的结构体系具有鲜明的时代气息。其次，对辑录的资料本身，做了必要的整理，大大方便了当今一般人的阅读与利用。如所有选文，全部加以现代标点，改用规范简化字；生字难词均作简注；某些资料列有简短的评语，提示其价值和意义；少数民族语文献全部改译为汉语译文编录；人物卷中的每一人物下均撰有人物小传等。第三，强化了检索系统，这是传统类书最主要的缺陷，是古代类书作为工具书存在的一种非工具书化因素。《中国历代文献精粹大典》在卷首载有反映全书结构体系的分类总目录，可以供使用者了解分类概貌，从分类的途径查考，在卷末还附编了类目笔画索引，将各级类目名称按首字笔画顺序加以编排，可以供使用者直接从任一类目、任一主题入手查考。它所提供的检索途径虽然还不能说已经比较完备、理想，但较之于传统的类书，则是大大前进了一步。

类书是一种大规模的资料工具书。由于它以辑录、提供原始资料为主要内容，又由于古代类书的检索系统不像现代工具书这样完备，所以，在具体查考类书时，以下一些带有共同性的问题应该引起注意。

首先，古代类书中所辑录的资料，常有误删遗漏、校勘不精，乃至割裂原文、断章取义之处，有些类书则以对原书内容的概略撮述代替原文，至于类书之间的辗转抄袭，更是普遍的现象。在古代，人们就对类书的这种弊病提出过尖锐批评，有人把类书比作民间村野教授学童的“兔园册”。《四库全书总目》类书类小序说类书大量兴起后，导致“辗转稗贩，实学颇荒”。今天利用类书中的资料时，必须认真鉴别，尽可能核对，不能盲目信赖，以免以讹传讹。

其次，古代类书的规模一般都比较大，再加上不同类书的类目区分精粗不一，类别深度因书而异，特别是许多类目的含义又与今天大有出入，因此，直接从类目入手查考类书中的资料，仍会遇到较多的困难。一般来说，具体查考时应先了解类书有无索引，尽量借助于索引去查考，这样不仅可以大大提高查考的准确性、完备性，而且可以大大加快检索的速度，取得事半功倍的效果。根据类书的特点，类书索引常见的索引形式主要有：

类目索引。揭示类书中分类细目出处的索引，如《太平御览引得》中的《篇目引得》，《古今图书集成索引》中的《部名索引》等。类目索引揭示的对象虽未超出一部类书的分类细目，但由于是直接标引分类细目，而且按人们熟悉的固定化顺序编次排比这些分类细目，因此查考起来要比分类总目录容易得多。这种索引便于集中查考类书中某一类别的资料。

引书书名、篇名、作者名索引。揭示类书中所引用的古籍的书名、篇名、作者名出处的索引。如《艺文类聚索引》中的《人名索引》和《书名篇名索引》，《太平御览引得》中的《引书引得》等。这种索引针对着类书汇集资料，一般又注明出处这一特点而设计编制，把类书中引用的书名、篇名、作者名按某种固定化的顺序加以编次排比，便于集中查考分散于类书中的某一具体古籍收录的、或某一具体作者撰写的资料。

专门词语索引。揭示类书中某些专门性词语出处的索引。如《初学记索引》中的《事对索引》、《古今图书集成索引》中的《禽虫草木二典释名索引》等。这种索引便于准确迅速地查考类书中的某些专门词语及有关资料。

此外，还可以根据不同类书的不同特点，设计编制《人物传记索引》、《地名索引》等等。总之，类书的索引深入揭示了类书的内容出处，弥补了类书由分类编纂而产生的局限，为我们利用类书中的资料提供了极大的方便，必须引起高度重视。

最后，对于那些尚未编制出索引的类书，只能靠其本身的“总目录”，从分类的途径查考。从分类途径查考类书时，应注意熟悉类书的分类系统和类目设置概况，同时应注意区别某些类目在古今的不同含义。如古代类书中常见的“经济”这一类目，其含义是“经世济民”，涉及治国治民的诸多方面，并非像如今仅指社会物质生产的活动。又如古代类书中常见的“文学”这一类目，其含义往往是泛指文献经典，而并不是像如今仅指以语言塑造形象的艺术。再如

"艺术",在古代是指技艺、技能,与今天的含义也大有不同。如不注意区别,以今天的观念去理解古代的概念,查考具体类书时就会遇到困难。

第二节　查考古代典章制度

典章制度是历史上一切制度、章程、法令的统称。中国古代的典章制度,门类繁多,流变复杂,查考典章制度方面的问题,主要的资料工具书是中国传统的政书以及与此性质相同的史书中的"书"或"志"。

一、历代典章制度

查考历代典章制度,主要是利用以"十通"为代表的通纪历代典制、史实的政书。

一般认为,通纪历代典制及史实的政书最早出现于唐代。唐代开元(713—741)末年,著名史学家刘知几之子刘秩编成《政典》35卷,广采经史百家资料,分门别类地记述自黄帝至唐代开元、天宝(742—756)年间典章制度的兴废沿革,评论其得失,据现有资料看,这是最早的一部典志体政书。但此书内容、体例上均欠完备,且已亡佚。唐德宗贞元十七年(公元801年),著名史学家杜佑在刘秩《政典》的基础上,进一步充实内容,完备体例,撰成《通典》一书,这是我国第一部系统而完备地论述历代典章制度沿革变化的政书,也是现存最早的一部政书。《通典》的问世,确立了典志体政书在历史著作中的地位,完善了政书的体例,自此以后,宋代郑樵撰有《通志》,宋末元初马端临撰有《文献通考》,上述三书,后世统称为"三通"。清代及近代,又陆续编撰了"三通"的续书,不仅在内容上与"三通"接续,而且沿袭了"三通"的体例,且均以"通"字命名。因"三通"及其续书共有10部,故将其统称为"十通"。"十通"是通纪历代典制、史实的政书中的主体,其基本情况见下页表。

书　名	卷　数	著　者	所记典制史实起讫时间
通　典	200卷	杜　佑	上古至唐玄宗天宝末年
通　志	200卷	郑　樵	上古至隋("略"至唐)
文献通考	348卷	马端临	上古至南宋宁宗嘉定末年
续通典	150卷	清乾隆年间官修	唐肃宗至德元年(756) 至明崇祯十七年(1644)
续通志	640卷	同上	"略"自五代至明末, 其余自唐初至元末
续文献通考	250卷	同上	宋宁宗嘉定年间至明神宗万历初年
清朝通典	100卷	同上	清太祖天命元年(1616) 至清乾隆五十年(1785)
清朝通志	126卷	同上	清初至清乾隆末年
清朝文献通考	300卷	同上	清初至清乾隆五十年(1785)
清朝续 文献通考	400卷	刘锦藻	清乾隆五十一年(1786)至清宣统三年(1911)

以上10部政书,习惯称呼很多。"三通"之外,《续通典》、《续通志》、《续文献通考》合称"续三通";《清朝通典》、《清朝通志》、《清朝文献通考》合称"清三通";《通典》、《续通典》、《清朝通典》合称"三通典";《通志》、《续通志》、《清朝通志》合称"三通志";《文献通考》、《续文献通考》、《清朝文献通考》、《清朝续文献通考》合称"四通考";而从《通典》至《清朝文献通考》这9部政书,又统称为"九通"。

在"十通"中,前"三通"成书较早,记述时间较长,质量也较高,是中国古代的史学名著。

通典开始编纂于唐代宗大历三年(768),至唐德宗贞元十七年

(801)完成奏进,历时三十余年。全书共分食货、选举、职官、礼、乐、兵、刑、州郡、边防九门,每一门下又分若干子目。作为资料工具书,《通典》的特点与价值主要在于:(1)确立了典志体政书的基本编撰方法,这就是全书结构以"分门别类"的形式出现,记述方法依时代为序,叙、说、评、论、注相结合,系统展示各类典制的沿革史实。这种编撰方法,既可以使各类典制"以类相从",又全面反映了其演变发展,因而能给人们提供系统、完整的知识。自《通典》以后,历代编撰的政书大都没有脱离《通典》所确立的基本格局,政书在历史著作中的地位也因此而得以确立。(2)在内容上,《通典》主要是记述国家的经济制度和政治制度,这是杜佑注重封建经济对封建政治、文化决定作用史学观点的直接体现。杜佑在论述全书的门类区分及编次之由时说:"夫道理之先,在乎行教化;教化之本,在乎足衣食。……夫行教化在乎设职官,设职官在乎审官才,审官才在乎精选举。制礼以端其俗,立乐以和其心,此先哲王致治之大方也。故职官设然后兴礼乐焉,教化隳然后用刑罚焉,列州郡俾分领焉,置边防遏戎狄焉。是以食货为之首,选举次之,职官又次之,礼又次之,乐又次之,刑又次之,州郡又次之,边防末之,或览之者庶知篇第之旨也。"(《通典序》)这实际上是从"教化之本,在乎足衣食"的观点出发,对整个封建社会结构的一种分析,勾勒出了封建经济、政治、文化诸方面内在的有机联系。《通典》的这种从封建经济入手剖析整个封建社会结构的做法,不仅在中国封建史学中前所未有,而且对后来政书的内容产生了直接的影响。

《四库全书总目》对《通典》的总体评价是:"其博取五经群史及汉魏六朝人文集奏疏之有裨得失者,每事以类相从。凡历代沿革,悉为记载,详而不繁,简而有要,元元本本,皆为有用之实学,非徒资记问者可比。考唐以前之掌故者,兹编其渊海矣。至其各门征引《尚书》、《周官》诸条,多存旧诂。……宋郑樵作《通志》与马端临作《文献通考》,悉以是书为蓝本。然郑多泛杂无归,马或详略失当,均

不及是书之精核也。”(史部·政书类一)

通志是一部综合历代史料而编成的纪传体通史。全书分为本纪18卷，世家3卷，列传115卷，载记8卷，略52卷，共500多万字，内容比较广泛。其中本纪、世家、列传、载记几部分，主要是综合其他史书旧文略加改益而成，成就不大。《通志》一书的精华是其“略”这部分内容。所谓“略”，按郑樵自己的解释是：“总天下之大学术，而条其纲目，名之曰略。”即对天下各方面的典制史事进行综合概括，分类叙述，是大纲、概略的意思，相当于正史中的“书”或“志”。利用《通志》查考历代典章制度，主要是利用其“略”这一部分。《通志》全书共有20略：氏族略、六书略、七音略、天文略、地理略、都邑略、礼略、谥略、器服略、乐略、职官略、选举略、刑法略、食货略、艺文略、校雠略、图谱略、金石略、灾祥略、昆虫草木略。在这20略中，礼、职官、选举、刑法、食货5略主要是抄自《通典》，其他15略，则都他本人长期精心研究的结晶，成就较高。因此可以说，《通志》的精华在20略，20略的精华又在15略。《通志》所设立的“略”中，有许多是前代史书很少涉及或根本没有的，因而进一步拓展了史书剖析封建社会结构的广度。如反映封建学术文化的六书、七音、艺文、校雠、图谱、金石诸略，前代各史便很少涉及，特别是艺文、校雠二略，在中国文化发展史上占有重要地位。艺文略不仅全面系统地考录了我国宋代以前出现的图书典籍，而且突破了自《隋书·经籍志》以来流行的经史子集四部分类法，创造性地把群书分为12类，这是中国目录学史上的一个创新。校雠略全面系统地阐述了校理图书的理论和方法，十分突出地强调了目录学考辩学术源流的功用，对后世校雠、目录之学的发展产生了深远影响。其中，氏族、都邑、谥、昆虫草木四略，为前代史书所没有，是郑樵的独创。《通志》的20略在内容上充分体现了郑樵追求“会通”的史学特点。所谓“会通”，就是“通古今之变”，强调把历史作为一个整体来考察，探求其源流，说明其递变，反映其发展。体现在20略中，便是强调所记典制、史实的连续性，强调对引述资料的融会贯通，强调在发展中找到线索，对了解历代典制的兴衰演变很有益处。

《通志》本来是一部纪传体通史，并不是严格意义上的典志体政书。在《四库全书总目》中，《通志》便列入“史部·别史类”。但由于《通志》的精华是20略，而20略的内容主要是记述各类典制史事的，与政书无甚区别，再加上该书在内容、体例乃至名称上多有承袭《通典》之处，因此后人一般把它与《通典》、《文献通考》并列，称为“三通”。

文献通考是继《通典》之后出现的又一部专门记述历代典制史实的政书。成书于元大德十一年(1307)，编撰历时二十余载。马端临编撰《文献通考》，是有感于《通典》在考述历代典制方面“纲领宏大，考订该洽”，然“节目之间，未为明备，而去取之际，颇欠精审”(《文献通考·自序》)而为，因此，全书在体例和内容上多有承袭《通典》之处。就整体结构而言，《文献通考》也是依典制系统分门别类，但它由《通典》的9门衍化为24门，其中田赋、钱币、户口、职役、征榷、市籴、土贡、国用、选举、学校、职官、郊社、宗庙、王礼、乐、兵、刑、舆地、四裔19门，或因袭了《通典》的门类，或从《通典》的有关门类中析出，而经籍、帝系、封建、象纬、物异5门则为《文献通考》所新增。《通典》记述典制史实的时间是从上古至唐玄宗天宝末年，而《文献通考》则是从上古至南宋宁宗嘉定末年。二者重复的时间，《文献通考》的记述比较简略，主要是补《通典》之不足；对于宋代，《通考》记述详细，其中有许多资料是《宋史》和当时其他著作中所没有的。这表明，《通考》涉及的范围更加广博，记述的内容更加丰富。从政书本身的发展来看，《文献通考》最突出的贡献在于使政书的编撰方法进一步系统化、规范化。全书对每一专题的考述，都彻底贯彻了“叙事”、“论事”、“自注”三结合的原则，而且三部分内容条理分明：“凡叙事，则本之经史，而参之以历代会要以及百家传记之书。信而有征者从之，乖异传疑者不录，所谓‘文’也。凡论事，则先取当时臣僚之奏疏，次及近代诸儒之评论，以至名流之燕谈，稗官之纪录，凡一话一言可以订典故之得失，证史传之是非者，则采而录之，所谓‘献’也。其载诸史传之纪录而可疑，稽诸先儒之论辨而未当者，研精覃思，悠然有得，则窃著已意，附其后焉。”(《文献通考·自序》)在形式上，“叙事”部分。顶格排行；“论事”部分，低一格排行；“窃著已意”即“自注”部分，低二格排行。另外，全书的每一门类下，均先设小序，阐述立类宗旨，并简述该门所载内容发展演变的概况。政书体制的基本格局虽在《通典》中就已确立，但《通考》在继承的基础上又使其进一步系统化、规范化，最终严格而划一地确立了典志体政书“文”、“献”、“注”三结合的编撰方法，这标志着典志体政书发展的成熟，在中国历史文献编纂史上具有创造性的意义。

“三通”问世以后不久，便陆续有人为其编撰后续之作。如北宋的宋白曾编过《续通典》200卷，明代王圻曾编过《续文献通考》254卷等。不过这些后续之作今天或亡佚，或流传甚少。清代乾隆年间，设立专门机构大规模地续修“三通”。先是乾隆十二年(1747)设立“续文献通考馆”，至乾隆三十二年编成《续文献通考》250卷，继之又改称“三通馆”，编撰《续通典》、《续通志》、《清朝通典》、《清朝通志》、《清朝文献通考》，至乾隆五十二年全部完成。这些“三通”的后续之作，在内容上，“续三通”与“三通”衔接，“清三通”与“续三通”衔接，记述典制史实的下限已到了清乾隆五十年左右，弥补了“三通”未及的时代，保存了一定的史料。在体例上，“三通”的后续之作全都仿“三通”而来，只有个别的门类作了调整改动。由于清王朝设立“三通馆”的真正目的在于“寓禁于修”，加强对史学的控制，所以从总体上看，“三通”的后续之作与“三通”相比，更多的是形式上的比附，至于质量、作用和影响，则远不及“三通”。

民国年间，刘锦藻以个人之力编成《清朝续文献通考》，这是“三通”的后续之作中质量最高的一种。该书共400卷。体例仿《文献通考》，记述典制史实的时间起于清乾隆五十一年，止于清宣统三年。全书最有价值的内容，一是《经籍考》，记载了清代后期的著作，而且改进了史书经籍、艺文志的编纂方法，即在基本情况的著录外，还兼叙撰述经过和作者生平，提供了更为丰富的资料。这部分内容可以补《四库全书总目》之未及。二是外交、邮传、实业、宪政四考，反映了晚清中国社会的变革，保存了大量的调查资料、统计数据，不论思想、内容，还是编写方法，均有所创新，是研究中国近代史事的重要文献。

"十通"目前较通行的版本有 1935－1937 年上海商务印书馆的万有文库二集"十通"合刊本，八十年代，浙江古籍出版社又影印出版。另外，中华书局还据此影印出版了前"三通"

全部"十通"，卷帙浩繁，洋洋大观，从中查考资料，必须借助于索引。**十通索引**（商务印书馆，1937）就是专为便于从"十通"中查考资料而编制的一部索引。《十通索引》依据商务印书馆 1935－1937 年出版的"十通"合刊本编成，分为《篇目主题索引》和《分类索引》两部分内容。《篇目主题索引》是将"十通"中所载的制度名物、篇章节目，凡是能够独立成为一个名词的，都列为一个条目，按条目首字的四角号码顺序加以编排，然后注明有关记述在"十通"中的出处。如"兵部尚书"是一个可以独立成词的职官名称，在这个条目下便有：

兵部尚书　典一三七中
典一二八七中
典二一七〇中
志六六四下
志四〇四四上
志四〇七四下
志七一四五下
考四七九下
考五五九八下

其中,“典”、“志”、“考”分别是“三通典”、“三通志”、“四通考”的统一简称。在商务印书馆出版的“十通”合刊本中,“三通典”、“三通志”、“四通考”分别统一连续编排页码,故要想知道“典一三七中”是“三通典”中的哪一部,需要和索引卷首所附的《十通一览表》核对,其它各条亦然。《十通一览表》列出了“十通”中每一部书的起止页数。《十通索引》中的《篇目主题索引》的主要功用,是便于特性检索,即在有了明确、特定的查考目标后去检索。在这种情况下,它能把“十通”中的全部有关记述出处逐一揭示出来,充分满足了解某项典制史事发生发展、源流递变的需要。

《十通索引》的第二部分内容是《分类索引》。《分类索引》按“三通典”、“三通志”、“四通考”的范围分为三编,每一编中,在原书门类的基础上,再进一步做比较详细的分类,把同类记述的出处集中地揭示出来。如“三通志”《刑法略》原来的总目录分别为:

《通志》:

卷第 60　刑法略

　历代刑制　肉刑议　赦宥放生附

《续通志》:

刑法略凡八卷　卷 144 至 151

《清朝通志》:

刑法略凡六卷　卷 75 至卷 80

这些目录都极简单,如果以此为线索去查找资料,仍然十分困难。但在《分类索引》的“通志部”中,这些目录则分化为:

　　刑法略

刑法略　七二五上—七三二下

刑法略(续)　四一二一上—四一五五下

刑法略(清)　七二〇一上—七二三二上

　刑制(历代)　七二五上—七三〇下

　肉刑议　七三〇下—七三二上

刑制－历代(续)　四一二一上－四一二五上

刑制－宋(续)　四一二七上－四一三一上

刑制－辽与金(续)　四一三三上－四一三六中

刑制－元(续)　四一三七上－四一四〇中

刑制－明(续)　四一四一上－四一四八中

刑制〔肉刑附〕－(清)　七二〇一中－七二〇四上

律纲　七二〇五上－七二〇九上

听断　七二一一上－七二一五上

秋审朝审　七二一七上－七二二一中

钦恤　七二二三上－七二二五下

赦宥〔放生附〕　七三二上－下

赦宥－唐至宋　四一四九上－四一五二中

赦宥－辽金元明　四一五三上－四一五五上

放生－唐至明　四一五五上－下

赦宥－清　七二二七上－七二三二上

可见，所谓《分类索引》，实际上就是把原来的比较简单的分类总目录进一步分化成一个比较详细的分类总目录，而且是“三通典”、“三通志”、“四通考”分别合并成编。它的主要功用，一是可以全面了解“三通典”、“三通志”、“四通考”每一门类下所涉及的详细子目，二是可以集中查到同类记述在“三通典”、“三通志”、“四通考”中的出处，便于族性检索。

《十通索引》中的《篇目主题索引》和《分类索引》两部分内容交相辉映，互相补充，一个便于特性检索，一个便于族性检索，有了它，查考“十通”中的有关记述就十分方便了。

二、一代典章制度

查考一代典章制度，记述更为全面、详备的资料工具书是专纪一代典制史实的政书“会要”、“会典”，及史书中的“书”或“志”。

先看会要、会典。

中国古代的会要，最早出现于唐代。唐德宗贞元年间，苏冕撰成《会要》40卷，记载唐高祖至唐德宗九朝的政治、经济、军事、刑法、职官、天文、地理、文化等沿革损益情况，这是成书最早的一部会要。唐宣宗大中十七年(853)，杨绍复等人撰成《续会要》40卷，续记自唐德宗始七朝典制史事。但上述二书均已亡佚。宋太祖建隆二年(961)，王溥在苏冕《会要》、杨绍复等《续会要》的基础上加以增益整理，编成《新编唐会要》(后世简称《唐会要》)100卷，这是我国现存最早的一部会要。王溥《唐会要》的出现，使会要这种史书新体裁的地位最终确立，自此以后，历代官修私撰的会要不断出现，而且还为唐代以前的诸朝代补撰了会要。到清代，春秋至明的历代会要均已齐备。

春秋会要，清姚彦渠撰，中华书局1955年点校出版。全书4卷，分为列国世系、吉礼、凶礼、军礼、宾礼、嘉礼6门，记98件事。为查考春秋时期史事提供了方便。

七国考，明董说撰，中华书局1956年点校出版。全书14卷，分为职官、食货、都邑、宫室、国名、群礼、音乐、器服、杂记、表制、兵制、刑法、灾异、琐徵14门。此书从《战国策》、《史记》和先秦诸子及杂史中广泛辑录战国时期秦、齐、楚、赵、韩、魏、燕七国的典章制度。书虽以“考”标名，但体例与会要略同。

秦会要订补，清孙楷撰，徐复订补，中华书局1959年出版。《秦会要》成书于1904年，全书26卷，分为世系、礼、乐、舆服、学校、历数、职官、选举、民政、食货、兵、刑、方域、四裔14门，门下又分子目，共336子目。子目下分类辑录古籍中所载的秦代典章制度。及至近代，徐复又对《秦会要》逐条加以增补订正，成《秦会要订补》，《秦会要》更加完满丰富了。

西汉会要，宋徐天麟撰，上海人民出版社1976年点校出版。全书70卷，分帝系、礼、乐、舆服、学校、运历、祥异、职官、选举、民政、食货、兵、刑、方域、蕃夷15门，共计367事。此书在编排上详洽精审，较有条理，但在内容上只将《史记》、《汉书》中所载的西汉典制分门别类地纂辑起来，而对其他史籍中的记载则一概不取，因而取材过于狭窄。

东汉会要，宋徐天麟撰，上海古籍出版社 1978 年点校出版。《东汉会要》全书 40 卷，分为帝系、礼、乐、舆服、文学、历数、封建、职官、选举、民政、食货、兵、刑、方域、蕃夷 15 门，计 384 事。此书比《西汉会要》进步的地方，一是取材除以范晔《后汉书》为主，同时广泛参考了司马彪《续汉书》以及《东观汉纪》、《汉官仪》、《汉杂事》、《汉旧仪》等书，较为详备；二是记述之后间附案语或杂引他人论说，宏扬了会要体史书的驳议评论之例。《西汉会要》和《东汉会要》合称“两汉会要”。

三国会要，清杨晨撰，中华书局 1956 年点校出版。全书 22 卷，分为帝系、历法、天文、五行、方域、职官、礼、乐、学校、选举、兵、刑、食货、庶政、四夷 15 门。此书广泛采录 150 多种古籍中的记载，记述三国时期的各类典章制度，是历代会要中资料较为丰富的一部。由于《三国志》本身无“志”，故《三国会要》能起“补志”的作用。

唐会要，宋王溥撰，中华书局 1955 年出版。全书 100 卷，分为 514 目。原书没有总的分类，后人根据其内容，一般约略概括为 13 类：帝系、礼、宫殿、舆服、乐、学校、刑、历象、封建、佛道、官制、食货、四裔。《唐会要》详细记载了唐代典章制度的沿革变迁，其中的许多资料为其他史籍所未载，因而有较高的史料价值。

五代会要，宋王溥撰，上海古籍出版社 1978 年点校出版。全书 30 卷，分为 279 目，亦未作大的分类。王溥曾在后汉、后晋、后周三代为官，对当时的典制史事非常熟悉。此书便是根据五代历朝实录，又参以旧史而编成的，分门别类地系统记述了五代时期前后五十年间的典章制度情况。在历代会要中，《五代会要》也是史料价值较高的一部，历来为学者所重视。

宋会要辑稿，清徐松辑，中华书局 1955 年影印出版。宋代是编修会要最为兴盛的时代，当时国家设有“会要所”，隶秘书省，专门负责编修会要。宋代先后十次修撰会要，成书总计2200卷以上，但多未刊行，致有散失。明初编《永乐大典》时，将当时所存的宋代会要记述的典制史事辑入。至清嘉庆年间，徐松从《永乐大典》中辑录出宋会要原文五六百卷。后经辗转整理，成今本《宋会要辑稿》。全书366卷，分帝系、后妃、乐、礼、舆服、仪制、瑞异、运历、崇儒、职官、选举、食货、刑法、兵、方域、蕃夷、道释17门。宋代的会要，均是根据历朝实录、日录及中央、地方的大量档案资料编成的，因此，《宋会要辑稿》中保存了丰富的宋代典制史事，其中有许多为其他宋代史书所不载，是研究宋代历史的重要文献。《宋会要辑稿》的内容尽管已远不是宋代会要的全部，但它仍然是现存历代会要中规模最大的一部。

明会要，清龙文彬撰，中华书局1956年点校出版。全书80卷，分为帝系、礼、乐、舆服、学校、运历、职官、选举、民政、食货、兵、刑、祥异、方域、外蕃15门，498子目。它征引了200多种古籍，所纂辑的有关明代典章制度的资料和其他史事较为丰富。

以上所述是查考一代典章制度时可利用的较重要的会要。

中国古代的会典最早可溯源于唐玄宗时官修的《唐六典》。元、明以来，随着封建中央集权制度的不断加强，为了使“官吏有所持循，政令不至废驰”，给各级官吏处理政事提供依据，以记述国家政令、汇编官府文件为特征的会典体制遂得以确立，而且元、明、清历代均由国家出面组织力量编修。现存的较重要的会典是：

唐六典，唐玄宗时官修，参与编纂者有张说、张九龄、韦述、徐坚等人，有广雅书局刻本。这是一部记述唐代官制的专书。全书30卷。因唐玄宗亲自为此书划定了理、教、礼、政、刑、事六方面的内容，故名“六典”。全书按官署机构设立门类，从中央的三师、三公、三省六部、九寺、五监，至府兵十二卫，以至地方三府、督护、州县等，备载无遗。所记内容，正文叙职官编制与任务，另有注文叙职官沿革或细则说明。正文与注文结合，既简述了自《周礼》以来历代职官的变化沿革，又重点记述了唐代的官制现状。其编纂体制对后世会典影响较大。

元典章，元代官修，中华书局1957年出版。全名《大元圣政国朝典章》，正集60卷，附新集不分卷。全书以汇集元代圣旨、政令、事例为主。正集分为诏令、圣政、朝纲、台纲、吏部、户部、礼部、兵部、刑部、工部10门，所记资料起自元世祖中统元年(1260年)，止于元仁宗延祐七年(1320年)。新集体例与正集略同，续记资料至元英宗至治二年(1322年)。《元典章》中汇集的资料，有许多可补《元史》之不足或缺漏，是研究元代政治、经济、法律、风俗的重要文献。但此书体例杂乱，清代以来通行刊本错误较多。陈垣根据故宫发现的元代刻本并参以其他诸本，详校了通行的清光绪年间沈家刻本，成《沈刻元典章校补》10卷和《元典章校补释例》6卷，指出了沈刻本《元典章》中的错误12000多条。查考《元典章》时，应注意参考。现有台北据故宫藏元刻本的影印本。

明会典(重修本)，明代官修，有《万有文库》本。全书228卷，成于明万历年间。其内容是以六部为纲，分述各级行政机构的职掌和事例。所记情况，一般均比《明史》详细。

清会典，清代官修，有《万有文库》本。《清会典》又称《钦定大清会典》，创修于清康熙年间，后经历五朝皇帝五次重修，最后一次成书于清光绪二十五年(1899)，故是书又称《五朝会典》。光绪重修本共有“会典”100卷，“事例”1220卷，“图”270卷，以官署机构为纲，记述自清初至光绪二十二年各级行政机构的编制、职掌、事例。《清会典》与前代会典不同 的是，“事例”不再分散于各门类，而是单独成编，并且卷帙大增，这实际上是在强化会典的“典则”作用。

再看史书中的“书”或“志”。

史书中的“书”或“志”，主要是指二十六史中记述各方面典章制度情况的“书”或“志”。如“职官志”主要记载国家的职官制度，

“选举志”主要记载国家的铨选考试制度，“食货志”主要记载国家的土地、赋税等方面的经济制度，“艺文志”则主要记载国家的图书典藏及其制度，等等。所以有人说，史书中的“志”，就是史书中记述各种典章制度的专篇。因为在全部二十六史中，除《史记》是一部通纪历代的纪传体通史外，其他均为只纪一代的纪传体断代史，所以，二十六史中的“书”或“志”所记载的主要是某一代的典章制度情况。这种体制，易于清楚而细致地反映典章制度在某一时代的原委始末，也易于记述上的详今略古，但由于典章制度的发展演变较之于其他方面的内容有更大的继承性，而断代记述，则不便于系统完满地展现其继承源流，从而也不大容易反映其发展。通纪历代典制及其史实的典志体政书之所以兴起，从史学内部的发展规律来看，就是针对着纪传体史书中“书”或“志”的这一局限而来的。

在二十六史中，专记典章制度情况的“书”或“志”创立于《史记》，完善于《汉书》。《史记》中设有“八书”，即礼书、乐书、律书、历书、天官书、封禅书、河渠书、平准书，奠定了纪传体史书中分门别类地记述各类典章制度的基础。《汉书》在《史记》创立的“八书”基础上，作了一些改进。首先是名称改“书”为“志”；其次是内容经过增并改益进一步扩大。如《汉书》新增了刑法志、五行志、地理志、艺文志；将《史记》中的礼书、乐书合并为礼乐志，律书、历书合并为律历志，将《史记》中的天官书改为天文志，封禅书改为郊祀志，河渠书改为沟洫志；在《史记》中的平准书的基础上扩充内容，改为食货志。这样，《汉书》便在《史记》“八书”的基础上形成了“十志”。自《汉书》以后，二十六史中其他各史在记述各类典章制度情况时，基本都仿照了《汉书》的格局，只有宋代欧阳修所撰《新五代史》中记载典章制度的篇章，既不称“书”，也不称“志”，而是称为“考”。

二十六史虽然都是纪传体史书，但其体例也并非完全划一。如《三国志》、《梁书》、《陈书》、《北齐书》、《周书》、《南史》、《北史》就没有专记典章制度的“志”。清代以来，有不少学者为这些史书“补志”，这些“补志”之作，今天集中收录在《二十五史补编》这部丛书中。其他19部史书中“志”的篇目如下：

书　名	载志总数	细　目
史　记	8书	礼志、乐书、律书、历书、天官书、封禅书、河渠书、平准书
汉　书	10志	律历志、礼乐志、刑法志、食货志、郊祀志、天文志、五行志、地理志、沟洫志、艺文志
后汉书	8志	律历志、礼仪志、祭祀志、天文志、五行志、郡国志、百官志、舆服志
晋　书	10志	天文志、地理志、律历志、礼志、乐志、职官志、舆服志、食货志、五行志、刑法志
宋　书	9志	律志、历志、礼志、乐志、天文志、符瑞志、五行志、州郡志、百官志
南齐书	8志	礼志、乐志、天文志、州郡志、百官志、舆服志、祥瑞志、五行志
魏　书	10志	天象志、地形志、律历志、礼志、乐志、食货志、刑罚志、灵征志、官氏志、释老志
隋　书	10志	礼仪志、音乐志、律历志、天文志、五行志、食货志、刑法志、百官志、地理志、经籍志
旧唐书	11志	礼乐志、音乐志、历志、天文志、五行志、地理志、职官志、舆服志、经籍志、食货志、刑法志
新唐书	13志	礼乐志、仪卫志、车服志、历志、天文志、五行志、地理志、选举志、百官志、兵志、食货志、刑法志、艺文志
旧五代史	10志	天文志、历志、五行志、礼志、乐志、食货志、刑法志、选举志、职官志、郡县志

新五代史	2考	司天考、职方考
宋史	15志	天文志、五行志、律历志、地理志、河渠志、礼志、乐志、仪卫志、舆服志、选举志、职官志、食货志、兵志、刑法志、艺文志
辽史	10志	营卫志、兵卫志、地理志、历象志、百官志、礼志、乐志、仪卫志、食货志、刑法志
金史	14志	天文志、历志、五行志、地理志、河渠志、礼志、乐志、仪卫志、舆服志、兵志、刑志、食货志、选举志、百官志
元史	13志	天文志、五行志、历志、地理志、河渠志、乐志、祭祀志、舆服志、选举志、百官志、食货志、兵志、刑法志
新元史	13志	历志、天文志、五行志、地理志、河渠志、百官志、选举志、食货志、礼志、乐志、舆服志、兵志、刑志
明史	15志	天文志、五行志、历志、地理志、礼志、乐志、仪卫志、舆服志、选举志、职官志、食货志、河渠志、兵志、刑法志、艺文志
清史稿	16志	天文志、灾异志、时宪志、地理志、礼志、乐志、舆服志、选举志、职官志、食货志、河渠志、兵志、刑法志、艺文志、交通志、邦交志

二十六史中的“志”虽然详细记述了不同历史时期各类典章制度的情况，但若想直接从二十六史中查考这些记述，一般却不易做到准确、迅速。因为这些史书中每一“志”的篇目标题都较广泛，据此只能确定查考的大致范围。若再考虑到古今人由于思维观念的不同从而导致某些具体典制史实归属门类不一的情况，直接查考的准确性就更低了。因此，要想准确、迅速地从二十六史的“志”中查到有关的资料，必须有一大批分门别类地揭示其内容出处的索引。目前，这类索引在国内最通行的一种是**食货志十五种综合引得**，哈佛燕京学社引得编纂处编，1938年印行，上海古籍出版社1986重印。“食货志”是史书中记述国家经济、财政制度的专篇。在

全部二十六史中，设有“食货志”专篇的共有15部史书，它们是：《史记》(称平准书)、《汉书》、《晋书》、《魏书》《隋书》、《旧唐书》、《新唐书》、《旧五代史》、《宋史》、《辽史》、《金史》、《元史》、《新元史》、《明史》、《清史稿》。《食货志十五种综合引得》是一部关键词索引，它以15部史书的《食货志》中所涉及到的制度名、事件名或人名、地名、官名等为标目，揭示各史《食货志》所记具体典制、史实的出处。例如想通过史书的“志”来了解汉代、三国“田租”制度的具体情况，以“田租”一词为线索，在索引中便可查得：

田租，汉初，十五而税一　前汉 24 上/8a

一，汉光武定，三十税一　晋 26/3a

一，曹操定，亩粟四升　晋 26/5a

……

即有关“汉初田租十五而税一”的制度，在《汉书》卷24上第8页a面上有记载；有关“曹操定田租亩粟四升”的制度，在《晋书》卷26第5页a面上有记载。根据这些线索再去原书中查考，就可以做到准确、迅速了。

《食货志十五种综合引得》是据五洲同文书局本二十四史、初印本《清史稿》、庚午重刊本《新元史》编制的。

总的来看，分门别类地揭示二十六史各种志中内容出处的索引，目前还很不完备，这给人们对它的充分利用带来了困难。中文工具书中的这个薄弱环节，亟需加强。

第三节　查考古今百科知识

“百科知识”与“百科资料”的含义有区别。中国传统的类书，是一种系统提供百科资料的专门工具书，它只汇集反映前人认识水平的原始资料，一般来说难以体现时代所达到的认识高度。知识从本质上说属于认识范畴，它是当代人对前人和自身社会实践经验的总结，体现了自身的认识水平，具有强烈的时代烙印。查考古今中外的百科知识，主要应该利用的工具书是近现代以来编纂出版的百科全书、百科词典，以及各类学科词典，某些反映学科基本发展、提供基本事实数据的“手册”、“事典”等。

我国编纂出版百科全书的历史，是在本世纪初“西学东渐”的热潮中以编译小型实用性百科全书起步的。如本世纪早期上海商务印书馆出版了王言纶、唐敬杲等编的《日用百科全书》，又出版了王昌谟等据美国《The Book of Knowledge》编译的《少年百科全书》等。但是，它们与能够代表一个国家科学文化发展水平的大型综合性现代百科全书相比相距甚远。本世纪八十年代以前，我国的百科全书编纂出版事业没有获得发展。1978年，国务院决定编辑出版《中国大百科全书》，这是我国历史上第一部严格意义上的现代百科全书。此后，我国的百科全书编纂出版事业才进入了迅速发展的时期。十多年来，已有多种百科全书开始编纂并陆续出版，同时还编译引进了几种权威性的国外百科全书。在现已开始出版的百科全书中，最有代表性的是《中国大百科全书》。

中国大百科全书的编纂工作开始于1978年，是一部集综合性、学术性、知识性于一身的现代百科全书。其内容包括哲学、社会科学、文学艺术、文化教育、自然科学、工程技术等各个学科和知识门类。全书的总体规划为：总卷数74卷(包括总索引1卷)，总条目约10万条，总字数约1亿，总插图约6万幅。从1980年开始出版，预计至1993年全部出齐。

目前出版的《中国大百科全书》，采用了分类与字顺相结合的编排方法，即全书按学科(知识门类)分类分卷(或单一学科辑成一卷或数卷，或若干学科合为一卷)，同一卷别内的条目按条头的汉语拼音字母顺序并辅以汉字笔画、起笔笔形顺序排列。这种编排方法，不是典型的现代百科全书普遍采用的方法，主要是考虑到编纂出版的方便，属于一种过渡方法。

《中国大百科全书》各卷的整体构成，一般包括前言、凡例、学科(或知识门类)的概观性文章、条目分类目录、正文、彩图插页、大事年表、索引。其中有特色的是列于正文前的学科(或知识门类)的概观性文章和条目分类目录。前者一般由该学科最具权威性的专家撰写，其内容是从宏观广阔的高度，对本学科的发展概况、主要内容与成就、基本特征、发展规律等作出系统而简明的概括介绍，以便人们了解该学科的整体面貌。后者以分类的形式展示学科体系中知识主题的隶属、层次关系，既为人们了解学科概貌提供了新的角度，又具有"分类索引"的功能，扩大了查考途径。

《中国大百科全书》各卷的条目，以中、小条目为主，它们约占各类条目总数的70—90%。条目的平均篇幅约1200字。从整体上看，仍属倾向于"小条目主义"的百科全书。释文较长的条目，一般设有文内标题。概述相关知识主题的条目，采用参见体制，以指引互见。重要条目一般列有参考书目。

《中国大百科全书》的检索系统比较完备。各卷附编的索引主要有：内容索引、条目汉字笔画索引、条目外文索引。条目分类目录可以起分类索引的作用，大事记可以起时序索引的作用，正文条目按汉语拼音字母顺序排列，本身就具有检索性。内容索引是全书最主要的综合检索系统。它的索引量约为条目总数的4—8倍，一般为1:5左右，即1个条目比5个索引主题。出处项注明索引主题所在的页数及版面区域(版面的左右两栏各自等分为三区，分别用a、b、c、d、e、f代表)。如：

楚辞　86b，90d，105b，648a　("中国文学"卷)

《中国大百科全书》内容上的显著特点，一是对有关中国的内容作了比较充分、权威的反映。如某些具有悠久历史或取得突出成就的学科，均单独设卷，像"中国文学"、"中国历史"、"中国地理"、"传统医学"、"航空航天"等。一般卷别中也比较充分地反映了该学科或知识门类在中国的发展概况、主要成就。对中国历史上重要的人物、著作、事件、地名以及当代中国重要的在世人物，收录比较完备。二是自然科学与技术方面的内容所占比重较大。目前，世界上主要的大型综合性百科全书大都以社会科学方面的内容为主，自然科学与技术方面的内容最多占全书的40%左右(如《不列颠百科全书》第15版占40%，《苏联大百科全书》第3版占44%)。《中国大百科全书》第1版中自然科学与技术的内容则占到50%。从所设卷目来看，纯属自然科学与技术的卷几占半数，而某些属于社会科学范畴的卷中对自然科学理论的交叉渗透、现代技术手段的引进应用，也有较多的反映。从条目内容看，自然科学与技术各卷中那些在整个知识体系中处于第三、四层位的条目，其内容的知识深度一般都超过了国外的综合性百科全书，更接近于专业性百科全书。《中国大百科全书》从全书来看是综合性的，若以单卷来看，又兼有专业性百科全书的性质。加强自然科学与技术方面的内容，对提高全民族的科学文化水平，建设现代化国家是十分有益的。

我国是第一次编纂严格意义上的现代大型百科全书。因此，和世界上先进的百科全书相比，《中国大百科全书》本身也存在一些明显的问题。如全书采用了分类与字顺相结合的编排方法，这虽然主要是受客观因素的制约，但毕竟与世界现代百科全书的发展趋势相悖。其后果是某些具有多重属性的知识主题或在不同卷别内重复反映，或无处安置，以致遗漏。某一人物或著作各侧重其一面而没有全面的论述。再如全书分为74卷，大大超出了世界现代百科全书20～30卷的“标准部头”。此外，各卷对知识主题的分解深度不一，从而出现内容畸轻畸重的现象。个别卷没有参见系统，没有介绍学科概况的概观性文章，这显然不符合全书自身的既定体例。这些问题，相信在各学科合集出版统编本时会得到克服。

除《中国大百科全书》外，目前在国内广泛流行的另外一种综合性现代百科全书是**简明不列颠百科全书**(1—10卷)，中国大百科全书出版社、美国不列颠百科全书公司合作编译，中国大百科全书出版社 1985—1986 年出版。该书主要据《不列颠百科全书》第 15 版的《百科简编》部分编译而成。《不列颠百科全书》是一部以学术性强、权威性高而驰名世界的百科全书。1768—1771 年在苏格兰的爱丁堡问世，20 世纪初，版权转让给美国。问世 200 多年来，作过多次修订。1960 年，在世界上 4000 多名专家学者的参与下，开始了又一次修订。前后历时 15 年，至 1974 年出版了该书的第 15 版。修订后的第 15 版从内容到形式都作了重大改革。

《简明不列颠百科全书》基本上保持了《不列颠百科全书》第 15 版《百科简编》部分的原貌。全书共 10 卷，第 1～9 卷为正文及附录，第 10 卷为索引(包括条目标题汉字笔画索引，条目标题外文及拼音与汉文对照索引)。共收条目 71000 多条，附有图版约 5000 幅。条目按汉语拼音字母顺序排列，全书约 2400 万字。其内容包括社会科学、自然科学、工程技术、文学艺术等各学科的概述，各类专名、术语、事件的介绍。在内容上的整体特点是侧重西方文化、科技成就和当代知识。

与原书相比，《简明不列颠百科全书》所做的调整与改动主要是：(1)部分条目由于在《百科简编》中只有提要而无主要内容，故据《百科详编》的条目摘要翻译；(2)部分条目的释文内容作了适当删节。对科技类条目平均删节约 20%，对社科类条目平均删节约 30%；(3)纯粹关于中国的条目，由中国专家学者重新撰写并配图，数量较原书增加 20%。

台湾的现代百科全书编纂事业也起步于八十年代初，以《中华百科全书》的出版为标志。此后，《环华百科全书》、《世界百科全书》、《大美百科全书》和一些专业性百科全书相继问世。

中华百科全书，张其昀主编，台北中国文化大学 1981—1983 年出版。全书共 10 卷，15000 多条目，1000 多万字。正文条目采用字顺(笔画笔形相结合)编排法。辅助检索系统有分类索引、条目的内容分析索引，每卷前还有条目目录。内容以介绍中国传统和台湾当代的思想、学术、文化为主。

世界百科全书，台湾光复书局编辑，1986—1987 年出版。全书共 20 卷。分洲、分国介绍概况。

大美百科全书，台湾光复书局 1990 年开始出版。该书据 1989 年版《美国百科全书》编译而成。全书分 30 卷，收录条目 60000 条，图表 30000 幅，是一部大型综合性百科全书。编译本作了一些改动，主要是将“强调本土文化”作为全书宗旨，因此增加了一些与中国传统文化和台湾当代文化有关的条目，删掉了一些查考性不强，或时代意义不明显，或正在发展中尚无定论，或虽流行但缺乏长远价值的条目。编译本条目依原书原文字母顺序排列，检索系统主要有中英对照索引，条目笔画索引、条目音序索引。

世界现代百科全书发展的一个重要趋势，是百科全书的品种实现系列化，即不仅有大、中、小型成龙配套的综合性百科全书，而且还有一系列适应各种专门需要，介绍某一专门学科或知识门类知识的专业性百科全书。分之则各有不同的内容与独特的功用，合之则是一个有机的整体，构成了一个国家百科全书的完整系列。这是一个国家百科全书编纂事业发展成熟的重要标志。目前，英、法、德、意等国均有各种不同类型的百科全书百种以上，苏联也已编纂出版了近 70 种不同类型的百科全书，百科词典。我国自八十年代以来，专业性百科全书的编纂也已起步。我国已经开始编纂或出版的专业性百科全书主要有：

中国医学百科全书，上海科学技术出版社 1980 年开始出版。全书计划 93 卷，近 4000 万字。将涉及祖国医学、基础医学、临床医学、预防医学和特种医学等医学各学科、专业，全面而精确地概述中西医药科学的重要内容和主要成就，介绍的重点是基本概念、重要事实、科学论据、技术要点和肯定结论。第 1 版按学科专业分卷出版。至 1989 年已出近 80 卷。

中国农业百科全书，农业出版社 1986 年开始出版。这是一部荟萃古今中外农业科学知识的大型专业性百科全书。全书计划出30卷，近3000万字。第1版按学科专业分卷出版。至1989年已出版6卷。

世界经济百科全书，中国大百科全书出版社，1987。这是我国编纂出版的一部比较规范的专业性百科全书。内容涉及世界经济总论、西方国际经济理论、国际贸易、国际金融、国际投资、国际经济技术援助、重要国际经济组织、国际经济新秩序、世界人口与资源、国别经济等方面。卷首有概观性文章《世界经济与世界经济学》及《条目分类目录》。正文条目按条目标题的汉语拼音字母顺序排列。卷末有《世界经济大事年表》，还附编了条目汉字笔画索引、条目外文索引及内容索引。

中国企业管理百科全书，企业管理出版社，1984。这是我国编纂出版的第一部完整的专业性百科全书。内容以概述工业企业管理的基本知识为主，涉及企业、企业管理发展史、企业管理原理与组织领导、计划管理与经营决策、科技管理、生产管理、劳动人事管理、市场与销售管理；财务、成本管理与经济核算；系统工程、企业思想政治工作、不同行业和不同类型企业管理特点等方面。该书在内容上的特点是：重点反映了各行业在管理方面普遍性的问题；结合中国实际，注意现代管理与传统管理的结合，照顾中、小型企业、大型企业及工业内部各行业企业管理的特点；兼顾目前和长远管理工作的不同需要，具有鲜明的中国特色。共有条目1856条，约300万字，配有图片近800幅。全部条目按知识体系分类、分层次编排。书后附有条目汉字笔画索引、外文索引、条目内容索引及多种附录。

中国劳动人事百科全书，经济日报出版社，1989，收条目近1万条。

开始编纂的专业性百科全书还有《中国军事百科全书》、《中国水利百科全书》、《中国电力百科全书》、《中国冶金百科全书》等。地方性百科全书的编纂出版也已起步，如《北京百科全书》。

与独立编纂百科全书的工作相辅而行，近年来我国还编译出版了一批影响较大的国外专业性百科全书。主要有：

社会科学百科全书，(英)亚当·库珀、杰西卡·库珀编，上海译文出版社，1989。本书的撰稿者有世界25个国家的500多位专家学者，是一部以高层次读者为主要对象的百科全书。其内容概述了国际社会科学各个主要领域的各种思潮、观点、研究成果和最新发现，介绍了各学科中有重大影响的著名人物。特别是对一些新兴学科和领域，如人口学、传播学、犯罪学、符号学、妇女研究等，也作了比较充分的概述。用编者的话说，就是“评述一个世纪的学术研究、批评和讨论中产生的关于个体和社会的全部思想领域”。全书条目共799条，一般均为大条目。每一条目均列有参考书目，其数量大大多于一般的百科全书，而且大都区分为“参考书目”、“补充书目”、“参见”三个层次。比较完备而又区分层次地列举参考书目，是本书的一大特点。中译本据伦敦劳特莱奇—基根·保罗出版公司1985年版译出。正文条目按原书条目的英文字母顺序排列，首载英汉分类词目表，既展示全书内容概貌，又具有分类索引的功用。书后有按汉语拼音字母顺序排列的词目索引。

科学技术百科全书，科学出版社1980年开始出版。本书是美国麦格劳—希尔图书出版公司出版的《科学技术百科全书》(第4版，1977)的中译本。中译本按学科、专业分卷出版。共分为30卷，有条目7800条。各卷内条目按汉语拼音字母顺序排列。全书内容包括基础科学和技术科学100多个专业中有关的定义、概念、基本原理、发展动向、新近成果、实际应用等，汇集和反映了近代世界基础科学和技术科学的主要成就。

苏联哲学百科全书(1—5卷)，康斯坦丁诺夫主编，上海译文出版社1984年开始出版。此书是苏联1977年出齐的《苏联哲学百科全书》的中译本，原书共收4500个条目。中译本按条目汉字笔画顺序编排。系统地阐述介绍了有关哲学史和社会学史、辩证唯物主义和历史唯物主义、现代自然科学和心理学等方面的问题，以及逻辑学、伦理学、美学、宗教史、无神论等方面的知识。

苏联军事百科全书，中国人民解放军军事科学院编译，战士出版社 1982—1983 年出版。原书共 8 卷，有 11000 多个条目，约 1000 万字，配有 5000 余幅插图，阐述介绍了有关军事理论、军事历史、军事技术、军事地理、军事人物等方面的知识。中译本按学科专业分类分卷编排，共分为 9 卷。每卷内条目按汉语拼音字母顺序排列。正文前附有条目汉字笔画查字表和条目目录，正文后附有条目俄汉对照索引。中译本除对极个别条目有所删节外，其他均保持了原貌。

劳动保护百科全书，科学技术文献出版社，1986。本书据国际劳工局 1971—1972 年出版的《职业健康与安全百科全书》译出。内容涉及各行业中存在的安全与健康危害及其防护与治理措施、劳动管理、人机工程等领域的基础知识。共有条目 850 多条。中译本按原书条目的英文字母顺序排列。首载《英汉对照词条表》，末附按汉语拼音字母顺序排列的汉名索引。该索引仅列出条头词的汉译名与英文名称的对照，未注出处。严格地说它只是一个汉英名称对照表，并非“索引”。

查考百科知识常用的工具书还有百科词典（或百科手册）及各类专科词典。

在西方，百科词典是百科全书和一般词典相互影响和渗透的产物。百科全书在由古代、中世纪向现代阶段发展的过程中受词典的影响，在编排方法上突破了分类的格局而“词典化”；一般词典受百科全书的影响则在内容上突破了单纯语言工具的性质而兼顾各学科的固有体系。相互影响靠拢的结果，是西方在十七八世纪兴起了介于百科全书和一般词典之间的百科词典，并在此后获得了迅速发展。我国编纂近现代意义上的百科词典始于本世纪初。如早期上海中国词典公司出版的《普通百科大辞典》(黄摩西编),上海中华书局出版的《中华百科辞典》(舒新城主编)等。百科词典在编纂方法上坚持了词典的形式,但内容却向“百科”的方向扩展。它与百科全书的主要区别在于:百科词典的词目是一般语言系统中的词语,即便是百科词目,也是进入到一般语言系统中的。百科全书的条目则是知识体系中的独立概念或主题,二者有时是一致的,有时则有明显的区别。如概念或主题不能是没有确切知识内容的自然语词,一个知识主题的标引词可以是几个自然词的组合等。百科词典坚持了词典的形式,如以词立目,分条释义,不设文内标题,不列参考书目,有些还标注读音、词性等。百科全书虽然吸收了词典的某些因素,但它的整体形式与词典迥然有别。百科词典的内容主要是提供语言知识和定义描述,即便涉及一些事实、数据资料,也极其简略。百科全书的内容则是对概念或主题历史、现状的全面概述,强调基本事实、数据的准确翔实、追求完备性与系统性。它不仅要回答“是什么”,还要回答“何时”、“何地”、“如何”、“怎样”、“为什么”等广泛的问题。

以下是近年来国内出版的主要的百科词典。

中国百科大辞典,华夏出版社,1990。内容涵盖人类历史、文化、科技等各方面,囊括58个学科,收词目5万条。

百科知识词典,中国大百科全书出版社,1989。收录习见、常用的百科知识词汇,特别是近年来出现的新词语及知识内容14000多条,资料截至1987年底。

世界知识大辞典,王克勤等主编,世界知识出版社,1988。收录国际政治、外交、时事、经济、文化、会议、法律、文献、条约、政党、组织、公司、集团、哲学与社会科学及部分自然科学术语9000多条。

现代学科大辞典,孟宪鹏主编,海洋出版社,1990。介绍1000多门学科的定义、门类、历史起源、时代背景、演变历史、代表作、创建人、研究对象、内容、结构体系、学科的性质、特点、研究方法、意义作用、发展前景等。

苏联百科手册，山东人民出版社，1988。包括概况，社会制度和国家体制，人口，自然和自然资源，历史、苏联对外政策、苏共、共青团、工会、武装力量，经济、人民福利，科学，文化建设与文学艺术，社会团体和创作协会，加盟共和国10部分。

近年来出版的百科词典简目

书　　名	编　　者	出版社、出版时间	收词量
当代百科知识大词典	曲钦岳主编	南 京 大 学　1989	12000
文史哲百科辞典	高清海主编	吉林大学　1988	7000
外语工作者百科知识词典	张后尘主编	科学　1989	10000
世界新学科总览	金哲等主编	重庆　1987	470门新学科
枫丹娜现代思潮词典	社科院文献情报中心译	社会科学文献 1988	4000
新知识词典	车培炎等主编	南京大学 1987	3800
当代新术语	金哲等主编	上海人民　1988	2470
百科知识渊源词典	洪成构主编	黑龙江朝鲜民族 1988	1400
物源百科辞典	邱嘉祥主编	吉林科学技术 1990	3000

专科词典又称专业词典、专门词典或学科词典，是一种汇集解释特定学科范围内名词术语的词典。名词术语一般包括基本概念、定义、理论、方法、学说、学派、组织、制度、事件、人物、著述、报刊等

等。学科有大小之分，领域有广狭之别，所以专科词典涉及的范围、本身的规模也不尽相同。大型专科词典涉及本学科的各个分支、各个方面，是学科知识的总汇，规模往往较大，有时分成数卷、数十卷。事实上已经接近于专业性百科全书了。这类专科词典，有的学者称之为“综合式”专科词典，如多卷本的《哲学大辞典》、《经济大辞典》、《中国历史大辞典》等。小型专科词典仅以某一具体科目或分支为对象，内容专一，规模较小，有的学者称之为“单一式”专科词典，如《认识论辞典》、《中国灾荒辞典》等。中型专科词典介于上述二者之间，一般兼具普及与提高的双重功能，既注重内容的简明扼要，又有一定的专业深度，是数量最多的一类专科词典。如《法学词典》、《中国文化史词典》等。

专科词典最突出的特点在于“专”。在收词上，它以特定的学科领域为界，属于本学科的词目力求收录完备，适当兼收一些关系密切的相关学科中的词目。在释义上，它适应专业学习的要求，体现专业特点，有一定的深度，能提供比较丰富全面的专业知识。和一般的综合性词典相比，专科词典所收的学科名词术语较为完备，释文有一定深度；和专业性百科全书相比，专科词典的释文讲究提纲挈领，简明扼要，一般不作论证性的介绍。

在现有的各类词典中，专科词典的数量最多，约占总数的60%以上。经过近10年的发展，我国专科词典系列化、成龙配套的局面已初步形成。目前，所有大学科和大多数分支学科都已编纂出版了本学科的专科词典，有的还数种并存。以下所列是国内近年来出版的一些专科词典。

哲学大辞典，上海辞书出版社自1985年起出版。计划分马克思主义哲学、中国哲学史、外国哲学史、逻辑学、美学、伦理学6卷出版。选收古今中外哲学上的名词、术语、学说、学派、人物著作、组织、事件、会议等方面的词目13000条，总字数约500万。

中国儒学辞典，赵吉惠等主编，辽宁人民出版社，1988。选收反映儒学发展演变、批判继承、研究成果等方面的词目(包括人物、典籍著述、学派研究、概念词语 4 类)2200 多条。

宗教词典,任继愈主编,上海辞书出版社,1981。选收宗教一般、史前和原始宗教、古代宗教、佛教、基督教、伊斯兰教、道教、中国部分少数民族宗教、中国民间宗教等方面的词目 6719 条。

现代科学技术词典,王同亿编审,上海科学技术出版社,1980。选收现代自然科学、技术科学中的基础学科、新兴学科、交叉学科、边缘学科(共 109 个学科)等方面的词目 106700 多条。

简明社会科学词典,上海辞书出版社,1984。选收哲学、经济学、社会主义学说、政治学、法学、社会学、军事学、国际关系、历史学、教育学、心理学、民族学、宗教学、语言学、文艺学等学科中的词目 5219 条。

中华实用法学大辞典,栗劲等主编,吉林大学出版社,1988。选收中外法学理论、历史、各专门法中的名词术语、法律法规、学说学派、人物、法典、著作等词目,共 10000 多条。

经济大辞典,上海辞书出版社自 1983 年起出版。计划按学科分出 19 卷:(1)政治经济学·经济思想史;(2)经济史;(3)国民经济计划管理;(4)工业经济;(5)农业经济;(6)交通运输邮电经济;(7)建筑和基本建设经济;(8)商业经济;(9)对外经济贸易;(10)技术经济;(11)国土经济;(12)经济地理;(13)世界经济;(14)劳动·人口·消费;(15)财政;(16)金融;(17)会计;(18)统计;(19)经济数学方法。计划收词目 4 万条。

经济与管理大辞典,马洪等主编。中国社会科学出版社,1985。选收词目 6000 多条,内容涉及马克思主义政治经济学、社会主义经济、世界经济,以及工业、建筑业、邮电、交通运输、财政金融、技术、商业、贸易等各行业的经济与管理。

中国历史大辞典,上海辞书出版社自 1983 年起出版。全书计划分 14 卷出版。有按历史朝代顺序编纂的先秦、秦汉、魏晋南北朝、隋唐五代、宋、辽夏金元、明、清(上、下)9卷，另有按专题编纂的民族史、历史地理、思想史、史学史、科技史5卷。

近年来出版的主要专科词典简目

书　　名	编　者	出版社、出版时间	收词量
马克思主义百科辞典(上卷)	于俊文等主编	东北师大　1987	1893
简明马克思主义词典	巢峰主编	上海辞书　1990	1486
马克思主义原理辞典	刘炳英主编	浙江人民　1988	2680
马克思主义与当代辞典	刘佩弦主编	中国人民大学　1988	2500
现代西方哲学辞典	夏基松主编	安徽人民　1987	1257
简明现代西方哲学辞典	陶银骠等主编	四川人民　1988	1267
欧洲哲学史辞典	马小彦主编	河南大学　1986	910
中国哲学辞典大全	韦政通主编	世界图书出版公司　1989	284
认识论辞典	章士荣等主编	吉林人民　1984	257
逻辑学辞典		吉林人民　1983	1937
伦理学大辞典	宋希仁等主编	吉林人民　1989	2600
美学百科词典	刘晓路等译	河南人民　1988	
新编美学辞典	张锡坤主编	吉林人民　1987	1200
简明心理学辞典	杨清主编	吉林人民　1985	1200
佛学大辞典	丁福保	文物　1984影印	30000
道教大辞典	李叔还主编	浙江古籍　1987影印	5600
(社会科学工作者)自然科学手册	陈义存等主编	山东人民　1988	

社会科学新辞典	社科院文献情报中心	重庆 1988	3375
当代国外社会科学手册	科学院情报所等	江苏人民 1985	
统计辞典	贾宏宇主编	上海人民 1986	1995
社会学词典	张光博等主编	人民 1989	1423
新社会学词典	蔡振扬等译	上海译文 1987	466
社会心理学辞典	黄惠宇等主编	河北人民 1988	1300
婚姻家庭大辞典	彭立荣主编	上海社科院 1988	4580
职业岗位分类词典	国家教委译	高等教育 1988	700多个职业
民政辞典	孟昭华等	群众 1989	2379
简明人口学词典		甘肃人民 1987	1800
现代管理科学词典	王振泉主编	吉林大学 1987	2100
现代科技管理辞典	阙维明等主编	广东高教 1986	2026
行政管理学大辞典	贾湛等主编	中国社会科学 1989	5500
工商行政管理辞典	李道南等主编	四川科技 1988	1800
管理心理学词典	宋书文主编	甘肃人民 1989	1300
领导科学词典		河北人民 1988	1191
领导知识辞典	范恒山等主编	中国国际广播 1988	1823
中国公务员百科辞典	杨友吾等主编	国际文化出版公司 1988	8000
秘书辞典	翁世荣等主编	档案 1989	4000
实用公共关系辞典	张新胜等主编	兵器工业 1990	1260

人才学辞典	刘茂才主编	四川社科院 1987	1452
民族词典	陈永龄主编	上海辞书 1987	10054
科学学辞典	刘茂才等主编	四川社科院 1985	1150
软科学知识辞典	王培智主编	中国展望、1988	1840
政治学词典	胡福明主编	浙江教育 1989	2600
政治学辞典	丘晓等主编	四川人民 1986	1736
简明政治学辞典	皮纯协等主编	河南人民 1986	2100
社会主义大辞典	高放主编	河南人民 1988	
社会主义政治体制大辞典	李靖宇主编	沈阳 1989	
政治体制改革辞典	范恒山主编	中国物资 1988	
世界议会辞典	张友渔主编	中国广播电视 1987	2987
世界政党辞典	熊复主编	红旗 1986	2784
中国政党辞典	宋春等主编	吉林文史 1988	1232
国际共产主义运动史辞典	姜琦主编	吉林人民 1988	1948
中共党史简明词典	萧超然等主编	解放军 1986—1987	
中国共产党党务工作大辞典	孙维本主编	中国展望 1989	4888
工会大辞典	田明等主编	经济管理 1989	3606
简明工会学辞典		辽宁人民 1988	949
中国工运史辞典	常宝国主编	劳动人事 1990	2000
外交辞典	杨穆等译	东方 1986—1988	

世界政治经济与国际关系词典	颜声毅等主编	吉林人民　1988	1642
现代国际关系史辞典	石磊等主编	河南人民　1988	1000
法学词典(增订版)		上海辞书　1984	4243
司法词典	曹海波等主编	中国工人　1989	2560
犯罪学辞典	郭翔等主编	上海人民　1989	3221
法制心理学词典	罗大华主编	群众　1989	1093
简明法制史词典		河南人民　1988	2873
宪法词典		吉林人民　1988	1365
行政法词典	黎国智主编	山东大学　1989	2004
中外行政诉讼词典	皮纯协等主编	东方　1989	2710
经济法学词典	刘树林编	华夏　1988	4745
经济法辞典		法律　1987	1515
现代实用民法词典	江平等主编	北京　1988	1036
中国刑法词典		学林　1989	
诉讼法大辞典	柴发邦主编	四川人民　1989	
劳动法词典		辽宁人民　1987	1520
劳改法学词典	杨显光主编	四川辞书　1989	2216
国际法辞典	外交学院译	世界知识　1985	1450
国际法辞典	程晓霞等译	中国人民大学　1987	
军事百科词典	军科院译	群众　1985	14000

简明世界战史词典		解放军　1988	2080
经济百科辞典	张跃庆等主编	中国工人　1989	5000
现代经济学词典	宋承先等译	上海译文　1988	2500
经济科学学科辞典	中南财经大学	经济科学　1987	390
经济社会管理知识全书	马洪等主编	经济管理　1988	43 个学科
经济发展辞典	于建纬等	四川辞书　1989	1365
经济体制改革辞典	范恒山主编	水利电力　1988	1023
中国经济体制改革实用词典	陈家骥主编	海潮　1989	1498
政治经济学辞典	许涤新主编	人民　1980—1981	2062
国际经济辞典	郭吴新主编	武汉大学　1988	1700
现代中国经济事典	马洪主编	中国社会科学　1982	
城市经济词典	崔新恒主编	四川科技　1986	2806
国民经济管理辞典	冯子标主编	经济科学　1989	2300
经济管理学辞典	徐伟立主编	中国社会科学　1989	2900
成本管理大辞典	许毅等主编	经济管理　1987	1929
社会经济统计辞典	佟哲晖主编	吉林人民　1987	2700
新编社会经济统计辞典	崔之庆主编	河南人民　1987	
会计辞典	龚清浩等主编	上海上民　1982	2251
审计辞典	王文彬等主编	三联　1990	1376
房地产业实用词典	匡平等主编	中国经济　1989	2200

商业词典	綦尤礼等主编	湖南人民　1988	2774
现代商业辞典		山西人民　1987	
市场学词典	许凤岐主编	江西科技　1988	1770
物价大辞典	贾秀岩主编	河北人民　1988	1200
国际金融辞典	马之骃等译	复旦大学　1988	
中国经贸新辞典	韩明安等主编	哈尔滨　1990	4200
简明保险词典	谢盛金主编	经济科学　1986	1367
文化学辞典	覃光广等主编	中央民院　1988	2128
现代世界文化词典	祁阿红等译	江苏人民　1988	320位现代文化名人
中外文化知识词典	何新主编	黑龙江人民　1989	3000
文化人类学百科辞典	山东大学日本研究中心译	青岛　1989	
中国文化辞典	施宣圆等主编	上海社科院　1987	9890
简明新闻学词典	余家宏等	浙江人民　1984	1600
简明编辑出版词典	王业康主编	中国展望　1988	1382
图书报纸期刊编印发业务辞典	杨岗等主编	中国经济　1990	
文献与情报工作词典	周智佑等编译	科技文献　1982	1200
图书馆学辞典	吴雪珍等主编	海天　1989	1600

新编图书情报学辞典	张玉钟等主编	学苑　1989	7209
图书情报词典	王绍平等	汉语大词典 1990	5200
情报与文献工作辞典	李魁彩	中国城市经济社会　1990	6300
教育百科辞典	张念宏主编	中国农业科技 1988	4000
实用教育辞典	梁忠义等主编	吉林教育　1989	2500
教育辞典	张焕庭主编	江苏教育　1989	3115
教育辞典	朱作仁主编	江西教育　1987	2600
世界教育辞典	黄德诚等译	湖南教育　1989	1446
西方教育词典	陈建平等译	上海译文　1988	3400
体育词典		上海辞书　1984	5220
语言与语言学词典	黄长著等译	上海辞书　1981	
中国文体学辞典	朱子南主编	河南教育　1988	2400
文学理论词典	郑乃臧等主编	光明日报　1989	2400
世界现代文学艺术辞典	宋耀良主编	湖南文艺　1988	
文学艺术新术语词典	鲍昌主编	百花文艺　1987	2495
当代法国文学词典	冯汉津等编译	江苏人民　1983	700

苏联文学词典	寥鸿钧等编译	江苏人民　1984	800
寓言辞典	鲍延毅主编	明天　1988	2226
希腊罗马神话词典	鲁刚等编译	中国社会科学 1984	1200
中国神话传说词典	袁珂	上海辞书　1985	3006
中国古代文学词典	刘兰英等	广西教育　1989	共5卷
中国古代文学理论辞典	赵则诚等主编	吉林文史　1985	1000
中国古典文学辞典	廖仲安等主编	北京　1989	2126
中国现代文学辞典	徐瑞岳等主编	中国矿业大学 1988	4387
简明中国当代文学辞典	申殿和等	河北人民　1988	2203
简明中国新文学辞典		江西人民　1988	
中国新诗大辞典	黄邦君等	时代文艺　1988	
台湾新文学辞典	徐乃翔主编	四川人民　1989	2603
麦克米伦艺术百科词典	舒君等译	人民美术	
美术辞林		陕西人民美术 1989	共分11卷
西洋美术辞典		台湾雄狮　1982	
中国美术辞典	沈坚柔主编	上海辞书　1987	5816

书画篆刻实用辞典	岑久发主编	上海书画　1988	4000
中国工艺美术大辞典	吴山主编	江苏美术　1989	11875
简明音乐辞典	志敏等	黑龙江人民 1985	2947
中国音乐词典		人民音乐　1985	3560
中国戏曲曲艺词典	上海艺术研究所等	上海辞书　1981	5636
京剧剧目辞典	曾白融主编	中国戏剧　1989	5300
电影艺术词典		中国电影　1986	1734
电影电视词典	朱玛主编	四川科技　1988	7009
日本历史辞典	沈仁安等译	天津人民　1988	1302
法国大革命史词典	端木正主编	中山大学　1989	
新编中国文史词典	孟庆远主编	中国青年　1989	5000
中国近代史词典	陈旭麓等主编	上海辞书　1982	3046
中国现代史词典	李盛平主编	中国国际广播 1987	3216
中国现代史词典	王金铻等主编	吉林文史　1988	3350
中国革命史辞典	朱建华主编	黑龙江人民 1989	2668
中国革命史辞典	马洪武等主编	档案　1988	4250

中华人民共和国史词典	黄文安主编	档案 1989	
中华人民共和国史辞典	朱建华等主编	吉林文史 1989	2255
台湾事典	唐曼珍等主编	南开大学 1990	2000
中国文化史词典	杨金鼎主编	浙江古籍 1987	
外国风俗事典	李振澜等主编	四川辞书 1989	1680
中华民族风谷辞典	唐祈等主编	江西教育 1988	3021
中国宫廷知识词典	何本方等	中国国际广播 1990	3000
科技史词典	宋子良等译	湖北科技 1988	700
中国灾荒辞典	孟昭华等	黑龙江科技 1989	1267
人文地理学词典	宋家泰等主编	湖北教育 1990	2089

第十章 查考古今事件

古今事件主要指历史事件、现实事件，也包括一些与现实生活关系密切的实用性、指南性文献资料，如法规条约、机构名录等。许多工具书中都有反映历史与现实大事的内容。如综合性、百科性、专科性词典、百科全书、各类手册等，大都收录一些事件词目或条目，但限于体例和功能，它们反映事件的集中性、详备性往往不够，又难以体现事件本身的前因后果，事件之间的相互联系，事件发展的历史进程。本章主要介绍那些集中记述与反映历史、现实大事，汇集与现实生活关系密切的实用性、指南性资料的专门工具书。

第一节 查考历史大事

集中反映历史大事的资料工具书，最主要的是大事记，又称史事年表，这是一种以时间为纲记述历史大事的资料性工具书，源于中国古代具有悠久历史的编年体史书。编年体史书在形式上“以事系日，以日系月，以月系时，以时系年”，在内容上，融史事记述、人物描写、场面追叙、议论评说为一体，按时间顺序，全面系统地展示丰富多彩、波澜壮阔的历史画面。从先秦时期的《春秋》、《左传》出现到宋代司马光《资治通鉴》问世，编年体史书已经发展得相当完备，积累了丰富的编纂经验。

近现代以来出现的大事记，在形式上基本继承了古代编年体史书的特征，即以时间作为记事和编排的基本顺序，“事系于时”。同时，为了强化大事记的工具书性质与功能，不少大事记在编排方法上由单纯编年发展到编年与分类相结合，即全书以编年为主，再辅以分类。如在一个时间单元内，把所记述的大事区分为若干类别、专题，使记述的事件按类别、专题集中，同一类别、专题内的事件按时间顺序排列。由于这种编排方法对具体事件进行了分门别类的集中归并，从而缩小了使用者查考具体事件时的检索范围，与大事记作为资料工具书的性质更为适应。

在内容上，大事记不像编年体史书那样，记事、描绘、追叙，评说融为一体，而是仅限于记事，只提供事实本身。记事的依据，应该是确凿翔实的第一手资料；记事的方法，强调简明扼要，准确客观，不作展开叙述，不作主观评论；记述的内容，一般只包括事件涉及的时间、地点、人物、经过等基本要素。限于"事系于时"的体例，大事记在一个具体时间内对事件的记述，一般不求首尾完整，本末俱在，但全书的记述，强调前后呼应，以完整地展现那些时间跨度较长的事件的发生、发展与最终结果，避免前有来龙，后无去脉的现象发生。

从整体上看，大事记正文本身就提供了一种时序检索途径，这也是查考大事记时的主要检索途径。有些大事记为了强化检索功能，还附编了供从其他角度查考所用的索引，如事件名称索引，人名索引、地名索引、内容分析索引、分类索引等，为使用者提供了更多的检索渠道，更加突出了大事记的工具书特征。

现有的大事记，涉及的范围广狭不同，有综合性和专题性之分。记述事件的详略程度也不尽一致。有些大事记对事件的记述极其简略，甚至只是纲目式的列举，往往称为大事年表。

目前，比较重要的记述中外史事的综合性大事记主要有：

全球文明史·人类百科大事通览（哲学文科卷），许志峰等主编，吉林人民出版社，1990。共记述自人类诞生至 1989 年 10 月中外哲学、宗教、思维、社会活动、学术思想等方面的重要史实 10256 件，提供事件的时间、地点、人物、性质、缘由、内容、结果、影响等情况，资料来源于中外有影响的百科全书。正文按时间顺序编排，末附内容分析索引，按事件主题或人名姓名的汉语拼音为顺序排列。

中外历史年表，翦伯赞主编，中华书局 1961、1963。此书共分 2 册。第 1 册记述公元前 4500 年至 1918 年间的中外重要史事；第 2 册记述 1919 年至 1957 年间的中外重要史事。全书按公元纪年顺序编排，每一年中，先列中国史事，次列外国史事。特别注重记述有关生产工具和生产技能的改进，经济制度、政治制度的改革和重要法令的颁行，阶级斗争及统治阶级内部的矛盾，重要科学技术的发明与发现，国家间、民族间的相互关系，著名历史人物的生卒等方面的事件。在编排上，采用了中外对照的形式，便于把中外文明放在同一时间背景下考察比较。

世界史编年手册，(美)威濂·兰格主编，刘绪贻等译，三联书店，1978 年开始出版。本书据美国《世界史百科全书》1972 年第 5 版翻译。原书采用编年与分类相结合的编排方法，全书按历史时期分为 8 编，每一时期又按地区、国家划分章节，以编年的形式重点记述政治、军事和外交方面的史事，兼及科学技术和文学艺术。在地域上，偏重欧美各大国的历史。这是一部体现西方学者历史观点的有代表性的工具书。中译本依原书顺序分为三部分出版：古代和中世纪部分、近代部分(尚未出版)、现代部分。现代部分删去了原书中记述中国史事的章节。

集中记述中国史事的综合性大事记主要有：

中国历史大事编年，张习孔、田钰主编，北京出版社，1987。记述上起原始社会元谋人，下至 1918 年间的中国历史大事。全书共 5 卷：先秦至汉，三国至隋唐，五代、两宋，元、明，清、近代。编排体例以编年系事为主，按年月日排比史事，同时兼采纪事本末体之长，遇有跨越时间较长的重大历史事件，则自为标题，扼要叙述其原委。内容涉及政治，经济、军事、文化、科技、民族、宗教、典章制度、中外关系等各个方面，是目前规模最大的综合性中国历史大事记。

中国现代史大事记，梁寒冰，魏宏远主编，黑龙江人民出版社，1984。记述自1919年五、四运动至1949年10月间中国社会政治、军事、经济、文化、外交等方面的重要史事。

中华人民共和国大事记，新华社国内资料组编，新华出版社出版。已出3册。1949～1980年本、1981－1984年本、1985－1988年本。记录建国以来各个方面、各个领域具有全国意义的比较重大的事情。根据国内出版发行的公开材料编写，每一事件后均注明资料来源。采用分类与编年相结合的编排方法。全书依社会生活和实际工作性质区分为政治、财政经济、军事、文化教育、中外关系五大类别，同一类别内的事件依时间顺序排列。这是目前涉及范围比较广泛，资料比较权威可靠的一种当代大事记。

中华人民共和国建国史手册，倪忠文主编，新华出版社，1989。全书内容分4部分：大事记、事件纪略、光辉成就、附录。涉及的时间为1949年10月至1985年底，记述的重点是政治、经济，兼及军事、文化、教育、科技和外交等方面。大事记按时间顺序编排，重在展现事件的发展脉络；事件纪略以具体事件为单位编排，重在记述具体事件的原委本末，两部分内容相辅相成、互相补充。

集中记述外国史事的综合性大事记主要有：

外国历史大事年表，王治邦等编，辽宁人民出版社，1985。按年代分国家记述世界各国的历史大事，重点在政治、外交、军事、经济方面，兼顾科学技术和文学艺术。在近代和现代部分，还增加了国际关系、国际共产主义运动、第一次世界大战、第二次世界大战等专题大事。

美国两百年大事记，(美)加尔文·D·林顿主编，谢延光等译，上海译文出版社，1984。记述美国建国二百年间(1776年1月至1975年3月)政治、经济、军事、文化、科学、社会等各个领域的大事。另有附录《美国1975～1981年大事记》。

主要记述某一专门领域、专门方面的专题性大事记主要有：

中国共产党历史大事记（1919.5—1987.12），中共中央党史研究室编，人民出版社，1989。概要地记述了中国共产党在建党时期以及建党以来领导中国人民进行新民主主义革命、社会主义革命与建设的曲折前进的历程，全面记述了中共中央为建设有中国特色的社会主义所作出的各项重大决策以及各条战线进行建设和改革开放的发展过程。

中国学术界大事记（1919—1985），王亚夫、章恒忠主编，上海社会科学院出版社，1988。以编年方式记述我国五四运动以来学术界的重大事件和活动。主要内容包括关于学术问题的重大决策、决定、指示和重要文献的发布；中央和地方的主要学术研究机构、高等院校、学术团体的成立和变动；学术界的重大活动和改革；重要学术文物的发现；有重大意义的学术论战；有较大影响的学术论著以及著名学者的生卒年月；有较大影响的学术报刊、书店、图书馆、出版社的创建和变动情况；中外学术交流的重大活动等。其中比较突出地反映马克思主义在中国的传播和发展，以及各个时期的学术论战，特别是突出反映中共十一届三中全会以来的重大学术问题的讨论情况。

历代战争年表（《中国军事史》附卷），解放军出版社，1985、1986。全书分上、下两册，以年代为序，记述从公元前 26 世纪传说的神农时代开始至公元 1911 年清王朝灭亡为止中国各个历史时期发生的军事战争。对主要战争，概述其起因、经过、结果和特点等，对次要战争，亦作纲目式的记述。年表前附有《作战次数统计表》，以数字显示了各历史阶段战争的频繁程度。还附有按时间顺序编排的年表索引，兼有目录和索引的双重功能。

中华人民共和国经济专题大事记，赵德馨主编，河南人民出版社，1989。全书分 1949—1966 年本和 1967—1984 年本两册。**中华人民共和国经济大事典**（1949.10—1987.1），吉林人民出版社，1987。**中华人民共和国经济管理大事记**（1949.10—1985.12），中国经济出版社1986。**中华人民共和国对外经济贸易关系大事记**(1949—1985),王和英等编,对外贸易教育出版社,1987。以上是几种比较常见的有关当代中国经济方面的专题性大事记。

中华人民共和国财政大事记(1949—1985),陈如龙主编,中国财政经济出版社,1989。按时间顺序记述财政大事1356件,主要包括党中央、国务院有关财政经济问题的重要会议,党和国家领导人有关的重要讲话,财政部为了贯彻中央、国务院决定所采取的重大措施,重要的财政法令法规,财政部重要人事和机构变动,与财政有关的经济大事。注意吸收背景史料和对具体事件的总结概括,如每年的开头都选录当年的政治大事,每年的末尾都有对当年财政经济情况带有总结性的叙述。正文后附有分类索引。

中华人民共和国民族工作大事记(1949—1983),民族图书馆1984年编印。反映的内容包括中央和各民族地区关于民族工作的会议、决议、方针、政策、法令、条例、指示,各民族地区在政治、经济和文化等方面的建设成就、发展过程及其他有关问题。资料来源于新华社新闻稿及中央和省区一级公开发行的报刊。全书采用分类与时序相结合的编排方法。所记事件均注明资料出处。

上述专题性大事记相对来说,涉及的范围还算比较宽泛。还有一些是针对特定的专门研究,专门化程度更高。如《明督抚年表》,吴廷燮撰,中华书局,1982;《匈奴历史年表》,林　编,中华书局,1984;《莫高窟年表》,姜亮夫编,上海古籍出版社,1985;《中外美术史大事对照年表》,奚传绩编,江苏美术出版社,1988;等等。

第二节　查考现实大事

集中记述与反映现实大事、进展、成就的资料工具书,最为方便适用而且系列化的是年鉴。

年鉴编辑出版上的年度性,决定了它反映现实大事的迅速及时；而编辑出版上的连续性，又决定了它反映事件进程的系统完整。历史与现实本来就是相对而言。就年鉴每一年度的版本来说，它提供的总是最新的事实、进展与成就，就年鉴在一个历史时期内形成的一个系列来说，它又展现了由历史走向现实的进程。所以，利用年鉴查考“现实”大事，只是相对而言。

在我国八十年代以来编辑出版的大量年鉴中，适用范围广泛而且比较重要的包括以下几种。

中国百科年鉴，中国大百科全书出版社出版。创始于1980年，属于《中国大百科全书》系列的综合性年鉴。编辑出版的目的，一方面是为已经出版的《全书》各卷补充未及收录的资料，另一方面是为尚未出版的《全书》各卷提供资料。提供资料是首要任务。其主要内容是：记录上一年度中国和世界各国所发生的重大社会事件和自然现象，以及人们对之进行研究、探索的各种活动。在国内现有的年鉴中，涉及范围最为广泛。

《中国百科年鉴》的整体框架结构由“概况”、“百科”、“附录”三大基本部分和“大事志”，“人物”、“新词语”、“特载”等专栏组成。

“概况”部分以介绍基本情况为主，主要包括“中国概况”和“各国概况”。

“百科”部分是最主要的内容，以介绍上一年度各个领域、各个方面的进展与成就为主。其结构形式是区分为部类、栏目，内容表现实现了条目化，部类与栏目相对稳定。1980年本划分为16个部类，此后不断略加调整，至1986年本扩展为20个部类。1989年本对框架结构作重要改革，缩减为18个部类。1980年本的16部类和1989年本的18部类如下：

	国际
政治	政治
军事	军事
外交	外交
法律	法律
经济	国土环境
工业	经济
农业	产业
交通邮电	能源
科学技术	交通·通信
哲学社会科学	科学技术
文学艺术	社会科学
教育	教育
卫生	卫生
体育	体育
文化	文化
社会·生活	文学艺术
	社会·生活

从部类划分与栏目设置上来看，1980－1988 年本没有本质的区别。基本上是一种按行政系统、行业、学科加以区分的思路，部类层次如此，栏目层次亦然。调整与改动主要是着眼于强化年鉴的时代特征，以使框架结构能适应容纳不断发展的事实、资料的需要。

1989 年本的调整改革，朝着更为科学、合理的方向前进了一大步。具体表现主要是部类划分、栏目设置由单纯依据行政系统、行业、学科变为主要依据事实、资料的本质属性。这样做的最大优越性，在于可以保证事实、资料的完整性与系统性，强化栏目的独立性。使栏目真正成为对反映同一方面进展的事实、资料的归并集中，使归并集中于同一栏目下的事实、资料真正完整、系统，从而避免诸如“教育”部类下出现“学校体育、卫生”栏目、“体育”部类下出现“体育教育与科研”栏目(见 1980 年本)之类的分散与重复现象，真正体现出年鉴事实、资料全面系统的特点。

“百科”部分正文的编排方法，1980－1988 年本采用按分类顺序编排。1989年本适应框架结构的改革，栏目独立性的增强，改为按栏目题头的汉语拼音字母顺序编排。

“附录”部分以提供与国内外形势发展有关的资料为主。至1989年本止，编入“附录”的资料以一系列反映历史发展进程的“大事录”最具参阅价值。

《中国百科年鉴》1980－1989年本均设置了“大事志”专栏，按年月顺序记录上年国内外发生的重大事件。

自1981年本始，“诺贝尔奖金获得者”和“逝世人物”成为两个独立的有关人物的专栏。1983年本又增加了“时代楷模”专栏，介绍上一年国内出现的模范人物。自1985年本始，设置“新闻人物”专栏，除将原“时代楷模”专栏的内容移入外，收录范围扩大为上一年国内外各方面的新闻人物。

自1981年本始，开始设立一个“近期出现的新词语”小专栏，收录解释社会生活中新近出现的新词语。

1989年本始，根据年鉴年度性的特点，取消了“特载”这一专栏，从而严格了年鉴的时间界限，避免了不同年本内容上的重复。

《中国百科年鉴》中刊载的署名文章包括专文与特稿两种。初期，这种非条目化的内容表现形式所占比重较大，1985年本后有所减少，1989年本开始进一步减少，突出了年鉴条目化表现形式的特点。

《中国百科年鉴》的查考途径主要是卷首的分类总目录和卷末的内容分析索引。索引的标引对象一般包括类目、文章标题、条目标题、表格、图片等。

中国统计年鉴，国家统计局编，中国统计出版社出版。本年鉴创始于1982年，是一种全面汇集我国国民经济和社会发展统计资料的综合性年鉴。资料来源，大部分是国家的定期统计报表，一部分来自抽样调查。台湾省的统计数据来自台湾编印的统计月报，国外主要国家及地区的统计数据则来自联合国出版的有关统计资料。在内容上，突出的特点是资料完整、系统、准确，1982年出版的创刊本(1981年本)即包括了337个统计表，此后历年不断增加，涉及我国经济和社会的各个领域，各个方面，还设置了“台湾省主要经济指标”、“我国主要经济指标同国外比较”、“主要统计指标解释”3个附录。从整体上看，既有全国性的综合统计资料，又有分地区、分部门和重点城市、少数民族地区的主要经济指标；既有反映经济发展、经济管理和技术进展水平的指标，又有反映社会生活、文化建设等方面的指标；既有反映上一年度进展的数据，又有历史性数据和国外的同类数据。收录统计数据，坚持宁缺勿滥的原则。

《中国统计年鉴》采用分部分、分类别的编排方法。卷首设有分类总目录。已出年本的主要部分包括：综合、行政区划和自然状况、人口、劳动力和职工工资、农业、工业、运输邮电、固定资产投资、建筑业、商业、对外贸易和旅游、财政、金融、保险、物价、人民生活、教育、科学、专利、文化、体育、卫生、民政、司法等。

中国出版年鉴，创始于1980年。1986年本以前，由中国出版工作者协会编，商务印书馆出版。自1987年本始，改由中国出版工作者协会和中国出版发行科学研究所合编，中国书籍出版社出版。这是一部反映我国图书和报刊编辑、出版、发行工作基本情况的专门年鉴。1980—1987各年度版本包括的主要部分有纪事、概况、出版文件、图书评介，新报刊简目、出版名录等。自1988年本始，内容编排作了重大调整，取消了出版文件、出版统计等部分，其他部分容纳的内容也有较大变动。

“纪事”主要反映上一年出版界的重要事件。1980—1987年本中，这部分内容所占的比重较大，既有按时间顺序编写的大事记，称为“出版纪事”，又有按事件和出版业所涉及的方面为主题区分出来的小栏目，对重要事件作进一步的深入介绍。如“优秀作品评奖”、“出版界动态”、“新建出版社简介”、“书刊印刷”、“图书发行”、“报刊出版”、“国际出版交流”等，因此，从内容上看，实际上具有概况的性质。自1988年本始，纪事部分对容纳的内容作了严格限定，只收录按月、日记载的出版界大事记和出版界逝世人物简介，从而使这部分的篇幅较前大大缩小，而且也使名实相副。

"概况"部分在1980－1987年本中较为简略，是对上一年全国各主要门类书刊出版情况的综述，因此，反映的并不是出版界的概况，而是书刊出版的概况。自1988年本始，概况部分作了重大改进，内容真正成为对一年中出版界大事、活动、成就、进展的反映。包括的主要栏目有："全国出版概况"、"评奖活动"、"出版界纪念活动"、"出版文件"、"图书出版"、"新建出版社简介"、"报刊出版"、"印刷"、"图书发行"、"出版科研"、"版权工作"、"国际出版交流"、"出版协会"、"各省、自治区、直辖市出版概况"、"出版工作报刊资料索引"。原来作为独立部分的"出版统计"中的资料，按内容分散列于概况部分的有关条目之下。经过调整改进以后，概况部分展现一年中全国出版界概貌、成就的功能较前大大增强了。

"图书评介"部分在1980－1987年本中一般区分为"书评文摘"、"报刊书评索引"、"新书简介"三个栏目。"书评文摘"和"报刊书评索引"根据上一年全国主要报刊刊载的书评摘要编写，"新书简介"是对各出版社推荐的上一年内出版的质量较好的新书择要加以简介。上述三个栏目均按图书类别分类编排。

自1988年本始，"图书评介"部分在原来的基础上，增加了反映某一类图书出版情况的综述性文章，介绍某些重要图书内容的评介性文章，以及专题书目。如1988年本在原有的三个栏目的基础上，又增加了"图书出版综述"、"丛书介绍"两个栏目。

《中国出版年鉴》的查考途径，一是卷首反映全书结构层次的总目录，二是卷末的内容分析索引，按汉语拼音字母顺序编排。

据统计，截至1989年，我国已经编辑出版了165种年鉴，比较重要的还有：

1. 综合性年鉴

中国年鉴、中国城市统计年鉴、中国城市经济社会年鉴、中国经济特区年鉴；中国人物年鉴；

世界知识年鉴、国际形势年鉴等。

2. 学科性年鉴

中国哲学年鉴、世界哲学年鉴；

中国经济科学年鉴；

中国法律年鉴、中国国际法年刊；

中国历史学年鉴、中国考古学年鉴；

中国文艺年鉴、中国文学研究年鉴、中国比较文学年鉴、唐代文学研究年鉴、中华诗词年鉴；

自然科学年鉴、科学年鉴、中国医学科学年鉴等。

3. 部门、行业性及专门方面年鉴

中国经济年鉴、世界经济年鉴、中国对外经济贸易年鉴、中国商业年鉴、中国企业登记年鉴、中国经济体制改革年鉴、中国金融年鉴；

中国钢铁工业年鉴、中国煤炭工业年鉴、中国地质矿产年鉴、中国水力发电年鉴、中国机械工业年鉴、中国电子工业年鉴、中国交通年鉴、中国汽车工业年鉴、中国建筑年鉴、中国建筑材料年鉴、中国轻工业年鉴、中国纺织工业年鉴、中国食品工业年鉴、中国包装年鉴、世界化学工业年鉴；

中国农业年鉴、中国林业年鉴、中国气象年鉴、寒潮年鉴、海洋年鉴、中国地震年鉴；

中国卫生年鉴、中国内科年鉴、中国外科年鉴、中国口腔医学年鉴、中国药学年鉴、中国中医药年鉴；

中国教育年鉴、中国体育年鉴、中国新闻年鉴、中国广播电视年鉴、中国出版年鉴、中国印刷年鉴、中国电影年鉴、中国戏剧年鉴、中国版画年鉴；

世界军事年鉴；

中国青年工作年鉴、中共中央党校年鉴；

中国人口年鉴、中国计划生育年鉴、中国风景名胜年鉴等。

4、地方性年鉴

目前全国大多数省区都编有年鉴，有些市、县、大型工矿企业也有年鉴。现有的地方性年鉴主要是三大类：一是综合性的，全面反映地方的政治、经济、文化、社会发展情况；二是经济类的，主要反映地方国民经济的发展情况；三是统计类的，主要提供反映地方国民经济、社会发展的统计资料。也有少数几种反映地方文化、卫生、教育、科技等情况的专门年鉴，如上海文化年鉴、南京卫生年鉴、湖北科技年鉴、沈阳市普通教育年鉴等。

第三节　查考法规条约

法规是宪法、法律、法令和国家机关制定的一些规范性文件的总称。法律、法令是伴随着国家的产生而出现的。在中国历史上，自从奴隶制产生，便有了法律、法令。《左传·昭公六年》载："夏有乱政，而作禹刑。"《左传·昭公十四年》又载："《夏书》曰：昏、墨、贼、杀，皋陶之刑也。"经过几千年的发展，到了清代，出现了中国封建社会最完备详细的法典——《大清法典》，正文多至100卷，事例多达1220卷。习惯上把古代的法律制度及法令、法典归入历史典章制度范畴，这里所说的法规，主要是指那些现行有效的、与人们现实生活关系密切的法律、法令与规章。

条约是国家间关于政治、经济、军事、文化等方面规定相互权利和义务的各种协议的总称，包括公约、宪章、协定、议定书、换文、最后决议书、联合宣言等等。在我国，现代意义上的条约出现较晚。一般认为，1689年清政府和俄国政府订立的《中俄尼布楚界约》，是中国政府和外国政府订立条约的起始。半殖民地半封建时期，大量条约、协定是外国列强靠武力强加给中国的不平等条约。新中国成立以后，主权平等、互利互惠的国家间条约才开始大量出现。

查考法规条约的途径很多。一些时事性、时间性较强的资料工具书，如年鉴、手册等，对新近颁布的重要法规、条约间有收录；一些综合性、专门性的报刊资料索引，对报刊上收载的法规条约的出处也有揭示。本节主要介绍专门汇集法规、条约的资料性工具书。

一、法规

我国从 1952 年开始就逐年编辑出版系统汇集国家法律、法令的资料性工具书——**中央人民政府法令汇编**，先后由人民出版社、法律出版社出版。该书从 1952 年开始，至 1955 年为止，共出版 5 集，收入 1949 年 10 月至 1954 年 9 月间中央人民政府、中央人民政府政务院和中央人民政府各委员会发布的法令、命令、指示、决定等，同时择要选收了一些中央人民政府各部、会、院、署、行和省级以上地方人民政府发布的法令。每集均按法规内容分类编排。一般分为总类、政治法律、财政经济、文化教育、监察、人事编制 6 大类，每类按颁布日期为序汇编法规原文。卷首均设有分类总目录。

自 1956 年起，《中央人民政府法令汇编》改名为**中华人民共和国法规汇编**，由法律出版社继续逐年编辑出版。收录内容略有变化：取消了地方人民政府颁布的地方性法令，增选了一些除国家颁布的法律、法令以外的其他重要文件。从 1956 年至 1964 年，该书共出版 13 集，所收法规的时间，自 1954 年 9 月起，至 1963 年 12 月止。1965 年该书中断出版，直到 1985 年又恢复出版。

近十年来，随着法制建设逐步走向正轨，人们的法治意识逐渐增强，系统提供法规资料、揭示法规出处的工具书也大量出现。在八十年代初期，这方面的工具书主要是一些专题性法规选编和综合性法规目录。前者如《中华人民共和国经济法规选编》，中国社会科学院法学研究所编，中央财政经济出版社自 1979 年起陆续出版；《中华人民共和国科学技术法规选编》，国家科委科技管理局编，科学技术文献出版社 1984 年出版；《中华人民共和国农业政策法规》选编，农业部办公厅编，法律出版社1983年出版；《中华人民共和国卫生法规汇编》(1979—1980)，卫生部办公厅编，法律出版社1982年出版；《中华人民共和国公安法规选编》，公安部政策法律研究室编，法律出版社1982年出版；等等。后者最有代表性的是**中华人民共和国法规目录**，司法部法制局编，法律出版社，1984。该书揭示了自1949年10月至1982年我国颁布的各种法律、法令和法规的出处，在当时是涉及范围最广、收录法规最多的法规目录。

八十年代中期以后，这方面工具书的发展趋势是，在内容上，注重系统完备地收录现行有效的全部法规、法令；注意提供权威部门的法律性解释和典型案例；注意提供可资借鉴、参考的国外法规资料或资料线索。在形式上大都是直接提供原文的法规汇编。在类别上，以综合性的和与经济生活关系密切的专门性法规汇编为主，其他专门方面的较少。比较重要的有：

中华人民共和国法律全书，王怀安等编，吉林人民出版社，1989。该书汇编1949年10月1日至1989年4月4日间我国颁布的现行有效的法律、法规1224件，包括法律、行政法规和部分行政规章、法律性解释。同时还提供了这一期间我国参加的重要国际多边条约的目录。正文分类编排，共分宪法编、刑法编、刑事诉讼法编、民法编、民事诉讼法编、婚姻法编、经济法编、行政法编、行政诉讼法编、国际法编10大部分。这是我国目前规模最大的综合性法规汇编。

工商企业现行法律法规总览，中国法学会研究部编，机械工业出版社，1990。汇集了建国以来至1988年底现行有效的有关工商企业管理方面的法律、法规604件。全书分为33大类：经济体制改革、企业管理、统计、标准计量、物资管理、基本建设、环境保护、资源、经济合同、商标专利、能源、轻工、地质矿产、交通、铁道、民用航空、邮电、物价、财政、金融、外汇、保险、审计、商业、工商行政管理、劳动、人事、科学技术、卫生医药、经济特区和开放城市、对外贸易和技术合作、海关。每类中又按法律、法规的相关性分为若干组。书后还附有 8 个国家或地区有关经济方面的法律目录。

中国企业经营管理法律指南，国家计委条法办公室、社科院法学研究所、北京经济学院合编，学术书刊出版社，1990。这是一部以法规汇编为主，兼有案例介绍、问题解答、名词解释的资料性工具书。共有 5 部分内容：(1)宪法、法律及有关法规的汇编，分类汇编了涉及企业管理各个方面的法律规章；(2)司法文件，分类汇编了最高人民检察院、最高人民法院对有关法律的司法性解释、批复、通知、决定；(3)经济案例，介绍了近年来出现的近 40 个典型经济案例；(4)问题解答，以问答的形式，解释了企业与企业法、企业的经营管理、企业与职工、商标与专利、经济合同与对外往来等方面的基本法律问题和注意事项；(5)名词解释，解释有关的名词术语。收录的法规及所用的资料截至 1988 年底。

实用税法全书，国家税务局、最高人民检察院经济检察厅编，中国经济出版社，1990。全书共分 3 编。第 1 编为我国税法基本知识概要，简要阐述我国税收法律制度的历史沿革与现状，逐一介绍现行的 38 个税种，还介绍了我国与 22 个国家签订的税收协定的主要内容。第 2 编是全书的主体，分类汇编截至 1989 年 8 月底现行税收法律、规章、法律解释性文件及中外双边税收协定 520 多件。第 3 编汇编有关惩治偷税、抗税罪的法律规定。这是目前国内汇编税收法规最全的一种资料工具书。

二、条约

查考建国前后我国政府和外国政府签定的各类条约，目前有几种成龙配套的专门工具书。主要包括如下三种：

中外旧约章汇编，王铁崖主编，三联书店 1957－1962 年出版，1982 年重印。此书汇集了自 1689 年中国开始对外订立条约起，至新中国成立止，中国政府和外国政府签定的各类条约、协定，以及中国政府和外国的公司、企业订立的各类章程、合同。所谓“约”指条约、协定一类；所谓“章”，指章程、合同一类。本书所说的“旧约章”，只是指旧中国政府和某一个或某几个外国政府、公司企业所订立的条约、章程，不包括旧中国政府所参加的国际公约。

《中外旧约章汇编》全书共分为3册。全部条约、章程，按签定时间排列先后顺序。每一种条约、章程，除照录原文外，均有一“附注”。附注的内容，主要是说明本条约、章程的出处、文字，以及有关约章名称、交换批准等方面需补充的情况。如：

1901—11—各国

辛丑各国和约

一九〇一年九月七日，光绪二十七年七月二十五日，北京。

（原文及附件略）

附　注

本和约及附件见“光绪条约”，卷66，页7—34，法文本见“海关中外条约”，卷1，页303－304。

本书完备地汇集了建国前中国政府和外国签定的旧约章，并有比较完备的检索系统：卷首有按签约时间顺序排列的目录，卷末有按签约国家排列的分类目录。它不仅是查考旧约章方便适用的工具书，而且也是研究中国近代史、对外关系史的重要参考资料。

中华人民共和国条约集，中华人民共和国外交部编，自1957年始先后由法律出版社、人民出版社、世界知识出版社出版。这是一种按年度分集出版，全面收录中国政府和政府各部门同外国签定的各种条约、协定的资料工具书。1957年出版第1集，收录1949－1951年间我国和外国签定的条约、协定，之后陆续出版。每集均按条约性质分类编排，卷首有分类目录，卷末有条约名称索引。本条约集所收的主要是双边条约，不包括国际公约。

国际条约集，1961年起先后由世界知识出版社、商务印书馆编辑出版。这也是一种分集出版的条约集，主要收录国际间重要的政治条约、经济条约、军事条约，以及其他有较大意义的条约。这些条约，多数为国际公约，也有一些我国参加的多边条约，但双边条约不收。目前，此条约集涉及年代最早的是“1648—1871年本”(世界知识出版社1984年编辑出版。)每集中的条约，均按签字日期先后排列，条约原文主要是据外文原件或条约集译出，有中文本者则照录。条约原文后均注明资料来源。

上述三种条约集在内容上互为补充，相辅相成。《中外旧约章汇编》可查考旧中国政府和外国签定的“旧约章”，《中华人民共和国条约集》则可查考新中国政府和外国签定的双边条约、协定，但它们均不收国际公约，《国际条约集》正好弥补了这个不足。有了这三种条约集，查考条约的问题一般便可解决。

第四节　查考机构简况

在现实生活中，人们经常需要及时了解国内外有关机构、组织的基本情况。这类实用性、时间性较强的指南性资料，在一些词典、百科全书、年鉴、手册中，往往作为附录收载。此外，集中记录与反映机构简况的专门工具书，就是机构名录。机构名录从形式到内容大都比较简单，一般是采用表格栏目的形式，简明扼要地罗列反映机构基本情况的若干项目，不作过多的解释和详尽的介绍。简明、及时、准确，是机构名录的基本特点。

在我国，机构名录是本世纪初以来伴随着近代企业事业机构的兴起而出现的。如1934年出版的《全国文化机关一览》，1937年出版的《全国机关公团名录》，1947年出版的《上海各界各业名录》等。机构名录在我国的大量出现，是八十年代以来的事情。综合性、专业性名录层出不穷，机构名录在经济活动、业务交往、协作联络等方面的作用，已经越来越被人们重视。

国内现有的机构名录，以反映工商企业的为多，科研文化机构的次之，政府机构的较少。

建国以来第一部系统反映我国政府机构基本情况的机构名录是**中国政府机构名录**，新华社中国新闻发展公司编，新华出版社，1989。上卷收录国务院各部委、各办事机构、直属机构和国务院各部委归口管理的国家局、事业单位共79个，还包括这些机构所属的司局级单位。下卷收录全国除台湾省以外的30个省、自治区、直辖市及其所属的厅局级职能单位、事业单位、地(市)级政府。每一机构、单位列出的项目有：名称、地址、邮政编码、电话、电报、传真、负责人、主要职责。所用资料一般截至1989年2—4月间。资料大都经过本单位核定。

反映国内外工商企业基本情况的机构名录主要有：

中国企事业名录大全，廖季立等主编，经济科学出版社1986年开始出版。本名录分4卷，收录截至1985年8月全国15万个企事业单位的名录，既囊括了全国灿若群星的各类工商企业，又汇集了全国名目众多的机关单位，是目前国内规模最大的一部综合性名录。对每一个企事业单位，其简介的项目有：名称、地址、电话、电报挂号、产品或业务范围。

中国工商企业名录，新华出版社出版。这是国内八十年代以来出版较早、规模较大，而且不断修订再版的一种专业性名录。最早出版于1981年；1983年出版“1982—1983年”本；1984年又出版“1983—1984”本。全书共收录全国工业、交通、商业、金融各行业有代表性的企业1万多家。每一企业均简介其名称、地址、电话、电报挂号、厂长或经理姓名、职工人数、产品或经营范围等内容。本书按行业分类编排。与国内现有的其它名录相比，本书的特点在于：(1)不断修订，连续出版，反映的情况比较及时、准确；(2)列有较多的附录，便于查考相关资料、文献。如本书1981年本便附有《中国经济概况》、《经济大事记(1949—1980)》、《经常法规和条例》等几种附录；(3)配合名录编制专门的索引，便于查考。如1982年新华出版社便出版了该书1981年本的索引，包括地区索引、厂名索引、产品索引等。

世界大企业三千家,《世界经济导报》编辑部编,上海科学技术文献出版社,1983。本书共简介美国、日本、联邦德国等世界著名工矿企业 3000 多家,另简介世界著名商业银行 100 多家。简介的内容包括:企业外文名称、中文译名、企业所在地、行业、营业额、资产、盈利、职工人数等。

反映国内外科研文化机构的机构名录主要有:

全国图书情报系统名录大全,经济管理出版社,1990。收录范围包括全国公共图书馆,情报所,学校、科研机构、机关团体、工矿企业、医院、出版发行等单位的图书情报所(室)。列出的项目有:名称、地址、负责人、电话、邮政编码。附有按汉语拼音顺序排列的索引。

中国档案馆名录,国家档案局编,档案出版社,1990。全面收录反映我国省、市、县以及中央一级档案馆的基本情况,包括名称、地址、电话等。

中国出版发行机构和报刊名录,高国淦等编,现代出版社,1985。共收全国出版社、发行机构、报刊名录 6198 条。出版发行机构简介其名称、地址、电话、沿革、出书范围和种数、发行方式等;报刊简介其名称、刊号、刊期、沿革、编者、出版者、发行者、内容等。

国际科学组织简介,中国科学技术情报研究所编,科学技术文献出版社 1975 年出版。该书简介 224 个国际科学组织的名称、通信地址、简史、宗旨、机构、语言、财务、联系、会议、出版物、会员等情况。

国际社会科学机构,中国社会科学院情报研究所 1982 年编印。该书简介 427 个国际社会科学机构的中文译名、英文名称、地址、沿革、机构和活动、负责人、出版物等情况。

外国报刊出版机构名录(第 1 版),中国图书进出口公司,1982。该书简介出版报刊较多、并为我国重视的美国、苏联、日本、英国、西德、法国、荷兰、印度等国家的主要出版机构。一般出版报刊在两种以上且质量较好的，均予收录；虽只出版一种报刊，但知名度较高或较有代表性的，也尽量收入。对每一出版机构的简介包括两部分内容：一是有关出版机构的基本情况，如名称、地址、电话、电报、负责人、机构简史等；二是有关出版物的基本情况，如报刊名称、创刊年代、发展沿革、内容简介等。后附按出版机构名称字顺编排的索引。

世界机构简称字典，吴仁勇、王恩光主编、中国图书进出口公司，1982。这是一部专门用来查考机构简称的工具书，就其内容、性质来看，属于名录。全书共收100多个国家和地区的各类机构以及国际性机构25000多个，包括我国机构2200多个，按机构简称字母顺序编排，每一机构均列出简称、全称、中译名、国别四项内容。

第十一章　查考马克思主义文献

马克思主义文献通常是指马克思、恩格斯、列宁、斯大斯、毛泽东的著作及有关资料。学习马列主义经典著作时，常常碰到两方面的问题：一是如何迅速查到马列主义经典作家所写的某篇著作、专题论述或引文出处；一是如何准确弄懂原著中所提到的人物、事件、谚语、成语、典故及专门词语。注意搜集与善于利用有关工具书，是解决这些问题的重要途径。

第一节　查考原著

一、单篇著作

查找马列主义经典作家的单篇著作，一般可以从全集、选集、文选、文集、文稿中去查，也可直接查著作的单行本，但主要的还是从全集去查找，因为全集收录著作最多、内容广泛，几乎包括马列主义经典作家一生所写的著作、演说、报告、书信，有些全集中还收录了著作的"准备材料"(如草案、提纲、要点、札记等)与"国务文件"(如电报、便条、批示、电文、谈话记录等)。由于收入全集的文献总是经过本人校阅或由专门编辑机构根据手稿等原始材料核对过，所以有较高的准确性。

怎样从全集中去查找一篇著作或书信呢？由于全集卷数多，所以要尽量利用全集篇名目录或篇名索引。查找马列著作的目录或索引主要有：

马克思恩格斯全集目录(1—39卷)，人民出版社1976年编辑出版。这部篇名目录是为查找《马克思恩格斯全集》中文版前39卷的著作而编辑的。《马克思恩格斯全集》中文版是根据中共中央的决定，由马恩列斯著作编译局根据《马克思恩格斯全集》俄文第2版译出，并参考了马克思、恩格斯原著的文字，从1956年开始编译出版，至1974年共出版39卷。后又出11卷，这是依照1968年开始出版的《马克思恩格斯全集》俄文第2版补卷译出的，中文版编为40至50卷，亦称之为补卷。《马克思恩格斯全集目录》只能用来查找《马克思恩格斯全集》第1至39卷中的每篇著作和书信。这部目录分为两部分：《马克思恩格斯全集目录》与《马克思恩格斯全集篇目索引》。后者又包括马克思和恩格斯的著作索引，马克思和恩格斯书信索引和马克思恩格斯全集附录索引。

查马克思、恩格斯著作按著作发表时间，或从著作篇名首字汉语拼音音序均可查到。利用后者，在查到著作的同时，还可查到马克思、恩格斯为该著作所写的序言、导言、前言、按语。例如在查到《共产党宣言》的同时，可查到马克思、恩格斯为这篇著作各种文本所写的序言：

共产党宣言（马克思和恩格斯　1847年12月—1848年1月）
——4,461—504

《共产党宣言》一八七二年德文版序言（马克思和恩格斯1872年6月24日）
——18,104—105

《共产党宣言》俄文第二版序言（马克思和恩格斯　1882年1月21日）
——19,325—326

《共产党宣言》1883年德文版序言（恩格斯1883年6月28日）
——21,3—4

《共产党宣言》1888年英文版序言（恩格斯　1888年1月30日）
——21,403—410

《共产党宣言》1890年德文版序言（恩格斯1890年5月1日）
——22,61—68

《共产党宣言》1892年波兰文版序言（恩格斯1892年2月10日）
——22,329—330

致意大利读者。《共产党宣言》1893年意大利文版序言(恩格斯1893年2月1日)
——22,429—431

当然,有篇名的序言,按序言篇名首字汉语拼音字母顺序也能查到。例如《马克思和洛贝尔图斯。卡·马克思〈哲学的贫困〉一书德文第一版序言》,既可从《哲学的贫困》一文下,也可按序言篇名的首字汉语拼音字母顺序查到它在《马克思恩格斯全集》第21卷第205至220页。

查马克思、恩格斯的书信,根据通信对象分为三种情况:马克思、恩格斯之间的通信,可按写信的时间去查;马克思、恩格斯给其他人的书信,可按收信人姓氏首字的汉语拼音字母顺序去查;马克思、恩格斯写给机关团体的书信,则按信件篇名的汉语拼音字母顺序去查。

查《马克思恩格斯全集》附录,亦可按附录篇名首字汉语拼音字母顺序去查。《全集》不少卷内的附录中收有一些重要或珍贵的文献,具有历史文献的价值。例如《全集》第16卷收有马克思所写的《国际工人协会成立宣言》、《协会临时章程》、《关于接受工人组织加入国际工人协会的条件的决议草案》,该卷附录就收有与此相关的《国际工人协会章程和条例》等文献。

《全集》第40卷至50卷的文献,目前尚没有工具书利用。

列宁全集目录(第1—39卷),人民出版社1965年编辑出版,1980年重印。《列宁全集》中文版也是根据中共中央的决定,由马恩列斯著作编译局依照《列宁全集》俄文第4版译出的。从1955年开始陆续编译出版,至1963年共出版39卷。1至33卷是著作卷,34卷是书信卷;36卷是补卷,是《列宁全集》俄文第3版刊载过但第4版未收的著作及第4版出版后新发表的著作,写于1900至1923年间,包括书信、纲要、大纲、草稿、提纲及口授的文件,是列宁晚年的重要的著作;37卷是家书卷;38至39卷是笔记卷,38卷是哲学笔记,39卷是关于帝国主义的笔记。1983年马恩列斯著作编译局又根据中共中央决定，开始编译出版60卷本《列宁全集》。这一版是以苏联1958年至1965年出版的《列宁全集》俄文第5版为基础，并增收1965年以后新发表的文献。与39卷本相比，增加了21卷6000篇文献，译文更为准确，文字更为流畅。现有《列宁全集目录》只能查到《列宁全集》中文版39卷本的每篇著作、书信的出处。《目录》后附“篇目索引”，按所查著作篇名首字笔画可以查到列宁每篇著作、书信刊载于《列宁全集》的卷次、页次。

斯大林全集1—13卷目录，人民出版社1960年编辑出版。《斯大林全集》也是根据中共中央决定，由马恩列斯著作编译局依照《斯大林全集》俄文版翻译出版的。1953年开始出版，至1956年出版13卷，包括斯大林1901年至1934年1月所写的著作。《斯大林全集1—13卷目录》可供读者从写作或发表的时间查到所要查阅的著作。1934年2月至1953年3月斯大林逝世前在苏联报刊上公开发表的部分文章与言论，可查人民出版社1965年编辑出版的《斯大林文选》。

报刊所载毛泽东同志言论、著作、文电编目，人民出版社1959、1962年编辑出版。全书2册，收录毛泽东从1949年10月至1961年年底所发表的言论、著作和电文，材料来源主要是《新闻稿》、《今日新闻》、《外交公报》、《人民日报》和《新华月报》。查建国前毛泽东所发表的著作，则可查**毛泽东著作、言论、文电目录**，中国人民解放军政治学院训练部图书资料馆1961年编印。这部目录提供了毛泽东1917年直至1960年8月所发表的著作、言论、文电、题字和言论辑录的出版情况。还可利用它来查考同一著作在不同时期发表时所用的不同篇名。

查找毛泽东重要著作，首先要注意查阅《毛泽东选集》(1—4卷)，人民出版社，1991。同时注意查阅《毛泽东著作选读》。《选读》有三种不同本子：新编本、甲种本与乙种本。新编本最为重要，由中共中央文献编辑委员会编辑，人民出版社，1986。该书编选了毛泽东自 1921 年至 1965 年期间最重要、最基本的科学著作 68 篇,分上册、下两册。有些文章是第一次公开发表的。绝大部分著作是全文收入,少数几篇是节选。收入《选读》的著作,都是毛泽东有关论述马克思主义的立场、观点和思想方法、工作方法的著作。近年来陆续出版的毛泽东著作专集如《毛泽东农村调查文集》(中共中央文献研究室编辑,人民出版社,1982)、《毛泽东新闻工作文选》(中共中央文献研究室和新华通讯社编辑,新华出版社,1983)、《毛泽东军事文选》(中国人民解放军军事科学院编,战士出版社,1981)、《毛泽东书信选集》(中共中央文献研究室编辑,人民出版社,1983)和《毛泽东诗词选》新编本(人民文学出版社,1986),在查阅毛泽东著作时,亦不可忽视。

查找马列主义经典作家的单篇著作,按著作篇名进行检索时,篇名应是准确的,要按全集或选集的篇名去查。例如,列宁名著《怎么办?(我们运动中的迫切问题)》,旧译文为《做什么?(我们运动中的迫切问题)》,按旧译篇名查找就很费力,甚至查不到。

按著作写作或发表时间进行检索时,要掌握全集或选集中著作编排的情况与特点。例如《马克思恩格斯全集》中的著作,基本是按写作或发表时间顺序排列的,但也有例外,如 23 至 26 卷所包括的《资本论》与《剩作价值理论》,是将不同写作时间的同一内容的专著集中排列于一处。

全集或选集未收的著作,可注意查阅文稿。例如,《列宁文稿》计划出版 17 卷,即将全部出齐。前 10 卷是《列宁全集》俄文第 5 版中的一些文献,后 7 卷是《列宁文集》俄文版中的一些文献,均为《列宁全集》俄文第 4 版所没有收入的著作、演讲、书信、电报、便条、笔记、札记、批注。它实际上是《列宁全集》中文 39 卷本的补充。

新发现、新发表著作的中文译本,可注意查阅《全国总书目》、《全国新书目》、《全国报刊索引》以及《马恩列斯研究资料汇编》。例如,查阅《全国报刊索引》1978 年第 2 期,就可发现毛泽东于 1966

年 3 月 12 日写过《关于农业机械化问题的一封信》，该文刊载在《红旗》1978 年第 1 期。

二、原著版本

查找建国前翻译出版的马克思、恩格斯、列宁、斯大林著作中译文本，可查阅《中国出版史料补编》一书中张静庐所编的**马克思恩格斯著作中译本年表**(修订稿，1906—1949 年)、**列宁著作中译本年表**(修订稿，1920—1949 年)、**斯大林著作中译本年表**(初稿，1924—1949)。三部年表均分别按年次著录了发表或出版的中译文本，记载书(篇)名、著者、译者、出版者或发表期刊卷期，并对著作中译文本作了必要的简注。例如，1920 年郑次川译的恩格斯著作《科学的社会主义》，编者注明此著作译自《社会主义从空想到科学的发展》一书的后半部分，收在上海出版的《岫庐丛书》。1921 年李立所译列宁著作《劳农会的建设》，注明即《苏维埃政权的当前任务》，广州人民出版社出版。1929 年瞿秋白译的《列宁主义概论》，注明节译《论列宁主义基础》，载《新青年》不定期刊第 1 期。

查找建国后翻译出版的马克思、恩格斯、列宁、斯大林著作中译本，可查**马克思恩格斯列宁斯大林著作中文本书目版本简介**(1950—1983)。该书由人民出版社马列著作编辑室编，人民出版社，1985。书中收录了人民出版社从 1950 年 12 月成立以来到 1983 年底三十多年间出版的(公开和内部发行的)马克思、恩格斯、列宁、斯大林著作中译本，也包括三联书店出版的马列著作，同时还酌收了若干种将要出书的重要马列著作。凡中译本的全集、选集、文稿、文选、文集、合集、单行本和马恩列斯文章的汇编本与论述的辑录本，一概收入，并就著作的写作或发表年月、背景、内容要点(包括序言、正文、注释、附录、索引、插图、字数等)、不同的译本或版本、译者或编者署名、翻译或编辑取材出处、出版年月及版次，装帧、开本和定价等，均作简要说明，揭示了每一种书中文本的特点。书后附录《全国其他出版社出版的马克思恩格斯列宁斯大林著作中文本书目》(1949.10—1983.12)。本书实际上是建国三十多年来马列主义经典著作中译本总目。书后附录的有关马列著作工具书书目(目录、说明、索引),也颇有参考价值。

查找马克思、恩格斯著作各种中译文本还可参考《马克思恩格斯著作中译文综录》与《马克思恩格斯著作在中国的传播》。

马克思恩格斯著作中译文综录,北京图书馆马列著作研究室编,书目文献出版社,1983。本书汇集了1980年以前出版的各种马克思、恩格斯著作中译文本517种(包括少数民族语文译本),全书共5717条目,分为:马克思恩格斯著作篇目(1635条目)、马克思恩格斯书信篇目(3933条目)、马克思恩格斯著作汇编本目录(159条目)和马克思恩格斯著作中译本出版年表四部分。前三部分每一条目均按篇名首字汉语拼音字母顺序排列,并附有说明,简要介绍著作的写作情况和作者生前的出版情况,以及中译文的编译出版情况。书中对于建国前出版的中译文本,不仅列出不同的译本,而且列出各个出版社出版的重印本;对于建国以来出版的中译文本,只列出不同的译本及同一译本的校订本。列入本书的各种马克思、恩格斯著作中译文本都注明了收藏单位(其中未标明的即为北京图书馆收藏)。第四部分是根据马克思、恩格斯著作中译文首次发表的时间排列的,在一定程度上反映了马克思、恩格斯著作在中国翻译、出版与传播的情况。联系到本书第一部分中的附录:《马克思恩格斯全集》第1—39卷、42卷中未有的著作篇目,本书实际上是一部反映马克思、恩格斯著作在中国翻译出版的历史记录,是至今查找马克思、恩格斯著作中译文本比较完整的总目。例如《共产党宣言》就著录了25种中译文本(包括最初发表的摘译文)。现举一例,以说明本书对每一种中译文本的介绍是多么仔细,由此也可看出它对查考马克思、恩格斯著作版本的参考价值:

国际工人协会成立宣言

马克思写于1864年10月21日至27日,原文是英文,首次发表在

1864年11月5日《蜂房报》第160号，后载于1864年11月在伦敦出版的小册子《1864年9月28日在伦敦郎一爱克街圣马丁室举行的公开大会上成立的国际工人协会的宣言和临时章程》。1864年12月21日和31日，在《社会民主党人报》第2、3号发表了原作者的德译文。1866年译成法文。1871年俄译文在日内瓦问世。保存下来的成立宣言的两份手抄本是马克思夫人燕妮·马克思和他的女儿燕妮抄写的。

中译文有四种：一、郭大力译，载《新建设》第5卷第3期(1951年12月版)第43—48页，篇名为《国际工人联合会成立宣言》，文前有编者说明，文后有译者注，文后还附有《国际工人联合会的共同规约》，即《协会临时章程》。二、集体翻译，唯真校订，载《马克思恩格斯文选》(两卷集)第1卷(1954年)第354—362页。三、刘潇然译，载《马克思恩格斯论工会》(1958年11月版)第87—96页。四、载《马克思恩格斯全集》第16卷(1964年2月)第5—14页，又载《马克思恩格斯选集》第2卷第126—135页。

本文还收在《马克思恩格斯全集》德文版第16卷第5—13页；俄文第1版第13卷(上)第1—13页，俄文第2版第16卷第3—11页；日文版第16卷第3—11页。

马克思恩格斯著作在中国的传播，中共中央马恩列斯著作编译局马恩室编，人民出版社，1983。本书分为两部分：第一部分为《马克思恩格斯著作翻译出版工作回忆》。这些回忆是由各个时期从事马克思、恩格斯著作翻译和出版工作的同志亲自撰写或由了解他们情况的同志撰写的。第二部分为《马克思恩格斯著作在中国传播历史概述》，按历史年代顺序介绍各个历史时期翻译和出版马克思、恩格斯著作的情况。书后附有《马克思恩格斯著作中译本(文)第一版书目》，虽是简短的注释，却提供了马克思、恩格斯著作早期中译文本的编译情况及其所包括的篇章。例如：

《德国农民战争》　恩格斯著　钱亦石译　1932年　上海神州国光社

包括：《著者第二版序》，即《＜德国农民战争＞第二版序言》　全集第16卷第446—455页

《著者第二版序书后》，即《＜德国农民战争＞一八七〇年版序言的

补充》 全集第 18 卷第 561—567 页

《德国农民战争》 全集第 7 卷第 383—483 页

《德意志农民战争》 恩格斯著 李一新译 1932 年 上海乐华图书公司 即《德国农民战争》 全集第 7 卷第 383—483 页

上述二书可以互为补充。

查找毛泽东著作的版本，可查《学习毛主席著作书目》，北京图书馆 1958 年编印。本书收录了毛泽东自 1926 年以来各个历史时期的重要著作的各种版本 196 种，以及新旧选集 12 种、诗词 2 种、少数民族译文本 163 种、俄译本 12 种、东欧国家的译本 40 种、其他外文译本 120 种，连同所收毛泽东思想论著 88 种、传记 25 种，总共收书 606 种。

前述《毛泽东著作、言论、文电目录》(1917—1960.8)，亦可参考，从中可查到同一著作的不同版本。

中国人民大学图书馆、湖南省图书馆 1960 年曾合编《毛泽东同志著作联合目录》，虽是草目，但却从较广的范围内提供了毛泽东著作的各种版本。

六十年代以后出版的毛泽东著作，只能查考《全国新书目》与《全国总书目》。

三、专题论述

查找马列主义经典作家的专题论述，使用马列主义经典著作主题索引最为方便。

查找马克思、恩格斯的专题论述适用的主题索引有《马克思恩格斯全集名目索引》与《马克思恩格斯全集专题分类索引》。

马克思恩格斯全集名目索引，中共中央马恩列斯著作编译局编译，人民出版社，1986。根据《马克思恩格斯全集》俄文第 2 版 1—39 卷索引编译。由《全集》中所提到的哲学、政治经济学、科学社会主义以及其它有关社会科学的专用名词、术语和短语二千多个条目构成。按条目汉语拼音排列。条目下再分若干小题及参见题，并注出《全集》中文版第1—39卷相应的卷次、页次。书后附笔画检字表。

马克思恩格斯全集专题分类索引，上海师范大学图书馆1978年编辑印行。全书按著作章节内容归纳为18大题，大题下再分小题。标示的专题论述出处均为《马克思恩格斯全集》中文本第1—39卷的卷次、页次。虽然大、小题不及前一部主题索引细密，但标示出来的出处易查原著，所以也比较适用。

查找列宁的专题论述，可用的主题索引有《列宁全集索引》（第1—35卷）与《列宁全集专题分类索引》。

列宁全集索引（第1—35卷），中共中央马恩列斯著作编译局译，两册。人民出版社，上册，1963；下册，1984。本书根据《列宁全集》俄文第4版索引译出，亦由大、小题汇编而成。为了适合我国读者使用，译者进行了必要的编辑加工。上册是单纯的主题索引，按每一大题首字汉语拼音字母顺序排列，大、小题下注明的是《列宁全集》中文本卷次、页次，书后还附《关键词首字索引》。下册包括列宁著作索引，列宁的笔名，列宁引用和提到的马克思、恩格斯、列宁、斯大林著作索引，人名索引，期刊索引，地名索引，列宁使用和提到的文学著作和文学评论著作、谚语、俗语、成语索引，以及《列宁全集》分卷篇目索引。列宁著作索引和《列宁全集》全卷篇目索引按第1—39卷翻译和编辑，其余索引均照《列宁全集》俄文第4版索引（第1—35卷）第二册编译。这部索引具有主题索引和篇目索引两种作用。

列宁全集专题分类索引，上海师范大学图书馆1977年编辑刊行。本书根据《列宁全集》中文本编辑，亦按著作章节内容归纳为18个大题，大题下再分小题，简明易查。

查找斯大林的专题论述，可用的主题索引是**斯大林著作专题分类索引**（上海师范大学图书馆1975年编辑刊行）。本书根据《斯大林全集》第1至13卷及《斯大林文选》编辑，包括了斯大林的主要著作。该书亦按著作章节内容归纳为10大题，大题下亦分小题，眉目清楚，一目了然。这是目前国内唯一可用来查斯大林专题论述的主题索引。

查找毛泽东的专题论述，可用的主题索引是**《毛泽东选集》专题论述索引**（第一至四卷和五卷）。此书编者不详，由抚顺市图书馆1977年翻印。在《毛泽东选集索引（1—4卷）》基础上增订而成，分1—4卷与5卷两部分。前一部分分为中共党史、党的建设、哲学、政治经济学、历史诸问题及附录六大类，其中附录又分党派团体和军队、人物、名词典故、报刊等部分。后一部分分为党的建设、哲学、政治经济学、科学社会主义四大类。是目前唯一可用来查找毛泽东专题论述出处的主题索引。

使用主题索引查找专题论述，要选用合适的主题索引，要正确判断所查专题应从哪一主题检索，还要注意所用主题索引依据的底本。例如，要查找列宁关于从资本主义到社会主义过渡时期，以及社会主义制度下商品经济的论述，可选用《列宁全集索引》（第1—35卷）上册，应从商品经济这一主题去检索，专题论述的出处是《列宁全集》中文本的卷次、页次。

shāng pǐn jīng jì

商　品　经　济

简单商品经济

……

资本主义商品经济

……

从资本主义到社会主义的过渡时期的以及社会主义制度下的

27：310-312　**28**：291-292　**29**：139-141，142-143，164，330-331　**30**：88，89，463-464　**31**：96-97　**32**：205-209，224-226，282-284，310-311，312-313，314-315，319-324，334-336，340-343，374-377，405-407　**33**：377-378，382-383

由此可知列宁有关此专题的全部论述的出处。

查主题索引只能提供专题论述的出处，不能立即看到专题论述的具体内容。如果查阅专题辑录，就能一翻即可见内容，比较方便，专题辑录有些是全文汇编，例如《马克思论印度》，包括马克思在1853年6月写的《不列颠在印度的统治》和1853年7月写的《不列颠在印度统治的未来结果》两篇文章；有些是语录摘编，例如《列宁论帝国主义》，辑录了列宁关于帝国主义的语录，分为七个部分，各部分立有标题，按内容汇编在一起；有些是全文、摘录汇集，例如《列宁斯大林论中国》，汇编了列宁从1900至1923年，斯大林从1918至1927年关于中国革命的论著、报告、信札的全文或节录。例如，要查找马列主义经典作家如何论述无产阶级革命政党的言论，只要查阅《马克思恩格斯列宁斯大林论无产阶级革命政党》（人民出版社1978的编辑出版），就可从党的性质、党的指导思想、党的纲领、党的组织原则、党的领导、党的领袖、党的团结和统一、党的实事求是作风、党的群众路线、批评与自我批评、共产党员、党的干部、党内两条路线的斗争、党的无产阶级国际主义原则等14个方面，查到马列主义经典作家有关无产阶级革命政党的论述。

怎样查到专题辑录呢？《马克思恩格斯列宁斯大林著作中文本书目版本简介》一书可以提供马恩列斯文章的汇编本与专题论述的辑录本。

四、引文出处

查找马列主义经典著作引文出处，最方便的是查语录索引。例如，要查出毛泽东的“我们应当禁止一切空话”这句话见于他的哪一篇著作？查阅《毛主席语录索引》，就可知道此话见于《反对党八股》。

毛主席语录索引是为查找毛泽东语录而编辑的，编者不详，1970年印行。书中常有语录来源不准确或断章取义的情况，因此只能作提供线索之用，查对的结果必须找原著核对。

凌正等编辑的《**马克思恩格斯选集**》**短句速查手册**，是一部查找马克思恩格斯著作中文句出处的工具书，亦可注意利用。

除此而外，查引文出处，还可查专题辑录或主题索引。

查专题辑录较快。例如要查出“历史早已证明，伟大的革命斗争会造就伟大人物，使过去不可能发挥的的天才发挥出来”这段引文的出处，根据引文内容，翻阅上述《马克思恩格斯列宁斯大林著作中文本书目版本简介》一书，得知人民出版社 1980 年出版过黎澍主编的《马克思恩格斯列宁斯大林论历史科学》，从该书第二章唯物主义历史观的“一、人民群众和个人在历史上的作用”中的“(二)个人在历史上的作用”标题下，可查知此段引文出自列宁 1923 年 3 月所写的《悼念雅·米·斯维尔德洛夫》一文，见《列宁全集》第 29 卷第 71 页。

查主题索引可以从较大的范围中查出引文的出处。例如，列宁说：“机会主义不是偶然的现象，不是个别人物的罪孽、过错和叛变，而是整个历史时代的社会产物。”要查这段话的出处，可选用《列宁全集索引》(第 1—35 卷)上册，从“机会主义”主题入手，其下又有五个小题：“实质和社会根源”；“同机会主义作斗争是革命胜利的必要条件”；“是资产阶级在工人运动中的主要社会支柱和有组织的工具”；“国际工人运动中的”；“它转变为社会沙文主义”。根据引文内容，从“实质和社会根源”小题下所标示的卷次页码，逐一对照《列宁全集》查阅原文，最后在《列宁全集》第 21 卷第 224 页中可查出此段引文出自《第二国际的破产》一文。

查主题索引要分析引文内容，要从最确切的主题去查，并注意查“另见题”，以扩大查找引文的范围，增加查出的可能性，从而查出引文的出处。

查引文出处也可注意查阅近年来人民出版社出版的**马列著作选读**专题本。由于是按专题编辑，收入的又都是影响较大的著名篇章，这对查考引文出处是有帮助的。已出版的有“马克思主义是发展的理论”、“哲学”、“政治经济学”、“科学社会主义”等专册。

查找引文出处，在相关的工具书不完备的情况下是比较困难的，主要靠平时学习马列主义经典著作时理论、知识与文献知识的积累。本节所讲的方法只能是一种辅助方法。

第二节　查考参考资料

一、词目简释

马列主义经典著作中常常引用俗语、谚语、成语、典故，涉及许多人物、书刊、条约、会议和学科术语、历史事件。对于这些专门词目，如果留心搜集和利用一些工具书、参考书，并不难解决。

查马克思、恩格斯著作中词目简释的工具书与参考书主要有：

《马克思恩格斯全集》注释选编，人民出版社 1980。本书是将《马克思恩格斯全集》第 1 至 39 卷中的注释及新加注释条目汇编而成的。全书收注释条目 4000 条。学习马克思、恩格斯著作时，遇到的一些弄不明白的人名、书名、名词、成语、典故、历史事件等，可翻阅本书。全书按注释条目首字笔画顺序排列，同一笔画的再按起笔顺序排列。

马克思恩格斯著作中的文学典故，孟宪强编著，吉林人民出版社，1981。本书从马克思、恩格斯著作和书信中，搜集了近 500 条文学典故，并视条目情况作不同程度的注释。全书条目基本上按外国文学史的顺序排列，分为古代、中古、文艺复兴时期、十七世纪、十八世纪、十九世纪等六个历史时期，每个时期下再分若干小题，涉及同一作家同一作品的条目编排在一起。为了便于查阅，本书编有索引，按卷次先后排列。考虑到马恩著作中的译名与一般翻译作品的译名常有不同，所以在一些条目后面的圆括号内列入与马恩著作引文不同的译名，以供参照。

《马克思恩格斯选集》中的希腊罗马神话典故，戈宝权编写，三联书店，1978。本书就《马克思恩格斯选集》4卷本中引用过的希腊罗马神话的典故70多个条目，分为神的故事、英雄传说、历史传说、古代东方神话等部分。每一条目下标出引文，注明出处，然后逐一进行简明的解说，先讲马克思和恩格斯在什么著作中引用和怎样引用这个典故的，然后介绍这个典故所包含的故事内容。本书对希腊罗马神话典故的解释，有助于正确认识与理解马克思、恩格斯著作中所引这些神话传说的深刻含义。书后附有"本书条目译名对照表"、"希腊神名与罗马神名对照表"，可注意参考。

《资本论》典故注释（初稿），中国人民大学经济学说史教研室编，中国人民大学出版社，1963。本书就《资本论》正文中所涉及历史（主要是经济学说史）上的重要人物、事件以及文学典故、成语、谚语作了简要的解说。为了便于查考，凡人名和专有名词均附有原文。每条注释后括号内的数字，系指人民出版社1953年版《资本论》的卷数和页数。

马克思恩斯全集人名索引，中共中央马恩列斯著作编译局编译，人民出版社，1979。本书是将《马克思恩格斯全集》第1—39卷后所附人名索引汇编而成的。全书分为两部分：马克思、恩格斯提到的人名的索引与马克思、恩格斯提到的文学作品和神话中的人物索引，共收人名约9000条，按汉语拼音字母顺序排列。索引中的人物简介是《马克思恩格斯全集》俄文版编者所写，只作适当归并调整。书后附人名译名对照表。

马克思恩格斯著作中的若干人物，萧灼基编著，河北人民出版社，1981。本书介绍26人；其中属于马克思、恩格斯战友和学生12人，空想社会主义者8人，机会主义者6人。

国际共运史事件人物录，周尚文主编，上海人民出版社，1984。本书收录国际共运史上事件365条、人物558条。事件从1847年共产主义者同盟建立起至1956年止。人物按时期编排，活动年代较长的人物，从其主要活动时期去查找资料。

查列宁著作词目简释的工具书与参考书主要有：

《列宁全集》注释选编，人民出版社，1985。本书是将《列宁全集》第1—39卷中的注释及新加注释条目汇编而成的。全书按注释条目首字笔画顺序排列，同一笔画的再按起笔顺序排列。这是学习列宁著作不可少的参考书。

列宁著作典故，周秀凤、张启荣编著，人民出版社，1984。本书是将《列宁全集》、《列宁选集》、《列宁文稿》中的典故，包括文学形象和引语、名言、谚语、俗语共500余条汇编而成的。每一条目均经考据后详加解释说明。

列宁选集成语典故，李福安等编著，陕西人民出版社，1980。本书是将《列宁选集》(四卷集，人民出版社1972年版)中出现的成语、典故150条汇编而成的。每一条目附俄文原文，有考释，并介绍这些成语、典故在列宁著作中的引用情况及不同译法。每条目后附有参考资料。书后附有分类索引。

列宁著作中的成语典故，潘裕明编著，三联书店，1962。本书搜集列宁著作中的部分成语、典故95条，略加考释。全书按条目笔画顺序排列。各条目征引的文句，均以《列宁全集》中文本为据，文末注明《列宁全集》的卷次、页次、篇名。

《列宁选集》历史词目解释(征求意见稿)，商务印书馆，1980。本书收历史词目1662条，包括历史人物、历史、名词、党派、学派、组织、典故、报刊等词目，对每一词目都予以解释和说明。

列宁全集俄文第五版人名索引，河北大学外语系俄语翻译组译，人民出版社，1979。本书是将《列宁全集》俄文第5版55卷中每卷所附的人名索引汇编而成的。全书收人名5100条，按条目首字汉语拼音字母顺序排列，据俄文版编者对人物所作简介，作适当编译。每一条目下只列出在《列宁全集》俄文第5版中出现的卷次、页次。书后附有人名译名对照表。

查斯大林著作中词目的简释，只有参考利用《斯大林全集》1—

13 卷中的注释。注释有作者自注，附在每页正文的边行；也有《斯大林全集》编者注释，附在每卷正文之后；还有译者注释，附于每篇文章末尾。至于《斯大林文选》、《斯大林选集》及一些单行本中所附注释，亦可加以利用。

查毛泽东著作中词目简释的工具书与参考书主要有：

《毛泽东选集》成语典故注释，北京大学中文系汉语专业编，北京人民出版社，1977。本书是将《毛泽东选集》第1—5卷中的成语、典故、难懂的语词，以及原著所引古书中的某些词句，列为条目，汇编而成的，共691条。凡见于古书的条目，皆酌引原文。同一条目在不同的篇目中出现，注释有时也不完全一样。

《毛泽东选集》历史事件和历史人物简介，北京人民出版社，1978。本书就《毛泽东选集》第1—5卷中所提到的历史事件和历史人物作了简介。

毛泽东八篇著作成语典故人物简注简介，四川省社会科学院哲学研究所毛泽东哲学思想研究室编，重庆人民出版社，1982。本书就毛泽东《中国革命战争的战略问题》、《实践论》、《矛盾论》、《抗日游击战争的战略问题》、《论持久战》、《战争和战略问题》、《新民主主义论》、《论联合政府》八篇著作中的成语、典故逐一作了简注说明寓意。著作中的人物作了简介。

毛泽东的五篇哲学著作中的历史事件和历史人物简介，人民出版社1972年编辑出版。本书就毛泽东五篇哲学名著：《实践论》、《矛盾论》、《关于正确处理人民内部矛盾的问题》、《在中国共产党全国宣传工作会议上的讲话》和《人的正确思想是从哪里来的》中所提到的历史事件和历史人物38条，逐一作了介绍。

《毛泽东选集》一至四卷第二版编辑纪实，中央文献出版社，1991。书中收有三篇文章，介绍正文、题解、注释修订的原则和主要情况，并附有第一版出版时新华社发的有关介绍。

二、原著介绍

查找马列主义经典著作的介绍资料，首先应查马列主义经典作家为著作所写的序跋。例如从《马克思恩格斯全集目录》，就可查到马克思和恩格斯各为马克思的著作《路易·波拿巴的雾月十八日》所写的一篇序言。这是最重要的原著介绍文献。

其次，可查为全集、选集中每篇著作所写的介绍或出版说明。这些文字常常附于每卷之前、各卷注释之中或列于每篇题目下面。也有汇编成专书的，例如：**马克思恩格斯全集说明汇编**，中共中央马恩列斯著作编译局译，三联书店，1977。本书是由《马克思恩格斯全集》(1—39 卷)俄文版的每卷说明汇编而成的。《斯大林全集介绍》，(苏)波尔查洛夫等著，流水、求是合译，三联书店，1953。《毛泽东选集介绍》，人民出版社 1961 年编辑出版。书中收录了《毛泽东选集》1—4 卷出版时新华社发表的介绍文章，简介每卷著作写作的时间、历史背景、内容及其历史意义。《毛泽东选集》第 5 卷的介绍，见 1977 年 4 月 15 日《人民日报》。至于马克思、恩格斯、列宁、斯大林全集或选集的介绍，《马克思恩格斯列宁斯大林著作中文本书目版本简介》一书中有概括的简介。

还可查阅年表、年谱，从中能准确而简要地了解到马列主义经典作家的重要著作与他们革命实践活动的联系。这方面的专书有：**马克思恩格斯生平事业年表**，中共中央马恩列斯著作编译局译，人民出版社，1976。本书是附录在《马克思恩格斯全集》各卷中的年表的汇编本。**列宁年谱**，苏共中央马列主义研究院编，刘魁立等译，三联书店 1984 年起陆续分卷出版。这是一部传记资料书，逐年逐月逐日地分条简要记录了列宁的一生和全部革命活动。全书 12 卷。《列宁全集》各卷后所附的《列宁生平事业年表》亦可参考。《斯大林年谱》，苏联马恩列研究院、列宁博物馆合编，上海中苏友好协会译，华东人民出版社，1950。

查阅传记、回忆录，对正确理解马列主义经典著作原著也是有帮助的。主要的有:《马克思传》,(德)弗·梅林著,人民出版社,1972。《恩格斯传》(德)希·格姆科夫等编,三联书店,1978。《马克思恩格斯传》,(法)科尔纽著,三联书店,1963、1965、1980(中译本已出三卷)。《列宁传》(上、下册),(苏)波斯别洛夫主编,三联书店,1960。《列宁回忆录》,(苏)克鲁普斯卡娅著,哲夫译,人民出版社,1973。《回忆列宁》(1—5卷),人民出版社,1982。《斯大林传略》,(苏)亚历山大洛夫,加拉等编,唯真译,苏联外国文书籍出版局,1949。《毛泽东》,(美)斯·施拉姆著,王宏一等译,红旗出版社,1987。

还要注意利用《辞海》(1989年版)、《全国总书目》、《全国报刊索引》,查阅介绍与研究马列主义经典著作的资料。查《辞海》(1989年版),可迅速获得马列主义经典作家重要著作的简明介绍。查《全国总书目》、《全国新书目》、《全国报刊索引》,可查到论述较详的原著介绍的专书、专文。

三、研究资料

学习和研究马列主义经典著作,常常需要参考原著的研究资料。善于利用有关的专题书目,则可得到系统地研究原著的书籍与论文。例如,查研究**马克思恩格斯著作和生平论著目录**(中共中央马恩列斯著作编译局图书馆编,书目文献出版社,1983),就可获得二十世纪初到1966年4月国内用中文所发表的研究马克思、恩格斯著作和生平的论著532部、论文1438篇。查《马恩列斯研究资料汇编》,可获得在其它书刊中难以找到的大量研究资料。

学习和研究马列主义经典著作也往往需要阅读一些原著中所提到的有关重要著作。这就要在查找图书馆馆藏目录的同时,了解国内翻译出版这些著作的情况。**研究马列著作参考书中译本选目**(商务印书馆资料馆编,商务印书馆,1979),就是一部很有参考价值的书目。它不仅提供了研究马列著作时需要参考的著作中译本(既选录解放以来出版的中译本,又酌收一部分解放前出版的中译本),而且还反映商务印书馆有关这类著作的出版计划。

综上所述,马列主义经典著作及相关资料的查找,固然要掌握诸问题的查找途径与方法,了解马列主义经典著作的编译出版情况,但更重要的还是要刻苦学习马列主义经典著作。只有如此,才能熟悉马克思主义文献,并在此基础上把几个方面的查考方法结合起来,从而取得快速、准确的查考效果。

第十二章 计算机化的工具书及其查找方法

第一节 机读版工具书

长期以来，工具书是以印刷版的形式出现，供手工检索的。随着计算机在图书情报工作中的应用的发展，不仅书目、索引、文摘等二次文献转换成计算机可以阅读(简称机读)的书目数据库，供计算机处理、查找、显示和打印，而且像字典、辞典、百科全书、年鉴、手册、统计汇编、名录等参考工具书也转换成机读化的数据库。这种数据库一般称为“源数据库”，它与书目数据的基本区别是，书目数据库仅提供文献的线索，情报用户要想获得自己所需的信息，还必须按照这些文献线索找到这些文献(例如图书、期刊论文、专利说明书、会议录等等)，阅读这些文献，从中筛选出所需要的事实或数据。而源数据库所提供的，是事实与数据本身。例如社会调查数据、统计数据、人口数据、公司财政信息、市场行情、科学技术常数、化学命名与结构、材料性能指标、人名录、名词术语解释等等。这些事实与数据可以被情报用户直接吸取利用。它们更受情报用户的欢迎。具体来说，源数据库就是机读版的字典、辞典、百科全书、年鉴、手册、名录、统计汇编等等。

与印刷版的工具书相比，机读版的工具书的优点在于：

一、它存贮在计算机系统中，由计算机查找，查找的速度与准确性大大提高。

二、它能提供比印刷版工具书所能提供的更多的检索点。例如，人名录中某人的姓名、别名、生卒年代、籍贯、学历、经历、主要活动所涉及的地区与事件等等。在印刷版的工具书中，一般只能是从人名入手查找。而作为机读版的工具书被存入计算机系统成为数据库之后，检索的角度与入口可以大大扩大，例如可以不仅通过人名查找，而且可以通过籍贯、年代、地名、事件名进行查找，也可以将这些项目组配起来，利用布尔逻辑 的表达方式进行查找。也就是说，在印刷版的工具书中，不可能为各个特征（检索点）都编上索引，而计算机系统则能做到这一点。

三、印刷版工具书对新材料的纳入比较慢，当它们出版之后，对于新的材料，只能通过修订再版才能反映出来。而工具书的再版时间是比较长的。机读版的工具书（即计算机系统中的数据库）却易于对内容作及时更新。因为数据库可以允许材料的增加、删除和更改，这些更新过的材料由计算机自动地加以组织，并立即提供查找。国外有的经济方面的数据库，已做到几分钟就能更新一次。这意味着情报用户从计算机系统的数据库中进行检索，能够获得最新、最现实的信息，克服出版发行延迟所带来的问题。这个特点，对于像价格、新闻等方面的信息来说，是尤其可贵的。

四、收藏利用印刷技术的工具书需要大量的书库空间和维护管理的人力与费用，而使用计算机系统的数据库，则免除了这些问题。对于联机情报检索系统来说，情报用户只要在一台计算机系统的终端设备上，就能打开数以百、千计的数据库，从中查到自己需要的材料。而当检索结束后，关掉终端设备，就与计算机系统脱开，从而实现情报资料做到“召之即来，挥之即去”。对于使用光盘检索系统来说，由于光盘存贮的密度极高，一片 12 厘米直径的光盘相当于几十万张印刷页，因而数据库的存贮基本上不成问题。从经费来说，由于通信技术和计算机技术的不断进步，使用机读数据库的单位费用连年不断下降。

五、目前已出现这样的趋势，就是某些工具书只以数据库的形式存贮在计算机系统中供查找利用，而无相应的印刷版出版。越来越多的工具书只有机读版，通过磁带、磁盘和光盘等形式发行，而不借助于印刷。这意味着从印刷版工具书中进行手工查找可能获得的情报资源将日益减少，而借助于计算机检索从数据库中获取信息的资源将日益增多。

六、利用计算机系统查找资料，不仅能找到简单的事实与数据本身，还可以进行有关多个数据的运算推导，例如有外推、内插、填补空缺数据、按数值排序，甚至列出曲线图以及进行各种分析等等的功能。这在印刷版的工具书是难于做到的，除非由情报用户对检索结果进行再次的加工。因此，机读数据库的查找，能够向计算机辅助的情报分析方向发展，这一特点对于科学研究工作者来说是非常宝贵的。

七、利用机读数据库查找所得的结果，可由计算机系统自动打印出来。这样，免除了从印刷版工具书中手工检索所得结果的抄录、校对等烦琐的工作，做到既快又准。这就节省了情报用户的大量时间与精力。机读数据库中的信息，可以由计算机进行套录，即把计算机检索系统数据库中有关的信息，拷贝到情报用户自己的磁盘上。多次拷贝下来的信息，也可由计算机进行合并，成为情报用户自己的子数据库（也称微数据库），可在自己的计算机上使用，建立用户自己的计算机检索系统。

正是由于机读版的工具书有上述各种优点，因而源数据库的增长极为迅速。据 1985 年的统计，世界 200 多个联机情报检索系统提供公众使用的 2200 多个数据库中，91%是源数据。国外情报界普遍认为，源数据库及其服务是未来的浪潮。

在中国，源数据库的编制与利用也已起步。例如，企业一览、产品目录、生物资源普查资料、土壤信息、市场技术动态、人名录等等，已正在建立数据库。它们事实上是机读版的工具书。从发展趋势来看，源数据库的增长速度，也像国外一样，将超过书目数据库的增长的速度。

第二节　机读版工具书的编制与服务

机读化的工具书的编制生产过程是，将手稿形式的工具书书稿中的文字与数字通过计算机键盘输入，或OCR（光学字符识别）输入等方式，将其转换成二进制编码，存贮在磁盘、磁带或光盘之中。这种二进制编码，是计算机可以阅读和处理的，因此称为机读化的工具书。由于工具书的内容材料本身是有组织的，并且计算机系统也对其进一步作了加工，如做成各种索引文档、倒排文档，加强了它的有序化和可检索性。因此这种机读化的工具书也称为机读数据库（或简称数据库）。这种二进制编码所代表的文字和数字以及其他符号，人们是难于直接阅读的。因此在检索到有关资料后，必须由计算机还原为文字、数字或符号，以便人们阅读和理解。这种代码转换与还原的过程是由计算机自动完成的。查找资料的人们仅仅把机读化的工具书看作是借助于计算机可以翻阅、浏览与检索的工具。

作为源数据库的机读化工具书，一般是通过三种渠道提供面向公众的情报检索服务的。

一、这种数据库的生产者通过协议，把数据库出租给世界上著名的联机情报检索系统的经营者，使其装入联机情报检索系统，向公众提供情报检索服务。美国DIALOG情报检索系统，BRS情报检索系统等等，近几年越来越多的源数据库增加到可供检索的数据库阵营中来，在整个数据库总数中所占比重越来越大。仅以DIALOG1988年的数据来说，名录、词典数据库有“农药手册”、“被传人索引”、“商业软件数据库”、“化学名称”等63种之多，数值型数据库（主要是指包含统计数字、表、财政数据等信息的数据库），如“公司信息”、“时列与预测”等23种之多。此外，还有大量的报纸、信札、百科全书等全文数据库。因此，想要获得有关人物、事件、名词术语、专项知识等信息的情报用户，可以从联机情报检索系统的终端设备上向计算机系统发出指令，选择对口的数据库，按照一定的检索步骤进行查找，并在几分钟时间之内获得答案。

二、源数据库生产者自己建立联机情报检索系统，向公众提供服务，做到“自产自销”、“产销一条龙”。

三、源数据库生产者向广大情报机构和图书馆乃至个人出售或租让以光盘、磁盘、磁带等形式出现的这种数据库，让这些机构与个人在自己的计算机上进行查找使用。由于微型计算机和光盘检索设备的质量改进和价格下降，这种提供源数据库服务的渠道前景远大。机读版的工具书将日益赢得广大的用户。

机读版工具书的迅速增长及其情报服务的发展，将对图书情报工作部门的参考咨询服务产生重大的影响。它扩展了图书情报单位为读者进行参考咨询服务的情报来源范围，而且使服务手段从手工走向计算机化。参考咨询服务将由各个图书馆和文献中心分散单独进行的搜集、整理与查找的传统方式，变成实现了资源共享的、以联机情报检索系统为依靠的崭新方式。这种方式，无疑将提高参考咨询的效率和质量，并且从社会整体来说，可实现人力财力的节约。工具书的数据库化、参考咨询工作的计算机化是确定无疑的趋势。国外已在这方面走在前面，我国也开始起步向这个方面迈进。

第三节　源数据库的两种检索方式

机读版的字典、辞典、百科全书、年鉴、手册、经济时列等工具书输入计算机之后，就成为可用计算机查找的数据库。有的数据库由于篇幅太大，往往分成几个文档。也有的数据库只有一个文档。计算机系统的每次扫描查找，一般是以文档为单位进行的。

如何在计算机情报检索系统中查找自己所需要的资料？一般有两种方式，即菜单选择方式和指令检索方式。

一、菜单选择的方式

由于事实数据库和数值数据库是面向自己需要情报的所谓“最终用户”提供使用的，而不是专供图书情报专业人员使用的，因此力求检索方法简单，不需要或很少需要学习就能使用。菜单方式就是当前面向最终用户的查找方式。

所谓菜单方式，就好像是餐馆中供顾客选购自己需要的菜那样，把可以供应的各种菜名列举出来。事实数据库与数值数据库的检索，也是用这种办法，把可供选择的各种情报项目列举出来，每项编有顺序号（如1，2，3……），查找情报的人只要看着这个菜单，在计算机终端的键盘上输入一个编号，就可选中自己需要的情报项目。菜单是可以逐级分类展开的，在选择了一级菜单之后，可以得到二级菜单；在选择了二级菜单之后，又可以得到三级菜单，为此逐步深入，直到找到自己需要的答案为止。

例如，美国DIALOG联机情报检索系统的商业信息数据库的查找就是用的这种菜单方式。商业信息按其“应用”分为五个方面：1.公司情报，2.财务屏幕显示，3.产品与市场，4.销售展望，5.旅行计划。如果用户想要查找某公司的最新人员变动情况，可选择1（即公司情报）。当在键盘上输入“1”之后，计算机系统就给出下一级的菜单：1.公司介绍与地址，2.最新发展（近六个月来），3.财务报告（公共公司），4.分析报告（公共公司）。

当用户选择了“1”（即公司介绍与地址）之后，计算机系统又给出下一级菜单：公司名称与各分机构的所有地址、公司名称及其总部地址、公司组织图、公司背景情况、公司概况、公司产品目录（制造商）、公司主要经理名单。

如果用户选择了“2”（即最新发展）之后，计算机系统就会给出下列单菜：人员变动、兼并、证券新闻……

这时用户选择"1"(即人员变动)之后,再输入公司名称,即可得到该公司的六个月来的人员变动信息。

显然,这种逐级展开的菜单,能够引导用户进行步步深入的查找,逐渐查到精细的项目,最终逼近获得自己需要的情报。这种菜单选择的方法,使用者几乎不事先进行学习就能使用。它具有结构直观、主动引导、操作简便的特点,因而被认为是一种"对用户友好"的计算机检索系统的用户接口。

二、指令查找方式

所谓指令,是计算机情报检索系统事先规定含义的命令语句。用户要表达自己的意图,命令计算机进行一定的查找作业,必须使用指令。只有输入指令,计算机系统才能理解,并加以执行。目前,计算机系统一般有三四十条指令,检索者需要经过学习,才能驾驭计算机系统的获取情报。与菜单选择方式比较,指令方式需要有一定的计算机检索专业知识,需要熟记主要指令,需要根据检索的目标,确定数据库、检索词和逻辑表达式,并根据检索中的实际情况及时予以调整检索策略,因而不像菜单方式那样简单易用,但是指令方式的查找比较直接,能使用的检索手段较多,效率较高。现举一个在美国 DIALOG 联机情报检索系统中查找美国人口统计中男性人数的例子,说明指令查找的过程,并解释有关的指令。

要查找美国人口统计数字,必须首先要在美国 DIALOG 系统的三百个左右的数据库中选择合适的数据库,这正好像是人们到了人百货公司购物,必须首先找到合适的柜台一样。有关美国人口统计的数据库是第 82 号文档(美国经济时列数据统计)。因此首先要选择这个文档。其指令的表达方式是 B82。这里的 B 是英文 begin (开始)的意思,是一条选择数据库开始进行查找的指令。接着是要在该文档中查找男性人数,其表达式是 s qc=popm。这里的 S 是按词检索指令 select 的缩写。qc 是表示统计数字,popm 是表示男性。因此 s qc=popm 是要求计算机系统查找男性人口的统计数字。

接着是要求计算机系统把查到的结果显示或打印出来，其命令是 t 1/5/1。这里的 t 是英文 type（打印）的缩写，在 DIALOG 系统中，是联机显示和打印的指令。"1"是第一个集合，即计算机检索系统进行检索作业得到的第一个结果放在这里。斜线后面的 5 是按第五种格式输出。在 DIALOG 系统中，根据各种数据库，可以有多种格式的输出，各种格式包含的项目不同，最多可以有八种输出格式。这里要求的是第五种格式。再一个斜线后的"1"，是指输出检索结果的第一个记录。如果计算机系统命中了多个记录（例如 100 个记录），要将其全部显示或打印出来，则可写成 1－100。但这里只要求输出一个记录。以上三条检索语句（包括检索指令及其后面的参数）可以一条一条地分别输入计算机，也可以堆积在一起连续输入（各条语句之间用"；"号隔开）。因此，可写成：

? b82;s qc=popm;t1/5/1

这里，还需说明的是"?"号。"?"是 DIALOG 系统督促用户输入检索语句的符号。也就是说，只有当系统出现"?"号后，用户才可输入检索语句。当上述堆积式的检索语句输入后，计算机就出现这样一些字：

30May 84 11 : 34 : 01 user 27019

$ 0.81 0.054 Hrs File 1# 4 Descriptors

File 82 : PTS US Time Series-83/QTR3

Copr. PREDICASTS Inc. 1983

这里，第一行是指：检索时间是 1984 年 5 月 30 日 11 时 34 分 01 秒。用户的号码是 27019。第二行是指：检索费约为 0.81 美元，检索所花的计算机时间为 0.054 小时，检索的对象是第 1 号文档（File），用了四个叙词。这是正在进入第 82 号文档前一般的例行公事。第三、四行是指：第 82 号文档的名称是 PTS US Time series（美国 predicasts 公司）的经济时列数据统计文档，材料截止于 1983 年第 3 季度。

接着，计算机系统显示：

Set	Items	Description
（集合）	（项目）	（叙述式）
I	I	Qc＝popm

1/5/1

799253 predicasts	84/01/30(POPM) United States
Male Population	Population
YEAR	MIL People
1957	84,450
1958	85,876
⋮	⋮
1985	116,2
1986	117,4
1987	118,5
1995	125,6

GROWTH RATE＝0.9％

这里需要说明的是，set 是集合的意思。这里指的是第一个集合，它包含计算机系统查找到的答案。Items 是资料项目数，这里指一项。Description 是指检索语句的内容要求，即要求查找男性人口的统计数字(QC＝popm)。1/5/1 是以第五种格式显示第一集合中的一项结果。其结果是截止于 1984 年 1 月 30 日的美国 Predicasts 数据库中的资料。统计数字以列表形式给出，左边是年份，右边是以百万为单位的男性人口数。并指出男性人口的增长率为 0.9％。近年来(直至 1995 年)是根据此增长率所作的预测数字。

这个例子，检索者使用了三条指令，即选定数据库(文档)、检索表达式及联机显示与打印等指令。虽然它的过程较为简单，但也可以看出指令方式的一般情况。

第四节　全文数据库的检索

具有历史价值或现实意义的重要文献，如十三经、二十五史以及《红楼梦》、《全唐诗》或法律条文、科学期刊等，它们本来是只供阅读的原始文献，不属工具书的范围。但是为了查考的需要，人们曾经花费巨大人力物力为其编制词语索引。例如叶绍钧编的《十三经索引》，以文句为单元，按每句的首字笔画顺序排列，每句下注明篇目简称及在中华书局版《十三经注疏》中的页数及栏数，从而提供按文句的首字进行检索的手段；又如哈佛燕京学社引得编纂处编印的《毛诗引得》、《周易引得》、《周礼引得》等古籍索引，以句为主，逐字为标目，句后注明原文的页次、篇次、章次，从而提供查找被索引的古籍中任何字、句的检索功能。在过去，这类词语索引的编制是用手工方式完成的，工程极其浩大。因此只有那些具有“经典”意义的书籍才有资格编制这类词语索引。

然而在今天，随着计算机存贮容量的扩大、单位存贮费用的降低，以及计算机处理速度的提高，计算机情报检索由书目检索（提供对文献为单元的书目情报的检索）、事实检索（提供对人名、地名、事物名称、物理化学常数以及有关统计的绝对值或相对值为单元的检索），发展到全文检索。所谓全文检索，就是把整篇文章、整部书甚至整套丛书或期刊的文字输入到计算机中去，以全文数据形式存贮起来。这种全文数据库，就是用计算机可以“阅读”的二进制编码来代替文献中的文字和符号，因而成为“机读”版全文文献，或称为电子版全文文献，或称电子出版物。

然后，对计算机自动地把机读版文献全文中的每一个词或字作为标目，其后列出它所在的章、节、段、行中的位置，即“地址”。再把各个词或字按照一定的编码次序排列起来，成为揭示全文数据库中每个词或字的出现位置的所谓“倒排档”。这种倒排档，事实上就是词语索引，特别是相当于哈佛燕京学社刊行的《毛诗引得》等那种词语索引。不过，这种倒排档是计算机自动标引的结果，而不是靠人的手工编排出来的。正因为如此，全文数据库的词(字)的倒排档编制速度极高，使得过去大部头书的需耗费数年才能编成的词语索引能够在几小时内完成。

在检索时，计算机查阅倒排档，不但能统计出某个词或字在文献全文中的出现频率，而且能指出其在文献全文中的确切位置——出现在第几章、第几节、第几段、第几行以及第几个字，等等。这样，也就能够很准确全面地把某个词或字在文献全文中所有该词或字所在的句子或段落显示或打印出来，供检索者参考。因而它能完全取代手工编制的词语索引，而且在检索功能上远远超过了供手工检索的词语索引。这就是计算机全文检索中能进行词或字的"位置逻辑"(或称词或字的相邻度)的运算。

所谓词或字的相邻度，是指两个或更多的词或字之间，是否以一定的次序出现，是否彼此需相隔多少个字的距离，以及它们出现时是否不允许另一个词或字的出现等等。

例如，要查找某文献全文中提到"喜欢"二字的句子有多少?这里，"喜"字与"欢"字，两个字的谁先谁后的问题不大，因为"喜欢"与"欢喜"意义是相同的，因此对它们的出现先后次序可以不予规定。同样"摧残儿童"与"儿童的被摧残"意义相同，对"儿童"与"摧残"两个词的先后次序不必规定。

但是有的两个或更多的词(字)的出现次序是不能任意颠倒的。例如"桐油"与"油桐"，"南湖"与"湖南"，"武汉"与"汉武"，"黛玉哭"与"哭黛玉"，"地对空导弹"和"空对地导弹"等等，它们的颠倒就会出现不同的含义。如果对它们出现的先后次序不予规定，则必然出现误检。因此指定其先后出现次序是必要的。即必须规定两个或更多的词(字)之间谁在前谁在后的相邻位置。

两个或更多的词(字)的相邻，有时允许其间插入另外一些词或字。例如“诸葛亮斩马谡”，在“诸葛亮”与“马谡”这两个名字之间有一“斩”字。但也允许其间插上一些别的字，如“挥泪”两字，成为“诸葛亮挥泪斩马谡”，而基本的意思没有多大变化。所以，在计算机化的全文检索系统中，允许指定两个或更多的词(字)之间相隔多少个字的最大距离，凡不超过这个间距者，均属检索命中。这个相邻度的值，由检索者根据具体情况予以指定。如果这个值规定得太大，例如允许相隔数十个字，虽然能提高查全率，即把诸葛亮如何心情复杂地斩马谡的描写文字都查出来，但是也会造成很大的误检。因为如果“诸葛亮”、“斩”、“马谡”三者间隔距太大，就会把诸葛亮斩别人，而马谡的反应如何等等的无关的文句或段落也被检索出来。

另外，在全文检索中还有一种情况，就是某个或某几个词(字)出现时，不能出现另一个词或字。否则，就会把含义不同的事物统统检索出来，造成误检。例如，我们要检索文献中论述到“中华”的句子，就要规定在“中华”之后不要出现“牌”、“号”等字。否则，“中华牌”的商品也会被误检出来。同样，要检索“侵略”，就应规定在其前面不要出现“反”、“抗”等字。因为“侵略”与“反侵略”含义是相反的。这就是逻辑非与位置逻辑的结合使用。

除了逻辑非之外，逻辑加、逻辑乘也可以同相邻度运算符连用。

在计算机情报检索系统中，全文检索的相邻度运算符的写法，各系统之间并无标准化。现以美国 DIALOG 情报检索系统为例，有如下一些主要的形式(这里的 A,B 是指任意的两个词或字)：

运算符	例	对命中条件的规定
(W)	A(W)B	A和B以指定的先后次序相邻接,中间无间隔字
(nW)	A(2W)B	A和B以指定的先后次序相邻接,间隔字不超过2个(注:这里的"n"可以是数字1,2,3……等等)
(N)	A(N)B	A和B以任意先后次序相邻接,中间无间隔字
(nN)	A(3N)B	A和B以任意先后次序相邻接,间隔字不超过3个
(NOTW)	A(NOT W)B	A出现,B不能以指定次序相邻出现
(NOT nW)	(ANOT 2W)	A出现,B不能在2个间隔字内以指定次序出现
(NOT N)	A(NOT N)B	A出现,B不能以任意次序相邻接出现
(NOT nN)	A(NOT 4N)B	A出现,B不能在4个间隔字内以任意次序出现

这些相邻度运算符与逻辑加、逻辑乘等结合使用,就可以运用自如地对全文数据库进行各种要求的查找。例如,如果《红楼梦》的全文输入计算机,成为全文数据库并建立倒排档的话,我们要检索《红楼梦》中林黛玉哭的全部段落,则可写成这样的检索式:

(黛玉+林丫头+林姑娘+潇湘妃子+林妹妹)(8W)(哭+泪+眼圈红了)

这里,前边一个括号内,"黛玉"、"林丫头"等用逻辑加符号连接,是因为《红楼梦》中对黛玉的叫法有许多种,这样才能提高查全率。同样,后面的括号内,把"哭"与"泪"等用逻辑加符号连接,也因为是《红楼梦》中对哭的描写有多种说法。中间的(8W)是指中间可以相隔8个字,凡不超过这个距离的均属命中。也就是允许黛玉"哭"之前还有一些文字描写,如"说着说着就哭起来了"等等。8这个系数不一定很准确,可以按照需要而改变。当然,这个系数不能规定得太大,否则会把黛玉笑,而某个丫头哭的文字也检索出来了,这是属于误检,应当避免。从这里也可以看出,计算机检索本身只是提高了检索的速度，并没有什么“魔力”，仍然需要检索者正确“指挥”，需要他们的知识和智慧。

近几年来，我国的全文数据库及其检索服务也在迅速发展。例如，深圳大学建立了《红楼梦》全文数据库，中国社会科学院建立了《全唐诗》全文数据库，内蒙也建立了《元朝秘史》全文数据库，上海交通大学与中国经济信息中心建立了我国法律条文与案例的全文数据库。武汉大学正在建立《湖北省地方志》全文数据库。但是，这些全文数据库提供的检索手段不一定都很完整，有的没有位置逻辑的运算功能；有的不建立字的倒排档，而采用计算机对某些相关段落的顺序扫描进行相邻度的查找。今后，随着计算机情报检索软件的改进和计算机存贮容量的扩大，存在的问题将会得到改进。至于外国的全文数据库，数量要多得多。例如美国 DIALOG 系统中的全文数据库，1989 年初比 1983 年增长了 671％

密读光盘(CD－ROM)的存贮容量很大，并且可以用微型计算机对光盘上的信息进行检索。这种光盘的应用，大大推进了全文数据库的发展。因此，越来越多的“阅读书”，借助于转换计算机的全文数据库，等于都配上了相应的词语索引，变成可供检索的了。

主要工具书书名索引

H

J

K

L

M

N

P

Q

R

S

X

Y

Z

中文工具书教程

朱天俊　李国新

*

北京大学出版社出版

北京大学印刷厂激光照排排版

北京虎彩文化传播有限公司

新华书店北京发行所发行　各地新华书店经售

*

850 毫米×1168 毫米　32 开本　13.875 印张　346 千字

1991 年 7 月第一版　2024 年 2 月第 14 次印刷

ISBN 978-7-301-01456-1/H・78

定价:18.00 元